*Also in the Variorum Collected Studies Series:*

**AMNON SHILOAH**
The Dimension of Music in Islamic and Jewish Culture

**JOHN CRITCHLEY**
Marco Polo's Book

**DAVID A. KING**
Astronomy in the Service of Islam

**ROBERT MANTRAN**
L'Empire ottoman du XVIe au XVIIIe siècles
Administration, économie, société

**R. B. SERJEANT**
Customary and Shari'ah Law in Arabian Society

**JEAN-CLAUDE GARCIN**
Espaces, pouvoirs et idéolgies de l'Egypte médiévale

**DAVID AYALON**
Outsiders in the Lands of Islam

**PAUL WITTEK**
La formation de l'Empire ottoman

**HALIL INALCIK**
Studies in Ottoman Social and Economic History

**DAVID ABULAFIA**
Commerce and Conquest in the Mediterranean, 1100-1500

**BENJAMIN Z. KEDAR**
The Franks in the Levant, 11th to 14th Centuries

**GEORGE MAKDISI**
History and Politics in Eleventh-Century Baghdad

**LESLIE S. B. MacCOULL**
Coptic Perspectives on Late Antiquity

**ROBERT BRUNSCHVIG**
Études sur l'Islam classique et l'Afrique du Nord

Etat et société dans l'Empire
ottoman, XVIe–XVIIIe siècles

G. Veinstein

Etat et société dans l'Empire
ottoman, XVIe–XVIIIe siècles

La terre, la guerre, les communautés

VARIORUM 1994

This edition copyright © 1994 by Gilles Veinstein.

Published by VARIORUM
   Ashgate Publishing Limited
   Gower House, Croft Road,
   Aldershot, Hampshire GU11 3HR
   Great Britain

   Ashgate Publishing Company
   Old Post Road,
   Brookfield, Vermont 05036
   USA

ISBN 0-86078-410-X

**British Library CIP data**
   Veinstein, Gilles
   Etat et Société dans l'Empire ottoman,
   XVIe–XVIIIe Siècles: La Terre, la Guerre,
   les Communautés. - (Variorum Collected
   Studies Series; CS 433)
   I. Title II. Series
   956

The paper used in this publication meets the minimum requirements of the
   American National Standard for Information Sciences – Permanence
   of Paper for Printed Library Materials, ANSI Z39.48-1984. ∞ ™

Printed by Galliard (Printers) Ltd
   Great Yarmouth, Norfolk, Great Britain

COLLECTED STUDIES SERIES CS433

# TABLE DES MATIÈRES

Préface                                                                     ix–xii

## LA QUESTION FONCIÈRE

I    Ayân de la région d'Izmir et le commerce du
Levant (deuxième moitié du XVIIIe siècle)    131–146
*Revue de L'Occident musulman et de la Méditerranée,
XX, Aix-en-Provence, 1975*

II    Les 'çiftlik' de colonisation dans les steppes du
nord de la mer Noire au XVIe siècle    177–210
*Istanbul Üniversitesi Iktisat Fakültesi Mecmuası, 41,
1–4, 1982–83 (Ö.-L. Barkan Armağanı).
Istanbul, 1984*

III    Le patrimoine foncier de Panayote Bénakis,
*Kocabaşı* de Kalamata    211–233
*Raiyyet Rüsûmu, Essays presented to Halil Inalcik,
Journal of Turkish Studies, 11. Harvard University,
Office of the University Publisher, 1987*

IV    On the çiftlik debate    35–53
*Landholding and Commercial Agriculture in the Middle
East, Ç. Keyder et F. Tabak, éds., State University of
New York Press: Albany, N.Y., 1991*

## QUELQUES INSTITUTIONS MILITAIRES

V    L'hivernage en campagne, talon d'Achille du
système militaire ottoman classique. A propos des
*sipāhī* de Roumélie en 1559–1560    109–148
*Studia Islamica, LXVIII, G.-P. Maisonneuve-Larose.
Paris, 1983*

VI  Les préparatifs de la campagne navale
    franco-turque de 1552 à travers les ordres du
    Divan ottoman                                                    35–67
    *Les Ottomans en Méditerranée*, D. Panzac, éd.,
    *Revue de l'Occident musulman et de la Méditerranée*,
    39, 1. 1985

VII Some views on provisioning in the Hungarian
    campaigns of Suleyman the Magnificent                            177–185
    *Osmanistische Studien zur Wirschafts -und*
    *Sozialgeschichte in memoriam Vančo Boškov*,
    H. C. Majer éd., Wiesbaden, 1986

VIII Du marché urbain au marché du camp:
     l'institution ottomane des *orducu*                              299–327
     *Mélanges Professeur Robert Mantran*, A. Temimi éd.,
     *Publications du Centre d'Etudes et de Recherches*
     *Ottomanes, Morisques, de Documentation et*
     *d'Information.* Zaghouan, 1988

MUSULMANS ET NON-MUSULMANS

IX  La population du Sud de la Crimée au début de la
    domination ottomane                                              227–249
    *Memorial Ömer Lûfti Barkan*, R. Mantran éd.,
    *Librairie d'Amérique et d'Orient Adrien Maisonneuve.*
    Paris, 1980

X   Une communauté ottomane: les Juifs d'Avlonya
    (Valona) dans la deuxième moitié du XVIe siècle                  781–828
    *Gli Ebrei e Venezia, secoli XIV–XVIII*, Edizioni
    di Comunità. Milano, 1987

Index                                                                1–13

This book contains xii + 299 pages

# NOTE DE L'ÉDITEUR

Les articles dans ce volume, comme dans tous les autres de la Série Recueils d'Etudes, n'ont pas reçu une nouvelle pagination suivie. En vue d'éviter une confusion possible et de faciliter la consultation lorsqu'il est fait référence ailleurs à ces mêmes études, on a maintenu la pagination originelle partout où c'était faisable.

Tous les articles ont été pourvus d'un numéro en chiffres romains dans l'ordre de leur parution, conformément au Sommaire. Ce numéro se répète sur chaque page et se retrouve aux titres de l'Index.

# PRÉFACE

Les dix études reproduites ici sont parues entre 1975 et 1988. C'est dire que les plus anciennes d'entre elles qui ont ouvert les sillons empruntés par les autres, étaient pour leur auteur des œuvres de jeunesse. La remarque n'est pas faite pour lui attirer une quelconque indulgence : publier, c'est y renoncer, et, à plus forte raison, republier ; mais plutôt pour rendre compte de la démarche dont elles procédaient : celle d'un jeune « ottomaniste » français des années soixante-dix, impatient de confronter tant ce qui passait pour l'acquis de la discipline que les thèses les plus en pointe du moment, aux résultats de premières incursions dans les archives, ottomanes de préférence — épreuve initiatique dont le néophyte ne rapporte peut-être pas le feu, mais du moins quelques dépouilles qui seront son sésame et lui donneront peu à peu accès à un cénacle qu'il avait d'abord cru peuplé d'êtres mythiques.

L'histoire économique et sociale, les structures agraires et les rapports de production dans les campagnes, notamment, jouissaient alors d'une faveur particulière chez les historiens les plus influents, en France, autour des *Annales*, mais aussi en Turquie, autour de l'*Iktisat Fakültesi Mecmuası*.

La question du *çiftlik* était au cœur de la réflexion sur l'histoire foncière ottomane ; elle n'est d'ailleurs nullement close aujourd'hui mais continue, vingt ans après, à appeler discussions et investigations nouvelles. Les quatre articles composant la première section de ce recueil s'y rattachent. Tout est parti d'une réaction presque instinctive à l'idée lancée par T. Stoianovitch, mise en musique, pour ainsi dire, par F. Braudel, puis orchestrée par I. Wallerstein et ses disciples, selon laquelle le régime foncier ottoman classique — le rigide système du *timar* — aurait volé en éclats sous l'impact croissant des importations occidentales de produits agricoles ottomans. Un nouveau régime se serait mis en place ramenant plus ou moins le cas ottoman à la règle commune de l'Europe centrale et orientale contemporaine, celle du « second servage », ou, en d'autres termes, marquant la « périphéralisation » de l'Empire dans une « économie-monde » dominée par le capitalisme occidental : les *çiftlik* présentés comme de grands domaines organisés et exploités rationnellement en vue d'une agriculture commerciale seraient le résultat de ce processus. Un tel schéma — davantage un postulat que le fruit d'un nombre suffisant d'études concrètes — pouvait être remanié ou sérieusement nuancé sous plusieurs angles d'attaque. Le rôle des notables locaux, les *a'yân*, dans le commerce occidental, ne tenait pas seulement à leur mainmise sur la terre, mais sans doute surtout à l' autorité politique et administrative dont ils cherchaient à se saisir, comme le suggère la correspondance des consuls de France à Izmir dans la seconde moitié du XVIII$^e$ siècle (I). Au coeur de la période «classique», en plein XVI$^e$ siècle, le pouvoir central était assez pragmatique pour adapter le régime foncier à des conditions locales particulières, telles, par exemple, celles des steppes du nord de la mer Noire, en y substituant aux types d'allocations foncières ordinaires, ces concessions beaucoup plus souples que nous avons qualifiées de «*çiftlik* de colonisation» (II). En plein XVIII$^e$ siècle, en revanche, vers 1757, un important patrimoine foncier, celui de Panayote Bénakis, notable de Kalamata en Messénie, pouvait se constituer sans violation du droit ancien, dès lors qu'il était composé non de terres arables dont la propriété restait à l'État, mais uniquement de vergers, type d'exploitation qui avait pu de tout temps, appartenir à des particuliers en pleine propriété. En même temps, ce patrimoine n'était pas autre chose qu'une collection de petites exploitations restées traditionnelles (III). En m'invitant dans son centre de Binghamton en 1986, Wallerstein m'offrit l'occasion de dresser une sorte d'état de la question, faisant le bilan (provisoire), des connaissances, des théories et des *agenda* sur ce sujet (IV).

Si l'on a pu dire des documents à la fois qu'ils restent toujours nos maîtres et qu'ils ne répondent qu'aux questions que les historiens leur posent, il faut ajouter qu'ils provoquent également certaines questions. Ainsi les archives ottomanes qui sont les archives de l'État ottoman dont une tâche essentielle était de faire la guerre, sont-elles pleines de celle-ci et nous invitent-elles tout naturellement à l'envisager. Ce n'est pas tant d'ailleurs les matériaux d'une «histoire-batailles» traditionnelle que ces sources inépuisables nous livrent, que les modalités de fonctionnement de multiples institutions destinées à préparer la guerre en mobilisant de larges couches de l'ensemble de la population et en canalisant une bonne part de la vie économique, au moyen d'une puissante machine bureaucratique. Les ordres de la Porte, tels que nous les livre l'immense série des registres des «affaires importantes» (*mühimme defteri*) des archives de la Présidence du Conseil (*Başbakanlık Arşivi*) sont particulièrement riches pour cette étude des préparatifs de campagne et des multiples opérations de la logistique du sultan, étude par laquelle l'ottomaniste satisfait sans peine aux exigences d'ouverture économico-sociale de la nouvelle école d'histoire militaire. Dans cette série de registres, nous avons privilégié les deux plus anciens spécimens, conservés au Musée de Topkapı, le *E 12321* de 1544-1545, et le *KK 888* de

1552, qui n'avaient pas suffisamment retenu l'attention jusque là. En outre, nous n'avons pas craint d'insister à l'occasion sur les détails du contenu et les particularités de formulation de certains documents, peut-être plus qu'on ne le fait généralement, en sacrifiant à une approche certainement plus médiéviste et littéraire que «moderniste» et «quantitativiste». Mais en observant ainsi ces institutions à la loupe, nous avions la sensation de les voir prendre vie et de saisir enfin les choses un peu plus *de l'intérieur*. Ainsi de l'organisation des *harçlıkçı*, conséquence de l'hivernage en campagne et des problèmes délicats qu'il posait au système du *timar* (V). L'article suivant de cette deuxième section retrace les préparatifs de la campagne navale, franco-ottomane en l'occurrence, de 1552, en mettant en lumière les difficultés de recrutement des rameurs et de répartition du potentiel militaire disponible entre les fronts d'opération simultanés (VI). Quant aux campagnes menées par Soliman le magnifique et ses successeurs en Hongrie et au-delà, elles dépassaient le rayon d'action normale de l'armée ottomane, comme l'a bien vu l'historien hongrois Perjés, contre de nombreux détracteurs : elles ont donc nécessité des réponses ou des tentatives de réponses nouvelles de la logistique ottomane, comme la constitution par de multiples voies, de «dépôts de vivres stratégiques», notamment à Belgrade et à Buda (VII). Enfin, si l'institution des «hommes de métier de l'armée» (*orducu*) ne doit pas être confondue, comme ce fut le cas, avec d'autres formes d'utilisation au bénéfice de l'armée de la force de travail et des compétences techniques des populations civiles, elle reste une illustration frappante de la mise au service de l'État d'une part du potentiel artisanal et marchand du pays. Nous nous demandons même s'il ne faut pas chercher dans cette pratique qui remonte bien plus haut dans le temps que ne l'avait prétendu O. Nûri, suivi par G. Baer, un facteur essentiel de l'incitation étatique à la formation des corporations dans l'Empire ottoman (VIII).

Les conditions de la coexistence de communautés ethniques et confessionnelles diverses sous la domination du Croissant, auront été de tout temps l'un des objets de controverse les plus vifs de l'histoire ottomane, sans cesse ravivé par les regains de tension nationale et religieuse. Il interpelle donc constamment l'historien qui semble avoir plus de chances que d'autres de jeter quelque lumière dans des débats complexes et passionnés. Avouons pourtant que ces questions ne sont abordées que de façon partielle et latérale dans la troisième partie de ce recueil.

Une exploration, sur la base des registres de recensement (*tahrir defteri*) disponibles, de la démographie de la province ottomane du sud de la Crimée, le *sancak* de Kefe, au XVIe siècle — fragment d'un ensemble plus vaste de travaux menés sur les pays de la mer Noire, seul ou en collaboration —, nous a permis d'établir la permanence d'un fonds ancien composite, où Arméniens et Grecs restent majoritaires, et par conséquent de montrer les limites des transformations apportées sur ce point par la conquête turque de 1475 (IX). Quant au registre du *kadi* d'Avlonya (Vlorë) de 1567-1568, conservé dans les archives vaticanes, il ressuscite littéralement une communauté juive à peu près oubliée, celle qui prospéra un temps dans ce port albanais, où l'avaient conduite les suites de l'expulsion des Juifs d'Espagne de 1492. Cette source exceptionnelle apporte la preuve du dynamisme économique et financier de la communauté, et même de son implication plus inattendue dans l'agriculture locale, tout en témoignant de la forte intégration de ces Juifs dans une société triconfessionnelle ; elle pose également le problème plus général des relations des non-musulmans avec le tribunal islamique (X).

Ces études originellement publiées à des dates et dans des lieux divers ont utilisé des systèmes de translitération de l'ottoman disparates, qu'on a renoncé à unifier ici. Les renvois et les variantes figurant dans l'index pallieront partiellement les incohérences.

*Paris, Écoles des Hautes*  GILLES VEINSTEIN
*Études en Sciences Sociale*
*avril, 1993*

# I

## ĀYĀN DE LA RÉGION D'IZMIR ET LE COMMERCE DU LEVANT (DEUXIÈME MOITIÉ DU XVIII<sup>e</sup> SIÈCLE)

Au cours du XVIII<sup>e</sup> siècle, la plus grande partie de l'Empire ottoman, tant en Europe qu'en Asie, échappe progressivement à l'autorité directe de la Porte, au profit d'individus et de familles imposant leur pouvoir politique et économique à des villes et à des régions parfois très vastes : ce sont, selon une terminologie peu fixée, les "*ağa, āyān, derebey, mütegallibe*", etc. Ils forment des dynasties, défient l'autorité de la Porte qui les tolère et cherche même à les utiliser dans la mesure où elle est incapable de les éliminer ; leur apogée : la reconnaissance officielle de leur rôle fondamental dans l'Etat par le grand-vizir Bayraktar Mustafa Pacha en 1808, précèdera de peu l'anéantissement de leur influence politique dans la suite du règne de Mahmud II.

Leur ascension a été mise en rapport sur l'examen de cas principalement rouméliotes, avec l'expansion du commerce européen, notamment français, dans l'Empire ottoman au XVIII<sup>e</sup> siècle (1). Je me propose d'apporter une pièce à ce dossier en analysant le rôle que jouent dans le commerce français deux grands *āyān* rivaux d'Anatolie occidentale, Karaosmanoğlu de Manisa et Araboğlu de Pergame, d'après l'image concrète que donne de ce rôle la correspondance des consuls de France à Izmir (2), principalement les Peyssonnel, le père puis le fils,

---

(*) Les termes ottomans sont transcrits dans l'alphabet actuellement en usage en Turquie, sauf quand il existe une forme francisée d'usage courant.

(1) Nous nous référons principalement aux articles de **T. Stoianovitch** : "Land tenure and related sectors of the Balkan economy", *Journal of economic history*, t. 13, n° 4 (1953), p. 398-411 ; et **D.R. Sadat** : "Rumeli ayanları : the eighteenth century", *The journal of modern history*, t. 44, n° 3, (septembre 1972), p. 346-363. Ce second article reprend partiellement la thèse de l'auteur : "*Urban notables in the Ottoman Empire : the Ayan*", Ph. D. diss., Rutgers University, (1969). Ces deux études concernent la partie européenne de l'empire ottoman ; le cas de l'Anatolie reste donc à considérer et à comparer à celui des Balkans ; nous espérons contribuer à cette tâche par la présente recherche.

(2) Nous avons dépouillé à cet effet aux Archives nationales de Paris la sous-série Affaires étrangères, BI (citée infra A.E.B.I.), volumes n° 1051 à 1064. D'une manière générale cette sous-série rassemble la correspondance des consuls de France dans les différents postes avec le Secrétaire d'Etat à la marine jusqu'à la Révolution ; outre les dépêches des consuls et les réponses des ministres, elle renferme diverses pièces jointes : copies des lettres des consuls à leurs ambassadeurs et à d'autres destinataires, lettres reçues par les consuls, mémoires, nouvelles locales. La richesse de cette source pour l'étude de l'histoire intérieure de l'empire ottoman, en particulier, a été mise en avant par **N.G. Svoronos** : "*Salonique et Cavalla* (1686-1792)", Paris, 1951.

de 1748 à 1778 (3), c'est-à-dire surtout, notons-le d'après le schéma établi, pendant la phase non d'épanouissement mais de formation du pouvoir des grands āyān (4).

On constate que dès son arrivée à Izmir, le nouveau consul, Charles de Peyssonnel, a soin d'assurer les intérêts du commerce de sa "nation" en faisant aux différentes "puissances" de la ville visites de courtoisie et petits cadeaux (5) sans oublier les āyān d'Izmir qui constituent alors un véritable corps, un *divan* de dix-huit membres "à la tête desquels il y a quatre chefs, dont le plus accrédité s'appelle Ahmet effendi Kiatib-oglou" ; la suprématie acquise par ce personnage "puissamment riche et influent dans la plupart des affaires de ce pays", et pour lequel Peyssonnel s'était muni de plusieurs lettres de recommandation à Istanbul, illustre bien l'évolution de fait de la ville vers un régime d'*ayanlık* que la Porte ne

(3) Le père, Charles de Peyssonnel fut consul à Izmir de 1748 jusqu'à sa mort en 1757, son fils, Charles-Claude de Peyssonnel étant à ses côtés jusqu'à 1754 ; il occupera lui-même le poste de 1766 à 1778. En 1755, Peyssonnel père se rendant à Istanbul pour assurer l'interim de l'ambassade est remplacé à Izmir par "le premier député de la Nation", Balthazar Gilly, et du début de 1757 jusqu'à sa mort le 16 mai de la même année, l'état de santé de Peyssonnel l'oblige à faire exercer de nouveau l'interim du consulat par des députés de la Nation, Borelli puis Marin. De Jonville lui succédera de 1757 à 1765 ; à cette date, le consul s'absentant pour un séjour en France est remplacé provisoirement par le premier député de la Nation, Pierre-Paul Garavague ; ce dernier assurera les fonctions de "proconsul" jusqu'à l'arrivée de Peyssonnel fils, le 20 octobre 1765, de Jonville ayant abandonné définitivement ses fonctions. Peyssonnel fils quittera lui-même Izmir en juillet 1778.

(4) Sur cette évolution, voir notamment I.H. Uzunçarşılı : *Meşhur Rumeli âyanlarından Tirsinikli Ismail, Yılıkoğlu Süleyman Agalar ve Alemdar Mustafa Paşa* (Ayans célèbres de Roumélie, etc.), Istanbul, 1942, p. 2 et sq.

(5) Il commence par rendre une visite de courtoisie au *mollah* de la ville ; A.E.BI,1051, Peyssonnel au ministre, 17 mai 1748 (les volumes de la série A.E.BI, ne sont malheureusement pas paginés). Il offre un cheval au *müsselem* ou gouverneur d'Izmir,A.E.BI, 1051, "Etat des dépenses extraordinaires faites par le consul de Smyrne pour le service", joint à Peyssonnel au ministre, 18 septembre 1748. Précisons qu'Izmir fait partie à cette époque des *has* du Grand vizir, A.E.BI, 1053, Peyssonnel au ministre, 20 février 1752 et A.E.BI, 1060, Peyssonnel fils au ministre, 22 février 1772 ; il y nomme chaque année, moyennant finance un représentant appelé généralement *voyvoda* dans les documents turcs, cf., par exemple, Başvekalet arsivi, Cevdet dahiliye, n° 13 352, janvier 1771 ; les sources françaises parlent tantôt de *voyvode*, tantôt de *müsselem* ou *müsselim*, forme abrégée, nous semble-t-il, de *mütesellim*, terme équivalent à *voyvoda* dans le sens de substitut d'un *paşa* ou d'un *sancakbeğ* dans ses fonctions administratives et financières : sur ces institutions, cf. notamment la mise au point de H. Inalcik dans R. Ward et D. Rustow : *Political modernization in Japan and Turkey*, Princeton, 1970, p. 48. Il est également question d'un *müsselim* à Salonique, par exemple ; N. Svoronos : *Le commerce de Salonique au XVIII$^e$ siècle*, Paris 1956, p. 14 ; ce terme se trouve aussi chez d'Ohsson : Tableau général de l'Empire ottoman, t. VII, Paris 1824, p. 283. Peyssonnel obtiendra d'un de ces *müsselem* qu'il transfère "le marché du poisson et des herbes qui était de temps immémorial dans l'endroit le plus resserré de la rue des Francs". De mars 1750 à février 1753, d'après le consul, le müsselem d'Izmir n'est autre que le gendre de Karaosmanoğlu, Hidayetullah, lui-même fils de Kösezade el-haç Mustafa agha, *mütesellim* de Manisa de 1728 à 1730, Çagatay Uluçay :*18 ve 19.yüzyıllarda Saruhan'da eşkiyalık ve halk hareketleri* (Brigandage et mouvements populaires en Saruhan aux XVIII$^e$ et XIX$^e$ siècles), cité *infra* : *Eşkıyalık*, Istanbul 1955, p. 276, et I. Gökçen : *Manisa tarihinde vakıflar ve hayırlar* (Les fondations pieuses et œuvres de bienfaisance dans l'histoire de Manisa), livre 2, 1950, p. 49.

reconnaît pas encore officiellement (6). Mais les importations françaises à partir d'Izmir portant essentiellement à cette époque sur les produits originaires de l'hinterland même du port, le coton et le blé, Peyssonnel comprend qu'il ne doit pas seulement ménager les autorités urbaines mais aussi les "aghas des environs", "ces puissances sur les terres desquelles se font le gros des achats de nos marchandises", selon les expressions qu'emploiera son fils (7), et qui contrôlent,

(6) Plusieurs documents du XV$^e$ siècle attestant la reconnaissance officielle des āyān par l'administration ottomane en tant que catégorie de la population urbaine et le rôle consultatif, notamment en matière économique, qu'elle leur attribue, viennent d'être publiés par **N. Beldiceanu** dans *Recherches sur la ville ottomane au XV$^e$ siècle*, Paris 1973, index s.v. *ā'yān*. Mais le passage de cette situation traditionnelle à l'*ayanlık* du XVIII$^e$ siècle ne s'accomplit qu'au cours d'un long processus : l'institution de l'*ayanlık*, c'est-à-dire la reconnaissance de la domination d'un notable local sur le gouvernement d'une ville ne sera en effet établie officiellement par la Porte qu'avec l'éclatement de la guerre contre la Russie en 1768 ; des *ayanlık buyruldusu* sont désormais délivrés par les *vali* provinciaux et même en 1779 par le Grand vizir en personne ; l'institution abolie par le Grand vizir Halid Hamid en 1785 sera rétablie dès 1787 ; *I.H. Uzunçarşılı*, op. cit., p. 5-7 ; **D. Sadat**, *art. cit.*, p. 351 et sq.

Plusieurs historiens se sont penchés sur le processus économico-social conduisant à cette institution tant en Roumélie qu'en Anatolie, non sans laisser subsister bien des obscurités ; citons : **A. Súceska**, *Ajani ; prilog i zučavanju lokalna vlasti u mašin zemljama zavrijeme turska* (les āyān ; apport à l'étude des autorités locales dans les pays yougoslaves sous l'occupation turque), Sarajevo, 1965 ; idem : "Bedeutung und Entwicklung des Begriffes A'yān im Osmanischen Reich", *Südostforschungen*, t. 25 (1966), p. 3-26 ; **S.B. Baykal** : "Ay'ânlık müessesesinin düzeni hakkında belgeler" (Documents sur l'organisation de l'institution de l'ayanlık), *Belgeler*, t. I, n° 2 (1964), Ankara 1965, p. 221-225 ; **C. Orhonlu** : "Osmanlı teşkilatına ait küçük bir risale "Risale-i terceme" (Un petit traité concernant l'organisation ottomane : "traité en traduction"), *Belgeler*, t. IV, n° 7-8 (1967), Ankara 1969, p. 39-47 ; **Y. Özkaya** : *Türkiye'de A'yan rejimin kuruluşu"* (La fondation du régime d'āyān en Turquie), thèse inédite de doctorat de la Faculté des langues, histoire et géographie d'Ankara, s.d. ; idem : "XVIII. yüzyılın ikinci yarısında Anadolu'da âyânlık iddi'aları" (Les luttes pour l'ayanlık en Anatolie dans le seconde moitié du XVIII$^e$ siècle), *Ankara Universitesi Dil ve Tarih-Coğrafya Fakültesi dergisi*, t. XXIV, n° 3-4 (1966), Ankara 1969, p. 195 à 231, : 25 fac. Simil. Soulignons le lien entre l'émergence de ces āyān et les dynasties locales auxquelles nous avons fait allusion plus haut : l'*ayanlık* n'existe en effet pas seulement dans les villes mais aussi dans les villages, et de toutes façons l'influence des āyān importants finit par déborder très largement leur lieu d'origine de sorte qu'ils deviennent des seigneurs ruraux en même temps que des magistrats urbains ; c'est précisément le cas des Araboğlu, voyvode- āyān de Pergame et des Karaosmanoğlu, āyān du village de Yayaköy ; dans ces conditions la distinction entre āyān, derebey mütegallibe... devient souvent peu nette.

En ce qui concerne Izmir, ces Kâtib oğulları dont parle Peyssonnel forment une dynastie d'āyān dont l'influence dépasse largement le cadre urbain ; cf Çağatay Uluçay : *Eşkiyalık...*, p. 16. Le fils d'Ahmed, Halil effendi, sera qualifié en 1775 par Peyssonnel fils de *Bache ayan*, c'est-à-dire d'āyān en chef, et d'ailleurs destitué à cette date par le *Kapudan pacha* ; A.E.BI, 1062, Peyssonnel au ministre, 22 juillet 1775. Le rôle important que ces āyān jouent dans le commerce tient notamment au fait qu'ils prenaient à ferme diverses sources de production ; Kâtiboğlu disposait ainsi en 1748-49 de la ferme du mastic de Chio "ou plutôt de la réserve du G. Seigneur sur cette gomme", A.E. BI, 1051, Peyssonnel au ministre, 24 août 1748, le consul estimant au sujet de Kātiboğlu qu'"on doit autant appréhender sa haine, que rechercher son amitié" *(ibidem)*, s'était muni à Istanbul de plusieurs lettres de recommandation pour ce personnage.

(7) A.E.BI, 1057, Peyssonnel fils au ministre, 30 octobre 1765.

faut-il ajouter, les routes menant à la mer. De fait, lorsqu'entre 1757 et 1765, ces "liaisons d'amitié" entre consuls et aghas sont interrompues, le silence des archives en témoigne (8), des "abus pernicieux" s'introduisent à l'encontre des Français commerçant directement avec les Turcs, évitant les intermédiaires juifs ou arméniens : "mauvais traitements" et "avanies" essuyés "de la part des Turcs" par les "facteurs" envoyés à Kırkağaç, à Kassaba "et dans les autres places où l'on achète le coton", et autre abus : la fraude sur le poids des cotons vendus (9). L'attitude de Peyssonnel vis-à-vis des aghas permet d'éviter de tels abus, mais elle a d'autres justifications car le rôle joué par les aghas dans le commerce dépasse largement comme on va le voir la simple police des marchés.

Mais revenons d'abord sur cette attitude inaugurée par Peyssonnel et que son fils s'efforcera de continuer (10) : le consul échange lettres et émissaires avec le *voyvode-āyān* héréditaire de Pergame, Ismail Araboğlu, mais c'est surtout l'importance de ses relations avec Karaosmanoğlu Hadji Mustafa, "le grand agha", "le vieil agha" qui nous frappe : les deux hommes s'écrivent – le texte français de certaines de ces lettres nous est parvenu (11) –, s'envoient des messagers (12) ; l'agha, lorsqu'il est dans une position critique, ce qui est fréquent, ne manque pas d'informer le consul de sa situation, de ses intentions (13) ; il l'invite à assister aux parties de *djirit* et aux représentations de comédies dont il est l'ordonnateur (14) et, suprême honneur refusé, paraît-il, aux autres consuls, il le convie aux noces de sa petite-fille (15) ; de son côté, le consul s'empresse de lui rendre des services, envoyant, par exemple, un médecin, à l'un de ses fils gravement malade (16).

---

(8) Cf. A.E.BI, vol. n° 1055, 1056, 1057 : les dépêches de de Jonville et des différents "proconsuls" ne font pas état de ces relations étroites avec les aghas dont celles des Peyssonnel témoignent si abondamment.

(9) A.E.BI, 1058, Peyssonnel fils au ministre, 22 mars 1766.

(10) Précisons que les relations de Peyssonnel avec les aghas ne se limitent pas aux deux principaux d'entre eux : il évoque, par exemple, ses excellents rapports avec le beau-frère de "l'agha résidant à Mula (Muğla)" qui lui propose de l'aider à trouver le bois de construction réclamé au consul, sur les côtes du golfe de Kerme ; A.E.BI, 1054, Peyssonnel au ministre, 2 avril 1753.

(11) Voir Documents *infra*, la copie de la traduction française d'une lettre de Karaosmanoğlu à Peyssonnel du 6 avril 1752.

(12) Cf., par exemple, A.E.BI, 1053, Peyssonnel au ministre, 15 mars 1752.

(13) Cf. par exemple, A.E.BI, 1054, Peyssonnel au ministre, 2 avril 1753.

(14) A.E. BI, 1053, Peyssonnel au ministre, 27 novembre 1752.

(15) Ce mariage doit être célébré à Manisa "avec toute la pompe imaginable" ; le marié n'est autre qu'un fils d'Hidayetullah, gouverneur d'Izmir, lui-même gendre de Karaosmanoğlu (Cf. supra note n° 5), ibidem.

(16) De même, le consul se charge régulièrement de faire parvenir à Salonique sur des vaisseaux français les "corbeilles de melons de Magnésie (Manisa)" offertes par Karaosmanoğlu à son protecteur Yeğen Ali pacha, "vali" de Roumélie (sur les rapports entre ce pacha et Karaosmanoğlu, cf. *infra* note n° 17, in fine) ; "tant il est vrai, commente le consul, que c'est ici le pays des petites choses, qu'il faut ménager nécessairement pour réussir dans les grandes...." ; A.E.BI, 1053, Peyssonnel au ministre 27 août 1752.

Quel rôle Peyssonnel attribue-t-il donc dans la marche du commerce aux personnages qu'il ménage ainsi ? Il insiste à plusieurs reprises sur la richesse de Karaosmanoğlu (17) : c'est "peut-être, écrit-il, le plus riche particulier de l'Empire ottoman...." et il précise : "il a auprès de cette ville (Akhisar ) une maison de campagne où il vit en souverain, étendant sa *juridiction* sur un nombre prodigieux d'endroits (18) d'autant plus lucratifs pour lui, que ce sont ceux où se fait la principale récolte du coton (19)". D'Araboğlu (20) qui apparaît alors surtout

(17) Plusieurs études ont déjà consacrées en Turquie à la famille des Karaosmanoğlu : l'apport principal est celui de Çagatay Uluçay qui a publié des documents concernant cette dynastie dans Eşkiyalık..." et dans "Karaosmanoğullarına ait bazı vesikalar" (Quelques documents concernant les Karaosmanoğlu), *Tarih vesikaları*, t. II (1942-1943) p. 193-207, 300-308, 434-440, et t. III (1944), p. 117-126 ; il propose quelques interprétations et quelques jugements défavorables sur le rôle de cette famille dans "Karaosmanoğullarina ait düşünceler" (Réflexions sur les Karaosmanoğlu), *III.T.T.K. Kongresi*, Istanbul-Ankara 1948 p. 243 et sq. Pour la biographie des principaux membres de la lignée, son ouvrage le plus complet (bien qu'il n'apporte que des notices très succinctes) est *Manisa Unlüleri* (Les célébrités de Manisa), Manisa 1946 (notice sur Hacı Mustafa aga p. 54-55) ; plusieurs *vakfiye* (actes de legs pieux) des Karaosmanoğlu ont été résumés par I. Gökçen, op. cit. ; voir également M. Aktepe, Manisa âyânlarından Karaosmanoğlu Mustafa ağa ve üç vakfiyesi hakkinda bir araştırma (Recherche sur un āyān de Manisa, K. Mustafa aga et sur trois de ses vakfiye), *Vakıflar dergisi*, n° 9, *Ankara 1971*, p. 367-382, 4 fac. simil.

Mustafa agha, l'interlocuteur de Charles de Peyssonnel est l'un des cinq fils de Kara Osman qui donne son nom à la dynastie ; à la mort de son père, il lui succède comme *āyān* du village de Yayaköy, *nahiye* de Palamut, *kaza* d'Akhisar (M. Aktepe, *art. cit.)* ; il occupe diverses fonctions militaires mais sa renommée lui viendra moins d'une participation de très mauvais gré aux campagnes ottomanes contre l'Iran que de ses succès dans la répression du banditisme de sa région d'origine. A la base de sa fortune, il faut vraisemblablement mettre les fonctions qu'il occupe par ailleurs au service du fisc ottoman ; il pourra ainsi (au plus tard en 1747), être le premier membre de sa famille à prendre à ferme la charge de *mütesellim* du *sancak* de Saruhan que lui rétrocède le détenteur à vie *("ber veçh-i malikâne")* de cette *"mukataa"*, Yeğen Ali Pacha, *vali* de Roumélie ; Ali pacha lui enlèvera la ferme une première fois en novembre 1751 (cf. infra note n° 51) et définitivement en août 1755 ; Çagatay Uluçay, *Eşkiyalık*... p. 280. Tant qu'il détient sa charge, Mustafa agha la fait exercer par son gendre Hidayetullah ou par son fils Ahmed, futur voyvode d'Izmir, (cf. infra).

(18) Peyssonnel nous apprend ainsi qu'un frère de Mustafa est agha de Kırkagaç, et que les fils du "grand agha" ont "autorité" à Kassaba et Akhisar ; A.E.BI, 1053, Peyssonnel au ministre, 21 avril 1751 ; il faut comprendre que tous ces lieux sont des *has* pris à ferme *(iltizam)* par Karaosmanoğlu en faveur de membres de sa famille qui reçoivent le titre de voyvodes ; l'intérêt particulier des *mukataa* de Kırkagaç et de Kassaba "renommé pour le commerce de coton de seconde qualité" tient à la production et à la vente de ce textile, mais remarquons que les Karaosmanoğlu, malgré leurs efforts, ne parviennent pas à maintenir leur emprise sur ces zones essentielles : ainsi, en mars 1753 perdent-ils l'*agalık* de Kassaba qui passe à des aghas étrangers à la famille ; A.E.BI, 1054, Peyssonnel au ministre 21 mars 1753, et selon une information de Garavague dont je n'ai pas trouvé d'autre attestation, le *voyvode* de Kırkagaç en 1765 serait Araboğlu "agha de Pergame", A.E.BI, 1057, Garavague au Ministre, 15 janvier 1765.

(19) A.E.BI, 1052, Peyssonnel au ministre, 17 avril 1749.

(20) Le seul ouvrage où nous ayons pu trouver des indications d'ailleurs très brèves sur l'histoire des Araboğulları est celui d'**Osman Bayatlı**, *Bergama'da yakın tarih olayları, XVIII – XIX yüzyıl* (Les événements de l'histoire récente à Pergame, XVIII – XIXe siècles), 2e édit.,

comme le maître des terres à blé, il écrit de même : "il est après Caraosmanoglou le plus puissant asiatique . . . établi aux environs de Pergame . . . il *commande* à quantité de hameaux (21). . ." Ces deux passages, entre autres, montrent que si les deux *āyān* doivent bien leur fortune au blé et au coton, ce n'est pas, selon le consul, en tant que producteurs mais en tant que gouverneurs, qu'autorités administratives, fiscales, qu'ils en profitent ; ici, comme dans tout le reste de sa correspondance, il ne montre aucunement en eux ces propriétaires de vastes *çiftlik* travaillés par une main-d'œuvre servile, ou même de "réserves" de type féodal, développant sur une grande échelle, en fonction du commerce européen, les cultures d'exportation, dont on nous brosse parfois le portrait (22) ; bref, la lecture de Peyssonnel conduit à penser qu'un tel processus était à tout le moins peu avancé dans la région d'Izmir au milieu du XVIIIe siècle, même si certaines tentatives de Mustafa agha, par exemple, que révèlent par ailleurs les documents turcs, peuvent être interprétées comme allant dans ce sens (23).

En revanche, Peyssonnel fait clairement allusion, et cela ne cadre pas

---

Izmir 1957. En outre, quelques documents relatifs à cette famille apparaissent dans **Çagatay Uluçay** : Eşkiyalık . . . ; d'autres existent aux archives du Başvekalet, notamment dans la série Cevdet dahiliye. Selon Bayatlı, les inscriptions et les registres des "kadi" de Pergame font apparaître que depuis le début du XVIIIe siècle, la ville est gouvernée par des personnages portant héréditairement les titres d'*āyān* et de *voyvode.* Hacı Ismail agha avec lequel Peyssonnel père est en rapport, est le fils de Hacı Mehmet dit Koca Araboğlu, voyvode depuis 1737 ; le *voyvode* Ismail mourra en 1761, remplacé à son tour par son fils Mehmet agha. La dynastie s'éteint en 1775 lorsque son dernier représentant Ibrahim agha est tué par l'usurpateur Sağancılı Veli. Ce Veli agha sera lui-même exécuté par le vizir Abdi Pacha menant au nom de la Porte en 1777 une campagne de répression contre certains rebelles ; le voyvodalık de Pergame passera alors aux Karaosmanoğlu définitivement vainqueurs de leurs rivaux (*op. cit.* p. 20-21). Sur la fin des Araboğulları et le personnage de Veli agha, le volume A.E.BI, 1061, contient des renseignements détaillés et pittoresques.

(21) A.E.BI, 1052, Peyssonnel au ministre, 17 avril 1749.

(22) Je me réfère en particulier à la définition que donne du *çiftlik* **D.R. Sadat** : *art. cit.*, p. 349 et 358 ; l'auteur entend intégrer le régime agraire ottoman de cette époque à l'évolution générale de l'Europe centrale et orientale, marquée par le renforcement du servage et le développement d'une économie agricole de marché tournée vers l'exportation ; T. Stoianovich, de son côté, avait insisté antérieurement sur la production de la réserve seigneuriale (manorial reserve) de l'agha, d'où provient dans la région de Salonique une qualité spéciale de coton, particulièrement réservée à l'exportation, *art. cit.*, p. 404. Je ne peux affirmer que rien de tel n'existe dans l'hinterland smyrniote au milieu du XVIIIe siècle, mais je n'en vois d'illustration ni dans les documents ottomans qui m'ont été accessibles ni dans le témoignage des Peyssonnel ; les seules propriétés que ces derniers attribuent aux Karaosmanoğlu sont des biens de location sis à Izmir : immeubles, boutiques, ceux-là mêmes dont l'existence est par ailleurs abondamment attestée dans leurs *vakfiye ;* A.E.BI, 1053, Peyssonnel à l'ambassadeur, 27 août 1752.

(23) Un document de 1754 nous apprend que Mustafa agha avait pris à ferme avec des associés une *"mukataa"* appelée domaines *(havas)* d'Ilgın Kuru, à cheval sur les *nahiye* de Belen et de Palamut, et que, d'autre part, il prenait à ferme depuis 34 ans tous les villages et les hameaux aux alentours de cette "mukataa" *(havass-ı merkumenin etrafında olan kura ve mezarı')* ; il avait tout mis ensemble, dit le document, si bien que désormais les détenteurs de ces villages et pâturages ne pouvaient plus en retrouver les limites ; **Çagatay Uluçay**, *in : Tarih vesikaları*, t. III, n° 13, p. 123-124, doc. n° 27.

ĀYĀN DE LA REGION D'IZMIR 137

davantage avec l'image qu'on a donnée d'un régime de *çiftlik* accompli (24), à de petits producteurs fournissant directement le commerce français : il mentionne ces "paysans", ces "villageois" auxquels les prêts, fussent-ils usuraires, de Karaosmanoğlu, permettent de "vendre à leur aise et à leur commodité", et donc à des prix plus élevés, le coton : "ils s'avantagent sur nous, note le consul, et se dédommagent grassement" des intérêts du prêteur (25) ; ailleurs, il évoque les paysans dépendant d'Araboğlu apportant dans des charrettes leur blé aux bateaux français (26). Les deux grands aghas, au contraire ne sont cités explicitement ni comme producteurs ni même, ce qui est plus surprenant, comme fournisseurs du commerce français : plus surprenant, disons-nous, car si l'existence de *çiftlik* ou de "réserves" entendus dans le sens évoqué précédemment, peut être mise en doute pour cette région à cette époque, à tout le moins, il est certain qu'un Karosmanoğlu percevait de multiples taxes par le biais des nombreuses *mukataa* (27) qu'il prenait en *iltizam*, c'est à dire à ferme, et notamment le *mütesellimlik* de Saruhan, et par les usurpations de *timar* et *zeamet* qu'on ne lui reprochait, toutes opérations attestées par les documents ottomans (28) ; la question se pose, il est vrai, de savoir quelle part de ces taxes était perçue en espèces, quelle part l'était en nature et quel stock de marchandises commerciables, cette dernière pouvait constituer, or le problème me paraît insoluble dans l'état actuel de la documentation (30).

(24) Ainsi, selon T. Stoianovitch, dans la région de Serres, presque tout le coton destiné à l'exportation est fourni par les aghas, qu'il provienne de leurs réserves ou du produit de la rente seigneuriale qu'ils perçoivent ; *art. cit.*, p. 404.

(25) A.E.BI, 1053, Peyssonnel au ministre, 13 avril 1752.

(26) A.E.BI, 1054, Peyssonnel à l'ambassadeur, 1er septembre 1753.

(27) Nous avons déjà eu l'occasion de mentionner certaines de ces *"mukataa"* (cf. supra, notes n° 18 et 23) ; on peut y ajouter celle de Turgutlu que Mustafa agha détient de 1751 à 1755 ; Çagatay Uluçay, *in : Tarih vesikaları*, t. III, n° 13, p. 125, doc. n° 28.

(28) Un ordre impérial de 1755 commandant l'exécution de Mustafa agha reprochera à ce dernier de s'être approprié et d'avoir accumulé "depuis pas mal de temps" *("nice müdetten beri"),* "la plupart des *mukataa, timar, ziamet* et biens du fisc dans les environs" *(ol havalının ekser mukataatı ve timar ve ziʿametleri ve emval-i miriyesini kendüye hasr ile . . .) ;* Başvekalet arşivi, Cevdet dahiliye, n° 5751. Peyssonnel accuse d'autres part Araboğlu d'avoir usurpé "quantité de hameaux" par "toutes sortes de voies" ; A.E.BI, 1052, Peysonnel au ministre, 17 avril 1749. Les documents turcs ne permettent pas de se faire une idée précise de ce que pouvait être l'ensemble des possessions de ces grands aghas à un moment donné ; elles apparaissent comme essentiellement mouvantes, précaires, consistant non pas en terres mais en taxes à percevoir sur les rayas ; il faut décidément écarter à propos de ces aghas l'image de grands propriétaires fonciers.

(29) Sur les taxes perçues par le *mütesellim* de Saruhan, cf. **Çagatay Uluçay**, *Eşkiyalık . . .*, p. 13.

(30) Il me paraît impossible d'évaluer les revenus en nature qu'un Karaosmanoğlu pouvait tirer des paysans sur lesquels il levait des taxes en tant que *mültezim* (fermier). Stoianovich estime qu'entre la production de la réserve et le fruit de la rente seigneuriale, 50 % du coton produit dans la région de Serres reviennent à l'agha. Ni les documents turcs que je connais, ni, à plus forte raison, le témoignage des Peysonnel ne m'autorisent à avancer une évaluation semblable dans le cas d'Izmir.

A vrai dire, on peut tout de même voir dans certains propos de Peyssonnel une illustration sinon explicite, du moins implicite de la position de fournisseurs du grand commerce occidental des deux grands aghas, position qu'on ne peut pas au demeurant mettre sérieusement en doute : le consul présente ainsi le gouverneur de Manisa (c'est-à-dire Karaosmanoğlu ou du moins un de ses parents) comme ayant tendance à monopoliser la vente des grains, mais il n'en parle que comme d'un bruit circulant dans la population de la région et non comme d'une politique systématique nuisant aux intérêts des Francs (31), politique qu'il reprochera au contraire, par exemple, au *muhassıl* d'Aydın (32). Plus probantes sont les nombreuses allusions aux menées de Mustafa agha pour faire monter les prix des cotons, dans lesquelles on est naturellement porté à reconnaître la tactique d'un vendeur : à l'origine de la "prodigieuse augmentation des cotons" qu'il constate en décembre 1749, Peyssonnel soupçonne les intrigues des intermédiaires juifs en accord avec Karaosmanoğlu désigné pour l'occasion comme "le particulier le plus riche et le plus avide de l'Empire ottoman (33)" ; de même lorsqu'une "ligue" d'acheteurs se forme pour enrayer cette hausse, l'agha déclare à ses syndics qu'"il les ferait mourir sous le bâton, s'ils continuaient de pareilles manœuvres" (34). Si Karaosmanoğlu veut que les prix du coton soient élevés, c'est sans doute parce qu'il en vend ; j'en conviens, mais je note que ce peut être aussi pour obtenir un prélèvement plus important sur celui que vendent ses rayas ; donc non pas en tant que fournisseur mais en tant qu'agha : le comportement d'Araboğlu lors de la vente de la récolte de blé en 1753 nous en offre une illustration (35) ; on voit le *kāhya* arménien de l'agha faire livrer avec une lenteur calculée par les paysans de la région (36) le chargement de blé qu'attendent les capitaines français à l'échelle de Çandarlı ; ceux-ci impatients de charger, de mettre un terme aux délais qu'on leur impose, consentent à toutes les augmentations de prix, à tous les cadeaux en espèces et en nature (notamment un fusil pour Araboğlu) réclamés par le *kāhya*, pour arriver à leurs fins : ayant convenu le 24 juillet d'un prix de 29 para "le quilot de Constantinople", dont 25 pour les "paysans" et 4 pour l'agha à titre de

---

(31) A.E.BI, 1052, Peyssonnel au ministre, 18 mars 1750. Sur le monopole de vente usurpé par le pacha et les aghas des environs de Salonique, présenté au contraire comme "presque" sytématique, cf. N. Svoronos, "Le commerce . . ." p. 60.

(32) Cf. infra, note n° 53.

(33) A.E.BI, 1052, Peyssonnel au ministre, 16 décembre 1749.

(34) A.E.BI, 1052, Peyssonnel au ministre, 17 février 1750.

(35) Les faits suivants sont abondamment relatés dans A.E.BI, 1054 à travers la correspondance de septembre-octobre 1753, et en particulier dans le rapport remis par deux capitaines français au drogman Roboly lors de sa visite à Araboğlu, joint à Peyssonnel à l'ambassadeur, 17 septembre 1753.

(36) On peut avoir une idée de la façon dont le *kāhya* d'Araboğlu s'y prenait pour contrôler les livraisons des paysans en se référant au passage où Peyssonnel déclare vouloir obtenir de Karaosmanoğlu l'engagement qu'il laissera "la liberté aux paysans pour employer leurs bestiaux et leurs voitures à la récolte et au transport des grains" ; A.E.BI, 1054, Peyssonnel à l'ambassadeur, 7 juin 1754.

"droit d'agha ou d'*ağalık* (37), un mois plus tard ils acceptent avec l'espoir de pouvoir enfin charger, un prix de 33 para "le quilot", avec, cette fois, 26 pour les paysans, 7 pour l'agha : les manœuvres du kāhya auront ainsi permis à son maître de faire passer son droit de 4 à 7 para sur chaque "quilot" embarqué... il lui a suffi de régler à son gré les livraisons des producteurs. A cette même fin, l'année suivante, "pendant le mois de ramadan, / l'agha / empêchera les paysans de faire la récolte par dévotion", annonce Peyssonnel ; il retardera ainsi les travaux agricoles et favorisera une accumulation de bateaux en attente sur la côte, propice à la concurrence et donc à la hausse des prix qui profite à son droit d'agha (38).

On voit par ces exemples que l'action économique des deux aghas, telle que la définit le consul, est un facteur de hausse des prix et donc contraire aux intérêts des marchands français, "d'où on veut conclure, signale-t-il, qu'une révolution / qui mettrait fin à la puissance des Karaosmanoğlu / ne nous serait peut-être pas désavantageuse (39)".

En attendant, des relations courtoises avec les aghas permettront à l'occasion d'amadouer ces partenaires redoutables (40), mais elles ne dispensent pas le consul de tenter d'organiser une riposte à leurs menées ; il incite les marchands à former des ligues d'achat ; il songe même à un moment à faire boycotter les échelles dépendant d'Araboğlu au profit de celles de Karaosmanoğlu, dont il aurait préalablement obtenu des engagements "tant pour la qualité du blé, que pour le prix et le terme de la livraison" (41), mais l'individualisme de ses administrés fait échouer ces efforts du consul (42).

Rappelons d'autre part que le régime des *āyān* a d'autres inconvénients pour les négociants francs : il plonge l'Anatolie dans des luttes sans fin entre aghas de moindre envergure qui débouchent le plus souvent à l'époque considérée sur la rivalité entre Karaosmanoğlu et Araboğlu (43) : toutes ces petites guerres civiles, notera Peyssonnel fils, répandent "la désolation dans les environs" et peuvent

---

(37) Ce droit d'agha *(ağalık)* est perçu par le kāhya pour le compte d'Araboğlu sur tous les chargements de blé ; peut-être faut-il l'identifier à l'*ağalık* mentionné par Uluçay parmi les *tekalif-i şakka* ; Eşkiyalık..., p. 36.

(38) A.E.BI, 1054, Peyssonnel à l'ambassadeur, 7 juin 1754.

(39) A.E.BI, 1053, Peyssonnel au ministre, 13 avril 1752.

(40) Peyssonnel se flatte aussi d'avoir obtenu en s'adressant directement à "un ami aussi essentiel que Karaosmanoğlu", à 6 3/4, des laines dont les Juifs ont offert 8 piastres", en faisant faire à son drogman Paraskeva trois voyages auprès de l'agha ; A.E.BI, 1053, Peyssonnel à l'ambassadeur, 27 août, 1752.

(41) A.E.BI, 1054, Peyssonnel à l'ambassadeur, 7 juin 1754.

(42) "La concurrence des négociants entre eux n'a pas permis d'exécuter ce projet", constate-t-il ; A.E.BI, 1054, Peyssonnel au ministre, 8 octobre 1754.

(43) Le consul écrit à propos de ces luttes incessantes à son ambassadeur : "Je ne doute pas que V. ex. ne voie avec admiration toutes les circonstances singulières où se trouvent les affaires de ce pays ; je doute même qu'on en aie le moindre soupçon en France" ; A.E.BI, 1053, Peyssonnel à l'ambassadeur, 15 juillet 1751.

"influencer infiniment sur le commerce" (44).

Pourtant, en dépit de tout cela, Peyssonnel père est favorable à un Mustafa agha tout comme Peyssonnel fils le sera à Ahmed agha, lui-même fils et successeur de Karaosmanoğlu (45) : les consuls ont en fait avec ces deux notables bien plus que des relations de courtoisie : ils prennent part à leurs difficultés, s'efforcent de les soutenir contre leurs ennemis, de les aider de leurs conseils ; ils multiplient les appels à leurs ambassadeurs pour que ces derniers s'entremettent à la Porte en faveur de leurs amis puissants mais toujours menacés (46).

Ils considèrent en effet que de tels gouverneurs dans lesquels il faut inclure Araboğlu présenté par ailleurs comme "fort accrédité et aimé" (47), sont préférables à ceux que la Porte peut envoyer parce qu'ils sont implantés depuis longtemps déjà dans la région et entendent s'y maintenir, parce qu'ils ont compris qu'ils étaient personnellement intéressés à l'existence d'un commerce dont ils tirent de grands profits (48) ; ils sont ainsi attachés à l'ordre, à la sécurité des personnes et des biens, au peuplement et à la mise en valeur des terres ; d'autre part, eux seuls jouissent de la puissance nécessaire pour atteindre ces objectifs. Dans ces conditions, le contraste est frappant entre le gouvernement d'un Karaosmanoğlu et celui d'un Mehmed Çelik Pacha que la Porte nomme *"Muhassıl"* d'Aydın en mars 1751 ; ce dernier a, au rapport de Peyssonnel, pour unique souci de se rembourser le plus vite possible des huit cents bourses que lui aurait coûté son gouvernement ; il fait si bien par ses exactions que les

---

(44) Remarques faites à propos du conflit entre Karaosmanoğlu Ahmed agha et Uveys agha; A.E.BI, 1060, Peyssonnel fils au ministre, 8 mai 1772. Peyssonnel père avait fait également allusion aux inconvénients de la situation par rapport aux intérêts de la diplomatie française en Turquie : "Je ne crois pas, écrivait-il à l'ambassadeur, que Votre Excellence vit avec plaisir que la Porte vint se chercher des affaires en Asie / c'est à dire en Asie mineure / ; elle peut avoir de l'occupation ailleurs et y porter son attention avec plus de raison." A.E.BI, 1053, Peyssonnel à l'ambassadeur, 15 juillet 1751.

(45) Sur Hacı Ahmed ağa, cf. Çağatay Uluçay, *Manisa Ünlüleri*, p. 56.

(46) Cf. notamment A.E.BI, 1053, Peyssonnel au ministre, 27 août 1752 ; A.E.BI, 1054, Peyssonnel à l'ambassadeur, 1er septembre 1753.

(47) A.E.BI, 1052, "Nouvelles à Smyrne", 8 avril 1750. Il est vrai qu'il le traite aussi de "canaille" quand il fait monter les prix du blé, contradiction qui illustre bien l'ambiguïté du jugement porté par le consul sur ces aghas : ne sont-ils pas les plus sûrs protecteurs d'un commerce dans lequel par ailleurs leurs intérêts luttent avec ceux des Français ?

(48) Cette prise de conscience se manifeste notamment dans l'attitude des aghas vis-à-vis des ordres répétés de la Porte interdisant les exportations de grains ; Peyssonnel fait maintes allusions à ces exportations de contrebande dans lesquelles aghas, producteurs et marchands francs se trouvent unis contre les ordres de la Porte et les intérêts des populations urbaines ; pour Salonique, voir à ce sujet N. **Svoronos**, *Le commerce . . .*, p. 13 18, 31, 32. Araboğlu va jusqu'à soudoyer les capitaines des caravelles turques chargées de faire la police ; A.E.BI, 1054, Peyssonnel au ministre, 9 mai 1754 ; Karaosmanoğlu également favorable à cette contrebande fait pourtant observer, dans l'hiver 1753 "que si la sécheresse continuait, il y aurait de la témérité à lui de mépriser les ordres de la Porte" ; A.E.BI, 1054, Peyssonnel au ministre, 3 décembre 1753.

ĀYĀN DE LA RÉGION D'IZMIR 141

populations fuient son *paŝalık* (49), les Türkmen de la région sont contraints "de se dissiper" et de "changer de climat", ôtant ainsi aux marchands français le débouché de leur café des îles "dont les turcmen faisaient leur boisson ordinaire" les champs d'opium sont abandonnés (50) ; lorsqu'en février 1752, le même Çelik Pacha obtient en outre le *"mütesellimlik"* de Saruhan à la place de Karaosmanoğlu (51), Peyssonnel ne tarde pas à apprendre que les mêmes désordres et les mêmes exactions affectent désormais la région de Manisa (52) ; il craint que le représentant de Çelik n'y établisse le monopole sur la vente des cotons que son maître a précédemment institué à son profit en Aydın ; dès lors le consul fait des vœux ardents pour que Karaosmanoğlu récupère sa charge et que soient rétablies "cette tranquillité et sûreté publique dont on a joui tant que Caraosmanoglu a été en place" pour reprendre ses termes (53) qui contrastent, j'en conviens, avec l'image que donnent du même personnage des documents ottomans également suspects d'ailleurs de partialité (54) . . .

Peyssonnel fils ne louera pas moins l'ordre que sut faire régner à Izmir au lendemain de la bataille de Çeşme, Karaosmanoğlu Hadji Ahmed agha, "riche et puissant" (55) comme l'avait été son père : envoyé par la Porte (56) pour prévenir

---

(49) "Il a désolé tout son pachalik, écrit Peyssonnel, dont la plupart des familles sont actuellement réfugiées aux environs de Smyrne" ; A.E.BI, 1053, Peyssonnel au ministre, 21 avril 1751.

(50) A.E.BI, 1054, Peyssonnel au ministre, 22 août 1753.

(51) Cf. le *temessük* (attestation) daté de novembre 1751, par lequel Yeğen Ali Pacha, vali de Roumélie donne à ferme la *mukataa* de Saruhan pour la période du 20 novembre 1751 au 7 novembre 1752 à Mehmed Pacha, *muhassıl* d'Aydın ; un autre document montre qu'Ali la restitua par la suite à Karaosmanoğlu devant les plaintes des habitants de Manisa, ce fait semblant étayer les accusations de Peyssonnel contre le représentant de Çelik à Manisa ; Çagatay Uluçay *in, Tarih vesikaları*, t. III, n° 13, 1944, p. 120-121, doc. n° 22 et 23, et, idem, *Eşkiyalık . . .*, p. 280.

(52) "C'en est fait de la sûreté des chemins, rapporte-t-il . . . les gens détroussent les passants ; ils ont enlevé entre autres 500 piastres à un Arménien venant de Kırkagaç, etc." ; A.E.BI, 1053, Peyssonnel au ministre, 20 février 1752.

(53) Peyssonnel conclut à propos de cet épisode : "L'essentiel est d'avoir dans le voisinage un pacha qui ne soit pas un tyran, qui pourvoie à la sûreté des chemins, et surtout qui ne s'avise pas de monopoler pour son propre compte sur les cotons comme le faisait Chelik pacha". ; A.E.BI, 1053, Peyssonnel au ministre, 13 avril 1752 ; soulignons qu'un tel passage montre clairement que Karaosmanoğlu, lui, ne "monopole" pas sur les cotons.

(54) Peyssonnel écrit encore de Karaosmanoğlu : "il ne vexe pas les gens de la campagne" ; A.E.BI, 1053, Peyssonnel au ministre, 13 avril 1752 ; et même : "il est aimé jusqu'à l'adoration . . .", A.E.BI, 1053, Peyssonnel au ministre, 21 avril 1751. Un ordre impérial de fin février 1755 donnera un son de cloche tout différent faisant état des plaintes de la population de la *"mukataa"* de Turgutlu contre Mustafa agha ; on lui reproche ses taux d'intérêt usuraires (Peyssonnel ne les nie pas), mais aussi des extorsions et exactions sans fin ; (Çagatay Uluçay, *in, Tarih vesikaları*, t. III, n° 13 (1944), p. 125-126, doc. n° 28. Reconnaissons que l'influence des ennemis de Karaosmanoğlu qui obtiendront d'ailleurs bientôt sa tête n'était peut-être pas étrangère à l'exposition de ces plaintes quel qu'en ait pu être le bien-fondé.

(55) A.E.BI, Peyssonnel fils au ministre, 8 février 1772.

(56) A.E.BI, 1059, Peyssonnel fils à l'ambassadeur, 4 août 1770.

les conflits entre musulmans et chrétiens qui avaient déjà donné lieu à des massacres le 8 juillet 1770 (57), il y réussit à merveille, appuyé sur ses propres troupes (58), alors que les autorités civiles et militaires de la ville étaient impuissantes ou franchement hostiles aux chrétiens ; tenant en bride les séditieux, "il veille, écrit Peyssonnel fils, avec un zèle infatigable à notre tranquillité" (59). Ainsi le consul intervient-il à plusieurs reprises auprès de l'ambassadeur pour qu'il incite la Porte à prolonger la mission d'Ahmed agha, mieux encore, à le nommer voyvode d'Izmir (60). Lorsqu'il est finalement destitué de cette fonction en février 1772, Peyssonnel observe, ainsi que les autres consuls étrangers, qu'aucun autre gouverneur n'aura une "force coactive" égale à la sienne, car, précise-t-il de façon significative, "cette force est moins le fruit des talents de celui qui gouverne, que du crédit que lui donnent sa dignité, son rang et encore plus la multitude de bras qu'il peut armer dans le besoin. C'est un avantage que ne saurait avoir un simple agha qui vient de Constantinople. Il est personnel à Caraosmanoglou" (61).

En somme, c'est sur le plan politique et non sur le plan économique proprement dit, où les conflits ne manquent pas, où les conditions de production ne sont guère modifiées, que les consuls se louent de l'action des grands aghas, qu'ils voient en eux un facteur nécessaire à la prospérité du commerce français.

## DOCUMENTS

I – Lettre de Karaosmanoğlu Hadji Mustafa à Charles de Peyssonnel, du 6 avril 1752 – *(Archives Nationales ; Affaires étrangères B1, N° 1053)*.

Dans la lettre qui suit, Karaosmanoğlu (mentionné souvent dans les documents ottomans sous le nom équivalent de Karaosmanzade) remercie le consul de France des compliments qu'il lui a fait adresser par son drogman Paraskeva pour le rétablissement dans ses différentes charges que la Porte vient de lui accorder. Cette lettre est écrite au terme d'une crise qui a donné l'occasion à Peyssonnel d'exprimer son attachement au maintien en place de Karaosmanoğlu et son hostilité au compétiteur de ce dernier, Çelik Pacha : nous y avons fait allusion plus haut. Les péripéties de cette crise apparaissent à travers les dépêches envoyées par le Consul à son ministre. Elle commence quelque temps avant le 11 mars, date prévue pour le renouvellement des gouvernements qui sont des charges annuelles,

---

(57) Les événements sont relatés dans A.E.BI, 1059, Peyssonnel fils au ministre, 31 juillet 1770.

(58) A.E.BI, 1054, Peyssonnel fils au ministre, 17 mai 1771.

(59) Peyssonnel fils au ministre, 18 juin 1771.

(60) "Il est bien à désirer pour nous, écrit le consul à l'ambassadeur, de le voir vaivode [sic] de cette ville comme V.E. me le fait espérer". Il sera en effet nommé voyvode d'Izmir et *"muhafız"* (gardien) de Sancak burnu ; A.E.BI, 1060, Peyssonnel fils à l'ambassadeur, 2 février 1771 ; et Çagatay Uluçay, Manisa Unlüleri, p. 56.

(61) A.E.BI, 1060, Lettre des consuls étrangers à Izmir à leurs ambassadeurs, jointe à Peyssonnel fils au ministre, 22 février 1772.

moment critique pour les titulaires, qui fournit de la sorte l'occasion de manœuvres et de chantages. Une offensive est ainsi lancée contre Karaosmanoğlu et les siens, notamment son gendre Hidayetullah, gouverneur d'Izmir, offensive dont Çelik Pacha paraît être l'instrument. Le 20 février 1752, Peyssonnel écrit : "Nous sommes à la veille de bien des troubles : la Porte après avoir accepté les deniers d'Hidayet agha, pour le gouvernement de l'année prochaine, vient de le déposer, tandis qu'elle a ôté à Karaosmanoğlu son beau-père le gouvernement de Kassabat, de Kırkağaç et qui plus est de Magnésie (Manisa) qui a été donné à Çelik Pacha", et il note : "On voit que la partie est liée pour envelopper Karaosmanoğlu". La nouvelle de la nomination de Çelik Pasa à Manisa se confirme peu après, et, le 1$^{er}$ mars, Peyssonnel annonce que le nouveau gouverneur "a envoyé avant le temps son Musselim ou procureur à Magnésie". Le pacha s'attend à une opposition de la part des partisans de Karaosmanoğlu dans la ville et a ordonné "d'établir des pals et des potences, dans les places publiques pour intimider les habitants qui sont bâtonnés et emprisonnés sous prétexte de port des armes". De son côté, le vieil agha ne songe pas à se soumettre. Il compte sur l'argent pour retourner la Porte en sa faveur : "son système, indique le consul, est de ne pas épargner l'argent, s'il peut par ce moyen se réconcilier avec la Porte. Il a expédié à cet effet courrier sur courrier avec un pouvoir illimité à ses correspondants d'offrir tout ce que le sérail demanderait". Mais s'il n'obtient rien de cette façon, il paraît prêt à utiliser la force et prend des dispositions à cet effet : il rassemble des munitions, faisant notamment acheter à Izmir "18 barils de poudre de Hollande", ainsi que du plomb, et d'autre part des vivres pour ses troupes "j'ai vu, raconte le consul, tout le chemin occupé par les chameaux de Karaosmanoğlu, qui ne cessent de charrier du riz et du café, pour la provision des troupes qu'il compte de mettre en campagne, si cette affaire ne s'accommode pas". En rassemblant les hommes dépendant de ses différents fidèles, il peut, selon l'estimation de Peyssonnel, mettre en campagne environ 20 000 hommes ; le consul va jusqu'à lui prêter le projet "de grossir ce capital de troupes, en les conduisant à Scutari (Usküdar), pour faire de là une révolution à Constantinople". Cette révolution aurait consisté à remplacer le sultan Mahmud I$^{er}$ par celui qui lui succèdera en effet en 1754 sous le nom d'Osman III. Quoiqu'il en soit de cet ambitieux projet, la Porte dispense Karaosmanoğlu de recourir à la force en acceptant au terme d'une négociation, de lui remettre les *"temessük"* (attestations) de ses gouvernements moyennant la somme de 600 bourses. Dans la nuit du 13 au 14 mars, Peyssonnel est informé de ce dénouement par le gouverneur d'Izmir : "il m'a, rapporte-t-il, envoyé un officier de Karaosmanoğlu qui est venu battre à ma porte pour me faire part de l'agréable nouvelle qu'il venait de recevoir que son beau-père avait été rétabli dans tous ses emplois" (cependant, comme nous l'avons signalé, il ne retrouvera pas le gouvernement de Kassabat). Le consul s'empresse alors d'envoyer à Karaosmanoğlu son drogman Paraskeva pour le féliciter. L'agha répondra à cette démarche par la lettre que nous publions, qui témoigne, comme tous les propos tenus par Peyssonnel au cours de cette affaire, de l'entente régnant entre les deux personnages. La traduction de cette lettre que Peyssonnel a jointe à sa dépêche au ministre du 13 avril 1752 est vraisemblablement l'œuvre du drogman Paraskeva.

"Tres illustre et tres sage et tres digne et tres sincere et tres veritable amy et tres Renomme Consul de France a Smyrne que le Seigneur vous comble de touts les precieux dons et qu'il vous accorde une longue vie.

Apres les compliments tres sinceres que j'ay l'honneur de vous faire je prends la liberté de demander l'etat de votre chere santé ; tres illustre Seigneur et intime amy suivant la liaison et l'amitie tres sinçere que nous avons ensemble j'attendais a tout moment quelqu'un de votre part pour venir, me felicitér de mon retablissement dans mes charges et mes gouvernements ; que l'empereur mon maitre vient de m'accorder – et d'abord ; j'ay vû paroitre votre drogman. Parasqué va accompagné d'une de vos cheres lettres. Je ne puis pas vous exprimer la joye qu'elle m'a donné ; et le plaisir qu'elle m'a fait et je vous remercie tres cordiallement et je prie le Seigneur de vous donner toute sorte de prospérité.

Votre drogman Parasquéva apres avoir remplie sa comission m'a demandé congé pour retournér chez vous. Je n'ay pas manqué de vous Ecrire et de vous Temoigner l'estime que j'ay et que j'aurai toute ma vie pour vous, vous priant de m'accorder toujours votre tres sincere amitié et de me faire l'honneur de m'écrire le plus souvent que vous pourrés et de me donner de vos cheres nouvelles ; vous offrant du meilleur de mon cœur mes tres humbles services et a toute votre Nation en tout ce qui dependra de moy, agréés, Monsieur et cher amy, mes compliment a Madame de Peyssonnel votre chere epouse et Mademoiselle votre chere fille et a Messieurs vos chers fils.

Votre tres sincere et intime amy<br>Cara osmanzadé<br>hagi Moustaffa aga"

## II – Lettre d'Ismail Agha Araboğlu à Charles de Peyssonnel et réponse de ce dernier, avril 1754 – (*Archives Nationales ; affaires étrangères B1, n° 1054*)

Ces deux lettres que nous connaissons par la copie jointe à la dépêche de Peyssonnel au ministre du 9 mai 1754, reflètent l'ambiguïté des relations entre leurs deux auteurs : leurs intérêts divergent, au moins en partie, mais chacun reconnaît l'influence de l'autre sur ses propres intérêts et par conséquent la nécessité de le ménager. D'ailleurs, de la part d'Araboğlu, cette reconnaissance est tardive et due à la pression des circonstances : Peyssonnel explique en effet au ministre le 9 mai 1754 que "comme la demande de blé a calmé depuis quelques temps, Araboğlu est inquiet de ne pas voir paraître autant de bâtiments qu'auparavant". Pour y remédier, il croit utile de s'attirer les bonnes grâces du consul, en le flattant. C'est là surtout semble-t-il ce qu'il faut trouver dans sa demande de protection en faveur de son *Kāhya,* ou chargé d'affaire, l'Arménien Cubric. "Il s'est résolu, explique Peyssonnel au ministre, de réparer de lui-même l'impolitesse qu'il m'avait faite en négligeant de répondre à la lettre dont M. Fornetty avait été porteur (je n'ai pas trouvé trace de cette lettre confiée au drogman du Consulat) ... ayant même mis sous ma protection l'Arménien Cubric qui fait auprès de lui la fonction de Kāhya". Cette interprétation donnée par Peyssonnel lui-même à la démarche d'Araboğlu, conduit à penser que l'agha ne requiert pas pour son Kāhya, le statut précis de protégé de la France avec les avantages et les obligations juridiques qu'il comportait, mais seulement le concours bienveillant du consul, son entremise auprès des capitaines par exemple : ce faisant autant qu'il sollicite un service de Peyssonnel, il rend hommage à son influence sur les affaires de la région. La réponse de Peyssonnel sur ce point confirme qu'on assiste bien à un assaut de politesse entre les deux hommes : "il ne m'appartient pas de lui donner ma protection, écrit-il, puisqu'il jouit de la vôtre", réponse qui ne serait qu'une fin de non recevoir désinvolte s'il fallait considérer que le statut juridique de protégé avait été effectivement sollicité pour l'Arménien. Si Peyssonnel se trouve ici dans une position de force, ce n'est donc pas dû au contenu de la demande présentée par l'agha, mais à la conjoncture commerciale du moment. Le consul en profite, en faisant le point de ses griefs contre les méthodes commerciales de l'agha, de son homme de confiance et de certains sensaux avec lesquels ils ont partie liée, pour dicter ses conditions. Il se réfère à des faits précis : ce sont d'abord les manœuvres dilatoires exercées par Cubric en septembre 1753, pour vendre, comme nous l'avons vu plus haut, le blé à des prix plus élevés aux capitaines français : tant en ce qui concerne les délais de livraison, que la qualité et le prix du blé, les accords conclus entre les capitaines et le kāhya avaient été violés par ce dernier. D'autre part, l'agha favorise de telles manœuvres en approuvant un principe posé par les capitaines eux-mêmes, au grand dam du consul, partisan d'une répartition équitable des arrivages de blé entre les bateaux présents à l'échelle. Selon ce principe "si quelque capitaine par son industrie avait traité avec les aghas et les villageois, il ne devait pas être obligé de mettre en commun ce qu'il se serait procuré par son industrie, son crédit et ses avances". Ainsi dans une lettre du 1$^{er}$ septembre 1753, Peyssonnel rapporte que grâce à l'entremise du sensal Audibert, le capitaine Reboul avait été avantagé par Araboğlu. Mais ce principe en rompant le front des capitaines, favorise dangereusement la tactique de l'agha ; comme Peyssonnel l'exposera au ministre, le 8 octobre 1754, "il met les capitaines dans le cas de renchérir l'un sur l'autre dans l'espérance d'être plus tôt chargés et expédiés, mais quand ils ont donné dans ce panneau, le blé ne descend pas moins lentement à la Marine, pour donner la tentation à quelqu'autre capitaine de surfaire". A cette date en effet, la conjoncture est de nouveau favorable à Araboğlu, et il redonne en plein dans ses pratiques habituelles, dont Peyssonnel avait vainement tenté de débarrasser les acquéreurs français.

"Traduction de la lettre qu'*Ismaïl* aga Arab-oglou Gouverneur de Pergame a écrit a Monsieur le Consul.

Le contenû de la lettre est :

Tres honnoré et tres illustre et tres sincere amy Baïlos que votre prosperite puisse augmenter toujours apres les compliments ordinaires je demande l'état de votre Santé tres illustre et tres honnoré amy nous entendons tout le monde parler de vos bontés sans avoir eu le bonheur de vous voir de pres. le sujet de la presente n'est uniquement pour vous recommander le nomé *Kivrik* notre Kiaya qui vous remettra la presente vous priant de l'assister en tout ce qui dependra de vous, comme un homme chargé de nos affaires et je vous prie de le proteger. Je ne manquerai point de faire le meme en ce qui dependra de moy pour votre service, vous pouvez en disposer librement et m'adresser toutes les affaires que vous aurez et vous serez servi exactement. Je vous prie de ne pas nous oublier et je me recommande a vos bonnes prieres.

votre sincere amy<br>le Gouverneur de Pergame<br>Ismaïl aga arab – oglou".

Reponse à la lettre d'Arab-oglou, Gouverneur de Pergame.

"Apres les compliments ou il ne faut pas menager les titres – J'ay recû avec joye et reconnoissance la lettre dont vous m'avez honnoré ces jours passés votre Kiaya Kivrik qui me l'a rendüe se sera apperçû par le bon acueil qui luy a été fait chez moy du cas que j'ay fait des personnes qui ont l'honneur de vous appartenir et de participer a votre confiance il ne m'appartient pas de luy donner ma protection puisqu'il jouit de la votre, mais si je puis luy etre de quelque utilité je luy rendray dans l'occasion tout les services qui pourront dependre de moy. J'espere en même temps que vous exigerez de luy qu'il favorise notre commerce et qu'il se conduise de façon a y maintenir la Paix je n'ay pas pû eviter de rendre compte a notre Cour des incidens survenus l'année passée je ne scai quels ordres je pourrai en recevoir pour les eviter a la venir il y en a ce me semble, deux moyens. le premier que les Traités soient fidelement executés et de bonne foy ; quand nos Capitaines y ont manqué a votre egard vous scavez que je les ay obligé a tenir leur paroles, et que j'ay fait honneur aux lettres que vous m'avez ecrites dans l'occasion, j'attends de vous le reciproque, le Second moyen est de ne pas favoriser un capitaine au prejudice des autres, ceux qui a titre de Drogmans se preteroient a de pareilles manœuvres ne vont certainement pas avoüés de ma part et vous pouvez etre assuré que je les desapprouve d'avance et les regardes comme Ennemys de ma Nation moyenant ces deux points il me paroit que tout sera en regle et que notre Correspondance sera durable etant fondée sur l'estime singuliere que je fais de votre vertû et de votre justice, vous me marqués M. que vous me connoissez de reputation que vous aurez ouÿ parler du moins de mes bonnes intentions vous me flattez infiniment quant vous desirez de me connoitre personnellement je m'estimerois heureux de pouvoir en ce cas vous donner des preuves de mon devouement et de mon respect. Ce sont les sentiments avec lesquels j'ay l'honneur d'etre . . ."

# II

## LES «ÇİFTLİK» DE COLONİSATİON DANS LES STEPPES DU NORD DE LA MER NOİRE AU XVIe SİÈCLE

Les historiens qui à la suite des recherches pionnières du professeur Barkan, se sont penchés sur les problèmes fonciers dans l'empire ottoman, connaissent l'importance mais aussi la complexité de la notion de çiftlik[1]. Le mot, comme beaucoup d'autres de la terminologie institutionnelle ottomane, reçoit selon le contexte des acceptions différentes qu'il importe chaque fois de préciser. Rappelons, sans entrer ici dans le détail, que le terme çiftlik peut être un synonyme de çift et désigner la tenure de base du raïa (théoriquement la surface cultivable à l'aide d'une paire de boeufs), nommée encore dans certaines régions d'après le vocable slave de baştina. Encore faut-il distinguer les tenures de simples paysans (ra'iyyet çiftliği) soumises à la totalité des impôts prévus par la loi canonique et coutumière (la şeri'a et le kanun), des tenures à caractère militaire, dans lesquelles il faut faire entrer la réserve appartenant en propre au sipâhî (hâssa çiftliği) dans le cadre du timâr, mais aussi des tenures attribuées aux membres de corps auxiliaires tels que les yaya, müsellem, yürük, valak, doğancı, voynuk, etc. ; ces tenures militaires connaissent des statuts fiscaux privilégiés à charge pour leurs détenteurs de rendre à l'Etat des services militaires ou para-militaires. Mais le terme çiftlik peut s'appliquer également à de grands

---

1. Cf. les mises au point d' Ö. L. Barkan, art. «Çiftlik», Islâm Ansiklopedisi, III, İstanbul, 1945, pp. 392-397; de H. Inalcik, art. «Çiftlik», Encyclopédie de l' Islam, 2e éd., II, pp. 33-34; cf. aussi, N. Beldiceanu, Code de lois coutumières de Mehmed II : kitāb-i qavanin-i 'örfiyye-i 'osmani, Wiesbaden, 1967, index sous çift et çiftlik p. 27.

II

domaines[2], et l'on sait que ce sens prévaudra surtout au XIXe siècle ; il n'en est pas moins attesté aux époques anciennes,dès le XIVe siècle: entrent sous cette appelation des timâr accordés par le sultan à de hauts dignitaires, à titre de domaines (ber vech-i çiftlik) et dont les bénéficiaires afferment les revenus fiscaux moyennant l'obtention d'une somme forfaitaire (mukâta'a). Dans d'autres cas, des membres de la classe militaire recevaient comme çiftlik des terres nouvellement mises en exploitation, en général moyennent le paiement à l'Etat d'une somme forfaitaire (d'où l'appellation de mukâta'alı çiftlik) ; par ailleurs, un statut analogue fut appliqué aux propriétés patrimoniales (mâlikâne, yurd) de certaines familles de l'aristocratie préottomane du centre et du nord de l'Anatolie; en contrepartie de ces concessions, les bénéficiaires de ces différents çiftlik étaient généralement tenus de fournir à l'armée et d'équiper un ou plusieurs combattants (eşküncü, cebelü)[3]

D'autre part ,le professeur Inalcik a récemment insisté sur le rôle joué tout au long de l'histoire ottomane par de grands çiftlik attribués par l'Etat, le plus souvent à des membres de la classe dirigeante, comme instruments de déf-

---

2 Cf. notamment, J. Ancel, **La Macédoine**, Paris, 1930; H. Inalcik, **Tanzimat ve Bulgar Meselesi**, Ankara, 1943; Ö. L. Barkan, «Türk toprak Hukuku Tarihinde Tanzimat ve 1274 (1858) Tarihli Arazi Kanunnamesi», in **Tanzimat**, Istanbul, 1940, pp. 1 - 101; T Stoianovitch, «Land tenure and related sectors of the Balkan economy», **Journal of Economic History**, t. 13, n° 4 (1953), pp. 398-411; H. Inalcik, «Land Problems in Turkish History», **The Muslim World**, 45, Hartford, 1955, p. 225; Y. Nagata, **Some Documents on the Big Farms (çiftliks) of the Notables in Western Anatolia**, Tokio, 1976; Y. Cezar, «Bir Âyanın Muhallefatı, Havza ve Köprü kazaları Âyanı Kör İsmail-Oğlu Hüseyin», **Belleten**, XLI, 161, Ankara, 1977, pp. 41-78.

3 Notons qu'encore en janvier 1552, un ordre au kâdi d'Hezargrad nous apprend qu'à cette date le village de Nahtuvan (?), **alias** Çayırköy (**Kazâ de Tirnovo**), d'un revenu fiscal de 2502 aspres, avait été attribué à deux frères, fils de Şemsi Bey; à titre de çiftlik, et inscrit comme tel dans le plus récent registre, moyennant la charge pour les bénéficiaires de faire participer un **cebelü** à la campagne militaire. La porte demande d'ailleurs : «pour quelle raison a-t-on fait inscrire ce village à titre de çiftlik moyennant la fourniture de cebelü?»; Bibliothèque du musée de Topkapı, KK 888, f. 7r.

richement (şenlendirme, ihyâ)[3] , de mise en valeur de terres nouvelles. Ces domaines étaient constitués sur des zones vides ou abandonnées (mawât), ne faisant pas partie de la terre mîrî et échappant au morcellement en tenures (système du çift-hâne). Ils pouvaient donc être concédés par le sultan en pleine propriété (mülk) aux termes d'actes d'appropriation (temliknâme) accordés à des particuliers en mesure de les transformer en terres productives. Or il apparaît à travers l'étude des sancak du nord de la mer Noire menée sur la base des registres de recensement, non seulement que cette région fournit des exemples de telles pratiques, mais même qu'elles y ont été érigées par les Ottomans en une véritable méthode de colonisation, menée sur une large échelle, en association avec des éléments de la population locale, dans les années suivant la conquête.

Rappelons que les sancak ottomans du nord de la mer Noire étaient au XVIe siècle au nombre de deux: le livâ de Kefe constitué à partir de 1475 sur la base des conquêtes de Mehmed II au sud de la Crimée et en mer d'Azov ; il comprenait le sud-ouest de la Crimée, la ville de Kefe, la zone de Kerş-Taman autour du détroit de Kerş et l'enclave d'Azak au débouché du Don ; il était divisé en six kazâ : Mangub, Kefe, Sudak, Kerş, Taman et Azak[4]. Le second de ces sancak, celui d'Ak-

---

3a Cf. H. Inalcik, «The emergence of big farms, çiftliks: State, landlords and tenants» in Contributions à l'histoire économique et sociale de l'Empire ottoman, J. L. Bacqué-Grammont et P. Dumont éds., Paris, 1984, pp. 105-126.

4 Nous nous permettons de renvoyer à M. Berindei et G. Veinstein, «Règlements de Süleymān Ier concernant le liva' de Kefe», Cahiers du monde russe et soviétique (cité infra C.M.R.S.), XVI, 1, 1975. pp. 57-104; idem, «La présence ottomane au sud de la Crimée et en mer d'Azov dans la première moitié du XVIe siècle», C. M. R. S., XX, 3-4, 1979, pp. 389-465; G. Veinstein, «La population du sud de la Crimée au début de la domination ottomane», in Mémorial Ömer Lûtfi Barkan (R. Mantran, ed.), Paris, 1980, pp. 227-247; cf. aussi, A. Bennigsen, P. N. Boratav, D. Desaive Ch. Lemercier-Quelquejay, Le Khanat de Crimée dans les archives du Musée du palais de Topkapı, Paris, 1978; A. Fisher, «Ottoman Sources for a study of Kefe Vilayet: The Maliyeden fond in the Başbakanlık Arşivi in Istanbul», C.M.R.S., 19, 1 - 2,

II

kerman (également appelé parfois **sancak** de Bender) avait été formé en deux étapes: les troupes de Bâyezîd II avaient d'abord conquis en 1484 les villes moldaves de Chilia (Kili) au débouché du Danube et Cetatea Albă (Akkerman) au débouché du Dniestr[5] ; les deux enclaves correspondantes avaient alors été rattachées au **sancak** de Silistre[6] ; dans un second temps, en septembre 1538, la campagne de Moldavie (Karabogdan) de Süleymân I er (précédée par la mainmise des Turcs sur la forteresse tatare de Cankerman au débouché du Dniepr) aboutit à la conquête de la région du Bucak et de la ville moldave de Tighina (Bender). Dès octobre 1538, un nouveau **sancak** regroupait ces divers éléments, composé des **kazâ** de Kili, Akkerman, Bender et Cankerman[7].

---

1978, pp. 191-205; idem, «The Ottoman Crimea in the Mid-Seventeenth Century : Some Problems and Preliminary Considerations», **Harvard Ukrainian Studies,** III/IV, 1979-1980, pp. 215-226; idem, «Sources and Perspectives for the study of Ottoman-Russian Relations in the Black Sea region», **International Journal of Turkish Studies,** I, 2, 1980, pp 77-84; idem, «The Ottoman Crimea in the 16 th Century», **Harvard Ukrainian Studies,** V, 2, 1981, pp. 135-170.

5 Cf. N. Beldiceanu, «La campagne ottomane de 1484; ses préparatifs militaires et sa chronologie», **Revue des Etudes roumaines,** V-VI, 1960, pp. 67-77; idem, «La conquête des cités marchandes de Kilia et Cetatea-Albă par Bāyezid II», **Südost-Forschungen,** XXIII, 1964, pp. 39-90; N. Beldiceanu, J. L. Bacqué-Grammont, M. Cazacu, «Recherches sur les Ottomans et la Moldavie ponto- danubienne entre 1484 et 1520», **Bulletin of the School of Oriental and African Studies,** XLV, Ière partie, Londres, 1982, pp. 48-66.

6 Cf. Başbakanlık Arşivi, Tapu ve Tahrir Defteri (cité **infra** TT), no: 65 et 370, pp. 379-472.; cf. aussi, N. Beldiceanu, «Kilia et Cetatea-Albă à travers les documents ottomans», **Revue des Etudes islamiques,** XXXVI, 2, 1968, pp. 215-262.

7 Cf. N. Iorga, «Studii istorice asupra Chiliei şi Cetatii-Albe, Bucarest, 1899, pp. 184 et sq.; I. Ursu, **Petru Rareş,** Bucarest, 1923, pp. 45 et sq.; A. Decei, «Un fetih-nâme-i Karabuğdan (1538) de Nasuh Matrakçi» in **Fuad Köprülü armağanı,** Istanbul, 1953, pp. 113-124 ; M. Guboglu, «L'inscription turque de Bender relative à l'expédition de Soliman le Magnifique en Moldavie (1538/945)», **Studia et Acta Orientalia,** I, Bucarest, 1958, pp. 175-187 ; N. Beldiceanu, G. Zerva, «Une source relative à la campagne de Süleymân le Législateur contre la Moldavie (1538)», **Acta Historica,** I, 1959, pp. 39-55 ; M. Berindei et G. Veinstein, «Règlements fiscaux et fiscalité de la province de Bender-Aqkerman», **C. M. R. S.,** XXII, 2-3, 1981, pp. 251-253 et n. 4.

II

Il paraît utile de souligner d'emblée quelques traits spécifiques de ces deux **sancak** : bien que rattachés au **beylerbey** de Roumélie, ils correspondent à une région à l'évidence bien différente aux yeux des Ottomans, de leurs anciennes possessions anatoliennes ou rouméliotes constituant le coeur de l'empire. C'est ici une zone de frontière au contact de populations étrangères (slaves, roumaines, tatares, tcherkesses), ouverte aux mouvements migratoires de ces nomades et éventuellement menacée par leurs incursions (surtout avec l'émergence dans le cours du siècle du phénomène cosaque)[8]. Au surplus, cette frontière est lointaine, excentrique, mal connue des autorités centrales, assez difficilement reliée au reste de l'empire par une longue route terrestre à travers la steppe, coupée de larges fleuves, ou par la navigation en mer Noire, connue pour ses risques et ses aléas[9]. D'autre part, cette sorte de

---

8 Sur la situation politique et militaire de la région dans les années 1550-1570, on pourra consulter : H. Inalcık, «The Origin of the Ottoman-Russian Rivalry and the Don-Volga Canal (1569)», **Annales de l'Université d'Ankara**, Ankara, 1946-47, I, pp. 47-110 ; texte turc dans **Belleten**, no 46, Ankara, 1948, pp. 342-402 ; A. N. Kurat, «The Turkish Expedition to Astrakhan in 1569 and the Problem of the Don-Volga Canal», **The Slavonic and East European Review**, XL, 94, 1961, pp. 7-23 ; A. Bennigsen, «L'Expédition turque contre Astrakhan en 1569 d'après les Registres des «Affaires importantes» des Archives ottomanes», **C. M. R. S.**, VIII, 3, 1967, pp. 427-446 ; T. Gökbilgin, «L'expédition ottomane contre Astrakhan en 1569», **C. M. R. S.**, XI-1, 1970, pp. 118-123 ; Ch. Lemercier-Quelquejay, «Un condottière lithuanien du XVI e siècle, le prince Dimitrij Višnieviečkij et l'origine de la seč zaporogue d'après les archives ottomanes», **C. M. R. S.**, X, 2, 1969, pp. 268-273 ; A. Bennigsen et Ch. Lemercier-Quelquejay, «La Grande Horde Nogay et le problème des communications entre l'Empire ottoman et l'Asie centrale en 1552-1556», **Turcica**, VIII/2, 1976, pp. 204-236.

9 C'est ainsi que le sultan insiste fréquemment dans ses ordres aux autorités locales sur la difficulté d'envoi de troupes ou de bateaux dans la région ; par exemple dans un ordre au **bey** de Kefe de septembre 1569 : «étant donné l'importance des distances, il est difficile d'envoyer souvent des bateaux là-bas, depuis mon Seuil de la Félicité», **Mühimme defteri** (cité infra M. D.), vol. III, no : 305, fol. 118 ; dans une lettre au khan de Crimée de juin 1560 : «lorsque les troupes qu' accompagne le triomphe seront envoyées de ce côté, on rencontrera de sérieux obstacles, car il y a là des fleuves immenses à franchir et à traverser...» et plus loin : «eu égard aux distances, lorsque des trou-

II

«far-East» ottoman est une immensité presque vide : si l'on excepte la bordure sud-ouest de la Crimée abritant une civilisation marchande mais aussi agricole séculaire, les Ottomans s'établissent ici sur des terres virtuellement riches (comme en témoignera l'Ukraine moderne) mais qui, mis à part les quelques ports-forteresses existants, ne sont encore que des solitudes aux limites indécises, parcourues de quelques nomades. Ces caractéristiques rendent sans doute compte d'une particularité importante du régime ottoman dans la région : l'absence de timâr. Au début, quelques timâr, non de sipâhî mais d'hommes de garnison (merd-i kale) avaient bien été constitués au sud-ouest de la Crimée mais on les voit disparaître en 1501[10]. Quant au sancak d'Akkerman, il n'a jamais connu de sipâhî ni de timâr[11]. Dans ces conditions, tous les revenus fiscaux réalisés dans ces deux sancak (mis à part la dotation des deux sancakbey respectifs) reviennent directement au fisc : villes, villages et çiftlik y constituent tous des domaines impériaux (havâs-ı hümâyûn).

\*
\* \*

L'étude des registres de recensement (tahrir defteri) conservés pour les deux sancak permet de constater que la présence ottomane au nord de mer Noire ne se limitait pas à un dispositif militaire, que non seulement les villes conquises par les Turcs avaient conservé, voire renforcé leur ancienne importance commerciale, mais que l'activité agricole, maintenue là où elle existait avait été développée ailleurs par une véritable action colonisatrice. Parmi les cadres de cette activité agricole, à côté des villes elles-mêmes et des villages (kari ye), l'importance des çiftlik s'impose à l'attention. Le phénomène reste limité dans le cas du livâ de Kefe : à côté de 49 villages dépendant de Sudak et de Mangub, subsistant de la

---

pes sont envoyées d'ici, toutes sortes de difficultés se font jour...»,
**M. D.** III, no : 1265, fol. 423.

10 Cf. I. Beldiceanu-Steinherr, M. Berindei, G. Veinstein, "La Crimée ottomane et l'institution du «tımar»", **Annali dell' Istituto Orientale di Napoli**, 39 (N. S. XXIX), Naples, 1979, pp. 523-562+14 tab..

11 Cf. notamment **M.D.** 46, no. 619 : «Bender Sancağının muhafazası içün zu'amâ ve sipahileri olmamağın...».

période préottomane, un recensement qu'il faut probablement faire remonter au règne de Selîm 1 er, signale neuf çiftlik, à proximité de Kefe (çiftlikhâ der kurb-ı Kefe, TT 370, p. 484) ; ils réapparaissent (au nombre de huit) dans un recensement de 1542 où ils sont qualifiés de «çiftlik anciens» (çiftlikhâ-ı atik) car dix nouveaux çiftlik (çiftlikhâ-ı cedîd) ont été créés entretemps, également dans le district de Kefe (der dâ'ire-i Kefe, TT 214, p. 15). Mais c'est dans le sancak d'Akkerman, et surtout dans le kazâ même d'Akkerman que ces çiftlik prennent une ampleur spectaculaire pour apparaître comme une forme caractéristique du régime foncier local. Leur développement se situe d'ailleurs dans un contexte général d'augmentation des établissements agricoles, de la population rurale et de la production dans la région, au cours des décennies suivant la conquête ottomane-augmentation qui affecte aussi bien les villages proprement dits que les çiftlik. Il suffit pour s'en convaincre de confronter les deux termes de comparaison dont nous disposons pour le **sancak** d'Akkerman (pour Kefe l'apparition de «nouveaux çiftlik» était en soi significative) : le registre abrégé de Silistre de 1542 (**icmâl defteri, TT 215**) et le registre détaillé de Silistre et Akkerman de 1570 (**mufassal defteri, TT 483**)[12]. Alors que le premier prête deux villages à Kili et 13 à Akkerman, ces chiffres sont passés dans le second à quatre pour Kili et à 34 pour Akkerman. Nous ignorons si ces deux registres correspondent aux deux recensements successifs de la province ou si au contraire un (ou plusieurs) autres recensements sont intervenus entre temps. On constate en tout cas qu'en 1570, deux des villages de Kili sont présentés comme n'existant pas encore dans le registre précédent, com-

---

12 Ces deux registres sont conservés au **Başbakanlık Arşivi**. Quelques données du **TT 215** relatives à Kili et Akkerman **in**, N. Beldiceanu, J. L. Bacqué-Grammont, M. Cazacu, **art. cit.** p. 48, n. 2 et 3. Le registre **TT 483** concerne les **sancak** de Silistre et d'Akkerman ; il fut achevé dans la première décade du mois de ramazân 977 (7 - 16 février 1570) et il est l'oeuvre de Mehmed fils d'İbrahim, orginaire de la circonscription de Varna dans le **sancak** de Silistre (p. 10). C'est à ce registre que renvoient les indications de pages entre parenthèses quand il n'y a pas d'autres précisions. Le passage du registre couvrant le **sancak** d'Akkerman se trouve pp. 46-174.

me **haric ez-defter**[13] ; à Akkerman, c'est le cas de 12 villages tandis que huit autres villages nouveaux sont donnés comme ayant été «détachés» de villages existant antérieurement (on trouvera des expressions du type **kariye-i Celebce yurdı nâm diğer Karadede; kariye-i Artık Şuca'dan bölünmüşdür** ; p. 73). Quant au **kazâ** de Bender, sur les 22 villages qu'il comprend en 1570, 17, sans être présentés comme **haric ez defter**, peuvent du moins par leur nom et leur population exclusivement musulmane, être considérés comme des créations récentes[14]. Le registre de 1570 fait simultanément état de l'existence dans ces mêmes **kazâ** d'un total de 193 **çiftlik** qui se répartissent d'ailleurs de façon très inégale puisque le **kazâ** d'Akkerman en comprend à lui seul 157, celui de Kili : 29, et celui de Bender : sept. Il n'est guère possible de localiser précisément les nombreux **çiftlik** d'Akkerman (dont les noms ne se sont généralement pas conservés dans la toponymie ultérieure) mais il n'est pas douteux que la plupart d'entre eux se trouvaient le long des vallées de la rive droite du Bas-Dniestr dans la zone à l'ouest et au sud-ouest d'Akkerman (actuelle Belgorod-Dienstroskij), une petite partie (vingt-quatre) étant toutefois signalée à l'est, autour de Yanıkhisâr (Mayak) et des villages environnants.

Les deux registres disponibles ne permettent pas de suivre précisément l'évolution de ces **çiftlik** mais les données du **TT 483** sont assez riches pour mettre en évidence des processus significatifs dont on constate du moins l'aboutissement en 1570 : de nouveaux **çiftlik** ont été créés depuis le dernier recensement (dont la date, rappelons-le, nous échappe mais elle n'est en tout état de cause pas antérieure à 1542) puisqu'ils

---

13 Précisons que par rapport aux données du **TT 215**, il y a en fait trois villages nouveaux dépendant de Kili car l'un des deux villages de 1542 (Isma'il) a disparu en 1570, comme étant en ruine (**harab**) (p. 148). Le fait que l'un de ces trois ne soit pas donné comme **haric ez-defter** en 1570, pourrait tenir à l'existence d'un registre intermédiaire entre 1542 et 1570.

14 Le **kazâ** de Cankerman ne comprend ni villages ni **çiftlik** ; il est composé de la ville elle-même et n'abrite par ailleurs sur son territoire que des bergeries (**saya**) (pp. 112-115).

II

portent la mention de **haric ez-defter**; s'ils sont en nombre réduit à Akkerman (quatorze) et même inexistants à Bender, ils représentent en revanche la quasi-totalité à Kili (à l'exception de deux). Ajoutons que sans être spécifiés comme **haric ez-defter**, un certain nombre de çiftlik ne devaient pas être de création très ancienne puisque les détenteurs initiaux par le nom duquel ils sont désignés, en sont encore en possession en 1570: 23 à Akkerman, un à Kili, tous à Bender.

Nous récapitulons dans le tableau suivant les données que nous avons pu recueillir sur l'évolution des villages 1570.

|  | 1542 | 1570 |
|---|---|---|
| Villages dépendant de Kili : | 2 | 4 dont 2 ne figurant pas dans le précédent registre |
| Villages dépendant d'Akkerman : | 13 | 34 dont 12 ne figurant pas dans le précédent registre et 8 détachés de villages antérieurs |
| Çiftlik dépendant d'Akkerman : |  | 157 dont 14 ne figurant pas dans le précédent registre et 23 entre les mains de leur détenteur d'origine |
| Çiftlik dépendant de Kili : |  | 29 dont 27 ne figurant pas dans le précédent registre et 1 entre les mains du détenteur d'origine |
| Çiftlik dépendant de Bender : |  | 7 tous entre les mains du détenteur d'origine |

En dehors des créations proprement dites qui - on le voit - apparaissent au total en nombre assez restreint en 1570, un

II

autre processus a permis dans la circonscription d'Akkerman, au cours des années précédant ce recensement, une multiplication du nombre des çiftlik : un mécanisme de partage à travers lequel à partir d'un çiftlik donné, on en a constitué plusieurs autres au moment du changement de détenteur; avec un çiftlik on en a ainsi fait deux (11 fois), trois (six fois), quatre (deux fois), cinq (une fois), huit (une fois), dix (une fois) : pour prendre un exemple, huit çiftlik de 1570 sont directement issus d'un çiftlik de Hacı 'Abdullah (Hacı 'Abdullah çiftliğinden münşe'ibdir; p. 92) tandis que deux autres de la même origine ont changé deux fois de détenteurs dans le même temps. Dans deux autres cas, on a fait une fois six çiftlik à partir de deux, et une fois cinq à partir de trois. Une illustration du mécanisme : le çiftlik dit de Kara Yazıcı (apparemment le premier détenteur unique dans une période antérieure), dépendant du village de Halifelü, comprend en 1570 quatre çiftlik détenus respectivement par Hacı Receb, Hacı Hasan, Kemâl bin Mehmed et Hacı Mustafa (p. 107). Le processus d'augmentation par subdivision qu'on avait constaté pour huit villages d'Akkerman existe ainsi sur une plus vaste échelle pour les çiftlik de la même région : on peut calculer qu'à partir de 89 çiftlik préexistants, on en a fait ainsi 132 en 1570.

Cette subdivision de villages et de çiftlik qui devaient correspondre à des surfaces très étendues, ne paraît nullement devoir être mise sur le compte d'une raréfaction de la terre disponible, d'une sorte de surpeuplement, mais, comme plusieurs indices le confirment, d'une occupation et d'une mise en valeur progressivement plus intensives du sol.

Cette évolution s'accompagne d'une autre qui porte sur le statut territorial du çiftlik : au départ, du moins dans le cas d'Akkerman, il est institué dans les limites d'un village au sein duquel il est recensé au même titre que les habitants musulmans ou mécréants, détenteurs de tenures (çift) ou simples célibataires (mücerred). Cette situation n'a pas entièrement disparu en 1570 où 20 des çiftlik d'Akkerman font encore partie de 15 des villages de cette circonscription, chacun des villages comportant, selon les cas, un ou plusieurs çiftlik (ceux de Büyükdere et de Kara Ibrâhîm en ont le plus avec respectivement sept et neuf çiftlik ; de la même façon, un des villages de Kili comprend un çiftlik et deux des villages de Bender en comportent respectivement deux et un ; d'autre part, nous avons vu que dans le livâ de Kefe, les revenus de tous les çiftlik sont rattachés à ceux de la ville de Kefe dont ils sont d'ailleurs proches). Ces divers chiffres restent pourtant assez modestes pour laisser conclure que la grande majorité des çiftlik sont recensés en 1570 indépendemment des villages, comme des entités territoriales distinctes. Il n'est pas indiqué pour les çiftlik de Kili et de Bender que leurs territoires aient appartenu autrefois à des villages et il semble au contraire s'agir de créations ex nihilo ; mais il n'en va pas de même des çiftlik indépendants d'Akkerman - de loin les plus nombreux : il est spécifié pour la totalité d'entre eux (mis à part sept cas douteux dont quatre haric ez-defter ; pp. 107-109) qu'ils avaient été inscrits dans le registre «ancien» dans tel ou tel village : **defter-i atikde X nâm kariyede yazılmışdır;** par la suite, ils en ont été séparés sur un ordre particulier du sultan (**emr-i şerîfle kesilmiş**) ; leurs limites ont alors été fixées et reconnues et elles ont été consignées par écrit en fonction d'un acte dressé à cette fin par un kâdî[15]:**muʿayyen**

---

15 Sur les opérations de délimitation et l'élaboration des **sınurnâme** (dans le cas de **mülk**), cf. Ö. L. Barkan, «Türk-Islâm toprak hukuku tatbikatının Osmanlı imparatorluğunda aldığı şekiller : imparatorluk devrinde Toprak Mülk ve Vakıflarının hususiyeti», rééd. dans **Türkiye'de Toprak Meselesi**, I, Istanbul, 1980, pp. 265-266. Un bon exemple de ce genre d'opération est fourni par l'ordre adressé à Mevlanâ Derviş, anciennement kâdî de Kili, concernant la délimitation d'un çiftlik accordé par Süleymân à son grand vizir Rüstem pacha dans le **kazâ** d'Ipsala: «...je lui ai attribué/à Rüstem pacha/un çiftlik et une prairie à proximité d'Ahur dans la région d'Ipsala, pris parmi les prairies faisant partie de mes domaines augustes (**havâs-i hümâyùn**) du kazâ d'Ipsala, inscrits dans le registre impérial pour un revenu annuel de 800 aspres, ainsi que la prairie dite de Divâne Ibrâhim d'un revenu annuel de 100 aspres, un lieu d'hivernage (**kışlak yeri**) d'un revenu annuel de 100 aspres, un autre lieu d'hivernage d'un revenu annuel de 50 aspres, et la prairie dite de Divâne Bâlî qui est inscrite pour un revenu annuel de 50 aspres, le tout au bord de la rivière Meriç. En conséquence, j'ai ordonné que, dès que mon ordre sacré arrivera, sans

II

ve mumtaz sınurları hüccetlerinden mesturdır ; comme ils sont désormais indépendants, leurs revenus ont été inscrits (dans le registre de 1570) séparément sous leurs rubriques propres : haliyen müstakil olmağın tahtında hasılları başka başka yazılmışdır (p. 92).

Comment ces unités territoriales apparaissent-elles concrétement dans le registre? Il commence par un sommaire donnant la liste succincte de l'ensemble des çiftlik du kazâ. Le çiftlik (ou groupe de çiftlik quand il y a eu subdivision) est désigné par le nom du détenteur du çiftlik d'origine (comme c'est le cas pour les çift ou baştına de militaires) ; parfois le nom s'accompagne d'un titre (unvan), de la désignation de la fonction ou du métier ; dans de rares cas, de l'origine géographique ; on relève également un cas de nom collectif : çiftlik-i kara Nasuhlar (p. 105)[16]; le çiftlik d'un Hacı İbrâhîm bin Hasan est également connu sous l'appelation de «campement d'hiver de Ya'kub (Ya'kub kışlası); en debors du fait que les

---

retard ni délai, tu te rendes en personne sur ces prairies et que tu assignes et rassembles tous les propriétaires (ou leurs représentants) des terres alentour, qu'il s'agisse de timâr de sipâhî ou de subaşı, ou bien de terres vakf ou mülk, ainsi que des personnes dignes de foi et de confiance, originaires de ces endroits. Vous marcherez tous ensemble sur les limites des prairies et kışlak cités ci-dessus ; tu détermineras ainsi de façon équitable les limites et les confins/de ces terres/tels qu'ils ont été reconnus depuis les temps anciens jusqu'à nos jours ; tu mettras des bornes (alâmet) de point en point et tu rédigeras en conséquence un acte juridique (hüccet) détaillé et circonstancié; tu le signeras et y mettras ton cachet et tu l'enverras à mon Seuil, refuge de la félicité, afin que mon acte de propriété (mülknâme) impérial et que mon acte de délimitation (sınurnâme) sacré soient délivrés conformément à ce hüccet. Tu accompliras tout ceci de cette manière et tu rédigeras la minute de l'acte de telle sorte que personne ne puisse, avec le temps, s'interposer ni contester. Sache-le ainsi»; bibliothèque de Topkapı, E. 12321, fol. 167.

Une catégorie de kâdî, les toprak kâdîsı ou toprak nâ'ibi, étaient spécialisés dans ces tâches; cf. M. Z. Pakalın, Tarih Deyimleri ve Terimleri sözlüğü, III, 1972, p. 520.

16 Le détenteur d'un çiftlik faisant partie du village de Küçük Katırca Emrullah Halife, donne également son nom à un hameau (mahalle) de ce village (p. 68).

II

çiftlik détachés d'un village restent - géographiquement - dans la dépendance (tâbiʿ) de ce village dont ils sont nécessairement proches, quelques-uns sont assortis d'une précision relative à leur localisation : un de ces çiftlik indépendants est donné comme situé dans le lieu-dit «source du lac» (der gölbaşı; p. 148) ; un autre, rattaché à Kefe se trouve près de la rivière Kudargan (der kurb-i âb-ı Kudargan; TT 214, p. 91) ; 11 çiftlik ou groupes de çiftlik dépendant du village de Turgudca (Akkerman) sont présentés comme situés au même lieu-dit «les cinq sources» (der mevziʿ-i Beşkuyu ou Beşpınar; pp. 103-106). Les renseignements géographiques n'allant guère au-delà (et le simple nom du çiftlik n'étant, comme nous l'avons dit, pas éclairant à cet égard), on ne peut espérer aboutir qu'à une localisation assez grossière.

Le çiftlik ou groupe de çiftlik ayant été ainsi dénommé, vient (le plus souvent) l'énoncé du ou des actuels détenteurs (ou d'une part d'entre eux pour aller plus vite), lesquels-du moins dans une majorité des cas - (pas dans tous, comme nous l'avons signalé) ne sont plus ceux d'origine : ils sont introduits par l'expression «/à présent/ dans la possession de...» (on rencontre les formules der yed-i..., ou haliyen der yed-i..., et à Kefe : der tasarruf-ı...).

Le sommaire des çiftlik du kazâ ayant été donné, les pages suivantes du registre fournissent une description plus précise de chacun d'eux avec d'abord, comme pour les villages, l'énumération détaillée des habitants. Il faut en effet souligner que dans la plupart des cas, exception faite des çiftlik de Kefe et de Bender et de quelques éléments à Akkerman (six) sur lesquels nous reviendrons, les çiftlik comportent une population recensée : loin d'être de simples terres de labours (mezraʿa), ils s'apparenteraient plutôt de ce point de vue à de petits villages de quelques habitants, voire même parfois à des villages moyens de quelques dizaines d'habitants. Le fait est surtout vrai pour la région d'Akkerman où les çiftlik comprennent souvent une population variée tant musulmane que chrétienne. Les musulmans se composent aussi bien d'hommes mariés (marqués d'un ꜩ ), détenteurs de çift (un groupe de trois çiftlik en totalisera jus-

II

qu'à 21, un autre de huit çiftlik : 13) que de mücerred (marqués d'un ( ) : il n'est pas sûr que ces derniers soient nécessairement des célibataires (l'un d'entre eux a un fils ; p. 88), mais ils sont du moins des raïas ne possédant pas de çift[17]. Quant aux chrétiens (gebrân) des çiftlik, ils sont tous considérés comme des mücerred (ce qui n'est pas vrai de ceux des villages) et une grande majorité d'entre eux sont qualifiés de nomades (haymanegân) et de preseleç (ou parfois de fils de preseleç), soit d'immigrants[18]. Notre propos n'étant pas d'analyser ici le peuplement des steppes du nord de la mer Noire au XVIe siècle, mais seulement de définir le type de çiftlik qui s'y fait jour, nous nous contenterons de signaler l'importance des Tatars dans cette population musulmane (illustrée par l'anthroponymie, l'épithète de tatar fréquemment accolée aux noms et d'autres indices encore) ainsi que la présence parmi ces «ruraux» de quelques soldats de garnison et auxiliaires (azab, beşlü, yamak). Quant à la population chrétienne, elle apparaît faite de nomades slaves et roumains, dans une proportion et selon une répartition qu'une étude poussée de l'anthroponymie permettrait de tenter d'approcher. Au total, les çiftlik d'Akkerman abritent 150 foyers (hâne) musulmans, 116 mücerred musulmans et 112 mücerred chrétiens, ce qui représente par rapport à l'ensemble de la population «rurale» du kazâ (la ville d'Akkerman étant tenue en dehors) : 20,5 % des foyers musulmans, 50 % des mücerred musulmans et 50 % des mécréants (foyers et mücerred réunis). Au contraire, les çiftlik de Kili ne comportent pas de population recensée (à

---

17 Le règlement de Silistre placé en tête du registre **TT 483**, indiquait que si le ⛢ désigne bien un homme marié (müzevvec) et le ( un célibataire (mücerred), il fallait prendre d'abord en considération le fait que l'individu détenait ou non une tenure : hemân i'tibâr çiftedir. D'ailleurs, le même passage envisageait la possibilité d'erreurs dans le registre, concernant ces déterminations : peut-être cela s'applique-t-il au cas signalé de la p. 88 ; O. L. Barkan, **XV ve XVI ıncı asırlarda Osmanlı imparatorluğunda ziraî ekonominin hukukî ve mâlî esasları, I, kanunlar**, p. 279, par. 7.
18 Le terme est à rapprocher du bulgare actuel **preselvat** (émigrer), **preselnik** (émigrant).

l'exception de deux d'entre eux dotés respectivement d'un foyer et de deux mücerred musulmans), mais on peut néanmoins affirmer qu'ils étaient fréquentés par des nomades chrétiens puisque la taxe personnelle frappant cette catégorie appelée **ispence-i gebrân-ı haymanegân**[19] figure couramment parmi leurs redevances ; compte tenu du montant unitaire de cette taxe (25 aspres par individu mâle), on calcule que certains çiftlik recevaient régulièrement jusqu'à 18 et 20 d'entre eux, et que l'ensemble des çiftlik de Kili en recevaient 181, soit un nombre à peu près égal à celui des hâne et mücerred chrétiens recensés dans les villages de ce kazâ.

Il faut ajourter pour en finir avec cette présentation générale des çiftlik de cette zone que la circonscription de Kili comporte d'autre part une autre forme d'unité territoriale apparemment très proche : les campements d'hiver (kışlak)[20]. Le registre de 1570 (pp. 136 et 148) révèle l'existence dans la dépendance de Kili de 48 kışlak, tous haric ez-defter : 29 sont localisés dans les îles de Karaada et Karadeniz adası, expressions désignant véritablement l'ensemble ou certaines parties plus précises du delta du Danube, et leurs revenus sont rattachés à ceux de la ville de Kili ; 19 autres sont situés dans la partie continentale du kazâ (ils sont **der sınur-ı Kili**) ; en outre, 22 autres se trouvent en territoire moldave (**der sınur-ı Bogdan**) mais une partie de leurs revenus sont - nous y reviendrons - perçus par l'emîn de Kili: bien que temporaires par définition et donc dépourvus de population recensée, ces établissements sont très comparables aux çiftlik puisque, comme le révèlent les indications relatives à leurs redevances, ils sont le siège d'une activité non seulement pastorale mais aussi agricole et ils sont fréquentés à l'instar des çiftlik de Kili, par des nomades chrétiens dont la présence est attestée par le paiement d'un ispence-i gebrân-ı haymanegân (il corres-

---

19 Cf. M. Berindei et G. Veinstein, «... fiscalité de la province de Bender-Akkerman...», **art. cit.,** p. 279.

20 Nous avons d'ailleurs vu plus haut qu'un des çiftlik d'Akkerman portait également le nom de Ya'kub kışlası (çiftlik-i Hacı Ibrahîm bin Hasan Halifelü ayağında Ya'kub kışlası dimekle ma'rûfdır ; p. 97).

## DÉTENTEURS DE ÇIFTLIK ET KIŞLAK

| Catégories | Premiers détenteurs (ou seuls détenteurs connus) | Détenteurs de la 2ème génération |
|---|---|---|
| A. Fonctions<br>I. Militaires<br>1) Officiers en activité : | Tursun pacha<br><br>bey : 2<br>dizdâr de Bender<br>kethüdâ de la forteresse de Kili<br>aga des azab de Kefe<br>subaşı des beşlü d'Akkerman<br>autres aga : 10<br>capitaines (re'îs) : 4 + 1 fils de re'îs<br>tovica : 1 | miralay du livâ de Silistre<br>za'îm : 1<br>sipâhî : 1<br>autres bey : 2<br>dizdâr de Kili<br>kethüdâ des müstahfız d'Akkerman<br>aga des azab d'Akkerman<br>autres aga : 1<br>enfants d'officiers : 2 |
| 2) Officiers destitués (ma'zûl) | kethüdâ des azab d'Akkerman | |
| 3) Soldats en activité : | çavuş : 3 + 1 fils de çavuş<br>janissaire (yeniçeri) : 1<br>hommes de garnison (merd-i kale) : 6<br>cannonier (topçı) : 1<br>cuirassier (cebeci) : 1<br>beşlü : 10<br>rameur (kürekçi) : 1<br>garde-champêtre (korucu) : 1<br>yürük : 1 | çavuş : 2<br>janissaires : 2<br>hommes de garnison : 3<br><br>beşlü : 3 |

| | | |
|---|---|---|
| Total : | 53 (25%) | 26 (17%) |
| II. Administrateurs, lettrés, religieux | | |
| 1) Ulamâ et autres religieux : | kâdî : 2 (dont celui de Taman)<br>nâ'ib : 1<br>mevlânâ : 4 (dont 1 müderris de Kefe)<br>halife : 1<br>fils de fakih : 1<br>koca : 3 (dont 1 hafız et le kethüdâ de la ville, de Kefe)<br>baba : 2<br>dede : 2 (Pir dede et Saltuk dede)<br>pir : 1 | mevlânâ : 1<br><br>hatib : 1<br>koca : 1<br><br>pir : 4 |
| 2) Autres administrateurs et lettrés : | emîn de Kili<br>voyvoda : 2<br>interprète (tercüman-ı dergâh-ı âli) : 1<br>yazıcı : 3<br>çelebi : 7<br>Inspecteurs (nazır) : 2<br>(dont 1 du khan de Crimée) | Secrétaire des dépenses publiques (kâtib-i harç-ı hâssa) de Kefe<br>çelebi : 3 (dont le douanier du khan de Crimée) |
| Total | 31 (14,5 %) | 11 (7%) |

II

III. Bénéficiaires privés
1) Clients de dignitaires : client (merdüm) d'Ahmed pacha : 1
client de Rüstem pacha : 1

2) Hommes de métiers :
1 fabricant de peaux (çermci)
1 fabricant de quenouilles ou d'entraves (örekçi ou örkçü)
1 fabricant de soie (kazzâz)
1 fabricant de sabres (kılıççı + 1 fils de kılıççı)       1 fils de barbier (berber)
1 savonnier (sabûnî) et son frère
1 charpentier (dölger)
4 bouchers (kassâb)
1 maréchal-ferrant (nalbend)
1 tailleur (derzi)
1 pêcheur (balıkçı)
1 chamelier (deveci)
2 tenanciers de bains (hammâmcı)
1 cultivateur (çiftçi)
1 chirurgien (cerrâh)
1 cuisinier (aşçı)

3) femmes : 4 (dans le kazâ de Kili)                      10

4) affranchis (atîk) : 3                                   2

5) les habitants du village où est situé

| | | |
|---|---|---|
| IV. Indéterminés : | 98 (46,5%) | 82 (53%) |
| Total des détenteurs : | 211 | 154 |
| B. Caractérisations complémentaires | | |
| 1) Origine géographique spécifiée : | Sofia (Sofyalu) : 2<br>Plovdiv (Filibeli) : 1<br>Komotini (Gümülcine) : 1<br>Valaque (Eflak) : 1<br>Istanbul : 1<br>Bosnie (Bosna, Bosnalu) : 2<br>Albanie (Arnavud) : 1<br>Chio (Sakızlu) : 1<br>Mythilène (bin Midillü) : 1<br>Karaman : 1<br>Tcherkesse (Çerkes) : 1<br>Tatar : 1 | Babadağ (Baba) : 1<br><br><br><br><br><br><br>Fils de Sakızlu : 1<br><br><br>Tcherkesse : 1 |
| 2) Musulmans ayant accompli le pèlerinage (hacı) : | 12 | 15 |
| 3) Convertis possibles (veled-i Abdullah) : | 12 (dont 8 dans le kazâ de Kili et 1 fils de pope : bin papas | 4 |

192

II

pond à 20 individus pour les **kışlak** continentaux de Kili, à 48 pour ceux de Moldavie).

Enfin, comme il en va pour les villes et les villages, la présentation de chaque **çiftlik** ou groupe de **çiftlik** indépendant (ou ensemble de **kışlak**) dans le registre, se termine par une énumération des divers droits et redevances auxquels il est soumis avec le montant du produit de chacun d'entre eux, mais nous reviendrons plus en détail sur ce point à propos des obligations des détenteurs.

\*
\* \*

Pour mieux cerner le rôle des **çiftlik** dans l'organisation générale des **sancak** de Kefe et d'Akkerman, et la véritable nature de cette institution, nous devons nous interroger à présent sur l'idendité des détenteurs, les principes qui régissent leur désignation, comme sur le contenu de leurs revenus et de leurs obligations.

Compte tenu de la variété des types de détenteurs rencontrés, il nous a paru utile de les présenter sous la forme d'un tableau en distinguant les détenteurs initiaux en faveur desquels les **çiftlik** ont été institués (et qui, comme nous l'avons dit, en restent encore possesseurs dans certains cas en 1570), des détenteurs de la seconde génération (cf. TABLEAU).

Le tableau qui précède appelle plusieurs commentaires dont nous voudrions au moins présenter certains, tout en apportant quelques informations complémentaires.

Les détenteurs des **çiftlik** sont exclusivement musulmans. Sur ce point, les **kışlak** se distinguent puisqu'ils sont tantôt aux mains de musulmans, tantôt de chrétiens, tantôt même de plusieurs détenteurs, les uns musulmans, les autres chrétiens, aussi bien dans la circonscription de Kili qu'en Moldavie : plus précisément, huit sont détenus par des chrétiens, 29 par des musulmans, trois par des collectifs «mixtes». Ajoutons que quelques-uns des **çiftlik** sont peut-être aux mains de convertis à l'islam (surtout pour ce qui concerne les détenteurs initiaux), ce que peuvent indiquer la qualification de **veled-i ͑Abdullah** et, à plus forte raison, celle rencontrée dans un cas de fils de pope (**bin papas**).

II

En tentant une classification de ces détenteurs, nous nous heurtons à quelques difficultés : nous devons en effet nous appuyer en partie sur des titres (**ünvân**) et des qualificatifs de métiers qui ne sont pas sans ambiguïté : l'emploi de termes comme **koca, çelebi** ou **baba, dede, pîr,** reste, semble-t-il, assez imprécis (un des **kassâb,** par exemple, est dénommé Halîl çelebi). D'autre part, certains des métiers indiqués peuvent être exercés par des particuliers ou bien correspondre à spécialisations d'hommes de garnison (par exemple, **nalbend, dölger**)[21]. On peut en outre se demander dans quelle mesure toutes les qualifications professionnelles fournies ne correspondent pas parfois plus à un sobriquet (**lakab**) fondé par exemple sur une activité antérieure, qu'à une profession actuelle et d'ailleurs exclusive. Surtout, la nombreuse catégorie des «indéterminés» - personnages désignés uniquement par leurs nom et patronyme, à l'exclusion de tout titre ou indication de métier - fait problème : il apparaît que ces détenteurs (46,5% des détenteurs «initaux», 53% des «seconds» détenteurs) n'occupent pas de fonctions particulières, militaires ou autres, puisqu'elles n'auraient pas manqué d'être spécifiées (il est vrai pourtant que l'un d'entre eux désigné dans un passage du registre comme Cihan bey bin Hızır **sipâhî,** réapparaît ailleurs sous la simple forme de Cihan veled-i Hızır ; pp. 105 et 109). Au demeurant, ces indéterminés ne sont pas considérés non plus comme de simples raïas puisqu'ils reçoivent ces **çiftlik** et non des tenures ordinaires soumises aux **raʿiyyet rüsûmı.** Sans doute une partie d'entre eux doivent-ils leur **çiftlik** au fait qu'ils en ont hérité de leur père (point sur lequel nous reviendrons), lequel avait pu pour sa part être doté d'une fonction particulière (il est révélateur à cet égard que la proportion des indéterminés soit plus forte dans la seconde génération que chez les détenteurs initiaux) ; mais nous supposons qu'au moins une bonne part de ces indéterminés étaient des tatars (même si l'épithète ne leur est attribuée qu'une seule fois et si leurs noms, appartenant souvent à la tradition

---

21 Cf., par exemple, M. Berindei, G. Veinstein, «La présence ottomane en Crimée...», **art. cit.,** p. 398.

II

musulmane commune, n'ont de ce fait rien de spécifique) occupant un certain rang dans la hiérarchie tribale ; de la même façon, il faudrait reconnaître une partie d'entre eux (les plus haut placés?) parmi ces **aga** (et peut-être aussi les quelques **bey** sans autre détermination) qui ne sont pas autrement spécifiés et figurent en nombre relativement important (dix), au moins chez les premiers détenteurs : leur nombre dépasse d'ailleurs celui des officiers ottomans de ce rang existant dans les forteresses de la région ; nous signalerons à l'appui de cette hypothèse que deux des villages d'Akkerman sont appelés respectivement village de Çalış, aga des Tatars, et village de Gaybi, aga des Tatars (pp. 83 et 84) ; de même qu'à Kefe un Sagırcı aga est qualifié de **ra'iyyet-i han** (TT 214, p. 91) ; de même encore, ces **hatun** détentrices de çiftlik qui dans plusieurs cas, ne sont pas présentées comme de simples héritières de leur père ou de leur mari, mais comme bénéficiaires par elles-mêmes (voire bénéficiaires initiales), sont très vraisemblablement des «dames» tatares d'un certain rang.

Quelque soit le coefficient d'incertitude subsistant inévitablement sur l'idendité exacte d'une partie des détenteurs, certains points se dégagent nettement. Les détenteurs appartiennent à des catégories à la fois variés et lâches : les çiftlik ne sont réservés dans notre région à aucune catégorie particulière, que ce soient les officiers, les soldats, les militaires à la retraite ou encore les **ulemâ** (bien que ces derniers soient représentés, notamment à Kefe) ; si plusieurs catégories sont intéressées, on ne peut pas dire non plus que celles-ci soient rigoureusement définies, les attributions se faisant manifestement avec une grande souplesse. Elles s'adressent principalement à des «personnalités locales» (y compris dans trois cas, des agents du khan de Crimée en territoire ottoman) mais elles profitent également à un Tursun pacha[22], à un haut dignitaire d'un **sancak** voisin, le **mîralay** du livâ de Silistre, à des protégés (**merdüm**) de Rüstem et Ahmed pacha (vraisemblablement les deux grands vizirs de Süleymân 1 er), à un **kassâb** d'Istanbul dont les activités pou-

---

22  Nous n'avons pas pu identifier ce personnage.

vaient d'ailleurs être liées à l'élevage de la région; enfin, à certains agents officiels dont on ignore où exactement s'exerçait leur activité:un za'îm, un sipâhî, quelques çavuş et janissaires (le janissaire Mustafa étant d'ailleurs frère du çavuş Abdi ; p. 92 ), un interprète (musulman) de la Porte (cet Ibrâhîm qui détient un kışlak en Moldavie est un rénégat d'origine polonaise-Joachym Strasz - connu en particulier pour ses missions en Pologne[23].

Si aucune des catégories concernées n'a le monopole des çiftlik, à l'inverse, ceux-ci ne sont pas attribués systématiquement à tous les membres d'une catégorie donnée, dont ils constitueraient le moyen normal de subsistance : il n'est pas besoin d'insister sur la différence à cet égard avec les çiftlik militaires que nous évoquions en introduction ; sans doute, un certain nombre de beşlü ou de merd-i kale du sancak d'Akkerman, en activité ou à la retraite, ont-ils reçu des çiftlik, mais tous ne sont pas dans ce cas ; au contraire, certains d'entre eux, de même que des azab, ont reçu de simples çift sur des villages ou même des çiftlik entre les mains d'autres détenteurs,

---

23 Il avait été chargé en 1547 de raccompagner l'envoyé autrichien à Istanbul, rentrant à Vienne porteur d'un nouveau traité de paix ; cf. J. Matuz, **Herrscherurkunden des Osmanensultans Süleymān des Prächtigen**, Freiburg in Br., 1971, no : 240; mais il servit surtout -manifestement en liaison avec son origine - d'envoyé de Süleymân puis de Selîm II, auprès du roi de Pologne Sigismond II Auguste Jagellon en 1564 et 1569 et joua à ce titre un rôle important dans les relations entre Empire ottoman, Pologne et Moldavie ; cf. Z. Abrahamowicz, **Katalog dokumentów tureckich**, Varsovie, 1959, docs. no: 177, 178, 202, 203 ; M. Guboglu, **Catalogul documentelor turceşti**, II, Bucarest, 1965, doc. no : 94, p. 34 ; Mustafa M. Mehmet, **Documente Turceşti privind istoria României**, I, 1455-1774, Bucarest 1976, doc. no : 94, p. 90 ; cf. aussi J. de Hammer-Purgstall, **Histoire de l'Empire ottoman** (trad. J. J. Hellert), t. VI, Paris 1836, p. 314. Cet interprète a effectué la traduction, en général, en polonais (parfois en latin) de nombreuses lettres envoyées en Pologne par les autorités ottomanes, principalement des lettres de Süleymân 1 er à Sigismond-Auguste; cf. Z. Abrahamowicz, **op. cit.** ; docs. no : 124, 126, 131, 134, 136-140, 142-143, I46--147 (le traducteur est nommé «supremus interpres Ibrahim bey»), 155, 157 - 159, 163 - 164, 166 - 172, 176, 179, I85 - I86, I89, 205 - 206, 208-209; les dates de ces documents s'échelonnent entre 1551 et 1570.

II

redevables d'une taxe analogue au **resm-i çift** des raïas (on trouve dans l'énumération des revenus des villages et **çiftlik** concernés, des expressions telles que **resm-i çift maᶜ yamak** ; par ex., p. 102 ; ou **resm-i çift-i reᶜâyâ ve gayri** ; par ex., p. 172) : c'est ainsi, par exemple, qu'un azab et un homme de garnison destitué sont recensés comme simples détenteurs de çift sur le çiftlik de Kaya (ou Kaba?) **voyvoda** (p. 89) ; de même, dans le village appelé çiftlik de Süleymân **voyvoda** (sic), ont été recensés trois **beşlü** et deux hommes de garnison (p. 172). De la même façon, alors que quelques **baba** et **dede** sont détenteurs de çiftlik, un moine (**tekke nişin**) est recensé comme simple détenteur de çift sur un çiftlik appartenant à des ulemâ (p. 98).

De nouveau à la différence des çiftlik militaires, aucun de ces çiftlik du nord de la mer Noire - outre le fait que leur surface peut changer quand ils sont divisés entre plusieurs nouveaux détenteurs - n'est accolé durablement à une fonction précise. A vrai dire, nous n'avons rencontré qu'un seul cas où le second détenteur exerçait la même fonction que son prédecesseur : le çiftlik de Kara çavuş dans le kazâ de Kili est passé en 1570 à un Ramazân çavuş (p. 143); Sinon, le çiftlik d'un connonier à un douanier du khan (p. 107), celui d'un janissaire à un homme de garnison destitué (p. 95), etc.; notons toutefois que dans les cas - fréquents - de passage d'un indéterminé à un autre indéterminé, on ne peut évidemment pas apprécier dans quelle mesure il y a continuité ou pas.

Par ailleurs, si les détenteurs initiaux d'un çiftlik (ceux en faveur de qui ce çiftlik a été institué) n'apparaissent pas tous dotés d'une fonction officielle précise, cette tendance s'accentue sensiblement au niveau de la seconde génération où la proportion de ce que nous avons appelé les bénéficiaires privés et des indéterminés, s'élève au total à 76% des détenteurs (contre 60,5%) : la transmission héréditaire (à laquelle nous avons déjà fait allusion et que nous envisagerons plus en détail) ne rend que partiellement compte de cette évolution. Le rôle d'autres facteurs peut être imaginé : à en juger par

197

les données des registres d'effectifs disponibles[24], le sancak d'Akkerman semble avoir vu réduire son potentiel militaire entre la fin du XVe siècle et peut-être aussi les lendemains de la campagne de Moldavie d'une part, et les années 1570 d'autre part, ce qui peut avoir entraîné une réduction des candidats militaires (17% des seconds détenteurs sont des militaires contre 25% chez les détenteurs initiaux) ; par ailleurs, il semble que les exploitants effectifs des çiftlik (nous reviendrons sur cet aspect de la question) tendent à les prendre en mains à la deuxième génération ; c'est du moins ce qu'illustre de façon frappante le cas des çiftlik situés dans les villages d'Akkerman : 22 des 32 çiftlik se trouvant dans cette position sont passés de détenteurs antérieurs très variés à la population même des villages correspondants: ils sont en 1570 «dans la possession des habitants du village» (der yed-i ehl-i kariye ; par ex. p. 68) ; dans un cas, ce sont seulement trois des 20 habitants du village qui reprennent le çiftlik (p. 74). Faut-il invoquer, outre cette éventuelle réduction des candidats militaires déjà envisagée, une désaffection de la part des agents de l'Etat à l'égard de ce type d'attribution ou encore une priorité donnée par l'Etat à l'efficacité économique qui le conduirait à favoriser les exploitants directs? En tout cas cette évolution contribue à faire apparaître ces çiftlik comme un instrument de colonisation plus que comme un mode de rétribution (à l'instar du timâr ou des çiftlik et baştına militaires ordinaires).

Ces précisions étant apportées sur la nature des détenteurs, il faut souligner qu'à un détenteur ne correspond pas toujours un çiftlik. Plusieurs personnes qui ne sont pas nécessairement de la même famille ou du même sexe (voire de la même religion pour quelques kışlak) peuvent détenir en commun un seul çiftlik : huit de nos çiftlik sont ainsi en la possession de deux personnes (des frères dans la moitié des

---

24 Outre les données du **TT 483**, cf. pour Kili en 1487-88, **Kâmil Kepecioğlu tasnifi**, 1/4725 ; pour Akkerman en 1486-87, **K. K. T.** no : 1/4874 ; et N. Beldiceanu, «Kilia et Cetatea-Albā...», art. cit., pp. 220-221.

II

cas), quatre de trois personnes (dont deux soeurs dans un cas), deux de cinq personnes.

A l'inverse, certains détenteurs - non des moindres assurément - sont à la tête de deux çiftlik (ou kışlak) : c'est le cas, par exemple, du gouverneur militaire (**dizdâr**) de Kili (p. 142), du sipâhî nommé Cihan **bey** (p. 105 et 109), d'un certain Hacı Ibrâhim fils de Hasan (pp. 96 et 97), du janissaire Ali fils de Hacı Memi (pp. 101 et 102) : dans ces deux derniers cas, les deux çiftlik de chacun dépendent d'un même village et devaient par conséquent être voisins ; on verra aussi une même association de cinq personnes à la tête de deux çiftlik voisins (p. 105). De même encore, l'emîn de Kili possède dans sa circonscription un çiftlik et un kışlak qui lui est contigü (**çiftlikle sınurdaşdır** ; pp. 148-149) ; Mustafa **re'is** possédait un çiftlik dans un village d'Akkerman et un campement d'hiver dans le **kazâ** de Kili (pp. 72 et 149) ; sa fille Hâss Kadın héritera de son kışlak en même temps qu'elle en détiendra un autre en indivision avec plusieurs (pp. 148-149) et que le mari de cette dernière, Kaya **bey** jouira d'un çiftlik à Kili (p. 145).

Ajoutons qu'à deux reprises, la détention d'un çiftlik s'accompagne de celle d'un moulin à vent : Selîm **hatun**, détentrice d'un des trois çiftlik d'un groupe de çiftlik d'Akkerman, possède également le moulin à vent recensé avec ce groupe (**asyâb-ı bâd-ı Selîm hatun** ; p. 108) ; de même Hemdem **aga** possède dans un village de Kili à la fois un çiftlik et le moulin établi dans ce village (p. 137).

Le caractère héréditaire du çiftlik est attesté au moins dans un certain nombre de cas. On voit en effet des çiftlik passer entre les mains du ou des enfants du détenteur précédent. Néanmoins, il est significatif que soit spécifié à propos du kışlak de Mustafa **re'is** qu'il est désormais en possession de sa fille en vertu d'un «ordre sacré» (**haliyen emr-i şerifle kızı Hâss kadın elindedir**; p. 149). S'il a été nécessaire pour que se fasse la transmission, qu'une mesure particulière soit prise par le pouvoir central, c'est bien que le droit successoral normal, tel qu'il avait été édicté, par exemple pour les simples çift de raïas ou d'asker, ne s'appliquait pas dans la situation présente[25]. De fait, les cas de transmissions recontrés, offrent une grande variété de modes d'application : on n'y discerne pas de principe général, l'empirisme et l'arbitraire semblant au contraire avoir prévalu dans les solutions adoptées (toujours par le pourvoir central ou l'initiative appartenant parfois aux autorités locales?). Peut-être y verrions-nous plus clair si nous pouvions comparer dans les différents cas le revenu du çiftlik du père avec celui du ou des çiftlik de l'héritier ou des héritiers, mais cette opération est malheureusement impossible à mener, faute de pouvoir isoler, comme nous le verrons, ces différents revenus. Dans ces conditions, bornons-nous à constater que parfois le çiftlik du père passe tout simplement à son fils, mais qu'il arrive aussi que le çiftlik laissé donne naissance à plusieurs dont l'héritier ne recevra qu'un (p. 108), ou encore que ce fils (ou plus rarement cette fille) doive partager le çiftlik paternel, dans un régime d'indivision, avec une ou plusieurs autres personnes sans lien familial apparent avec lui (p. 105) ou, au contraire, que le fils, tel Osmân bey ou le janissaire Ali, dispose d'un second çiftlik en plus du paternel (pp. 90 et 91, 101 et 102). S'il y a deux héritiers ou plus, le çiftlik paternel peut être divisé en deux, chacun des héritiers détenant individuellement le sien (p. 106, 141), de même que les deux fils de Hasan çelebi reçoivent chacun un kışlak distinct (p. 149), ou bien l'un des fils reçoit le çiftlik du père et on en attribuera un autre au second (p. 91). Mais des cas plus nombreux montrent les différents héritiers détenant à deux ou trois en indivis le çiftlik paternel (pp. 89, 141) : à Kefe, deux héritiers dotés du titre ou du surnom de gâzî, possèdent en commun le çiftlik ayant appartenu à leur père, un aga, sujet du khan de Crimée (**TT 214**, p. 91) ; une attribution supplémentaire peut venir compléter cette possession en indivision : les trois fils de Salih ont reçu à côté du çiftlik de leur père (d'ailleurs partagé en deux çiftlik dont l'un revient à une tierce personne) un autre ayant appartenu à un Arslan Alî (pp. 103 et 108).

---

25 Cf. H. Inalcık, «Land problems...», art. cit., pp. 223-224.

## II

Les héritiers sont généralement des «indéterminés» mais ils portent quelquefois des titres qui, comme nous l'avons déjà relevé, ne sont pas ceux de leur père (un même çiftlik accompagnant donc une autre fonction) : le père du janissaire Ali était un Hacı Memi, lui-même fils d'un Şuca' le barbier (p. 101) ; l'homme de garnison Hacı Şa'bân reçoit le çiftlik de son père Hacı Ramazân dont on ignore s'il était lui-même homme de garnison (p. 93) ; à Kefe, l'un des deux fils reprenant le çiftlik de l'intendant de la ville (kethüdâ-ı şehir) est pour sa part secrétaire des dépenses publiques (kâtib-i harç-ı hâssa) de la même ville (TT 214, p. 91). Très significatif de l'inégalité des conditions réservées aux fils est le fait que quelques-uns se retrouvent recensés sur ce qui fut le çiftlik de leur père, comme de simples raïas, soumis à un resm-i çift ou, plus souvent, un resm-i mücerred ordinaires: si le çiftlik de Tana baş est transformé en deux pour deux de ses fils, leurs deux frères y figurent comme de simples mücerred (p. 106) ; de même, le fils d'Işbek (?) aga - manifestement un tatar -, bien que présenté dans un premier temps comme détenteur du çiftlik de son père, y est recensé (tout fils d'aga qu'il soit ! ) comme un chef de famille parmi d'autres (y compris un gendre du même Işbek aga) et soumis au resm-i çift (p. 98).

En somme, une telle diversité, tant dans les attributions que dans la transmission des çiftlik, où tout semble se faire au coup par coup, interdit de voir en eux une institution rigoureusement réglementée, un mode de rétribution bien fixé pour des fonctions précises.

*
* *

Par quoi se solde la possession d'un çiftlik, quel type de revenus le détenteur en tire-t-il ? Il est clair que ce ne sont pas des revenus fiscaux et la différence sur ce point avec le timâr est parfaitement nette[26]. C'est le produit même de l'ex-

---

26 La différence n'est pas moins nette avec le type de çiftlik évoqué supra dans la n. 3 ou celui accordé à Rüstem pacha présenté supra dans la n. 15 : il est clair que dans ces cas, ce sont les revenus fiscaux eux-mêmes, tels qu'ils sont indiqués dans les registres qui sont concédés aux bénéficiaires (d'ailleurs, il est précisé que le çiftlik du grand vizir est octroyé à titre de mülk, soit de bien de pleine propriété).

ploitation qui échoit au détenteur, lequel apparaît comme un possesseur (ne disons pas propriétaire puisque comme à l'ordinaire dans l'Empire ottoman, la nu-propriété du sol reste à l'Etat)[27] et non comme un percepteur de taxes ; le rapprochement pourrait être fait à cet égard avec la réserve du sipâhî, le hâssa çiftliği dans le cadre du timâr, mais le régime fiscal en est tout différent : la détention même du çiftlik est en effet frappée ici d'une taxe qui est d'autant plus comparable au resm-i çift frappant la détention d'une simple tenure que le montant en est le même : 22 aspres[28], mais la différence n'en est pas moins soigneusement faite par le recenseur qui distingue dans les revenus d'un village ou d'un çiftlik (ou groupe de de çiftlik) donné, les çift et les resm-i çift, des çiftlik, chacun de ces derniers acquittant un droit particulier de 22 aspres (un certain nombre des çiftlik sont assortis de la lettre ʿ , ce qui signifie vraisemblablement que leurs détenteurs sont célibataires, mais le montant du droit n'en est en rien affecté). Un équivalent de ce droit existe pour la détention des kışlak du delta du Danube et de la circonscription de Kili (pas pour ceux de Moldavie puisque la terre détenue relève cette fois de la souveraineté moldave et ne ressortit pas en tant que telle de la fiscalité ottomane) : on trouve à ce propos l'expression resm-i kışlakhâ (p. 136)[29] et le montant est cette fois de 30 aspres par kışlak (pp. 136, 149), payables, rappelons-le, aussi bien par des mécréants que par des musulmans.

Tous les détenteurs, quels que soient leurs titres ou leurs fonctions sont assujettis à l'un ou l'autre de ces deux droits de détention. Il est toutefois possible que les ulemâ en aient été exemptés car on constate l'absence de ce droit dans le cas d'un çiftlik appartenant en commun au nâʾib Şucâʿ Halife, au kâdî Bedreddîn et à un troisième personnage du nom de Pervâne (p. 99). De même, le droit n'existe apparemment pas

---

27 Cf. Inalcık, «Land Problems...», art. cit., pp. 221, 223-224.
28 Sur le resm-i çift, cf. H. Inalcık, «Osmanlılarda raiyyet rüsûmu», Belleten, XXIII, 92, 1959, pp. 577-586.
29 Cf. M. Berindei et G. Veinstein, «...fiscalité de la province de Bender-Akkerman...», art. cit., p. 285.

II

pour les çiftlik de Kefe où nous avons noté l'importance relative des ulemâ parmi les détenteurs.

D'autre part, les çiftlik sont soumis à l'ensemble des taxes frappant la production, l'élevage et les transactions, en vigueur dans la région[30]. A cet égard, le statut fiscal du çiftlik est le même que celui du simple çift. D'ailleurs, les redevances du (ou des) çiftlik proprement dit et celles des détenteurs de çift et autres éléments établis sur le çiftlik, sont entièrement confondues dans la présentation par le registre des charges fiscales d'une unité territoriale donnée : il n'est donc pas possible de déterminer dans le cas d'un village comportant un ou plusieurs çiftlik quelle part des taxes concerne l'activité du (ou des) çiftlik (à plus forte raison de l'un des çiftlik en particulier), quelle part celle du reste du village ; de même, dans un çiftlik ou groupe de çiftlik indépendant, les charges fiscales des çiftlik et celles des raïas musulmans ou chrétiens, sédentaires ou nomades, qui y sont rattachés, sont données indistinctement (à l'exception précisément des taxes sur les personnes et la détention de la terre). Dans ces conditions, les seuls cas où nous nous trouvions uniquement en présence des redevances dues par les çiftlik, de çiftlik «fiscalement purs», se réduisent à cette dizaine de çiftlik sans population recensée ni taxée, comparables à des **mezraʿas**, auxquels nous avons fait allusion (pp. 100-103, 105, 107, 109, 172-174). On y vérifie bien qu'à côté du droit de çiftlik, ils sont soumis à toutes les taxes ordinaires des villages (à l'exception, bien entendu, des raʿiyyet rüsûmı proprement dites). Les registres font pourtant état de deux exceptions, de manière d'ailleurs suffisamment explicite pour confirmer que l'acquittement des dîmes sur la production était d'autre part la règle : le percepteur de la taxe sur les esclaves pour le compte du khan de Crimée Devlet Giray à Akkerman (**Devlet Giray han dâmet meʿâliyehu tarafından Akkerman tamga-ı üserâ hizmetinde olub**) avait reçu de Süleymân le législateur un édit d'exemption (muʿafnâme) pour son çiftlik en vertu du principe selon lequel les personnes occupant une telle fonction étaient dispen-

---

30  Cf. **ibidem**.

sées des dîmes et taxes sur les moutons sur les terres qu'elles cultivaient; cette exemption lui ayant été confirmée par un «firman sacré» du nouveau sultan (soit Selîm II), elle a été reportée dans le registre de 1570 (qui donne néanmoins le détail des taxes correspondantes, y compris le droit de çiftlik soit un total de 2764 aspres, dont 2067 pour la seule coutume sur les moutons et le droit de parcage ; p. 107). D'autre part, à Kefe, un personnage du nom d'Atçı Mahmûd, connu sous la dénomination de Hacı Baba, avait été dispensé de la dîme et des taxes coutumières sur son çiftlik, du fait qu'il en utilisait le produit «pour nourrir les gens de passage et autres nécessiteux» dans son couvent (zâviyesinde ayendeye ve revendeye vesâ'ir fukaraya ta'âm içün sarf olunub) ; l'exemption avait été levée à sa mort, mais sur une pétition de ses fils qui avaient hérité du çiftlik et continuaient à assurer le même service dans la zâviye, elle est rétablie par le sultan en faveur de ces derniers et consignée dans le registre de 1542 (TT 214, p. 53). En abandonnant ainsi ses droits fiscaux normaux, le sultan avait établi une sorte de vakf au profit de la zâviye de Hacı Baba, moyennant la prestation d'un service d'assistance.

Mais à part ces deux exceptions, tous les revenus fiscaux des çiftlik (comme ceux des villes et des villages) échoient au Trésor : à Kefe, ils sont d'ailleurs rétrocédés au gouverneur de la province (mîrlivâ-ı Kefe) dont ils constituent une part des revenus, mais à Akkerman, ils restent des biens impériaux (havâs-ı hümâyûn).

Un cas particulier est présenté par deux çiftlik dépendant de Kili dont le territoire est à cheval sur la Moldavie et sur le kazâ de Kili: dans ces cas, la dîme de ceux qui produisent en Moldavie revient au fisc moldave, celle de ceux qui produisent dans les limites du kazâ à l' emîn de Kili représentant le fisc ottoman (Bogdanlu toprağında zirâ'at etdüklerinin öşri Bogdanluya ve Kili toprağında olanı Kili emînine vireler ; pp. 141, 147). En ce qui concerne les kışlak situés en Moldavie, les nomades qui les fréquentent étant considérés comme sujets du sultan, celles des redevances auxquelles ils

204

## II

sont assujettis, touchant leurs personnes, leur bétail et leurs biens, relèvent des divers agents du fisc ottoman : l' **emîn** des nomades (**yava emîni**) pour la capitation des nomades (**yava harâcı**), l' **emîn** de Kili pour l' ispence et les divers impôts casuels (**bâd-ı havâ**), les percepteurs spéciaux envoyés de la Porte pour les taxes sur les moutons (**resm-i ganemlerin ve resm-i ağıllarin astâne-i saʿâdetden gelen kullar mîrî içün zabt iderler**) ; en revanche, en accord avec le principe appliqué dans le cas précédent, les taxes sur les fruits de la terre (laquelle est moldave), les dîmes et le droit de pâturage, reviennent au voyévode de Moldavie (**zirâʿat olunan yerlerin öşürlerin ve otlak hakkın Bogdan voyvodasına eda iderler** ; p. 149).

Les **çiftlik** et les **kışlak** sont des lieux de production et d' élevage et le revenu du détenteur est ainsi constitué par le produit même de l'exploitation, déduction faite des prélèvements ordinaires exercés par le fisc. Mais pour tenter de savoir quelle part de ce produit - et sous quelle forme - parvient au détenteur, il faut se demander qui, dans la pratique, exploite le **çiftlik**. Il n' y a pas lieu d'exclure que dans un certain nombre de cas ce soit le détenteur lui-même, si l'on pense à des membres de corps auxiliaires comme les **beşlü** et à la vaste catégorie des indéterminés (ou du moins à une partie de celle-ci). Le fait qu'on rencontre à plusieurs reprises, recensés sur le **çiftlik** comme détenteurs de **çift** ou, plus souvent, comme **mücerred** un fils ou un gendre du détenteur, laisse supposer une exploitation directe par le détenteur lui-même aidé de membres de sa famille, ou du moins par ces derniers (pp. 90, 96, 98, 106, 172). En revanche, cette supposition n'est évidemment plus de mise dans tous les cas où le détenteur est un haut dignitaire, ou même est simplement investi de fonctions qui le retiennent en dehors de son **çiftlik**, en ville, dans la forteresse, voire même en dehors de la province. On peut imaginer que dans de telles situations, ce sont les résidents permanents ou temporaires du village où est situé le **çiftlik**, ou du **çiftlik** indépendant qui, en plus de leurs éventuelles tenures propres, mettent le domaine en valeur pour le compte du détenteur ; dans les cas que nous avons signalés de **çiftlik** passant, après un premier détenteur distinct, aux mains des habitants du village concerné, l'Etat n'aurait fait qu'attribuer officiellement la terre à ceux qui l'exploitaient effectivement. Il faut imaginer dans cette hypothèse le régime des relations qui pouvaient exister en général entre les détenteurs des **çiftlik** et les raïas qui les travaillaient : peut-être s'agissait-il de sortes de métayages comme il en existait pour l'exploitation du **hâssa çiftliği** du sıpâhî par les raïas du **timâr**, le détenteur recevant une part de la récolte variant selon les conditions du métayage en vigueur, ou une somme forfaitaire acquittée par les paysans (systèmes de l' **ortakçılık** ou de la **mukâtaʿa**)[31]. Cette dépendance du raïa par rapport au détenteur du **çiftlik** comportait une modalité supplémentaire quand ce dernier possédait également le moulin. Mais nous avons vu qu'il existait également des **çiftlik** indépendants, sans aucune indication de population, même temporaire : les habitants d'établissements voisins pouvaient les mettre en valeur dans les mêmes conditions, selon une pratique connue pour les **mezraʿas**. Au surplus dans tous ces cas, il faut également envisager la possibilité d'un recours de la part des détenteurs à une main-d' oeuvre servile : n'oublions pas que les pays du nord de la mer Noire sont l'une des principales zones d'approvisionnement en esclaves de l' empire ottoman[32] et que les Tatars (et autres) qui recevaient des **çiftlik**, peuvent bien avoir imité leurs cousins de Crimée en faisant travailler leurs domaines par des esclaves. On sait que les esclaves en tant que popula-

---

31 Cf. Ö. L. Barkan, «XV ve XVI ıncı Asırlarda Osmanlı imparatorluğunda Toprak Işçiliğinin Organizasyonu Şekilleri», I. F. M., 1939-1940, réédit. in **Türkiye'de Toprak Meselesi**, op. cit., p. 622 et sq.

32 Cf. notamment A. W. Fisher, «Muscovy and the Black Sea Slave Trade», **Canadian-American Slavic Studies**, vol 6, no : 4, Pittsburgh, 1972, pp. 575-594 ; H. Inalcık, «Servile labor in the Ottoman Empire» in **The mutual effects of the islamic and judeo-christian worlds : the East european pattern** (A. Ascher, T. Halasi-kun, B. K. Kiraly, édit.), New York, 1979, pp. 35-42; H. Sahillioğlu, «Onbeşinci yüzyılın Sonu ile Onaltıncı yüzyılın başında Bursa'da Kölelerin Sosyal ve Ekonomik Hayattaki Yeri», **ODTU Gelişme Dergisi**, 1979-1980, Ankara, 1981, pp. 87-94.

II

tion ne sont pas pris en compte par les recenseurs ottomans[33] mais nous interprétons comme un indice de leur utilisation sur les çiftlik, le fait que sur un certain nombre de ceux-ci (quinze) soient recensés en 1570, un ou plusieurs affranchis ('atîk) - jusqu'à quatre -, du détenteur actuel ou du détenteur précédent, voire du père de ce dernier, de même que les çiftlik de Sanuber hatun et de Turpaşa hatun comprennent chacun un affranchi de la détentrice (cf. pp. 89, 93, 96, 99, 100, 104, 106, 144).

Le vague entourant les modalités d' exploitation (joint aux incertitudes relevées plus haut sur les revenus propres aux çiftlik partout où ils sont confondus avec ceux provenant des raïas) interdit toute évaluation précise du produit net qu' un détenteur donné pouvait tirer en dernière instance de son çiftlik, de mesurer dans quelle mesure il était une source d' enrichissement pour les intéressés. On constate en tout cas que le revenu fiscal de ces çiftlik ou groupes de çiftlik (lui-même un reflet du revenu brut auquel il est proportionnel) dépassait souvent celui d'un village moyen de la région. Si l'on considère la part des revenus fiscaux réalisés sur les çiftlik par rapport à l'ensemble des revenus fiscaux ruraux (les revenus des villes étant donc exclus), elle est à Kili de 50% (dont 9% pour les campements d'hiver), à Bender de 10% et à Akkerman de 52%.

Il ne semble pas qu'en échange de leurs bénéfices, les détenteurs aient eu à fournir des combattants à l'armée (eşküncü), comme c'était le cas des bénéficiaires de timâr à titre de çiftlik ou des anciennes familles anatoliennes auxquelles leurs terres avaient été laissées en guise de çiftlik[34]. Il faudra-

---

33 Cf. Ö. L. Barkan, «Essai sur les données statistiques des registres de recensement dans l'Empire ottoman aux XVe et XVIe siècles», Journal of Economic and Social History of the Orient, I, Leyde, 1958, p. 21.
34 Cf. supra n. 3 et Ö. L. Barkan, «Osmanlı Devrinin "Eşkincülü Mülkler"i veya "Mülk Timarlar"ı Hakkında Notlar» dans Zeki Velidi Toğan'a Armağan, 1950-55, pp. 61-70.

it au contraire considérer que c'est en payant leur droit de çiftlik (ou de kışlak), un droit de détention analogue, répétons-le, au resm-i çift des raïas, ainsi qu'en s'acquittant des taxes ordinaires sur leur production, que les détenteurs rempliraient envers l'Etat les obligations entraînées par l'attribution à leur profit d'une partie de la terre mîrî. Fondamentalement, leur devoir envers l'Etat consiste à assurer la mise en valeur du çiftlik qui leur a été confié, une mise en valeur à laquelle ils sont eux-mêmes intéressés. En outre, il est vraisemblable que si, comme nous le supposons, une bonne partie de ces çiftlik a été accordée à des Tatars, la Porte ait également vu dans ces attributions un moyen de se concilier et de stabiliser des populations de la région, voire même de contribuer à assurer la sécurité de ses acquisitions territoriales sur un front pionnier, en confiant au détenteur un certain rôle défensif en même temps que colonisateur. Si l'absence de preuves tangibles nous interdit de faire plus que des hypothèses sur ces éventuels aspects militaires et politiques, le rôle des çiftlik comme instrument de colonisation économique ne laisse en revanche pas de doute et fournit certainement à cette institution sa principale raison d'être.

Elle prend forme, rappelons-le, dans une zone de terres vierges et lointaines qu'il s'agit de mettre en valeur en utilisant la population disponible sur place, d'où l'extrême souplesse, l'empirisme qu'elle manifeste: les détenteurs appartiennent à des catégories très variées, comptant parmi eux de hauts dignitaires et différents asker mais surtout une majorité d'éléments plus indéterminés, dont les fils retomberont parfois à l'état de simples raïas, en même temps que des femmes, des convertis et même, pour les kışlak des Chrétiens. L'attribution ne se fait apparemment pas sous forme de mülk comme dans les çiftlik de şenlendirme évoqués par H. Inalcık : les terres continuent à faire partie des hâs-i hümayûn et leur tansmission ne se fait manifestement pas selon les règles successorales normales. Leur but n'est pas non plus de rémunérer une ou plusieurs catégories précises d'agents de l'Etat ni de financer indirectement la fourniture d' eşküncü à l'armée : il est de développer le défrichement et l'exploitation du pays,

II

pour le plus grand profit du fisc, comme de l'approvisionnement de la région et même de la capitale, en y intéressant les différents éléments locaux disponibles.

Le processus révélé par le registre de 1570, principalement pour la circonscription d'Akkerman, témoigne de l'efficacité de la méthode : des çiftlik deviennent assez productifs pour être séparés des villages auxquels ils appartenaient à l'origine, d'une part pour devenir des unités indépendantes faisant l'objet d'un recensement distinct, et d'autre part pour être subdivisés en plusieurs çiftlik allant à des bénéficiaires. différents. Ces groupes de çiftlik peuvent égaler largement un village par le peuplement et le revenu. D'ailleurs nous voyons se réaliser dans quelques cas une étape suivante où le çiftlik indépendant devient un nouveau village: le çiftlik de Kara Ibrâhîm qui faisait encore partie dans le registre précédent (**defter-i atik**) du village de Saruyar (dépendant d'Akkerman) est devenu en 1570 un village (**kariye**) dit de Kara Ibrâhîm comprenant lui-même neuf çiftlik (p. 72) ; de la même façon, les villages de Nasuh aga et d'Islâm sont d'anciens çiftlik de Büyükdere (Akkerman) (pp. 74-75, 79) ; le village de Manaş aga est un ancien çiftlik du village de Halifelü qui s'appelait çiftlik-i Çiçeklü ve Mustafa (p. 86). D'autre part, lorsque le çiftlik cesse d'être soumis à un droit de çiftlik et que le nouveau détenteur (fils du précédent ou non) y est recensé comme simple raïa soumis aux ra'iyyet rüsûmı, il est clair que tout en continuant à porter le nom de çiftlik, l'unité territoriale est en fait devenue un village (pp. 91, 98, 102, 103, 106) ; à Bender, on relève l'existence d'un village dit du çiftlik de Süleymân voyvoda (**kariye-i Süleymân voyvoda çiftliği**) qui comprend, outre le çiftlik de ce nom, sept foyers et trois célibataires (p. 172).

Un autre signe de l'efficacité de la méthode réside dans l'importance du pourcentage des revenus fiscaux provenant des çiftlik dans l'ensemble des revenus fiscaux ruraux, comme d'ailleurs dans le poids remarquable des revenus ruraux en général dans l' ensemble des revenus de la province d'Akkerman[35].

On aurait aimé suivre cette évolution au cours des décennies suivantes. Malheureusement, une consultation rapide des passages du registre **TT 701** concernant le **sancak** d'Akkerman à l'extrême fin du siècle,[36] nous a paru décevante en ne présentant que des différences très limitées par rapport aux donnés du **TT 483** (pour le **kazâ** de Bender, mêmes **çiftlik** avec toutefois cinq villages en plus ; pour le **kazâ** d'Akkerman, un **çiftlik** en moins et deux villages en plus). On peut se demander si l'élaboration de ce registre tardif a véritablement donné lieu à une révision sérieuse des données de la situation, ou si les difficultés de la province dans cette période - notamment l'aggravation des attaques cosaques - n'ont pas bloqué le processus de colonisation que nous aurions ainsi observé à la fin de sa phase la plus dynamique.

---

35 Dans le **sancak** d'Akkerman, l'ensemble des taxes sur les activités agricoles s'élève à 368 915 aspres soit 13 % du total des revenus fiscaux ; cf. M. Berindei et G. Veinstein, «...fiscalité de la province d'Akkerman...», **art. cit.**, pp. 308 et 312.
36 Ce registre porte (p. 47) la **tuğra** du sultan Mehmed III (1595-1603).

# III

## LE PATRIMOINE FONCIER DE PANAYOTE BENAKIS, *KOCABAŞI* DE KALAMATA

Il est bien établi que l'évolution du régime foncier ottoman est marquée par la décadence d'un système classique, fondé sur la propriété de l'Etat, les producteurs, les *re'âyâ*, ne conservant que l'usufruit d'exploitations aux dimensions rigoureusement définies, et sur la concession temporaire des revenus fiscaux issus de la terre, à des serviteurs du souverain, sous forme de *timâr* plus ou moins importants. Sur les ruines de ce régime s'en élabore un autre, caractérisé par la mainmise de particuliers, au détriment des droits de l'Etat et du statut autrefois garanti au paysan, sur de grands domaines auxquels on donne le nom de *çiftlik*, présentant en fait sinon en droit l'aspect de propriétés privées.[1]

Mais une fois ce schéma général admis, de nombreuses questions restent en suspens: quelle est la nature exacte de ces *çiftlik*, dans quelle mesure modifient-ils les conditions de production et les rapports

---

[1] Depuis sa thèse, *Tanzimat ve Bulgar meselesi* (le Tanzimat et le problème bulgare) (Ankara, 1943), Halil Inalcık est revenu à plusieurs reprises sur cette question de l'évolution du régime foncier ottoman qu'il a notablement contribué à éclairer; cf. notamment H. Inalcık, "Land problems in Turkish history," *The Muslim World* 45 (1955), pp. 221-228; art. "čiftlik," *Encyclopédie de l'Islam*[2], t. 2, pp. 33-34; "l'empire ottoman" in *les peuples de l'Europe du sud-est et leur rôle dans l'histoire (XVe-XXe s.)*. Ier congrès international des études balkaniques et sud-est européennes. Rapport pour la séance pleinière (Sofia, 1966), pp. 42-48; "Capital formation in the Ottoman empire," *Journal of Economic History*, I (mars 1969), pp. 124-132; "The Ottoman decline and its effects upon the *reaya*" in *Aspects of the Balkans. Continuity and Change*, H. Birnbaum et Sp. Vryonis Jr., éd. (La Haye-Paris, 1972), pp. 350-353; "Military and fiscal transformation in the Ottoman empire, 1600-1700," *Archivum Ottomanicum*, t. 6 (1980), pp. 327-333; "The emergence of big farms, *çiftliks*: State, landlords and tenants" in *Contributions à l'histoire économique et sociale de l'empire ottoman*, J. L. Bacqué-Grammont et P. Dumont éd. (Louvain, 1984), pp. 105-126.

Cf. aussi sur ce thème: Ö. L. Barkan, "Türk toprak hukuku tarihinde Tanzimat ve 1274 (1858) tarihli arazi kanunnamesi" (Le Tanzimat et la loi foncière de 1858 dans l'histoire du droit foncier turc) in *Tanzimat* (Istanbul, 1940), pp. 323-351; idem, "Balkan memleketlerinin ziraî reform tecrübeleri" (Les expériences de réformes agraires dans les pays des Balkans), *İktisat Fakültesi Mecmuası*, t. 4 (Istanbul, 1943), pp. 455-554; T. Stoianovitch, "Land tenure and related sectors of the Balkan economy," *Journal of Economic History*, t.13:4 (1953), pp. 398-411; Chr. Gandev, "L'apparition des rapports capitalistes dans l'économie rurale de la Bulgarie du nord-ouest au cours du XVIIIe siècle," *Etudes historiques* (Sofia, 1960), pp. 207-220; A. Sučeska, "Onastanka čifluka našim zemljama," *Godišnjak društva istoričara Bosne i Hercegovine*, t. 16 (1965), pp. 37-57; R. Bush-Zantner, *Agrarverfassung, Gesellschaft und Siedlung in Südost-Europa* (Leipzig, 1938); H. Çin, *Mirî arazi ve bu arazinin mülk haline dönüşümü (La terre publique et la transformation de celle-ci en propriété privée)* (Ankara, 1969); D. R. Sadat, "Rumeli ayanları: the eighteenth century," *The Journal of Modern History*, t.44:3 (1972), pp. 346-363; G. Veinstein, "Ayân de la région d'Izmir et commerce du Levant (deuxième moitié du XVIIIe s.)," *Etudes balkaniques*, t.3 (1976), pp. 71-83.

sociaux? Quelle est d'ailleurs l'extension réelle du phénomène et sa chronologie exacte? Des disparités ne se font-elles pas jour à travers les régions du vaste empire: quelle est la part dans les évolutions constatées des conditions générales et des facteurs locaux? Il faut s'interroger également sur la destinée des çiftlik constitués: sont-ils des formations stables, se perpétuent-ils durablement au sein d'une même famille, entraînent-ils la formation de patrimoines fonciers?

Les réponses à ces questions et à d'autres que ce thème peut susciter, ne doivent pas procéder de généralisations hâtives, mais être précédées de monographies fondées sur des documents précis. Les sources occidentales, récits de voyageurs et rapports consulaires, peuvent être éclairantes, mais elles ne remplacent pas la documentation interne: éventuellement des actes établis par des autorités communautaires non-musulmanes de l'empire; en tout cas les sources ottomanes elles-mêmes, qu'elles proviennent de l'administration centrale intervenant en particulier dans des opérations de confiscation ou de règlement de grandes successions, ou plus encore de l'administration provinciale: les sicill des kâdî locaux, riches en actes fonciers de toutes natures, sont une mine d'informations sur la question.

Pourtant, le nombre de documents publiés décrivant précisément les çiftlik et patrimoines fonciers de particuliers, reste très réduit. Une entreprise comme celle de Yuzo Nagata[2] mérite d'être poursuivie et géographiquement élargie. Nous voudrions y contribuer, même pour une part très limitée, en publiant ici une liste des biens fonciers d'un propriétaire grec du Péloponnèse, fameux pour sa richesse et son rôle dans le soulèvement moréote de 1770, Panayote Bénakis.

Il s'agit d'un acte dressé à la fin de mars 1757, par le kâdî de Kalamata, Ahmed Ağazâde, ancien kâdî de Gördes. Les sicill des kâdî de Kalamata, dont cette pièce faisait initialement partie, comme tous ceux du Péloponnèse ottoman, ont, à notre connaissance, disparu. Mais nous avons eu la bonne fortune de retrouver une copie de ce texte, authentifiée par le cachet du kâdî—vraisemblablement celle qui fut remise par le tribunal à Bénakis lui-même—dans les documents turcs des archives historiques du musée Bénaki à Athènes.[3] En outre, ce document peut être complété par quelques autres d'origine grecque et de date postérieure, ayant trait aux propriétés de descendants de Panayote, qui ont été publiés récemment dans des revues locales helléniques.[4]

\* \* \* \* \*

Même si le nom est resté célèbre, il s'en faut que tout soit clair et bien établi dans les origines et la biographie de Panayote Bénakis. Il était le petit-fils d'un autre personnage fameux, Libérakis Ghérakaris,

---

[2] Y. Nagata, *Some documents on the big farms (çiftliks) of the notables in Western Anatolia* (Tokyo, 1976). Cf. aussi Y. Cezar, "Bir âyanın muhallefatı, Havza ve Köprü kazaları âyanı Kör İsmailoğlu Hüseyin" (Les biens laissés par un notable, le notable des circonscriptions de Havza et Köprü, K.I.H.), *Belleten*, t. 41: 161 (1977), pp. 41-78.

[3] Mes vifs remerciements vont à la direction du Musée Bénaki à Athènes, qui m'a permis en septembre 1978 de prendre un premier aperçu de sa collection de documents turcs et d'obtenir quelques photocopies. Ce fonds de plusieurs dizaines de pièces mériterait-à l'évidence une investigation plus systématique. Une constatation s'impose par ailleurs: on a estimé qu'il n'y avait pas plus qu'une homonymie entre les Bénakis de Messénie et le fondateur du célèbre musée, Emmanuel Bénakis (1843-1929), né dans l'île de Syra et enrichi dans le commerce d'Alexandrie avant de s'établir à Athènes; cf. dernièrement, M. D. Sturdza, *Dictionnaire historique et généalogique des grandes familles de Grèce, d'Albanie et de Constantinople* (Paris, 1983), p. 228. Pourtant, si cette opinion est exacte, il reste à préciser dans quelles conditions un grand nombre de documents aussi bien grecs qu'ottomans relatifs aux Bénakis de Kalamata ont rejoint les collections du mécène athénien.

[4] J'exprime ici toute ma gratitude à mon collègue M. Sp. Asdrachas qui m'a initié à la bibliographie grecque du sujet, ainsi qu'à MM. S. Zervos et A. Helmis qui ont bien voulu me servir de drogmans.

Le patrimoine foncier de Panoyote Bénakis

issu du clan des Latrakis. Ce dernier s'était efforcé à la fin du XVIIe siècle de se tailler une position prépondérante dans le Péloponnèse que se disputaient alors Vénitiens et Ottomans, en passant à de nombreuses reprises de l'un à l'autre camp.[5] Mais lorsque Panayote naîtra vers 1720, l'intermède vénitien (1685-1715) est définitivement clos et le Péloponnèse est de nouveau sous domination turque. L'historien grec Kougheas a montré que contrairement à l'opinion généralement admise, Panayote ne descendait pas de Ghêrakaris par l'un de ses trois fils, Béno (Vénédiktos), mais par sa fille Stathoulas qui avait épousé un homme du nom de Béno Psaltis. Leur rejeton ne reprit pas le nom paternel de Psaltis mais garda pour patronyme un diminutif du prénom de son père, Bénakis, qui se transmit à ses descendants. Libérakis avait eu plusieurs épouses dont Anastasie Buhus, d'une grande famille de boyards moldaves, veuve de Georges Duca qui avait été prince régnant de Moldavie puis de Valachie; mais la mère de Stathoulas aurait été d'une origine moins éclatante: selon la supposition du même historien, elle était la soeur d'un ami de Libérakis, Pétros Botsis.[6]

Bénakis deviendra le principal notable de Kalamata, une petite ville située à proximité de la mer dans la partie orientale de la plaine de Messénie. Elle apparaît dans le cadastre vénitien de 1700 dotée de 404 familles et chef-lieu d'un *territorio*, d'ailleurs le plus petit de la Morée (125 km2), comprenant un total de 1082 familles.[7] Après 1715, elle redevient, comme avant 1685, un chef-lieu de *kazâ*.[8] Leake lui attribuera 400 familles dont six turques[9] et Pouqueville seulement 300 familles chrétiennes,[10] chiffres à prendre d'ailleurs avec les réserves d'usage.

La ville et sa région participent, depuis une date qu'il reste à déterminer, à ce régime d'auto-administration que connaissent alors diverses parties de la Grèce continentale et insulaire, et tout particulièrement le Péloponnèse: villes et villages constituent des communes dont les populations chrétiennes élisent parmi leurs éléments les plus aisés les administrateurs ou *démogérontes*. Ces derniers choisissent à leur tour des représentants à l'assemblée provinciale et chacune des 24 assemblées provinciales envoie un délégué à l'assemblée générale de la Morée, laquelle coopte en son sein un comité de deux membres. Toutes ces désignations devaient recevoir l'aval des autorités turques mais ces institutions conféraient une réelle autonomie aux populations grecques, notamment dans les domaines fiscal et judiciaire.[11]

---

[5] Sturdza, op. cit., p. 227.

[6] S. B. Kougheas, "Hê katagôgê tou prôtostatésantos eis tên Orlôphikên epanastasin Panagiôtê Mpénakê phôtizomené apo ta archeia tês Venetias" (L'origine de Panayote Bénakis, un des auteurs des événements d'Orlov, eclairée par les archives vénitiennes), *Peloponnêsiaka*, t. 6 (1963-68), pp. 22-27.

[7] Nous puisons ces renseignements dans le précieux travail inédit de notre collègue V. Panayotopoulos, *Le peuplement du Péloponnèse (XIIIe-XVIIIe siècles)*, thèse de 3ème cycle, Université de Paris IV et Ecole des hautes études en sciences sociales (Paris, 1982), t. I, p. 227 et II, p. 60.

[8] R. Stojkov, "La division administrative de l'eyalet de Roumélie pendant les années soixante du XVIIe siècle. Selon un registre turc-ottoman de 1668-1669," *Studia Balcanica*, 1 (Recherches de géographie historique) (Sofia, 1970), p. 221.

[9] W. M. Leake, *Travels in the Morea with a map and plans*, t. 1 (Londres, 1830), p. 327 (passage à Kalamata en avril 1805).

[10] F. C. H. L. Pouqueville, *Voyage de la Grèce*, t. 6 (Paris, 1826), p. 47 (données pour 1814). Dans la mesure où les chiffres—d'ailleurs sensiblement différents—de Leake et de Pouqueville, sont à prendre en considération, Kalamata n'aurait pas connu entre le début du XVIIIe et celui du XIXe la forte hausse de population enregistrée dans cet intervalle par le Péloponnèse dans son ensemble; cf. Panayotopoulos, op. cit., t. 1, pp. 236-239.

[11] Cf. notamment M. B. Sakellariou, *Hê Péloponnêsos kata tên deuteran Tourkokratian, 1715-1821 (Le Péloponnèse pendant la seconde domination turque)* (Athènes, 1939), pp. 87-95; D. A. Zakhyti-

Des observateurs de la fin du XVIIIe et du début du XIXe siècle, comme Moritt ou Pouqueville, soulignent l'indépendance particulière de Kalamata: "l'administration de Calamate, écrit le second, est entre les mains des Grecs qui présentent à la simple approbation du visir la nomination des chefs qu'ils se choisissent. En vertu de leurs privilèges, ils ont le droit de s'imposer, de discuter la répartition de leurs contributions . . . ." Ces témoins mettent en avant deux facteurs conférant à cette circonscription une liberté plus grande, selon eux, qu'en aucune autre partie du Levant: l'immédiate proximité de la presqu'île du Magne, échappant quasi-totalement au contrôle turc et constituant un refuge toujours disponible; d'autre part le nombre très réduit de représentants du pouvoir ottoman: "ils n'ont parmi eux de Turcs, poursuit Pouqueville, qu'un vaivode (percepteur de taxes) et quelques janissaires qui sont plutôt leurs stipendiés que leurs maîtres puisqu'ils peuvent les faire révoquer . . . ."[1 2] C'est oublier néanmoins la présence du *kâdî* ottoman: le document que nous publions ici, comme d'autres du fonds Bénakis, témoigne que la caution légale de celui-ci ne paraît nullement superflue aux notables grecs de l'endroit. Les mêmes voyageurs mettent l'accent sur les avantages de la situation qu'ils décrivent pour "the Greek proprietors of this little district": "the Pasha allowed them in peace," indique Moritt, "to cultivate their estates, and sell the produce unmolested by the petty agents of despotism, who,as Agas and Vaivodes, exercised a subordinate tyranny through the rest of the Morea . . . ."[1 3]

C'est dans ce cadre propice que Panayote Bénakis va s'imposer comme notable local et grand propriétaire. La plus ancienne mention que nous ayons rencontrée (dans une enquête encore limitée) de la présence de Bénakis à Kalamata est fournie par un autre document du fonds ottoman du musée Bénaki: il émane également d'un *kâdî* de Kalamata, appelé lui-aussi Ahmed (mais à distinguer d'après le cachet de celui précédemment cité), et est daté du 5 *receb* 1157 (14 août 1744). Il s'agit du règlement d'un litige sur l'héritage d'un Grec du nom de Yorgaki (Ghiorgakis) dont le patronyme n'est pas précisé, originaire d'Ortaköy, près de Galata. Il avait été l'interprète du gouverneur de Morée, le vizir Mustafa pacha, et est décédé alors qu'il séjournait en tant qu'hôte *(musafereten sâkin iken . . .)* dans la maison de Bénakis.[1 4] Dans le document, ce dernier n'est doté d'aucun titre particulier, étant simplement désigné comme le "mécréant protégé" Panayote fils de Benakis *(Panayot veled-i Benaki nâm zimmî . . .)*, l'un des habitants du bourg de Kalamata *(nefs-i Kalamata kasabası sükkânından . . .)*. Toutefois, le fait que l'interprète du gouverneur ait logé chez lui, atteste qu'il occupait déjà une position élevée dans la localité.

En 1757, dans le préambule du *kâdî* précédant l'énumération de ses biens, Bénakis est caractérisé à peu près de la même façon: *nefs-i Kalamata sâkinlerinden Panayot Benaki nâm zimmî . . . .* En revanche, un acte grec le concernant, de 1762, signé par plusieurs ecclésiastiques dont le métropolite de Monembasia-Kalamata, Anthimos, et l'exarque du patriarche, Ignatios Tzamplakos, le présente comme archonte de Kalamata.[1 5] Il apparaît avec le titre turc équivalent de *kocabaşı* dans un acte un peu postérieur, du 18 mai

---

nos, "La commune grecque: les conditions historiques d'une décentralisation administrative," *L'Hellénisme contemporain*, t.2 (juillet-août 1948), pp. 295-310, et (septembre-octobre 1948), pp. 414-428; J. Visvisis, "L'administration communale des Grecs pendant la domination turque" in *1453-1953, le cinq-centième anniversaire de la prise de Constantinople* (Athènes, 1953), pp. 217-238.

[1 2] Pouqueville, op. cit., t. 6, p. 49; Mr. Moritt, "Account of a journey through the district of Maina in the Morea" in *Memoirs relating to the European and Asiatic Turkey and other countries of the East*, R. Walpole, éd., t. 1 (Londres, 1818), pp. 36-37 (voyage accompli en 1795).

[1 3] Ibid.

[1 4] *Musée Bénaki, A. H., Fonds B, docs. turcs, 6,27*. Les biens laissés chez Bénakis par l'interprète défunt consistaient en trois chevaux avec leurs accessoires, divers vêtements dont trois pelisses fourrées (deux de martre et une d'hermine), deux robes de type *biniş*, deux *kalpak*, une bague d'or avec sceau, une bague d'argent, une montre en or ainsi que 38 pièces d'or de Venise.

[1 5] S. B. Kougheas, "Ho métropolités Monembasias kai Kalamatas Ighnatios ho Tzamplakos (Examplakôn 1776-1802) kai tina peri auton eggrapha" (Le métropolite de Monembasia et Kalamata, Ignace Tzamplakos et quelques documents le concernant), *Peloponnésiaka*, t. 2 (1957), p. 142.

Le patrimoine foncier de Panoyote Bénakis

1568, dû à un autre *kâdî* de Kalamata, 'Alî de Preveza (Prevezalı) fils du Murâd, également conservé dans le fonds ottoman du musée Bénaki.[1 6]

Ce dernier document mérite attention car il s'agit d'un registre annexe *(zeyl defter)* des impôts à acquitter par la circonscription, qui fournit un témoignage d'origine turque sur le fonctionnement de cette auto-administration évoquée plus haut Dans l'exposé préliminaire, Panayote Bénakis est défini comme "représentant enregistré" *(vekil-i müseccel),* désigné "pour surveiller et régler l'ensemble des affaires et des questions, ainsi que les activités commerciales, intéressant les sujets protégés *(zimmet re'âyâları)* des villages faisant partie du *kazâ* de Kalamata et de ses dépendances," pour la période venant de s'achever, correspondant à un an, allant du 30 mai 1767 au 18 mai 1768. Ce préambule explique que dans l'intervalle indiqué, des impositions *(tekâlif)* supplémentaires ont dû être ajoutées aux charges *(tecrimât)* dues chaque année, selon la coutume ancienne, par les différents *çiftlik* et villages, et la ville même de Kalamata, "pour la surveillance et le règlement des affaires pouvant survenir." Cette contribution complémentaire a été fixée forfaitairement à une somme de 7783 piastres et cinq *para,* avec le concours des différents *kocabaşı* des *çiftlik* et villages du *kazâ,* afin d'être perçue "sur les sujets mécréants protégés et les préposés *(ehl-i zimmet re'âyâları ve iş erleri)*[1 7] de Kalamata et de ses dépendances. Ces *kocabaşı* ont déclaré au tribunal: "pour la perception et la collecte de la somme en question, nous avons choisi comme délégué *(muhtar)* notre *kocabaşı (kocabaşımız)* le susdit Panayote Bénakis," et ils ont demandé que le registre cacheté et signé par le *kâdî,* lui soit remis par celui-ci. Le registre lui-même établit la répartition de la redevance entre les différents établissements de la circonscription. Ce faisant, il éclaire la composition de cette dernière à l'époque considérée: on y retrouve, outre Kalamata même, 13 des 21 villages que le cadastre vénitien attribuait en 1700 au *territorio* de Kalamata, mais sur les 13, neuf sont devenus des *çiftlik,* et nous verrons plus loin que six de ces *çiftlik* venaient en fait de passer entre les mains de Bénakis.

Il est tentant de confronter les quote-parts de redevance avec les effectifs de population respectifs de ces établissements. Néanmoins, comme on ne connaît les seconds que par le cadastre vénitien antérieur de 68 ans,[1 8] la comparaison devient hasardeuse, d'autant que huit établissements manquent à l'appel, qui représentaient, en 1700 19% de la population totale de la circonscription. Nonobstant ce décalage chronologique, on pourra constater dans le tableau qui suit, rassemblant les différentes données disponibles, parfois une similitude frappante, en tout cas une parenté dans les ordres de grandeur, entre quote-parts de la contribution en 1768 et pourcentages du nombre des familles en 1700.

*Données sur la circonscription de Kalamata*
(1700-1768)

| toponymes 1700 | toponymes 1768 | statut 1768 | % de la contribution en 1768 | % de la population 1700 |
|---|---|---|---|---|
| Baliaga | Bali ağa | village | 4,44 | 5 |
| Bisbardi | | | | 0,77 |
| Vragat 'aga | Varaht ağa | *çiftlik* | 0,38 | 0,66 |
| Dur/ali/ | | | | 1,11 |
| Gorizogli | | | | 2,41 |
| Gliotta | | | | 4,53 |
| Basta | | | | 5,08 |

---

[1 6]*Musée Bénaki, A.H., fonds turc, miscellanea.*

[1 7]Le terme d'*iş erleri* qu'on peut rencontrer couplé avec celui de *a'yân,* s'applique à toute personne chargée d'un service public quelqu'il soit; H. Inalcık, "Military and fiscal transformation," p. 325 et n.106. Il désigne probablement ici les *kocabaşı* eux-mêmes.

[1 8]Panayotopoulos, op. cit., t. 2, p. 60. Cf. aussi J. M. Wagstaff, "War and settlements desertion in the Morea, 1685-1830," *Transactions of the Institute of British Geographers,* N.S. t. 3:3 (Londres, 1977), pp. 295-308.

| | | | | |
|---|---|---|---|---|
| Gaïdurocori | Gidorohori | çiftlik (20 paires de boeufs) [9] | 3,75 | 2,64 |
| Paliocastro | Palokastrova | çiftlik (2500 stremma) | 0,88 | 1,27 |
| Pidima | Pidima | çiftlik (9 paires de boeufs) | 1,18 | 1,45 |
| Farmisi | | | | 2,14 |
| Virsaga | Viz ağa | çiftlik (8 paires de boeufs) | 2,77 | 2,6 |
| Calami | | | | 1,36 |
| Asprogama | | | | 3,64 |
| Delimemi | Deli Memi | çiftlik (15 paires de boeufs) | 4,15 | 2,37 |
| Frezala | Furçala | village | 5,21 | 3,16 |
| Camari | Kamarya | çiftlik | 3,55 | 2,34 |
| Curzausi | Kul çavuş | çiftlik (9 paires de boeufs) | 8,4 | 6,45 |
| Muries | Aziz ağa | çiftlik (30 paires de boeufs) | 5,13 | 2,73 |
| Cuzuchumani | Küçük Manya | village | 11,37 | 5,13 |
| Assilan aga | Arslan ağa | village | 22,16 | 11,37 |
| Calamata | Kalamata | bourg | 26,50 | 31 |

    Ce document n'est antérieur que de deux ans à l'insurrection des Grecs du Péloponnèse, connue sous le nom d'événements d'Orlov, qui s'inscrit dans la guerre russo-turque de 1768-1774:[20] à l'instigation de deux frères, les Russes Alexis et Théodore Orlov, les Grecs se soulevèrent contre la domination turque en escomptant une aide déterminante de Catherine II. Bénakis qui avait alors atteint un degré exceptionnel de fortune et d'influence, et qui jouissait de la confiance des Turcs,[21] montra une attitude toute différente de la prudente circonspection dont feront preuve les notables moréotes, ses successeurs, dans les événements des années 1820: il s'engage totalement dans le mouvement dont il devient l'un des chefs, aux côtés du Thessalien Papadopoulos et du bey du Magne, Mavromichalakis. Il met sur pied de ses deniers un corps de mercenaires de 400 h. qu'il renforcera encore par la suite,[22] et se voit attribuer par Alexis Orlov, débarqué dans la baie d'Itylo en avril 1770, un rôle d'arbitre entre les capitaines grecs trop souvent antago-

---

    [1] [9]Ces données qui correspondent à des mesures de surface cultivable, dont on dispose également pour les çiftlik suivants de Pidima, Viz ağa, Deli Memi, Kul çavuş et Aziz ağa, proviennent d'un acte ottoman de 1767; cf. n.69 infra. La surface cultivable de Paléokastro exprimée en stremmata est fournie par un document grec de 1867; cf. n.63 et 79, infra.
    [20] F. C. H. L. Pouqueville, *Histoire de la régénération de la Grèce comprenant le précis des événements depuis 1740 jusqu'en 1824*, t.1 (Paris, 1824), pp. 40-45; P. M. Kontoghiannés, *Hoi Hellenes kata ton prôton epi Aikaterines B'Rôssotourkikon polemon (1768-1771) (Les Grecs pendant la première guerre russo-turque sous Catherine II)* (Athènes, 1903); Sakellariou, op. cit., pp. 146-191; N. G. Svoronos, *Histoire de la Grèce moderne* (Paris, 1953), p. 35.
    [21] Sakellariou, op. cit., pp. 154-155.
    [22] Ibid., pp. 160, 163.

Le patrimoine foncier de Panayote Bénakis

nistes.[23] Quelles motivations l'animent? Espère-t-il retirer de cette aventure appuyée par les Russes une position dans son pays, plus forte et plus indépendante encore que celle obtenue des Turcs, tout comme son grand-père avait tenté de tirer son épingle du jeu des rivalités vénéto-ottomanes? Il faudrait le connaître beaucoup mieux pour répondre à cette question.

En fait, les véritables objectifs de la tsarine étaient au nord de la mer Noire et elle ne voyait dans la Grèce révoltée, dont on lui avait d'ailleurs laisser surestimer la capacité de résistance, qu'un second front à imposer au sultan. Dans ces conditions, le secours apporté aux insurgés fut notoirement insuffisant et le mouvement fut rapidement écrasé par les troupes albanaises qu'avait rassemblées le gouverneur ottoman. Bénakis, comme les autres chefs rebelles, dut s'enfuir sur des bateaux russes. Il se réfugia à Livourne où il mourut peu après.[24]

\* \* \* \* \*

Etablie 13 ans avant ce dénouement, la liste ottomane des propriétés de Bénakis de 1757, contrairement aux documents grecs publiés qui sont de beaucoup postérieurs à sa mort, se rapportant à ses héritiers, donne une image relativement précoce de sa fortune foncière.

A cette date, le notable moréote est à la tête d'un patrimoine immobilier et foncier déjà important, entièrement concentré sur Kalamata et ses alentours immédiats, se composant de maisons, boutiques, pressoirs et fours, ainsi que de jardins et de champs.

Deux de ses maisons attirent d'emblée l'attention: elles correspondent à ces constructions fortifiées en hauteur, établies à des fins défensives, appelées en grec *pirgos*, qu'on rencontre dans plusieurs parties des Balkans et notamment dans le Magne.[25] Il en existait plusieurs de ce type à Kalamata, construites de pierre brune, aux murs percés de meurtrières, munies de portes solides, garnies de clous ou recouvertes de lames de fer, l'étage inférieur servant d'entrepôt.[26] Le texte turc rend fidèlement cette réalité en parlant de tours de pierre *(kargir kule)* et il précise que ces petites citadelles étaient le centre de complexes comprenant des constructions diverses: maisons,[27] étables, remises, pressoirs à vin, éventuellement puits, le tout entouré de jardins et d'arbres fruitiers.

---

[23]Cf. La lettre d'Alexis Orlov à Georges Mavromichalakis du 8 mai 1770 in S. B. Kougheas, "Hé hypo tous Orlôph Peloponnésiaké epanastasis (1770)" (La révolte d'Orlov dans le Péloponnèse), *Peloponnèsiaka* t. 1 (1956), p. 65.

[24]Plus précisément, la famille Bénakis qui s'était embarquée avec le patriarche Anthimos et d'autres protagonistes de l'insurrection, se rendit d'abord sur l'île de Cythère qui échappait aux Turcs: l'épouse de Bénakis, Zacharou et sa fille Pantzechroula y demeurèrent; lui-même et son fils Libérakis cherchèrent à gagner la Russie via l'Italie; c'est dans ces conditions que Panayote mourut à Livourne, seul son fils parvenant à réaliser leur projet; B. Kougheas, "Hé diathéké tés kalamatianés archontissas Pantzechroulas Bénakopoulos" (Le testament de la notable de Kalamata, Pantzechroula fille de Bénakis), *Messéniaka Chronika* t. 6-7 (juillet-décembre 1962), p. 231.

[25]Cf. D. V. Vayakakos, *Les forteresses et les tours les plus considérables de l'époque de la domination franque jusqu'à nos jours* (Athènes, 1968); H. A. Calligas, "The evolution of settlements in Mani" in *Shelter in Greece*, O. B. Doumanis et P. Oliver éd. (Athènes, 1974); P. H. Stahl, "Maisons fortifiées et tours habitées balkaniques" in *Etnografski i Folkloristićni izledvanija* (Sofia, 1979), pp. 91-99.

[26]Moritt, op. cit., t. 1, p. 36; Pouqueville, *Voyage*, t. 6, p. 48.

[27]Les tours du Magne avaient un rôle défensif, et en temps normal on habitait dans des maisons basses groupées autour de la tour; cf. Leake, op. cit., 1, p. 318: "each person of power and every head of a family of any influence has a pyrgo which is used almost solely as a tower of defence: the ordinary habitation stands at the foot of it . . .''; cf. aussi Stahl, art. cit., pp. 97-98.

# III

L'une de ces deux tours est habitée par Bénakis lui-même:[28] il s'agit manifestement de la "grande tour" *(pirgos megalos)* qui sera partiellement détruite par la suite,[29] mais continuera à être appelée "tour de Bénakis" et dont la haute silhouette restera le premier objet à frapper l'attention des voyageurs entrant dans la ville.[30] Cette imposante construction avait symbolisé la prééminence de Bénakis[31] et c'est vraisemblablement là qu'avait séjourné l'interprète du gouverneur mentionné plus haut. W. Gell qui a visité l'édifice vers 1820, l'a représenté avec quatre étages dont le dernier est constitué de deux kiosques ou "summer-houses," bâtis "in the happier days of the family." Reçu à l'intérieur par une descendante âgée de la famille (Pantzechroula, la fille de Panayote?), il précise: "there was an air of something more European about the habitation than any we had yet seen in Greece, given by the remains of Venetian furniture; and everything bore a greater appearance of antiquity and solidity than usual...."[32]

Quant à l'autre tour, il est probable qu'elle était louée en 1757 par son propriétaire et qu'il en allait de même des trois autres maisons que Bénakis possédait dans Kalamata, maisons ordinaires cette fois, ni fortifiées, ni même construites de pierre. L'une d'elles était toutefois qualifiée de "grande" et un appartement y était aménagé. Les deux autres sont situées dans des vergers de mûriers, "à côté du bazar," et "derrière le château,"[33] ce qui correspond bien aux "houses scattered amidst the gardens" que mentionne Moritt en décrivant la petite agglomération.[34]

Bénakis y possède également 36 ateliers-boutiques *(dükkän* en turc, *ergasteria* en grec), situées dans le bazar où ils occupent deux niveaux: rez-de-chaussée et étage; tous sont dotés d'un four en état de marche et sont affectés à des métiers divers.[35] Ils font également l'objet de locations.

---

[28] Sakellariou, op. cit., pp. 154-155, note que par une marque de confiance particulière, les Turcs avaient autorisé Bénakis à habiter un château-fort. Pourtant, compte tenu de la fréquence de ces constructions en Morée, il semble peu probable qu'il se soit agi là d'un privilège exceptionnel en faveur du *kocabaşı* de Kalamata.

[29] Les auteurs sont en général peu nets sur le point de savoir s'il fut porté atteinte à la tour de Bénakis lors de la répression des événements de 1770 ou plus tard, en 1808, à l'instigation du gouverneur de Morée, Veli pacha; cf., par exemple, W. Gell, *Narrative of a journey in the Morea* (Londres, 1823), p. 207; P. Oikonomakês, "Gyrô apo tén diathékê tés Pantzechroulas Mpênakopoulas kai ta Mpênakeia ktêmata" (Autour du testament de Pantzechroula Bénakis et des terres des Bénakis), *Messéniaka Chronika* (janvier-juillet 1963), p. 3. Mais c'est la seconde hypothèse qu'il faut retenir, eu égard à l'acharnement avec lequel Veli pacha s'attaqua systématiquement aux biens des Bénakis; cf. infra et n.72. Dans la dote de Pantzechroula de 1790, la "grande tour" apparaît; il est vrai qu'elle est présentée comme "elle-aussi" (allusion à des boutiques précédemment citées) hors de fonctionnement *(chalasmenos)*, du fait de son utilisation comme maison par Vassilis... (lacune)."; Kougheas, "Ho métropolités Monembasias," pp. 149-150. En revanche, le testament établi par la même en 1843 ne fait plus état de cette tour.

[30] Leake, op. cit., 1, p. 326.

[31] La hauteur d'une tour symbolisait la puissance et le prestige d'une famille; aussi les grandes familles locales rivalisaient-elles dans leurs constructions; Stahl, art. cit., p. 98.

[32] Gell, op. cit., pp. 213-214.

[33] Le *kastro* de Kalamata ou "château des Villehardouin" avait été construit par les Francs en 1208, à l'emplacement de l'ancienne forteresse byzantine de Phérae; sur son histoire ultérieure avant la première conquête turque, cf. D. A. Zakythinos, *Le despotat grec de Morée*, Ch. Maltézou, éd., 2 vol. (Londres, 1975), index s.v.

[34] Moritt, op. cit., 1, p. 35.

[35] On trouvera parmi les locataires de ces boutiques en 1790, deux boulangers et un tailleur; Kougheas, "Ho métropolités Monembasias," p. 149.

De même, la liste fait état de "biens d'équipement": des pressoirs à vin figurent dans les dépendances des deux tours de pierre, tandis que des mentions spéciales sont consacrées à un "grand pressoir à vin," installé sous le maison du métropolite[36] et à un pressoir à huile. Est également cité un four à tuiles situé dans un verger d'oliviers et de figuiers, à l'extérieur du bourg: il donne vraisemblablement son nom au lieu-dit voisin de Kaminia (en grec: four).

Pour passer aux terrains de Bénakis, ils comprennent deux champs, respectivement de 300 et 100 dönüm,[37] totalisant par conséquent près de 37 ha. Mais ses biens fonciers se caractérisent surtout par une accumulation de ces jardins ou vergers que l'ottoman désigne par le terme de bahçe et le grec par celui de perivoli. Bénakis n'en possède pas moins de 57, totalisant une surface de 584 dönüm, soit près de 54 ha. Tous sont plantés (à l'exception d'un "emplacement de jardin" de cinq dönüm).

Le groupe le plus important est constitué par les olivettes, au nombre de 15, totalisant 161 dönüm, les unités de surface variant entre huit et 30 dönüm (on rencontre cinq fois le chiffre de dix dönüm, et deux unités totalisant dans un cas 50 dönüm).

Elles sont suivies des vergers de mûriers au nombre de 16, représentant un total de 117 dönüm. Les surfaces unitaires sont en moyenne plus petites, variant de quatre à 15 dönüm (un ensemble de deux unités est estimé à 20 dönüm).[38]

Viennent ensuite diverses sortes de plantations combinées: oliviers et mûriers (neuf parcelles dont une de 40 dönüm, pour un total de 100 dönüm); oliviers et figuiers (sept parcelles totalisant 76 dönüm); oliviers, mûriers et figuiers (cinq parcelles totalisant 60 dönüm); mûriers et figuiers (trois parcelles totalisant 45 dönüm); et enfin un verger d'arbres fruitiers (orangers, citronniers, cédratiers et autres) de 20 dönüm.

Ces éléments ne constituent pas des ensembles. Il arrive seulement que dans plusieurs cas deux ou trois parcelles soient mesurées ensemble,ce qui laisse conclure qu'elles étaient contiguës. Pour l'essentiel, il s'agit donc d'éléments dispersés, individualisés dans la description par le nom d'un lieu-dit où ils se situent et souvent celui d'un ancien propriétaire, comme ils devaient l'être sur le terrain par ces clôtures de buissons de cactus que mentionnent les voyageurs.[39]

Les premiers cités (jusqu'à la ligne 11 du document) sont dans les limites même du bourg: "à proximité du bazar," "sous le château," "derrière le château," "au-dessus de la vallée."[40] Deux autres sont

---

[36] Allusion probable au petit palais (anaktoridion) que le métropolite Anthimos avait fait construire en 1755 pour lui servir de résidence; S. Kougeas, "Symphônetikon kalamatianés emporikês etairias tou Panaghiôtê Mpénakê pro diakosiôn dyo etôn" (Contrat d'une société de Panayote Bénakis à Kalamata, il y a deux cents ans), Peloponnêsiakê Prôtochronia (1964), p. 7.

[37] Le dönüm en Morée comme dans le reste de l'empire ottoman est une unité de surface correspondant à 40 hatve (pas) et à 919,30 m²; Ö. L. Barkan, XV ve XVI ıncı asırlarda Osmanlı imparatorluğunda ziraî ekonominin hukukî ve malî esasları, I, Kanunlar (Les bases juridiques et financières de l'économie agraire dans l'empire ottoman aux XVe-XVIe s., I, Règlements; cité infra Kanunlar) (Istanbul, 1945), p. 327, par. 5; H. Inalcık, "Rice cultivation and the çeltükçi-re'âyâ system in the Ottoman empire," Turcica t. 14 (1982), p. 124.

[38] A propos de Kalamata, Moritt, op. cit., t.1, p. 35, parle de "large orchards of the white mulberry." Toutes les mûreraies de Bénakis sont plantées de mûriers blancs, un arbre—rappelons-le—pouvant atteindre 18 m. de haut et cultivé pour ses feuilles dont se nourrit le ver à soie. Toutefois il est spécifié dans le cas d'une mûreraie située en ville, "sous le château," qu'elle donne des mûres noires, ces dernières étant consommées comme fruits.

[39] Moritt, op. cit., t. 1, p. 35; Pouqueville, Voyage, t. 6, p. 47.

[40] L'agglomération de l'époque était située sur la rive gauche du petit torrent descendant du Taygète, appelé Nedon par les Anciens. Les voyageurs signalent la présence d'une petite église au bord de

"à proximité du bourg" (*kurb-i kasabada*, 1.19-20). Mais la plupart sont à l'extérieur dans divers lieux-dits *(mahal)*–probablement difficiles à identifier aujourd'hui–du terroir de Kalamata: Kalamitsi, Haghioi Taxiarchoï, Haghia Marina, Haghio Sideri, Trahokômi, Favatina, Lakidi, Pigaditsi, Kavalari, Dimili, Koroklonou, Kaminia . . . . Trois vergers d'une surface totale de 30 *dönüm*, sont sis "du côté de Ghianitsanika" (l.13-14), tandis que le champ de cent *dönüm* ainsi que quatre vergers ne totalisant pas moins de 80 *dönüm*, se trouvent à Ghianitsanika même, que Pouqueville présentera comme une enclave proche de Paléokastro, séparant le "canton de Calamate" du Magne, et "propriété des principales familles chrétiennes de la partie voisine du Magne."[41]

Le préambule du *kâdî* apporte quelques informations sur la façon dont Bénakis exploitait son patrimoine: vergers, maisons, pressoir à huile, tuilerie, faisaient l'objet de contrats de location, stipulant des loyers annuels dont nous ignorons au demeurant le montant, et s'ils étaient perçus en argent ou en nature (allusion est également faite à des vignes louées de la même façon par Bénakis, bien qu'il n'en figure pas dans la liste). Quant aux champs, ils donnaient lieu à des contrats d'exploitation *('akd-i müzâre'at)*.[42]

Par sa situation géographique, Kalamata était ouverte sur l'extérieur et nous savons que certaines des productions agricoles du bourg et de sa région constituaient des articles d'exportation réputés, objets d'un trafic maritime d'envergure: tel était le cas du blé, du coton, des peaux, des figues séchées assemblées en chapelets, de l'huile d'olive et de la soie. Cette dernière était vendue brute ou sous la forme de productions textiles caractéristiques de la place: "gaze de Calamate" dont on faisait notamment des rideaux de mosquées, "bours rayés" à la façon d'Alep, pièces de soie à usage de mouchoirs ou de foulards.[43] Avant la Révolution française et l'interruption du commerce occidental dans le Levant qui s'en suivit, ce sont les bateaux marseillais abordant à proximité de Kalamata, qui auraient été le principal moteur de ce commerce et de l'activité générale du pays, lesquels auraient été au contraire réduits à une mesure beaucoup plus modeste par la suite. En effet, Kalamata a dû bénéficier en particulier de la hausse massive au cours du XVIIIe siècle des importations françaises de soie moréote, destinées à pallier le tarissement des sources habituelles sous l'effet des guerres turco-persanes. C'est précisément à l'époque de notre document que la demande marseillaise sur la soie de Morée atteint son apogée. En 1727 et 1750, des ouvriers provençaux et languedociens furent même envoyés dans le Péloponnèse pour apprendre aux Grecs à mieux dévider les cocons.[44] Il est vraisemblable qu'une telle conjoncture contribua à l'extension des mûriers et au développement de l'élevage des vers dans la région de Kalamata. D'une manière générale, les possibilités d'exportation n'ont certainement pas été étrangères à la composition du patrimoine foncier de Bénakis où dominent précisément, comme nous venons de le voir, mûriers, oliviers et figuiers. Elles n'ont pas manqué non plus de concourir à l'accroissement de sa fortune, d'autant plus que le notable messénien n'intervenait pas seulement comme propriétaire foncier ou comme vendeur, en abandonnant aux Occidentaux l'initiative de trafics fructueux à longue distance: annonçant les grands négociants grecs des décennies suivantes, lui-même prenait part à de vastes opérations maritimes. Selon Kougheas, il entrait dans des associations

---

ce torrent, et de "maisons qui sont moins enveloppées d'arbres." Un petit faubourg existait sur la rive droite; Pouqueville, *Voyage*, t. 6, p. 47; Leake, op. cit., t. 1, p. 343.

[41] Pouqueville, *Voyage*, t. 6, p. 50.

[42] Selon Pouqueville, ibid., p. 259, l'usage des habitants de Kalamata (dont il souligne l'extrême indolence) était de payer des Maniotes pour cultiver leurs champs.

[43] Références du début du XIXe s., chez Leake, op. cit., t. 1, p. 326, et Pouqueville, *Voyage*, t. 6, p. 259.

[44] R. Paris, *Le Levant* in *Histoire du commerce de Marseille*, G. Rambert, éd., t. 5 (Paris, 1957), pp. 507-508. La valeur moyenne annuelle des achats de soie français en Morée passe de 2500 livres en 1700-1702 à 206 000 livres en 1750-1754 pour retomber à 79 000 livres en 1785-1789.

commerciales conclues à Kalamata ainsi qu'à Mistra, Tripolitza et Modon, fondées sur des exportations de soie, huile, cire et glands, et des importations de tissus, bijoux, fez, poulpes, oeufs de poissons et poissons salés.[45] Le même auteur a publié un contrat d'association passé à Kalamata en 1761, devant le métropolite de Monembasia-Kalamata, par Bénakis et trois autres personnages: l'adjoint de Nicoli Paulos, consul d'Angleterre à Modon, Georges Angelou de Patmos, le frère de celui-ci, Pothitos, et Hadzi Panagos Doukakis. Bénakis confie aux trois autres un capital de 8000 réales, soit 3000 thaler, sous forme de soie, à charge pour eux de le faire fructifier dans un trafic entre la Morée et Tunis. La moitié des gains reviendra à l'investisseur qui aura l'initiative de renouveler éventuellement l'association au bout de trois ans.[46]

Le préambule de la liste de 1757 attribue trois sortes d'origines aux propriétés foncières de Bénakis: transmission par héritage, par donations, par achats.[47] Il ne nous est guère possible de reconstituer avec la précision souhaitable le processus de formation de ce patrimoine, d'établir la part respective des trois modes d'acquisition, ni d'estimer les investissements réalisés dans la terre par notre notable, administrateur local et marchand. Seuls quelques indices sont à notre disposition.

Le grand-père de Bénakis, Ghérakaris dont il a été fait mention, était lui-même un propriétaire foncier. Nous savons en particulier par des documents vénitiens qu'en décembre 1697, il avait donné en dote à sa fille Stathoulas, mère de Bénakis, des mûreraies, vignes, olivettes, champs et terrains à bâtir, dans le village de Doli, près de Zarnata, et des moulins à eau à Mantineias. Toutefois, comme le mari, Psaltis, vendit ces biens, ils ne passèrent pas à Panayote.[48] Mais Ghérakaris avait dû par ailleurs acquérir des propriétés à Kalamata même, si l'on admet (malgré le vague dans lequel on reste à ce sujet) la tradition selon laquelle il serait venu avec ses trois fils s'installer dans cette localité, y aurait fait fortune et acheté des maisons.[49] De fait, on est tenté de relier à cet aïeul la mûreraie de six *dönüm*, possédée par Bénakis à Koroklonou, qui avait conservé le nom de "jardin de Ghérakaris" *(Yerakari bahçesi)*.

Sur les donations faites à Bénakis, auxquelles se réfère le *kâdî*, on en est réduit aux conjectures: peut-être faut-il y inclure la dote de sa première épouse issue d'une grande famille de Kalamata, les Varsama.[50]

Quant aux nombreux terrains qui continuent en 1757 à être désignés par le nom de possesseurs antérieurs, parfois musulmans, grecs surtout, il n'est pas douteux qu'il s'agisse, au moins pour une part, d'achats effectués par Bénakis. Cela est expressément signifié dans quelques cas: pour deux olivettes acquises d'un certain Ghiorgos Matzivis, ce dernier patronyme s'appliquant également à d'autres biens passés à Bénakis (une deuxième olivette, une mûreraie et une grande maison sise à Kalamata).[51] De la même façon, deux olivettes, un verger de mûriers et d'oliviers, un autre de mûriers et de figuiers, sont présentés comme acquis d'un musulman cette fois, Hâcı Bekir.[52] Parmi les autres noms d'anciens propriétaires

---

[45] Kougeas, "Hé katagôgé tou prôtostatésantos," p. 1.

[46] Kougheas, "Symphônétikon kalamatianés emporikés," pp. 6-7.

[47] Il est à noter qu'il possède trois de ses vergers "en commun" avec un certain Alexandros (doc., 1.17).

[48] Kougheas, "Hé katagôgé tou prôtostatésantos," pp. 34-38.

[49] Ibid., pp. 2-3;

[50] Kougheas, "Ho métropolités Monembasias," p. 151. Nous ignorons si en 1757 Bénakis avait déjà épousé sa seconde femme, Zacharou, mais c'est douteux puisque Pantzechroula, fille née de cette union, se mariera en 1790, étant à un âge encore assez jeune puisqu'elle-même aura cinq enfants de ce mariage.

[51] Dans la dote de Pantzechroula, en 1790, apparaîtra un autre jardin dit de Matzivis à Koroklonou; ibid., doc. n° 2.

[52] Mention dans la dote de 1790 d'un autre verger dit de Hâcı Bekir, à Tourla; ibid. L'une des transactions foncières de Bénakis nous est retrospectivement révélée par un litige ultérieur dont Pantzech-

restés en usage, citons le musulman Bayrâm ağa et de nombreux Grecs: Pagholis, Linardakis, Eustratis, Stamatelakis, Routos, Libakis, Koutzomylis, Politis, Katsor, Kolonaris, Hadzi Phôlerou, Kotselis. Un même nom reapparaît trois fois sous des formes un peu différentes: Petousis, Ghiorgakis Petousis et Petousakis, peut-être pour désigner un même homme ou du moins des membres d'une même famille.[53]

Les legs, donations et ventes qui sont à la source de la fortune foncière de Bénakis sont mentionnés —et par-là même entérinés—par le *kâdî*, sans la moindre difficulté. D'autre part le même reconnaît à tous ces biens, au moins implicitement, le statut de pleines—propriétés: il est vrai qu'il semble distinguer (1.3) les biens de pleine-propriété *(emlâk)*—allusion aux bâtiments et vergers—des terres cultivables *(arazi)*, mais on ne voit pas qu'il attache de signification véritable à cette distinction puisqu'il désignera (1.5) Bénakis comme propriétaire *(mâlik)* et pas seulement comme détenteur *(mutasarrıf)* de ses champs. Or qui se rapporte à la législation foncière ottomane sera enclin à se montrer plus légaliste que le *kâdî* et à relever les libertés prises par celui-ci avec la loi.

Nous rappellerons en effet que dans ses formulations du XVIe siècle relatives à la Roumélie, comme par exemple le *kânûnnâme* de Budun (Buda) ou celui d'Üsküb (Skoplje) et de Selanik (Salonique), la législation de Süleymân ou de Selîm II séparait rigoureusement deux types de biens immeubles: les maisons, boutiques et autres bâtiments, ainsi que les vignes, jardins et vergers étaient des propriétés véritables *(mülk-i sahîh)* dont les bénéficiaires disposaient à leur guise, pouvant les vendre, les donner et les transmettre à leurs héritiers selon les règles normales du droit successoral musulman. Au contraire, les terres de culture travaillées par les sujets *(zirâ'at ve hıraset idegeldükleri tarla)* leur étaient laissées en usufruit mais non en pleine propriété, le droit de propriété véritable *(rekâbe-i arz)* appartenant au Trésor de l'Etat islamique *(beyt ül-mâl-i müslimîn)*; ces champs cultivables étaient dits terres de l'Etat ou du fisc *(arz-i mîrî, arazi-i memleket)*. De ce fait, elles ne pouvaient faire l'objet d'achats, de ventes, de dons, de legs pieux, d'aucune espèce d'aliénation ou d'acquisition de la part de personnes privées, et si les détenteurs étaient en droit de les transmettre à leurs héritiers, c'était de manière indivise et non selon le partage successoral ordinaire.[54]

Il est vrai que cette emprise de l'Etat sur la terre, même si elle reçut sous Süleymân la caution juridico-religieuse du *şeyh ül-Islâm* Ebu Su'ud, fut jugée plus tard, dans le courant néo-islamiste de la seconde moitié du XVIIe siècle, comme contraire au droit musulman originel, que plusieurs articles du droit foncier ottoman classique furent même ouvertement dénoncés comme des innovations *(bida')* par le *kânûnnâme* de Hanya[55] (La Canée). Ce règlement comme celui de Candie de 1670, proclamait que toutes les terres laissées aux mains des infidèles assujettis à la suite de la conquête de la Crète (et à ce titre soumises au *harâc*) étaient des biens de pleine-propriété: les champs aussi bien que les jardins. Elles étaient donc

---

roula fera état dans son testament de 1843: il aurait acheté un terrain sis devant son pressoir à huile pour la somme de 50 *grossia* (piastres) au père d'une certaine Bardouniotisa, ce qui avait été confirmé à Pantzechroula par plusieurs témoins mais restait mis en doute par la fille du vendeur, laquelle avait attribué le terrain en litige en dote à sa petite-fille. Bien que de nouveaux témoins aient arbitré dans le cadre de l'église en faveur de Pantzéchroula, cette dernière se résoud finalement à un compromis: "je décide par sympathie, déclare-t-elle dans ses dernières volontés, que mes fils gardent une partie de ce lieu du côté du pressoir et que le reste demeure à la petite-fille de Bardouniotisa, pour le salut de mon âme et le souvenir de mes parents....."; Kougheas, "Hé diathéké," p. 227.

[53] Un Anastassios Petousis figurera parmi les locataires des boutiques données à Pantzéchroula en 1790; Kougheas, "Ho métropolités Monembasias," doc. cit.

[54] Barkan, *Kanunlar*, pp. 296-299. Cf. le commentaire du même auteur dans "Caractère religieux et caractère séculier des institutions ottomanes" in *Contributions à l'histoire économique*, pp. 19-21.

[55] Barkan, *Kanunlar*, p. 354, par. 3.

susceptibles de toutes les formes possibles d'aliénation et divisibles entre les héritiers selon le droit ordinaire.[56] Cependant ces principes nouveaux pour l'empire ottoman, qui ouvraient la voie—au moins sur le plan juridique—à la constitution de patrimoines fonciers privés, ne sont pas repris, quelques années plus tard, dans le cas de la Morée quand, suite à la récupération de la province, le sultan lui donne un nouveau règlement en 1716: prenant apparemment en compte le fait qu'il ne s'agissait pas ici d'une conquête nouvelle mais d'une antique possession qu'il ne faisait que reprendre en mains,[57] il souligne d'emblée avec force que le régime foncier du Péloponnèse reste celui des autres provinces de Roumélie, et il reprend presque mot pour mot les formulations de ses prédécesseurs du XVIe siècle, évoquées plus haut, quant à la dévolution de la propriété réelle au Trésor de l'Etat islamique et à l'interdiction de toutes les formes d'aliénation par les usufruitiers.[58] La référence au régime rouméliote ordinaire rend vraisemblable que la distinction classique entre jardins et champs, demeurait en vigueur (c'est-à-dire que les premiers pouvaient être des biens de pleine-propriété), bien que le texte de 1716 ne soit pas aussi explicite sur ce point que les règlements antérieurs mentionnés ci-dessus.

Si donc cette distinction était bien maintenue, il faut, pour revenir à Bénakis, établir une différence entre les composantes de sa fortune foncière: en ce qui concerne les bâtiments et les vergers, c'est à bon droit que le *kâdî* les présente comme des propriétés et les diverses manières dont Bénakis s'était substitué aux anciens propriétaires, n'avaient dans le principe rien de contraire à la législation, mais il n'en allait pas de même des champs: c'est en faisant abstraction du droit strict que le *kâdî* se prêtait à une assimilation abusive entre pleine propriété et possession *de facto*.

Sans doute le processus que nous rencontrons ici n'a-t-il rien d'exceptionnel: il constitue manifestement un facteur essentiel de l'évolution du régime foncier ottoman et notamment du développement des *çiftlik*, qu'on retrouverait à des époques plus ou moins précoces dans d'autres parties de l'empire.[59] Pourtant, l'écart entre droit et pratique juridique nous paraît d'autant plus frappant dans le cas de la Morée du milieu du XVIIIe siècle, que pour cette province, l'énoncé du droit ne renvoyait pas à un passé lointain, mais avait été expressément renouvelé quelques décennies auparavant.

Nous nous demandons d'ailleurs—sans pouvoir faire plus que soulever la question—dans quelle mesure cette situation juridique, en imposant une certaine réserve à Bénakis, a pu contribuer, à côté des

---

[56] Ibid., p. 352, par. 4 et p. 354, par. 3.

[57] Rappelons que la Morée avait été complètement intégrée à l'empire ottoman à la suite de la campagne de Mehmed II de 1460; Zakythinos, op. cit., t. 1, pp. 267-274; F. Babinger, *Mehmed the Conqueror and his time*, W. C. Hickman et R. Manheim, éd. (Princeton, 1978), pp. 173-177. Sur les débuts de la domination ottomane dans le Péloponnèse, cf. N. Beldiceanu et I. Beldiceanu-Steinherr, "Recherches sur la Morée (1461-1512)," *Südost-Forschungen*, t. 39 (1980), pp. 17-74.

[58] Barkan, *Kanunlar*, p. 326, par. 1.

[59] S. Faroqhi a observé cette évolution dans les campagnes environnant deux villes d'Anatolie centrale, Ankara et Kayseri, dès la fin du XVIe et au début du XVIIe siècle, constatant même qu'au terme de cette période, les *mülk tarla* semblent prédominer dans la région de Kayseri. Mais l'auteur se demande si ce phénomène qui paraît particulièrement précoce "was of purely local importance, or whether parallel developments can be encountered in the districts surrounding other large trading cities . . ."; S. Faroqhi, *Towns and townsmen of Ottoman Anatolia. Trade, crafts and food production in an urban setting, 1520-1650* (Cambridge, 1984), pp. 263-266. Nous avons nous-même rencontré à Avlonya (Vlorë) en Albanie, dans une donation faite devant le *kâdî* en faveur de son fils par un riche Juif, Çaçari David, un ensemble de 28 champs compris dans un *çiftlik*; cf. G. Veinstein, "Une communauté ottomane: les Juifs d'Avlonya (Valona) dans la deuxième moitié du XVIe siècle dans *Gli Ebrei e Venezia, secoli XIV-XVIII*, G. Cozzi, ed., Milan 1987, pp.781-828.

facteurs proprement économiques, à assurer, dans la composition du patrimoine de ce dernier, la prééminence des vergers, incomparablement plus nombreux et représentant même une plus grande surface, par rapport aux champs qui occupaient pourtant, selon les voyageurs, une bonne part du terroir de Kalamata.[60]

Quoiqu'il en soit, même si l'on retient l'hypothèse d'un reste de timidité (temporaire, comme nous le verrons) chez Bénakis, il demeure que son patrimoine s'est constitué pour une part en contradiction avec la loi en vigueur, bien qu'avec la participation du représentant de celle-ci.

\* \* \* \* \*

La liste de 1757 ne représente qu'une étape dans la formation de la fortune foncière de Bénakis: la documentation grecque ultérieure fait apparaître que celle-ci s'est fortement accélérée et a pris des caractères entièrement nouveaux dans les 13 années suivantes, jusqu'à l'exil du notable moréote.

M. Kougheas a publié la donation faite le 20 septembre 1790 par la veuve de Bénakis, Zacharou, et son fils Libérakis, à Pantzechroula, respectivement leur fille et soeur, à l'occasion du mariage de cette dernière avec Michel Tzamplakos, neveu du métropolite de Monembasia-Kalamata, Ignatios. On y retrouve (avec parfois des incertitudes) une partie des éléments de la liste de 1757—une partie seulement, soit que certains n'aient pas été récupérés par la famille après 1770 (à l'instar, comme nous le verrons, de plusieurs acquisitions ultérieures de Bénakis), ou aient été vendus entre temps, soit aussi du fait que la dote de Pantzechroula ne comprenait pas la totalité des biens laissés par son père.

Par ailleurs, on constate que la mainmise sur les vergers de Kalamata et des environs, avait continué de plus belle puisque la dote ne comprend pas moins de 42 nouveaux *périvoli* sur 58 cités: certains dans les lieux-dits déjà rencontrés, d'autres dans toute une série d'endroits différents dont deux vergers à Aighialos (le bord de la mer).[61] De même, à côté de quelques noms d'anciens propriétaires déjà signalés en 1757, de nouveaux apparaissent: quelques Grecs comme Tzichlis, Vassilis, Livanis; mais aussi plusieurs musulmans: Kuloğlu, Receb, 'Alî bey, Kara Hasan. Sont mentionnées en outre deux nouvelles maisons à Rizokastron et Frangolimna (le lac des Francs),[62] un moulin à deux meules à Pylafi, un pressoir à vin *(linos)*, ainsi qu'une vigne de 60 *stremma* à Phytia.[63] Quant aux champs, deux éléments nouveaux sont

---

[60] Une confirmation *a contrario* de cette hypothèse serait apportée par le cas de la Crète qui obéissait comme nous l'avons vu à une législation foncière différente du reste de l'empire ottoman et notamment de la Morée: alors que les champs sont habituellement absents des inventaires après décès ottomans en tant que terre *mîrî* (cf. Ö. L. Barkan, "Edirne askerî kassamı'na âit tereke defterleri" [Registres d'inventaires après décès relevant du juge-répartiteur militaire d'Edirne], *Belgeler* III, 5-6 (1966) 47, n.45), ils sont au contraire en bonne place, à côté des vignes et des jardins—et parfois mieux représentés qu'eux—dans les inventaires de Crète; cf. G. Veinstein et Y. Triantafyllidou-Baladié, "Les inventaires après décès ottomans de Crète," *A. A. G. Bijdragen*, t.23 (Wageningen, 1980), p. 201.

[61] Ce toponyme qui ne figurait pas dans la liste de 1757, est l'un des rares que mentionnera Pantzechroula dans son testament de 1843, pour les "terrains" *(topos)* et les "terrains à ateliers" *(ergastirotopos)* qu'elle y possède. Il constitue avec Rizokastro cité plus bas, les deux extrémités de la zone d'extension de la Kalamata moderne; Kougheas, "Hé diathéké," p. 232.

[62] C'est probablement cette maison de Frangolimna que Pantzechroula lègue en 1843 à sa filleule Diamantoula, mais la maison est alors en ruines; Kougheas, "Hé diathéké," p. 227; selon M. Kougheas le toponyme de Frangolimna existe encore aujourd'hui à Kalamata: "Ho métropolités Monembasias," p. 151.

[63] Nous ne connaissons pas la valeur exacte des *stremma* de Kalamata à cette époque: selon les régions de Messénie, cette unité de mesure oscillait entre 15 et 25 *orgyès*, soit de 600 à 1000 et même 1600 m$^2$; Sp. Asdrachas, "Quelques aspects des économies villageoises au début du XIXe siècle: fiscalité et

Le patrimoine foncier de Panayote Bénakis

cités: un de huit *stremma* "sous la tour" et un de "six paires de boeufs" (évaluation de surface) à Katzikovon.[64]

D'autre part, le testament établi par la même Pantzechroula en 1843—sur lequel nous reviendrons—nous apprend rétrospectivement que Bénakis avait également acquis des "terrains à bâtir" *(spitotopoi)* à Tripolitza, capitale de la province de Morée.

Mais la grande innovation par rapport à la liste de 1757 est la présence dans la dote de 1790 de cinq villages dont un dans la circonscription de Kalamata même, Paléokastro, et quatre autres dans la circonscription voisine d'Androussa: Diavolitzi,[65] Garantza[66] (surface de 30 paires de boeufs), Lykouresi[67] et Kolymbadi.[68]

Nous savons d'autre part que Bénakis avait encore procédé à d'autres achats de même nature: une *hüccet* de 1767, établie par le *kâdî* de Tripolitza, consacre la vente à Bénakis par deux soeurs musulmanes, Aişe et Fatima, pour la somme de 17 949 piastres, du *çiftlik* de Diavolitzi qui figure dans la dote de Pantzechroula, ainsi que de six des neuf *çiftlik* de la circonscription de Kalamata énumérés plus haut:

---

rentes foncières," *The Greek Review of Social Research*, numéro spécial: *Aspects du changement social dans la campagne grecque* (1981), p. 160.

Le toponyme de Phytia qui n'apparaissait pas dans la liste de 1757 signifie: plantation, et avait pris son nom de nouvelles plantations d'arbres et de vignes effectuées à une date qu'il reste à préciser. Il est cité à plusieurs reprises dans le testament de 1843 et il n'est pas douteux qu'une partie importante des biens des Bénakis sont situés dans la zone de ce nom: outre des terrains que Pantzechroula lègue alors à ses deux fils, il est question d'un terrain de 3000 *piches* (coudées) qu'elle partage entre ses trois filles à raison de 1000 *piches* chacune (mais nous apprenons plus loin que le terrain situé à Phytia de l'une d'entre elles, Sofoula, totalise 1300 *piches*) et la testatrice lègue en outre à sa filleule Diamantoula 300 *piches* "du côté de Phytia"; elle fait état également d'un terrain sis à Kato Phytia (la plantation inférieure) dont 2000 *piches* seront vendus afin de porter secours aux enfants pauvres et orphelins. Aujourd'hui cette dénomination s'applique à la partie sud de l'agglomération de Kalamata; Kougheas, "Hê diathéké ," pp. 226-227, 232.

[64] Notons qu'en ce qui concerne les boutiques-ateliers, la comparaison entre la liste de 1757 et la dote de 1790, n'est pas favorable à la seconde: aux 36 boutiques "en état de marche" dont nous avons fait état, n'en correspondent plus que 23 dont 13 "hors de fonctionnement" *(chalasmena)*; Kougheas,"Ho métropolités Monembasias," p. 149.

[65] Diavolitzi comprenait 43 familles dans le cadastre vénitien de 1700; Panayotopolos, op. cit., t. 1, p. 64. D'après un doc. de 1767, la surface cultivable était de 20 paires de boeufs; Kougheas, "Hé diathéké," p. 232

[66] Comprenait 28 familles en 1700; Panayotopoulos, op. cit., t.2, p. 64.

[67] Comprenait 19 familles en 1700; ibid.; une donation de 1862 présente ce village comme limitrophe des villages de Garantza, Tzorata, Kolymbadi et Bala, et comme traversé sur une part de son terroir par la rivière Ste. Théodora. A cette date, il comporte des terres cultivées et non cultivées, une vigne, des mûriers, d'autres arbres fruitiers et non, des terrains non plantés, des forêts et un moulin à eau; Oikonomakés, art. cit., p. 8; cf. n.78, infra.

[68] Ce village ne figurait pas dans le cadastre vénitien de 1700 relatif au "territorio" d'Androussa. Cf. la traduction grecque d'un *berât* de 1201 (1786-87) reconnaissant à Ghiorgakis—un fils de Bénakis mort en 1788—la possession "moyennant le paiement de la dîme légale" de la moitié du *çiftlik* de Kolymbadi, "c'est-à-dire de terres d'une étendue de dix paires de boeufs, touchant d'un côté à Dosila, du côté nord à la petite rivière Hrano, d'un autre côté à Tzorota et du même côté aux terres de Libérakis (autre fils de Bénakis) . . ."; Oikonomakés, art. cit., p. 7.

Aziz ağa, Kul çavuş, Gidorohori ("village des ânes"), Viz ağa, Deli Memi et Pidima. Il était spécifié que ces villages-*çiftlik* étaient vendus avec leurs maisons, boeufs, arbres et terres alentour.[69] Ces informations mériteraient des investigations plus poussées. Elles permettent au moins de cerner avec une certaine précision le moment où Bénakis passe de l'acquisition d'unités foncières nombreuses mais dispersées et limitées au terroir de Kalamata, à l'achat de villages entiers en débordant sa circonscription d'origine: ceux-ci avaient déjà acquis antérieurement, par un processus auquel lui-même n'avait pas pris part, le statut de *çiftlik*[70] et se trouvaient apparemment (au moins pour plusieurs d'entre eux) entre les mains de musulmans, lorsque l'archonte entre en jeu autour de 1767, grâce sans doute au niveau alors atteint par sa fortune et son autorité, et peut-être aussi à des circonstances locales particulières qu'il faudrait éclairer.

Ce moment est en fait tout proche de celui de l'engagement politique qui le mène à sa perte. Après l'échec du soulèvement d'Orlov, les biens de Bénakis seront confisqués par les Turcs. Par la suite, le patrimoine connaît bien des vicissitudes. Dans un premier temps, le fils de Bénakis, Libérakis, saura jouer de la protection russe (il s'était réfugié dans ce pays dont il deviendra le consul à Corfou puis à Naples) et de l'amnistie stipulée—peut-être sous son influence—par le traité de Küçük Kaynarca, pour obtenir la restitution d'une partie des biens paternels:[71] ceux—au moins pour une large part—de Kalamata et des environs, ainsi que les *çiftlik* de Paléokastro, Diavolitzi, Garantza, Lykouresi et Kolymbadi, comme l'atteste la dote de 1790. En revanche, il ne put récupérer, comme sa soeur continuera à le déplorer dans son testament de 1843, "six villages" qu'il faut, selon toute vraisemblance, identifier aux *çiftlik* de Kalamata autres que Paléokastro: Aziz ağa, Kul çavuş, Gidorohori, Viz ağa, Deli Memi et Pidima, de même que les terrains de Tripolitza.

La famille ne devait d'ailleurs pas jouir longtemps en paix de la partie recouvrée de ses biens: promu gouverneur de Morée par Selîm III en 1807, Veli (ou Veliüddîn) pacha, fils de 'Alî pacha de Jannina, montra une violente hostilité à son égard—de même qu'à la parenté de quelques armatoles fameux—la qualifiant de "famille de faiseurs de troubles":[72] il ravagea et confisqua avec avidité tout ce qu'elle possédait, la contraignant à un nouvel exil à Cythère.

Une fois la tourmente passée (la Morée fut retirée à Veli pacha par Mahmûd II en 1810), Pantzechroula (qui restera seule héritière après la mort de son frère peu avant 1821), s'emploiera avec l'aide de ses fils Panayotakis et Libérakis, à récupérer et remettre en état le patrimoine paternel. Elle bénéficie de

---

[69] Selon M. Kougheas, ce document de même que d'autres *hüccet* relatives aux acquisitions des *çiftlik* de Bénakis, se trouveraient aujourd'hui dans les archives de la société ethnologique de Grèce à Athènes, ce que nous n'avons pas vérifié. L'auteur renvoie à P. Kontoghiannés, op. cit., pp. 142, n.6 et 419, n.1; cf. Kougheas, "Ho métropolités Monembasias," p. 159; idem, "Hé diathéké," p. 232.

[70] On peut supposer que l'affermage des impôts ruraux par l'Etat *(iltizâm)*—facteur mis en avant par H. Inalcık dans les études citées en n.1–avait contribué à la transformation de ces villages en *çiftlik* aux mains de particuliers. Sakelláriou, op. cit., p. 88, affirme que les villages devenus *çiftlik* ne pouvaient former de communes et perdaient tout droit à l'auto-administration. Il resort toutefois du document turc de 1768 cité plus haut, qu'ils étaient représentés comme les autres villages par des *kocabaşı*.

[71] Le premier article de ce traité russo-turc du 23 juillet 1774, prévoyait dans les termes généraux l'amnistie des personnes coupables envers l'une des deux parties, le retour des exilés et des bannis, la restitution de leurs dignités et de leurs biens; G. E. Noradounghian, *Recueil d'actes internationaux de l'empire ottoman*, t. 1 (Paris, 1897), p. 321. En revanche, nous n'y avons pas trouvé, contrairement à l'assertion de M. Kougheas ("He diatheke," p. 231), de mention explicite des Bénakis.

[72] Pouqueville, *Histoire de la régénération*, t. 1, pp. 254, 331; Kougheas, "Hé diathéké," p. 232; S. J. Shaw, *Between Old and New. The Ottoman Empire under Selim III, 1789-1807* (Cambridge, Mass., 1971), p. 317.

Le patrimoine foncier de Panayote Bénakis

l'appui des Russes dont elle réclame inlassablement les interventions diplomatiques auprès de la Porte autant que les subsides.[73] Elle se heurte pourtant à la résistance des paysans de Garantza, Lychouresi, Kolymbadi et Diavolitzi qui avaient mis les événements à profit pour rejeter toute tutelle, y compris celle des Bénakis dont ils récusaient le droit de propriété. Aussitôt les premières instances révolutionnaires mises en place, l'héritière les sollicitera contre les réfractaires et en obtiendra gain de cause: dès juin 1821, elle suscite un décret du sénat péloponnésien pour que "reviennent en la possession de la dame Bénakéna les biens accaparés par Veli pacha et qu'en soient écartés ceux qui les détiennent actuellement...," décision qui sera réitérée en juin 1822, et enfin en juin 1823, dans un ordre du ministre de l'intérieur, Dikaios, à l'éparche d'Androussa: les habitants de ces villages qui essayaient par des "prétextes irréels" de se les approprier, devaient reconnaître comme propriétaire le fils de Pantzechroula.[74] Une dernière mais brève occupation des biens des Bénakis (assortie d'un nouvel exil de Pantzechroula à Cythère), aura lieu en 1825, lors de l'intervention "égyptienne" au Péloponnèse, d'Ibrâhîm, fils de Mehmet-Ali.[75]

Le testament de Pantzechroula de 1843, permet d'apprécier dans quelle mesure l'obstination de cette femme d'une remarquable énergie, lui avait permis de reconstituer et finalement de maintenir, à travers tant de remises en cause, le patrimoine foncier de son père: en ce qui concerne Kalamata même, le vague du testament interdit de faire le point avec toute la précision souhaitable: on retrouve cependant les éléments concrets: le pressoir à huile, le moulin de Pylafi, la maison de Frangolimna; quant aux jardins, le bilan est difficile à établir car, contrairement à la liste de 1757 et à la dote de 1790, le testament n'en donne pas l'énumération détaillée; mais rien ne prouve dans ce document l'affirmation de M. Kougheas selon laquelle ils auraient été réduits à "quelques-uns": il faudrait au contraire étudier de près la donation de 1865, conservée dans le registre de Kalamata, que signale M. Oikonomakés, selon laquelle le fils de Pantzechroula, Panayote, cède à ses enfants, Emmanuel et Jean, 51 terrains.[76] En revanche, on souscrira sans peine à l'affirmation du premier historien d'après laquelle nombre des anciens vergers des Bénakis à Kalamata ou aux environs, sont devenus des terrains à bâtir, avec l'extension de l'agglomération.[77]

Le testament mentionne d'autre part parmi les biens légués aux deux fils de la signataire, le village de Garantza et la moitié de ceux de Diavolitzi et Kolymbadi: il est possible, comme le suppose Kougheas, que les deux moitiés manquantes eussent été préalablement attribuées en dote à des filles ou petites-filles de Pantzechroula. Tel avait été en effet le cas de deux villages ne figurant pas dans le testament et dont nous apprenons la destination par ailleurs: Lykouresi était passé à sa fille Zacharoula, ce que révèle un acte de 1862 par lequel cette dernière le donne en dote à son tour à sa fille Pénélope;[78] Paléokastro était échu à une autre fille de la testatrice, Maritsa, puisque celle-ci le transmettra à ses fils, Pierre et Périclès, aux termes d'un acte de 1867.[79]

Nous arrivons ainsi à la conclusion qu'à la suite des démarches accomplies auprès du nouveau régime, tous les villages confisqués par Veli pacha étaient revenus à la famille. Seuls continuaient à manquer

---

[73] M. Kougheas a établi que Pantzechroula avait dès 1810 reçu des Russes 2500 florins via Amsterdam, puis que la Russie lui avait consenti une rente de 300 ducats par an—somme dont elle réclamait l'augmentation—jusqu'au règlement de son contentieux avec la Porte; enfin son testament fait état d'un nouveau dédommagement russe perçu en 1838, dont le montant, à ce qu'il ressort d'un autre document de 1835, était de 500 000 *grossia* (piastres). En outre, l'ambassadeur russe à Istanbul, Stroganov, faisait des démarches auprès de la Porte en faveur des Bénakis; Kougheas, "Hé diathêkê," p. 231.

[74] Ibid., p. 232, et Oikonomakés, art. cit., p. 6.

[75] Svoronos, op.cit., p. 35.

[76] Oikonomakés, art. cit., p. 9.

[77] Kougheas, "Hé diathêkê," p. 231.

[78] Oikonomakés, art. cit., p. 8.

[79] Ibid., p. 7.

# III

à l'appel en 1843 les terrains de Tripolitza (malgré des requêtes adressées à Jean Capodistria) et les six villages du district de Kalamata qui n'avaient pas été rendus après le traité de Küçük-Kaynarca: Pantzechroula recommandait d'ailleurs dans ses dernières volontés à ses deux fils et à ses trois gendres, de ne pas ménager "leurs démarches auprès de l'empire russe" pour rentrer en possession des six villages que, pour reprendre ses termes, "la Porte ottomane nous a illégalement retirés."

Au total, l'extraordinaire acharnement de l'héritière qui mourra l'année même du testament, avait fait assez heureusement traverser les tempêtes et pour finir le cap de la libération nationale, à ce patrimoine qu'on peut qualifier ambigu puisque celui qui l'avait constitué à la faveur d'une tutelle turque particulièrement légère, avait aussi montré la voie aux pallikares.

\* \* \* \* \*

DOCUMENT

Liste des propriétés de Panayote Bénakis, dressée par le *kâdî* de Kalamata

22-31 mars 1757                Musée Bénaki, *Archives historiques, Fonds B, docs. turcs, 7, 27*

L'un des habitants de la ville de Kalamata, le mécréant protégé *(zimmî)* nommé Panayot Benaki (Panayotis Bénakis), après avoir fait établir avec le concours du Tribunal, la délimitation, la description et le registre détaillé, non seulement des propriétés *(emlâk)* qui lui ont été transmises par héritage légal dans les limites mêmes du bourg et aux alentours, mais aussi des propriétés et des terres *(emlâk ve arazi)* dont il est devenu propriétaire et détenteur *(mâlik ve mutasarrıf)* à la suite d'achats auprès de vendeurs, authentifiés par des attestations légales *(bâ senedât-i şer'iyye)*, ou encore du fait de dons et de cadeaux reçus de donateurs, a exprimé le désir de pouvoir louer aux personnes qui le souhaitent les propriétés susdites, tant vignes *(bağ)*, que jardins, maisons, pressoir à huile *(yağhâne)*, et four à tuiles *(kiremidhâne)*, et percevoir de la part des locataires les loyers annuels fixés par contrat, selon les conditions antérieures, ainsi que d'établir les contrats d'exploitation des champs dont il est propriétaire *(mâlik olduğı tarlaların dâhî 'akd-i müzâre'at)*.

En conséquence, à la demande du susdit, la liste de ses propriétés, maisons et bâtiments couverts *(emlâk ve ebniye ve sukûf)* est ce qui suit.

Ecrit dans la deuxième décade de l'honorable *receb* de l'année 1170 (22-31 mars 1757).

Dans le bourg susdit, une tour de pierre *(kargir kule)* qu'il habite lui-même, entourée sur trois côtés de deux jardins en pleine propriété *(mülk bahçe)*, comportant des maisons *(hâneler)*, des étables *(âhırlar)*, des remises *(mehâzin)*, un pressoir à vin *(şirâhâne, sic)* ainsi que des citronniers, des orangers et d'autres arbres fruitiers;[80]

*item*, dans ce même bourg, une tour de pierre et deux jardins, comportant des maisons, des remises, des pressoirs à vin, des étables et divers arbres fruitiers, avec à l'intérieur un puits d'eau douce;[81]

*item*, dans ce même bourg, une grande maison *(bir bâb hâne-i kebîr)* avec son appartement *(dâ'ire)*, connue sous le nom de "maison de Maçevi" (Matzivi)[82] et toutes ses dépendances;

*item*, dans ce même bourg, au lieu-dit Podarou,[83] un pressoir à huile;

---

[80] Cf. n.29, supra.

[81] Dote de 1790: "une tour en état de fonctionnement avec ses terrains comprenant un puits et six ateliers sous coupoles...."

[82] Cf. n.51, supra.

[83] Podarou qui apparaît comme un toponyme dans le texte ottoman *(Podaru'da)* figure au contraire dans la dote de 1790 comme un anthroponyme, donnant son nom à un *périvoli*. Sur le pressoir à huile, présent en 1790, cf. aussi n.52, supra.

III

Le patrimoine foncier de Panayote Bénakis     229

*item*, dans ce même bourg, au-dessous de la maison du métropolite *(metropolid hânesi)*,[84] un grand pressoir à vin;

*item*, à l'intérieur du bazar, 36 boutiques, grandes et petites, affectées à des métiers divers, sur deux étages, et munies de fours en état de marche;

*item*, à proximité du bazar, une mûreraie *(dût bahçesi)* de huit *dönüm*[85] avec sa maison;

*item*, sous le château, une mûreraie de dix *dönüm* donnant des mûres noires;

*item*, à proximité du jardin précédent, au-dessus du lit de la rivière *(dere üstünde)*, une mûreraie de dix *dönüm*;

*item*, derrière le château, une mûreraie de quatre *dönüm* comprenant une maison et d'autres dépendances;

*item*, à Kalamiçi (Kalamitsi), un verger de mûriers et de figuiers, dit de Pagoli (Pagholi);

*item*, au lieu *(mahal)* appelé Aya Takşyarki (Haghioi Taxiarchoi), un emplacement de jardin *(bahçe yeri)* de cinq *dönüm*;[86]

et au lieu appelé Aya Marini (Haghias Marinis ? ), un verger de mûriers et de figuiers de dix *dönüm*;

*item*, de nouveau à Kalamiçi (Kalamitsi), deux vergers donnant des olives, de dix *dönüm*, acquis de Yorgu Maçevi (Ghiorgou Matzivi);

*item*, au lieu appelé Aya Sideri (Haghiou Sideri),[87] une olivette *(zeytun bahçesi)* de 30 *dönüm*;

*item*, à Kalamiçi (Kalamitsi), deux olivettes de huit *dönüm*;

*item*, au lieu appelé Kalamiçi (Kalamitsi), deux vergers plantés d'oliviers et de figuiers de 20 *dönüm*;

*item*, du côté de Yaniçanika (Ghianitsanika),[88] deux vergers de 30 *dönüm* donnant des olives, mûres et figues;

*item*, une olivette de dix *dönüm* connue sous le nom de "jardin de Linardaki";

*item*, au lieu appelé Trafokomi (Trahôkomi ? ), une olivette de dix *dönüm*;

*item*, à Fovatina (Favatina), un champ *(tarla)* d'environ 300 *dönüm*, connu sous le nom de "champ de Livadya" (Libadia);[89]

*item*, au lieu appelé Lakidis (Lakidi), deux olivettes de 15 *dönüm*;

*item*, une mûreraie de cinq *dönüm* connue sous le nom de "jardin de Linardaki";[90]

*item*, à Pigadiçi (Pigaditsi), deux olivettes de dix *dönüm*, acquises de Hâcı Bekir;[91]

*item*, à Yaniçanika (Ghianitsanika), un champ de 100 *dönüm* avec deux olivettes contiguës de cinquante *dönüm*;[92]

*item*, deux vergers d'oliviers et de figuiers de 30 *dönüm*, connus sous le nom de "jardin d'Astrati" (Eustrati ? );

*item*, au lieu appelé Kavalari, deux vergers d'oliviers et de figuiers de 20 *dönüm*;

*item*, un verger d'oliviers et de mûriers de 40 *dönüm*, connu sous le nom de "jardin de Bayrâm ağa";

---

[84] Cf. n.36, supra.

[85] Cf. n.37, supra.

[86] La dote de 1790 mentionne deux *périvoli* sis à Taxiarchis: un d'oliviers et un autre dit de Tzichlis comprenant "des mûriers, des petits figuiers et du terrain ...."

[87] Dote de 1790: un *périvoli* à Haghios Sideris avec des oliviers et des figuiers.

[88] Cf. n.41, supra.

[89] Mention dans la dote de 1790 à Favatina de champs *(chorafia)* de Libadia de 40 *stremma*.

[90] Ecrit ici: Linazdaki.

[91] Cf. n.52, supra.

[92] La lecture 50 *(elli)* est plus probable, mais la lecture six *(altı)* n'est pas à exclure.

# III

*item*, au lieu susdit, trois vergers de mûriers et d'oliviers de six *dönüm*, en commun avec Aleksandro (Alexandros);[93]

*item*, deux vergers de 15 *dönüm*, plantés d'oliviers, de figuiers et de mûriers, connus sous le nom de Perbolokati (katô périvoli ? );

*item*, un verger de quatre *dönüm*, planté d'oliviers et de mûriers, connu sous le nom de "jardin de Pagoli" (Pagholi);

*item*, une mûreraie de quatre *dönüm*, connue sous le nom de "jardin de Petuşi" (Petousi);[94]

*item*, un verger de mûriers et d'oliviers de dix *dönüm*, connu sous le nom de "jardin de Petuşaki" (Petousaki);

*item*, à Dimili, un verger de mûriers et d'oliviers de dix *dönüm*, acquis de Hâcı Bekir;

*item*, une olivette de dix *dönüm*, connue sous le nom de "jardin d'Istamatlaki" (Stamatêlaki);[95]

*item*, un verger de 20 *dönüm* à proximité du bourg, connu sous le nom de jardin de Rutu (Routou), comprenant des citronniers, des orangers, des cédratiers et divers autres arbres fruitiers;[96]

*item*, une olivette de huit *dönüm*, connue sous le nom de "jardin de Maçevi" (Matzivi);

*item*, au lieu appelé Koroklonu (Koroklonou), une mûreraie de 15 *dönüm*, connue sous le nom de "jardin de Libaki";[97]

*item*, un verger de mûriers et d'oliviers de 20 *dönüm*, connu sous le nom de Kuçomili (Koutzomyli);[98]

*item*, une mûreraie de cinq *dönüm*, connue sous le nom de "jardin de Politi";

*item*, une mûreraie de quatre *dönüm*, connue sous le nom de "jardin de Linardaki";

*item*, une mûreraie de six *dönüm*, connue sous le nom de "jardin de Yerakari" (Ghérakari);[99]

*item*, un verger de mûriers et d'oliviers de dix *dönüm*, connu sous le nom de "jardin de Kaçor" (Katsori ? );

*item*, une mûreraie de cinq *dönüm*, connue sous le nom de "jardin de Maçevi" (Matzivi);[100]

*item*, deux mûreraies de 20 *dönüm*, connues sous le nom de "jardin de Kolonari" (Kolonari, Klonari);

*item*, une mûreraie de dix *dönüm*, connue sous le nom de "jardin de Hâcı Foleru" (Phôlerou);[101]

*item*, une mûreraie de cinq *dönüm* connue sous le nom de "jardin de Seman (? )" (Thôman ? );

*item*, une mûreraie de six *dönüm* connue sous le nom de "jardin de Koçeli" (Kotzeli);[102]

*item*, un verger d'oliviers et de figuiers de six *dönüm* connu sous le nom de "jardin de Yorgaki Petuşi" (Ghiorgaki Petousi),[103] avec un puits et un four à tuiles (*kiremidhânesi*);

---

[93] Dote de 1790: "un *périvoli* à Trachali dit d'Alexandris avec des mûriers et des oliviers."

[94] Dote de 1790: "un *périvoli* à Potamia dit de Petousis...."

[95] Dote de 1790: "un *périvoli* dit de Stamatelos avec des oliviers...."

[96] Dote de 1790: "un *périvoli* dit de Routos avec des mûriers, des citronniers et tout autour des roseaux...." Mention également d'"un *périvoli* de Routou avec des oliviers et des figuiers...."

[97] Dote de 1790: "un *périvoli* à Koroklonou dit de Libakis avec des mûriers et du terrain...." Plusieurs autres mentions de *périvoli* à Koroklonou.

[98] Dote de 1790: "un *périvoli* dit de Koutzomylis avec des mûriers, des oliviers et du terrain...."

[99] Dote de 1790: "un *périvoli* à Koroklonou dit de Ghérakaris avec des mûriers ...."

[100] Dote de 1790: "un *périvoli* à Koroklonou dit de Matzivis...."

[101] Dote de 1790: "un *périvoli* à Koroklonou dit de Phôlerou avec des mûriers...."

[102] Dote de 1790: "un *périvoli* à Koroklonou dit de Kotzelis avec des mûriers; en outre, dans le même lieu, un *périvoli* avec des mûriers et du terrain ...."

[103] Dote de 1790: "un *périvoli* à Kaminia (le four) dit de Petousis...."

III

*item*, un verger de mûriers, d'oliviers et de figuiers de 15 *dönüm* connu sous le nom de "jardin de Kaminya" (Kaminia);[104]

*item*, dans le lieu susdit, un verger de mûriers et de figuiers de 25 *dönüm*, acquis de Hâcı Bekir.[105]

Le présent registre détaillé a été rédigé par l'entremise du pauvre Ahmed Ağazâde (que sur lui soit la miséricorde de Dieu—qu'Il soit glorifié et exalté!), substitut à Kalamata, anciennement *kâdî* de la circonscription de Gördes, et chargé par ordre de la présente affaire (qu'il soit pardonné!). [mention à gauche du cachet:] certifié.

Addenda:

212 n. 2: Voir aussi Y. Nagata, *Materials on the Bosnian Nobles* (Tokyo, 1979).

---

[104] Dote de 1790: "un *périvoli* à Kaminia qu'il (Libérakis Bénakis) tient de son père avec des mûriers et des oliviers...."

[105] Dote de 1790: "un *périvoli* à Kaminia dit de Hadzi Békir avec des oliviers, des mûriers et des figuiers...."

Musée Bénaki, Athènes, Archives historiques, Fonds B, docs. turcs. 7.27.

III

Le patrimoine foncier de Panayote Bénakis 233

Musée Bénaki, Athènes, Archives historiques, Fonds B, docs. turcs. 7.27.

# IV

## On the Çiftlik Debate

We wish to discuss the various ways of analyzing the genesis, nature and socioeconomic significance of *çiftlik*s in the Ottoman Empire, meaning by çiftlik an extensive arable holding, one of its usages in Ottoman terminology.[1] In fact, some of these modes of analysis are recent, others older, but they were all elaborated largely by scholars who were not "Ottomanist" historians. These views were put forth at an early stage of historical research in the field and these scholars had at the time very limited documentation at their disposal. They were tempted to generalize on the basis of scattered data, and were not always aware of the true significance of the data or of the complexity of the problems involved in the analysis. We intend to confront these stimulating, but probably premature, "theories" with both the findings of recent historical research and our understanding of deeper Ottoman realities. For the time being this confrontation is at most a first approximation, since historical research on the subject has really only just begun. Many documents need still to be located and studied before we can get a more precise and complete view of the phenomenon.

The first such theory may be styled the Marxist theory. In this view, the emergence of the çiftlik on the ruins of the old *timar* system is interpreted as the passage from feudalism to capitalism in agriculture. This would be an instance in the Ottoman context of the general process affecting modern societies. A concrete illustration of this view was provided in a study that the Bulgarian historian Gandev devoted

Reprinted from *Landholding and Commercial Agriculture in the Middle East*, ed. C. Keyder and F. Tabak by permission of the State University of New York Press. © 1991 State University of New York to the çiftliks of the Vidin area in the eighteenth century on the basis of documents from the *sicils* of the concerned *kadıs*.[2] The accent was put first on the changes in the social origin of the new landholders, urban capitalists taking the place formerly occupied by landed seigniors, and secondarily on the new relationship between the landowners and the peasantry—*reaya*. The reaya was no longer a freeholder subjected to a rent payment, but had become a proletarianized wage-laborer (*valet de ferme*).

A second kind of interpretation shares many features with the first, but the accent is shifted: trade opportunities, which was merely one factor in addition to the local factors in the Marxist scheme, is now seen as the very origin of the constitution of the çiftlik. In this view, the growing needs of central and western Europe for certain commodities such as corn, rice, maize, and cotton led Ottoman landlords to look for ways to maximize their profits, and to get rid of the old forms of land tenure and agricultural labor in favor of more intensive and more market-oriented production. Their efforts resulted in a phenomenon very similar to the second serfdom evolving in the same period in Germany east of the Elbe, Poland, and Bohemia, characterized by large-scale monoculture, and harsh enserfment of peasants. This view was based originally on geographical studies of the Balkans, especially those of Busch-Zantner.[3] It was subsequently asserted by Stoianovich, Braudel, and Sadat.[4] As Braudel stated categorically: "Cereal-growing in Turkey, as in the Danube provinces or in Poland, when linked to a huge export trade, created from the first the conditions leading to the 'second serfdom' observable in Turkey."[5] More recently, Wallerstein's "peripheralization theory" gave a new boost to this conception of the 1950s and 1960s. Here too, the emergence of the Ottoman çiftlik is considered as the result of the integration of Ottoman agriculture in the capitalist world-economic system of modern times. It is a consequence of the trade of western Europe, center of the system, with the Ottoman Empire acting as one of its peripheries. Several articles by Wallerstein, Keyder, İslamoğlu and Keyder, and Sunar are examples of this interpretation.[6] The "second serfdom" theory and the "peripheralization theory" have two major implications: not only does the çiftlik present the character of a rationalized and export-oriented exploitation (which had already been postulated by Marxist theory), but the factors of its genesis are purely external, the impact of international trade being the necessary and sufficient condition for its emergence.

However, when dealing with the "çiftlik debate," we should not ignore a third set of interpretations, much older in its origins, which may be labelled the "Ottomanist theory" since it was first expressed by Ottoman chroniclers and political thinkers themselves and exerted a great influence on Ottomanist historians until the present day. According to this analysis, the emergence of the çiftlik is the product of the corruption of the classical Ottoman institutions related to the timar system. This idea was first expressed by Ottoman writers like Selaniki, Ali, Ayn-i Ali, Koçi Bey, Sarı Mehmed Pasha, and the unknown author of the *Kitab-i Müstetab*.[7] It is more or less present through the works of different contemporary historians such as İnalcık, Akdağ, Cvetkova, Özkaya, even if their explanations of the subversion of the ancient order are not always the same. Furthermore, the "Ottomanist theory" may be combined with the Marxist one, as for instance in Cvetkova's work.[8] This theory is concerned not so much with the socioeconomic nature and significance of the phenomenon as with its genesis, which it treats in terms of purely internal factors, and with its institutional implications. The emergence of çiftlik corresponds to the transformation of the former state land (*miri*), traditionally allocated under special conditions simultaneously to reaya as holdings (*çift*) and to state officers as prebends (tımar), to large freehold properties or quasi-properties in the hands of a newly emerging stratum of private individuals. This process is stigmatized as an illegal one, a disruption of the ancient order, linked to the various crises of the Empire in its late period.

To evaluate the different assumptions in the three sets of interpretations mentioned above, several questions must be examined: what do we know about the genesis of the çiftliks, in particular about the role of internal and external factors operating in the process and its presumably illegal character? What can we learn from the documents about the çiftliks themselves, their size, location, chronology, and organization? Finally, what can we establish about the assumed connection between the çiftliks and the export trade of the Empire?

## Genesis of the *Çiftliks*

We must not consider the formation of the çiftliks in too general a way. There were in fact multiple processes, different in their characters and results. We may start by distinguishing three possible origins of a çiftlik. The tımars contained within them a large number of reaya holdings. The çiftlik could be constituted top-down, by transforming the tımar (one or several) into a çiftlik. Or it could be constituted from the bottom-up, by consolidating a certain number of çifts. In the latter case, the çiftlik proprietor remained subject to the tımar-holder.

İnalcık has recently drawn attention to a third possible source, very important and completely different in its nature.[9] It was a tradition of the Ottoman Empire, as well as of previous Islamic states, to allot to wealthy individuals—predominantly members of the ruling elites—large, waste, or abandoned (*mevat*) lands. They were state-owned lands not then in the possession of the reayas and not under cultivation. They did not belong to the land tenure system generally utilized—miri lands, the tımar, the *çift-hane*. In exchange for these grants, the beneficiaries had to undertake the necessary improvements such as irrigation works. From the state's point of view, the aim of the operation was land reclamation (*ihya*, or *şenlendirme*). Consequently, the big estates originating from this process were by no means illegal appropriations. On the contrary, they were granted by the sultan by way of official acts: appropriation acts (*temlikname*) and delimitation acts (*sınırname*). When not awarded as freehold properties, they were given as farms (*mukâta'a*) with perpetual leases. Furthermore, the phenomenon had nothing to do with the decay of the old system since it was from the beginning outside of it. The practice existed as far back as the fifteenth century, but it survived and even developed during the whole of Ottoman history. İnalcık described a very significant project for rice cultivation in Anatolia, near the village of Yenice, proposed by two statesmen in the position of contractors, Feridun Ahmed and Sokullu Mehmed Pashas, in the second half of the sixteenth century.[10] Other examples of this practice no doubt will be discovered by further research in the archives. I have come across in the *defter*s concerning the Ottoman North Black Sea provinces in the same century a striking extension and even systematization of this practice.[11] In this area, where the Porte confronted rich but uncultivated and sparsely populated vast lands, such çiftliks were multiplied. In 1542, we find eighteen çiftliks of this kind around Kefe. But it was in the low Dniestr valley, around Akkerman, that this method of colonization was by far the most developed. In 1570, the *kaza* of Akkerman contained 193 of these çiftliks. They were very large exploitations, subdivided over time between several holders, the extent of whose holdings were regularly fixed by certificates (*hüccets*) of the kadı. The beneficiaries, all Muslims, belonged to widely varying categories: officers and soldiers of the local garrisons, local or external agents of the state (including one pasha, some individuals related to pashas, and an interpreter of the Porte), Tartar chiefs, as well as *ulama*, craftsmen, and the population of surrounding villages. These beneficiaries had to pay an annual "çiftlik tax" (*resm-i çiftlik*) as well as the normal dues on production. The actual agricultural work was probably performed by peasants settled on the çiftlik itself or in the neighborhood, in the form of sharecropping. In some cases the relatives of the holder temporarily employed nomads or slaves did the work.

Certain developments of the eighteenth and early nineteenth centuries that were commonly considered as a novelty of their periods and consequently interpreted as a product of the evolution of the Empire are in fact not essentially different from these earlier practices, even if they were stimulated by the contemporaneous expansion of central European markets. For instance, the çiftliks of the Vidin area in the eighteenth century described by Gandev, which he called "çiftliks" proper as opposed to "*villages seigneuriaux*", were in fact very similar to the çiftliks of the North Black Sea steppes. They too were regularly established by an official act in marginal lands included in sultanic or vizierial *hass* outside of the çift-hane system, in favor of more or less the same kind of mainly urban individuals. İnalcık correctly understood the nature of these Bulgarian large landholdings of the eighteenth century, which did not depend on the destruction of the "feudal order," since the same practice existed already at the apogée of this order, albeit external to it.[12] Moreover, İnalcık argues that the çiftliks closest to the "theoretical picture" of these big estates have to be linked not so much to the late evolution of the Ottoman land tenure system as to this permanent method of land reclamation: "Large agricultural lands organized as production units under a single ownership and management and usually producing for market came into being mostly on *mevat* . . . outside the areas under *çift-hane* system."[13]

Nevertheless, çiftliks also appeared in the framework of the old Ottoman land tenure system as a result of its corruption, although in these cases the final product seems to have kept some features of the previous structures and consequently would provide a less perfect final result. A common view among Ottoman observers and modern historians is that çiftliks were constituted at a relatively late period, starting from the end of the sixteenth and beginning of the seventeenth centuries, by dispossession of the peasants. The çiftlik owners accumulated in their hands a number of çifts formerly cultivated and possessed by the reayas. This evolution, whatever means might have been used, must have been a usurpation, i.e., an illegal process, since according to the law (*kanun*), the reaya holdings, transferrable to the heirs of the legitimate owners in an *indivis* manner, could in no way be alienated. As McGowan reminds us, the kanun forbade "that reaya holdings be sold, given away or willed in gift, left in trust, loaned, pawned in return for a loan, leased, exchanged or transferred to a neighbor of a deceased reaya on a preferential basis."[14] This model which I shall discuss below, is undoubtedly valid, but there were aberrations—cases in which the gathering of çifts under single ownership does not seem to have been illegal at all.

First, as McGowan himself emphasized, most of what was in principle forbidden by the kanun concerning the alienation of the çift was in fact tolerated, as long as it was done with the knowledge and permission of the responsible *timariot* on whom the çift in question depended, i.e., if the operation was made *be marifet-i sipahi* or *sahib-i arz*.[15] As Faroqhi pointed out, "this arrangement could lead to a fairly active land market, where debts not infrequently caused the sale of agricultural land."[16] A possible illustration of such a mechanism, was an important çiftlik constituted *marifet-i sipahi ile* by a rich Jew of Avlonya (Albania) Çaçari David, in the late 1560s: it included no less than twenty-eight fields (*tarla*) one of them bought from the son of Hasan Çelebi, as well as several vineyards and orchards. Half of this çiftlik was duly transferred to his son as a gift, with the agreement and validation of the local kadı.[17] Moreover this application of the classical law paved the way to further enlargement of the *sipahi*'s *hassa çiftlik* by appropriation of reaya holdings located on his own tımar.[18] The rigid provisions of the çift status could be evaded legally with the agreement of the tımar-holder under certain circumstances; furthermore, these provisions did not apply to all situations. In principle, the çift being the property of the state, the reaya had only usufructuary rights (*tasarruf*) on his land, with all the limitations mentioned above. However we sometimes encounter in Anatolia, even in early periods, arable fields designated as freehold properties (*mülk tarla*). Barkan noted this puzzling phenomenon, apparently contradictory to the Ottoman land regime, as did Faroqhi in the context of Ankara and Kayseri regions at the end of the sixteenth and the beginning of the seventeenth centuries. Being mülks, these fields could be freely sold and bought by anyone in a position to do so. The origins of this development have not yet been elucidated, and Faroqhi, suspecting a connection with proximity to urban areas, wondered whether it "was of purely local importance, or whether parallel developments (could) be encountered in the districts surrounding other large trading cities."[19]

In the case of Crete, the presence of mülk tarlas, as well as the inclusion of tarlas and çiftliks among the items registered by the kadıs in probate inventories—a way of legitimating their character of freehold properties—are obviously related to the special land tenure system of this late Ottoman conquest, where the concept of miri land was categorically rejected, in order, so they argued, to return to the true Islamic conception.[20]

Furthermore, reaya land did not consist entirely of arable soil—of fields whose possession was reduced to usufructuary rights. It also included other categories of land such as orchards and vineyards, which everywhere and always had a status of freehold properties and consequently could be legally sold. In certain districts where commodities like olive oil, fruits, wine, and silk were predominant, often a type of large estate had already been constituted on a perfectly legal basis by consolidating small units at a quite early period. Such a development can be found, for example, in the 1560s in the Avlonya area, where well-to-do Jews collected several vineyards in their hands.[21] In the eighteenth century there were many examples of large-scale land patrimony originating from the same category of land. For instance, in 1757 the biggest part of the landed interests of a Panayot Benakis, the famous *kocabaşı* of Kalamata, were made of fifty-seven gardens (*bahçe*) amounting to a total of 57 hectares, including olive trees, orchards, and mulberry trees (to which later on he added an additional eleven "çiftlik" villages).[22] Stoianovich mentions the similar case of Çey (or Çay) bey of Coron, in the Morea, who possessed nearly half the olive groves of the territory of Coron in the eighteenth century.[23] The land holdings of Müridoğlu Hacı Mehmed Agha around Edremid, in the land of olives, described by Faroqhi in this volume, belonged to the same category.

A dispossession of the reayas, then, could come about in the framework of the classical land regime without violation of its conventions, nor was it always a late development linked to its decay.

Nevertheless, we should not discard the commonly held opinion expressed by the Ottoman authors mentioned above that starting from the end of the sixteenth and the beginning of the seventeenth centuries the sipahis themselves and other powerful individuals (usually among the military class, including the *kapı kulu*) took advantage of the circumstances to usurp the reaya land, the çifts themselves, as well as the pastures, woods, and other lands customarily used by villagers in common. In these cases, the process was definitely illegal; the Porte condemned it through its edicts and sent *fermans* to the kadis to forbid them to make certificates (hüccets) legitimating these practices.[24] As a matter of fact, McGowan distinguished two forms of dispossession: the first case was "titular dispossession" which "leaves the cultivator in place but generally imposes new and harsher conditions upon him." In this form the reaya had to satisfy not only, as before, the demands of the state and the timariot but also those of a newcomer called *sahib-i alaka* (interested party) or more explicitly *sahib-i çiftlik* (possessor of the çiftlik). A second case was that of a "physical dispossession," a seizure of holdings left vacant by the flight of peasants, for one reason or another, or by the compulsory expulsion of the reayas. New cultivators, recruited among fugitives, worked the land under new and worsened conditions, different from the traditional reaya status.[25] These evolutions are explicitly described by contemporary sources, in particular the *adaletname* of 1609 published by İnalcık, or the *Kitab-ı Müstetab*.[26]

To explain the two crucial factors—flight and migration of the peasants and the consequent vacancy of land as well as the growing freedom of action of local potentates—we must unravel a complex of interacting elements connected with the various crises undergone by the Empire during the period. The fiscal crisis of the state—due to the increase in military expenses, the fall of war profits, and some economic developments, such as the fall of customary profits in the Middle East as a consequence of the increasing competition of new trade routes, and the impact of American silver—led to the debasement of currency, inflation, and ultimately overtaxation of the reayas by the state, the local governors, and the sipahis. Faced with such indebtedness, the peasant was compelled to surrender his tenure and to flee; if not, he was at least ready, after having pawned his çift or having sold it, to alienate his rights in exchange for the privilege of remaining on his land and obtaining the protection of a local notable against new exactions.

The political crisis of the empire was also a factor. The weakening of the central power and of its control over both its local representatives and the local potentates, greatly favored the general trend toward overtaxation. It became impossible for the reaya to fight against abuses, exactions, usurpations; flight once again remained the only viable response.

The effects of the military crisis could be observed at different levels. On the one hand, the disturbances created by the war had the same result as indebtedness: flight of the peasants or their seeking the protection of their local potentates. On the other hand, changes in the technology of war played a role in the departure of reayas: as a consequence of the obsolescence of the old sipahi army and the need for new troops with firearms (especially infantry), the state let young reayas enter in the army. The attractiveness of these new possibilities for the landless and even for the young peasants with landholdings contributed strongly to the vacating of reaya land. According to İnalcık, who emphasized this cause of desertion ignored by more traditional accounts, "the more direct and effective factor drawing peasants away from agriculture in this period [i.e., end of the sixteenth and beginning of the seventeenth centuries] seems to be government's increasing demand for mercenary men."[27] In addition, the negative effects of this phenomenon were supplemented by the unrest that these new troops (called *sekban* or *saruca*) provoked in the countryside when dismissed after the campaigns: they became uncontrolled troops (*kapusız levend*) and harassed the peasantry. The *celali* movement which gave rise to the great flight (*büyük kaçgun*) of the peasants in Anatolia at the turn of the century, has to be discussed in the light of this mechanism.[28]

More controversial but also important in the process through which the old reaya lands became available were demographic factors, particularly the apparent demographic catastrophe of the seventeenth century, the extent of which has not yet been precisely calculated.

Some of the factors creating new conditions in the countryside and providing opportunities for usurpations of the reaya land were perennial in the years of Ottoman decay, from the end of the sixteenth to the nineteenth century, whereas others were more closely linked to the effects of wars and their impact was more conjunctural. There is no doubt that the troubles of the celali period, the wars against Austria at the end of the seventeenth century, and the wars against Russia at the end of the eighteenth century paved the way for particularly great waves of flight and dispossession of the peasantry, as described above.

What about the specific characters of the çiftliks built on the basis of the usurped reaya land? At least at the end of the sixteenth century—for instance, through the stipulations of the already cited adaletname of 1609—because of the general shortage of labor, çiftlik owners frequently turned to livestock raising, using slaves or hirelings. Nevertheless, both then and later, when we consider the units devoted strictly to arable production that were constituted by the consolidation of former reaya holdings, the question remains whether the old structure was totally transformed by the emergence of new relations of production and a complete reorganization of labor within the framework of the large landholding, or whether, on the contrary, the previous çift-hane system survived, merely altered by an aggravation of the peasants' burden. Gandev himself admitted that in the "seigniorial villages" originating from peasant holdings (to be distinguished from the genuine çiftliks established on marginal lands), there was no substitution of capitalist for feudal relations but only a worsening of the previous feudal relations.[29] In the example of the Serbian çiftliks described by Stoianovich, the çiftlik owner appeared only as a new claimant beside the traditional timariot. The peasant had to pay him, outside of the labor services, a second tenth (to be more precise, a ninth) called *deveto* collected by the *çiftlik sahibi* or by his agents, "on the portion of the crop that was left after the payment of the tenth to the local holder of the state benefice or tımar." Stoianovich concludes: "One of the main grievances of the Serbs against the Ottoman administration at the opening of the Serbian insurrection of 1804 was against the deveto."[30]

On the other hand, many çiftliks may have emerged without an exceptional economic incentive. The opportunity for usurpation created by the internal crises of the Empire, even if these crises may have had some external causes, is sufficient to account for their appearance. In McGowan's words: "the prevailing level of revenues was quite enough to justify the struggle," without resorting to the rise in external market demand to explain the development.[31]

In the case of the çiftliks generated by the subversion of the crumbling tımar system, usurpation took place not at the level of the reaya holding but at the level of the former prebendal unit. The initial prebends were called "hass," "zeamets," and "tımars" according to their respective size. In the classical system they were only conditional, non-hereditary possessions closely linked to the fulfilment of a fixed duty. Now, in total disregard of the law, they were transformed into a more secure form of tenure, becoming private property *de jure* or *de facto*.

Some historians such as Cvetkova, emphasized the particular importance of this development in the emergence of the çiftliks:

> The transformation of the old military fiefs into private, hereditary domains were the basis upon which the *çiftliks*—the new forms of feudal landed property in the conditions of emergent capitalist relations—would later come into being.[32]

At the origin of this evolution, we find the same general causes, expressed in the formula of financial, political, and military crises, which have already been mentioned, to explain the dispossession of the reaya. However, there were, in addition, factors in the process under consideration that involved state responsibility directly.

Due to the growing place of venality and of all kinds of abuses in the attribution of the timars, these prebends were no longer held by competent, deserving persons and tended to lose their military character. Moreover, a great part of the timars reverted to the Treasury to be transformed into hass retained by the Sultan or offered as appanages or property grants (*arpalık* or *başmaklık*) to members of the ruling elite or to people close to the court, without any military or administrative responsibilities. On the other hand, Kunt draws attention to another state practice, one that went against the rationale of the prebendal system, which was known as early as the end of the fifteenth century but which seems to have become much more common by the end of the sixteenth century: the granting to some governors of a small part of their hass as permanent estates or, to translate the expression in use, "as an estate" (*ber vech-i çiftlik*), which the holder retained after leaving his office. He probably kept such a çiftlik throughout his lifetime, though he may not have been able to pass it on to his heirs.[33]

Following the comments of Koçi Bey and other observers of Ottoman decay, historians denounced these practices as the origins of the decline of the tımar army, until then the backbone of the Ottoman military power. However, these developments should be considered as more consequence than cause. The obsolescence of the sipahis, who proved to be unable to adapt themselves to the new conditions of war, encouraged the Treasury to take over a part of the tımars (only a part, since the system did continue to exist into the nineteenth century), the usefulness of which had become doubtful. In the meantime this massive transfer of revenues yielded the funds necessary to pay the new troops which were better able to meet the Habsburgs' military challenge.

To understand how the hass of the Treasury and other prebends assigned to pashas, *bey*s or other officials tended to become quasi-property in private hands, one must consider the widespread application of the farming-out (*iltizam*) system in the collection of these has revenues. The reasons for this practice, according to İnalcık, were mainly "the technical, economic and bureaucratic difficulties . . . the government had to come to grips with in controlling and collecting the tax revenues."[34] A new development decisively strengthened the power of the leaser (*mültezim*) on the land and populations. This was a category of life-term tax-farms, established in 1695 for a better management of the resources, termed "malikane."[35] Not only did the leaseholder have total freedom of management during his life, but after his death the Treasury gave preferential rights to his heirs in the bidding, which tended to confer a quasi-hereditary character to these malikanes.[36] Under these conditions the transformation of the prebends into farmed-out units (mukâta'as) and especially into life-term farms was generally considered as a major factor of the emergence of the çiftliks. İnalcık expressed this opinion strongly:

> This new practice known as *mālikāne* virtually gave the *mültezim*s quasi-proprietary rights over extended territories, villages included. Thus, the *mālikāne* system made a major contribution to the rise of a new landlord class with the rights, as free holders, over large tracts of

state lands (*mīrī*), and it is in this practice that one has to look for the origins of the *çiftlik* system, and the rise of the village *aghas* (landlords) and the renowned eighteenth century dynasties with large *muķāṭa'a* estates in their holding.[37]

In later studies, as previously mentioned, İnalcık points out other possible sources of çiftliks, in particular the legal attributions of mevat lands. Moreover, in a further stage of his work he appeared fully conscious that the estates originating from an appropriation of the former prebends did not necessarily represent a radical change in the previous agricultural structure and consequently did not correspond to the ideal scheme of the çiftlik. In this respect he established a distinction between the appanages (mukâta'as, and malikanes) on the one hand, and the genuine plantation-like çiftlik on the other, "since the appanages were simply the fiscal administrative rearrangement in the possession of the lands which did not necessarily bring about a change in the çift-hane system." In the first type of estates:

> The *çift-hāne* system continued to prevail and the relationship between the farmer-*re'āyā* and private individuals . . . was the same as under the *tīmār*-system. As before the new-comers were simply collectors of the rent in the form of dues, and as a rule did not attempt to reorganize the labor and the production on these lands[38].

So he came to the same conclusion already drawn for the çiftliks born from the appropriation of the reaya land. In both cases, when çiftliks came into existence, one need not resort to market factors to explain their development. The prevailing level of rents as well as the possibility of making these revenues permanent were sufficient inducement.

The çiftlik, when it was established, did not tend in fact to correspond to a plantation-like estate. Moreover, it is somewhat problematic that most malikanes even evolved into çiftliks. When we assert that the malikane naturally led to a situation of quasi-property, we tend to omit the fact that these life-term tax-farms were generally not managed directly by the recipient, but were in return granted to secondary mültezims. Under these circumstances who were the agents of their transformation into property, the former or the latter? The secondary mültezims, drawn from among the local notables and in direct contact with the land, seem to have been in a better position to operate this appropriation. As a matter of fact, the dynasties of ayans mentioned above were mostly these secondary mültezims. The initial ones were more likely to belong to the ruling elite and to the favorites of the Court remaining in the capital. However, as was not the case with the initial leases, their leaseholds were extremely short and unstable. This fact is illustrated by the example of Kara Osmanoğlu Hacı Mustafa in the Manisa area by the middle of the eighteenth century who had to struggle each year to retain his mukâta'as, and was not always successful. He confronted all sorts of obstacles, compelled to fight at one and the same time against the malikane holder, his competitors, and the reaya who complained to the Porte about his abuses and attempts of usurpation.[39] All these factors lead us to calculate that a change in the status of the malikane was not so easy to achieve, and it remains uncertain how much change had occurred in this regard before the fundamental Ottoman land law was promulgated in 1858.

To conclude, the genesis of the çiftliks, contrary to the "Ottomanist theory," was not always an illegal process related to the subversion of the traditional order, but could occur even at an early period in consonance with this order, in the interstices of the village network or even in the core of the old system. In other cases, the emergence of the çiftliks was only a byproduct of this subversion, either by dispossession of the reaya or by the appropriation of the former prebends. In any case, the internal factors are sufficient to account for these developments. The demands of the external market, assumed by more recent theories, appears as a possible stimulant (we shall come back to this point in further detail) but not as a decisive one. Furthermore, the radical change in the relationship between owners and workers and the reorganization of labor in the framework of the new estates alleged by the same theories, seem to have been very limited, since the solidity of the çift-hane system throughout the whole period has been underestimated. In order to confirm and develop these evaluations we must now consider what we learn from the documentation on the nature of the çiftlik itself.

### Nature of the Çiftlik: Theory and Reality

The various theories concerning the nature and significance of the çiftlik were built on the basis of an interpretation and systematization of scanty data. Recently, some empirical studies and archives have been published, especially by McGowan, Nagata, Faroqhi, and Cezar, but there is still much to do in this direction. The Ottoman archives, in particular the numerous series of the registers of Muslim courts (the *sicils* of the kadıs) need to be scrutinized from this point of view. Nevertheless, at the present stage of research some discrepancies have already emerged between the results of these pioneer publications and previous theorizing.

In spite of the scarcity of the available data concerning the magnitude of the çiftliks, it appears that they were not invariably, or even predominantly, the sizeable estates they were generally assumed to be. For instance, McGowan came to the conclusion that most çiftliks of southern Europe were still small-scale in the seventeenth and eighteenth centuries. In particular, he wrote: "Studies of late Macedonian conditions show that . . . although there were some medium and large *chiftliks*, most *chiftliks* were small, 25 to 50 hectares being typical."[40] According to Kiroski's study on the çiftliks of Polog, in Macedonia, in the late nineteenth century, 46.8 percent of the çiftliks were under 25 hectares, with an average size of only 14.[41] On the other hand, McGowan calculated from a Manastır (Bitolj, Bitola) *tevzi defteri* of 1710, that at that time in this district the mean number of adult males on one çiftlik was 3.5, the modal number being 2.[42] No more than a dozen sizeable estates existed in this district.

The Bulgarian çiftliks described by Gandev were of very different sizes, between 30 and 500 hectares. The same conclusion is to be drawn from the documents published by Nagata on the big farms of western Anatolia in the eighteenth century.[43] Whereas those of Hacı Mehmed Agha, the mütesellim of Teke, varied between 700 and 13,000 dönüm with an average of 734 hectares, the çiftliks of Kara Osmanzade Hüseyin Agha, the mütesellim of Saruhan, were more modest in area, varying between 600 and 1,700 dönüm with an average of only 1,000 dönüm, or 90 hectares.

Likewise, what we discover about the commodities produced in these çiftliks does not correspond to the theoretical picture of market-oriented production exclusively devoted to export crops such as cotton and tobacco. If specialization sometimes did exist, it was in those çiftliks engaged in cattle-breeding. On the contrary, the agricultural enterprises exhibited an extremely diversified production pattern, where commodities for consumption such as wheat, barley, maize, and fruits, played a predominant part. That is true for the Bulgarian çiftliks described by Gandev as well as for the west Anatolian ones documented by Nagata. It is to be noticed that in 1816, among the total of 9,650 dönüm owned by Kara Osmanzade Hüseyin Agha, only 279 dönüm or 2.9 percent, were devoted to cotton (*pembe tarlası*), 10 dönüms of them remaining uncultivated. Furthermore, one is struck by the importance of unexploited arable land (*hali tarla*) in these estates, which consequently can not be considered as intensively cultivated. We are aware that certain Western sources may give an entirely different impression. For instance, Stoianovich mentioned that "an İsmail bey and later his son Yusuf expanded their already extensive cotton plantation in the region of Serres," but this statement is based on a report by the French consul Félix Beaujour.[44] In the same way, Peyssonnel styled Kara Osmanoğlu at the middle of the eighteenth century as "the master of cottons" in the İzmir area.[45] We shall have to come back to the ambiguities of the consular formulations which may make them misleading. In any case, plantations of this kind are not yet documented by primary sources of Ottoman origin.

Likewise the Ottoman documents under scrutiny, which were actually very limited in number until recently, show clearly that slave labor or wage labor, either seasonal or annual, did exist in the framework of the çiftliks, (*kul, hademe,* and *ırgad* are mentioned), but were by no means the only or even the predominant forms in use. On the contrary, sharecroppers (*ortakçı*) working under various conditions, seldom precisely described, seem to have played a preeminent role, even in cattle-raising. As McGowan put it, "Most *chiftliks* of southern Europe were . . . characterized by share-cropping," and, he added, in very explicit terms, with the çiftliks of janissaries in Serbia and those of the Muslims of Bosnia in mind: "The average Balkan *chiftlik* was a rental operation, far closer in its character and its scale to the *Grundherrschaft* past from which it evolved, than to the *Gutsherrschaft* character which has frequently been imagined for it."[46]

The Anatolian examples of the nineteenth century also devised a great variety of solutions. The çiftliks of Kör İsmailoğlu Hüseyin in the district of Havza and Köprü included both servants (*hizmetkar*) and ortakçı.[47] As far as the estates of Kara Osmanzade Hüseyin Agha are concerned, İnalcık distinguished three kinds of arrangements: 1) all the produce going to the landlord, with the workers being paid in kind or in cash; 2) a mixed regime, with fields of the first type and fields rented to reaya, the rent being in kind or in cash in the form of a lump sum; 3) all the fields of the çiftlik leased to tenants. Still, he concluded that "the greatest part of the land on the majority of the çiftlik of Hüseyin was rented to the reaya or free peasants. Usually the rent was paid in kind from the produce of the land, sometimes in cash."[48]

These observations illustrate the permanence of the old pattern of relations (rent-payer/rent-receiver) in contrast to the newly-emerging capitalist relationships. Generally speaking, there is no radical transformation of the traditional status of the reaya as expressed by the çift-hane system, no reorganization of labor, and no significant intensification of production. According to McGowan, this practical conservatism explains why the Ottoman government never had to acknowledge and legitimate by official dispositions a new social and legal status for the peasants, something tantamount to the second serfdom spelled out in edicts by central European governments. Contrary to the assumption of Stoianovich and Braudel, such an evolution did not occur in the Ottoman Empire, neither *de facto* nor *de jure*.

Another postulate of the "second serfdom" as well as the "peripheralization" theories concerns the location of the çiftliks—the map of the phenomenon. It was assumed to be linked to areas directly open to the external market—coastal plains and interior basins along the routes of communications—such as Thessaly, Epirus, Macedonia, Thrace, the Maritsa valley, Danubian Bulgaria, the Kossovo-Metohija basin, the coastal plains of Albania, parts of Bosnia, and the coastal plains of southern and western Anatolia, Egypt, and Syria.[49] While this general view contains a large part of truth, it has to be tempered. When testing its value for southeastern Europe, McGowan did accept that location near the sea could be a critical factor in the diffusion of çiftliks. However, he came to the conclusion that in this area the phenomenon was in fact a two-tiered development, first in the south, later in the north: "Zones located near the Aegean, Adriatic and Black Sea shores had their *chiftliks* long before the opening of the straits," whereas "the entire north-tier, comprising Danubian Bulgaria (and parallel with it to the north, Walachia and Moldavia), as well as Serbia and Bosnia, were not much developed for other than pastoral exports . . . until after the opening of the Straits and the associated development of traffic on the Danube, or in the case of Bosnia, until the demand peak of the Napoleonic period."[50]

Moreover, a further detailed study of the various regions would show a strongly unequal development of the çiftliks as well as differences between the respective shares of internal and external markets among the factors involved. Given the internal causes of the genesis of the çiftliks it follows that many of them, either in these areas or in others much further removed from the arteries of communications, may have arisen without any connection to foreign trade or even to the market represented by a large town in the vicinity of the grower. They arose "because the opportunity for usurpation was there rather than because the market demanded their appearance" as, for instance, in the case of the pastoral holdings of the celali period.[51]

Another way to approach the basic question of the connection between market demand and the emergence of the çiftlik would be to ask whether the traditional Ottoman land system could not and actually did not coexist with the impact of foreign trade. To answer the question, let us first examine the example of the "boom" of the Turkish wheat in the years 1548–64, as described by Aymard and

Braudel.[52] During this period, a significant amount of wheat was shipped from the Ottoman Empire to Venice and Ragusa; this traffic developed within the framework of the traditional land tenure system, i.e., the tımar and çift-hane systems. Exports were supplied both by the hass of the Sultan and of various pashas, including the Grand Vizier, Rüstem Pasha, and by the reaya çifts (*delli poveri* according to the Venetian sources). No shifts in the structure of the estates appeared, only some internal reorganization, such as a regulation by which the state seized the opportunity to maximize its receipts by limiting strictly the shares of the exports originating from the reaya. Moreover, sometimes a priority was given to the sales from the Sultan's estates, and after 1552, all the regularly exported wheat was required to come from the state hass.[53]

This example, borrowed from the classical period, would suggest that the impact of trade was not enough by itself to provoke structural changes before the necessary historical preconditions would have allowed them. But still, by the middle of the eighteenth century we find, for instance through the reports of the French consul in İzmir, that the production of the villagers, that is to say commodities originating from the old pattern of small independent holdings worked by the reaya continued to supply the Western trade.[54] Even Stoianovich, generally not inclined to minimize the importance of the çiftliks, considered that the major part of the cotton exports from Salonika in the eighteenth century did not derive from big estates but both from the "manorial reserve" of the *agha*s (*kantar* cotton) and from the tenth levied from the smallholders (*öşür* cotton).[55] This connection between export trade and rent collection is another confirmation of the permanence of the traditional system.

Now if we examine in more detail the relationship between the growing class of local ayans and the export trade, we must first keep in mind that export revenues were not the only source of their fortunes. Other activities such as the farming out of state revenues, the collection of the *salgun* taxes, the recruiting of troops and collection of provisions and livestock for the army, credit transactions, usury were certainly at least as important. More to the point, when they did take advantage of the market, it was more in their role as deputy governors (*mütesellim, voyvoda*), tax collectors, and tax farmers than as producers of marketed goods. Their abuses in the collection of taxes, such as the "right of *aghalık*" mentioned by Peyssonnel, was a convenient way to maximize their profits.[56]

Nevertheless, they did possess çiftliks, and the existence of big estates in the hands of the Kara Osmanoğlu family, as revealed, for instance, in the documents published by Nagata, might appear to be evidence against the above expressed opinion. However, these documents pertain to the nineteenth century: 1816, for the estates of Kara Osmanzade Elhac Hüseyin Agha; 1841, for those of Kara Osmanzade Yetim Ahmed Agha.[57] In addition to that, these landed interests seem to represent only a small part of the fortune and investments of the family. For instance, the total value of Hüseyin's çiftliks, 250,000 guruş, was lower than the sum paid by his predecessor Hacı Mustafa to farm out the *voyvodalık* of Manisa for the single year 1752.[58] Moreover, these çiftliks were not primarily devoted to the production of export commodities.

Furthermore, these estates remained precarious. The ayans had to confront many discouraging obstacles in constituting their landed patrimony, among them the double opposition of the primary mültezims and the reaya in question, the complaints of the latter being abundantly documented: for instance, in February, 1755, Kara Osmanoğlu Hacı Mustafa had already leased the mukâta'a of Turgutlu for four years, but the peasants were complaining about his many-sided and endless exactions and abuses. Consequently they wanted a new mültezim to be appointed, and made their own choice in favor of a certain Seyyid Mustafa.[59]

The main opposition probably came from the state itself, which seriously jeopardized the development of the çiftliks by its widespread practice of confiscations.[60] In this respect, a large part of the available descriptions of çiftliks are nothing but inventories in view of a confiscation, after the death or the punishment of the usurper, as is the case of the lists concerning Kara Osmanzade Hüseyin.[61] Not infrequently the confiscated estates were left by the state to the heirs in exchange for a cash payment (*bedel*). In other cases the various çiftliks of the deceased were sold to bidders and scattered about, as was the case in 1808 for the estates of Kör İsmailoğlu Hüseyin, the former ayan of Havza and Köprü.[62] Faroqhi has mentioned a çiftlik formerly owned by Tekelioğlu Mehmed Pasha, bought by the *tekke* of Abdal Musa in Elmalı after the punishment and death of this ayan.[63] Unavoidably, these threats had consequences for the economic behaviour of the local notables of the eighteenth and nineteenth centuries, as Western observers also noted. These ayan tended to transform their estates into inviolable pious endowments (waqf), the administration of which was passed on to their heirs according to the provisions of the donation act. Likewise there was a certain attraction to the mülk estates—for example, houses and shops in the cities— perhaps partly because these types of property did not face the same jurisdictional problems. For instance, we learn from Peyssonnel[64] that Kara Osmanoğlu Hacı Mustafa had bought "most of the houses in

## On the Çiftlik Debate

İzmir." Furthermore the best way to have a chance to evade the consequences of what Olivier called "the tyrannic law of confiscations"[65] was to invest preferentially in movables like currency, gold and silver jewels, and precious furs and clothes, which were easier to transport or to hide. Under these conditions, it is not surprising that the value of the çiftliks and fields was only 19 percent of the total fortune of the ayan of Havza and Köprü.[66]

If the existence of çiftliks and the impact of export trade on the Empire are two certain phenomena, their connection is much more questionable. First, the genesis of çiftliks is much more complex than has frequently been assumed, and the role of internal factors, not deriving from market expansion must not be overlooked. Secondly, the capacity for resistance and adaptability of the old agrarian structures and labor relationships was much greater in the Ottoman empire than has been imagined. And even when the çiftlik did exist, it did not necessarily indicate a radical change in those older structures. Conversely, export commodities were by no means always and everywhere supplied by it. These first impressions would have to be confirmed by a more extensive study of the available historical sources, mainly the Ottoman ones.

NOTES

1. On the various uses of the terms *çift* and *çiftlik* in the Ottoman terminology, see Ö. L. Barkan, «Çiftlik» in *Islâm Ansiklopedisi*, III, Istanbul, 1945, p. 392-97 ; H. Inalcik, «Čiftlik» in *Encyclopaedia of Islam*, 2nd ed., II, p. 32-3.
2. Chr. Gandev, «L'apparition des rapports capitalistes dans l'économie rurale de la Bulgarie du Nord-Ouest au cours du XVIIIe siècle», *Études Historiques*, Sofia, 1960, p. 207-20.
3. R. Busch-Zantner, *Agrarverfassung, Gesellschaft und Siedlung im Südost Europa unter besonderer Berücksichtigung der Türken Zeit*, Leipzig, 1938 ; see also J. Cvijić, *La péninsule balkanique*, Paris, 1918 ; J. Ancel, *La Macédoine*, Paris, 1930.
4. T. Stoianovich, «Land Tenure and related Sectors of the Balkan Economy. 1600-1800», *The Journal of Economic History*, XIII, 1953, p. 398-411 ; F. Braudel, *La Méditerranée et le monde méditerranéen à l'époque de Philippe II*, 2nd ed., Paris. 1966. II, p. 67-8. D. R. Sadat, *Urban notables in the Ottoman Empire : the Ayan*, Ph. d. diss., Rutgers University, 1969. Some positions have been taken again in *id.*, «Rumeli Ayanlari : the Eighteenth Century», *The Journal of Modern History*, 44, 3, sept. 1972, p. 346-63.
5. F. Braudel, *op. cit.*, II, p. 67.
6. I. Wallerstein, «The Ottoman Empire and the Capitalist World Economy :

Some Questions for Research» in *Social and Economic History of Turkey(1071-1920)*, O. Okyar and H. Inalcık eds., Ankara, 1980, p. 117-22 ; Ç. Keyder, «The Dissolution of the Asiatic Mode of Production», *Economy and Society*, V, 2, p. 178-96 ; H. Islamoğlu and Ç. Keyder, «Agenda for Ottoman History», *Review*, I, 1, 1977, p. 31-55 ; I. Sunar, «Économie et politique dans l'Empire ottoman», *Annales, E.S.C.*, 35, 3-4, 1980, p. 551-79.
7. On this rich litterature of Ottoman «pamphlets» and advice books, see M. Tahir, *Akhlāk kitablarımız*, Istanbul, 1325, and *id., Siyasete mutecallik athār-i islāmiyye*, Istanbul, 1330 ; F. Babinger, *Die Geschichtsschreiber der Osmanen und Ihre Werke*, Leipzig, 1927 ; B. Lewis, «Ottoman Observers of Ottoman Decline», *Islamic Studies*, 1962, 1, p. 71-87 ; K. Röhrborn, *Untersuchungen zur Osmanischen Verwaltungsgeschichte*, Berlin-New York, 1973, p. 163-5 ; H. Inalcık, «Military and Fiscal Transformation in the Ottoman Empire, 1600-1700», *Archivum Ottomanicum*, VI, 1980, p. 283, n. 1 and p. 287, n. 11. Part of these works were published : for ex., Mustafa 'Āli *Mevāid ün-nefāis fi kavā'id ül-mecālis*, Istanbul, 1956 : Koçi Bey Risâlesi, A. K. Aksüt, ed., Istanbul, 1939 ; *Kitâb-i Müstetâb*, Y. Yücel, ed., Ankara, 1974 ; W. L. Wright, *Ottoman Statecraft. The Book of Counsel for Vezirs and Governors (Nasā'ih ül-vüzera ve'l ümera) of Sari Mehmed Pasha the Defterdar*, Princeton 1935 ; *'Ayn-i 'Ali, Kavānīn-i āl-i 'Osmān*, Istanbul, 1289.
8. B. Cvetkova, «L'évolution du régime féodal turc de la fin du XVIe jusqu'au milieu du XVIIIe siècle», *Études Historiques*, Sofia, 1960, p. 171-203.
9. H. Inalcık, «The Emergence of Big Farms, *Çiftliks* : State, Landlords and Tenants» in *Contributions à l'histoire économique et sociale de l'Empire ottoman*, J.-L. Bacqué-Grammont and P. Dumont, eds, Louvain, 1983, p. 108-11.
10. The document was published in Ö.L. Barkan, «Osmanlı imparatorluğunda bir Iskan ve Kolonizasyon metodu olarak vakıflar ve temlikler», *Vakıflar Dergisi*, II, 1942, p. 364-5.
11. G. Veinstein, «Les 'çiftlik' de colonisation dans les steppes du nord de la Mer Noire au XVIe siècle», *Ö. L. Barkan Armağanı, Iktisat Fakultesi Mecmuası*, 41, 1-4, Istanbul, 1984, p. 177-210.
12. H. Inalcık, *Tanzimat ve Bulgar Meselesi*, Ankara, 1943 ; *id.*, «The Emergence of Big Farms...», p. 119-24.
13. *Ibid.*, p. 108.
14. B. McGowan, *Economic Life in Ottoman Europe. Taxation, Trade and the Struggle for Land, 1600-1800*, Cambridge-Paris, 1981, p. 141-2.
15. *Ibid.*, p. 54, 69, 141.
16. S. Faroqhi, «Land Transfer, Land Disputes and *Askeri* Holdings in

Ankara (1592-1600)» in *Mémorial Ömer Lûtfî Barkan*, R. Mantran, ed., Paris, 1980, p. 88.
17. G. Veinstein, «Une communauté ottomane : les Juifs d'Avlonya (Valona) dans la deuxième moitié du XVI<sup>e</sup> siècle» in *Gli Ebrei e Venezia, secoli XIV-XVIII*, G. Cozzi, ed., Milan, 1987, p. 793-4.
18. B. McGowan, *op. cit.*, p. 137.
19. S. Faroqhi, *Towns and Townsmen of Ottoman Anatolia. Trade, Crafts and Food Production in an Urban Setting, 1520-1650*, Cambridge, 1984, p. 263-6. If we express here the idea that the existence of *mülk-tarla* created a virtual possibility for the further constitution of *çiftliks*, we must point out that Faroqhi does not see any obvious connection between the two phenomena. To the contrary, she emphasizes that it «does not mean that the emergence of freehold property was necessarily accompanied by *çiftlik* formation.»
20. On the special land regulations of Crete, see Ö. L. Barkan, *XV ve XVI ıncı asırlarda Osmanli Imparatorluğunda ziraî Ekonominin Hukukî ve Malî Esasları*, I, Kanunlar, Istanbul, 1945, p. 352, par. 4, and p. 354, par. 3 ; *id.*, «Caractère religieux et caractère séculier des institutions ottomanes» in *Contributions à l'histoire économique...*, *op. cit.*, p. 21-2 ; G. Veinstein and Y. Triantafyllidou-Baladié, «Les inventaires après décès ottomans de Crète», *A. A. G. Bijdragen*, 23, Wageningen, 1980, p. 201.
21. Veinstein, «... Les Juifs d'Avlonya...», p. 794.
22. G. Veinstein, «Le patrimoine foncier de Panayote Bénakis, *kocabaşı* de Kalamata», in *Raiyyet Rüsûmu*, Essays presented to Halil Inalcık, *Journal of Turkish Studies*, 11, 1987, p. 211-233 .
23. T. Stoianovich, «Balkan Peasants and Landlords and the Ottoman State : Familial Economy, Market Economy and Modernization», in *La révolution industrielle dans le sud-est européen. XIX<sup>e</sup> s.* , Sofia, 1976, p. 186.
24. McGowan, *op. cit.*, p. 145-6.
25. *Ibid.*, p. 62-7.
26. H. Inalcık, «Adâletnâmeler», *Belgeler*, II, 3-4, 1965, Ankara, 1967 p. 126 ; *Kitâb-i müstetâb*, Y. Yücel, ed., p. 34.
27. Inalcık, «Military and Fiscal Transformation...», p. 287.
28. *Ibid.*, p. 297 ; M. Akdağ, *Celâlî Isyanları, 1550-1603*, Ankara, 1963, p. 250-4.
29. Gandev, *art. cit.*, p. 215.
30. Stoianovich, «Balkan Peasants...», p. 185.
31. McGowan, *Op. cit.*, p. 60-1.
32. Cvetkova, *art. cit.*, p. 203.
33. I. M. Kunt, *The Sultan's Servants. The Transformation of Ottoman Provincial Government, 1550-1650*, New York, 1983, p. 85-8.

34. Inalcık, «Military and Fiscal Transformation...», p. 330-1.
35. M. Genç, «Osmanlı Maliyesinde Malikâne Sistemi» in *Türkiye Iktisat Tarihi Semineri*, O. Okyar and H.Ü. Nalbantoğlu, eds, Ankara, 1975, p.231-96 ; *id*, A comparative study of the life term tax farming and the volume of commercial and industrial activities in the Ottoman Empire during the second half of the 18th century» in *La révolution industrielle...*, *op. cit.*, p. 243-79.
36. Inalcık, «Military and Fiscal Transformation...», p. 329.
37. *Ibid*.
38. Inalcık ,«The Emergence of Big Farms...», p. 107-8, 114.
39. M.Ç. Uluçay, *18 ve 19. Yüzyıllarda Saruhan'da Eşkiyalık ve Halk Hareketleri*, Istanbul, 1955, p.16-36 ; G. Veinstein, «'Âyân' de la région d'Izmir et commerce du Levant», *Etudes Balkaniques*, XII, 3, Sofia, 1976, p. 74-5, n. 17-18, 23 ; p.76, n. 27-28. We shall come back a little later on the obstacles to the constitution of *çiftliks* by the local notabilities.
40. McGowan, *op. cit.* , p.72, 171.
41. P. Kiroski, «Cifligarstvoto vo Polog», *Kiril Pejčinovik i Negovoto Vreme*, Tetovo, 1973, p. 115-20, quoted by McGowan, *op.cit.*, p.165.
42. *Ibid.* , p. 164.
43. Y. Nagata , Some Documents on the big Farms (çiftliks) of the *Notables in Western Anatolia*, Tokyo, 1976, p. 30-55 ; Inalcık, «The Emergence of Big Farms...», p. 117.
44. Stoianovich, «Balkan Peasants...», p. 186.
45. Veinstein, «'Âyân' de la région d'Izmir... », p. 74-5.
46. McGowan, *op. cit.*, p. 79.
47. Y. Cezar, «Bir Âyanın muhallefatı. Havza ve Köprü kazaları Âyanı Kör Ismail-oğlu Hüseyin», *Belleten*, XLI, 161, 1977, p. 59, 72-3.
48. Inalcik, «The Emergence of Big Farms...», p. 117-9.
49. *Ibid.*, p. 115.
50. McGowan, *op. cit.*, p. 74-8.
51. *Ibid.*, p. 135-6.
52. M. Aymard, *Venise, Raguse et le commerce du blé pendant la seconde moitié du XVI$^e$ siècle*, Paris, 1966 ; Braudel, *op. cit.*, I, p. 535-8 ; G. Veinstein, «Un achat français de blé dans l'Empire ottoman au milieu du XVI$^e$ siècle» in *L'Empire Ottoman, la République de Turquie et la France*, H. Batu and J.-L. Bacqué-Grammont, eds., p. 15-36.
53. Aymard, *op. cit.*, p. 50-1.
54. Veinstein, «'Âyân' de la région d'Izmir... », p 76.
55. Stoianovich, «Land tenure.... », p. 404.
56. Veinstein « 'Âyân' de la région d'Izmir...», p. 77.
57. Nagata, *op. cit.*, p. 37, 56.

58. Archives nationales, Paris, A. E. B. 1, 1053, dispatch of Peyssonnel, April 13, 1752.
59. Ç. Uluçay, «Karaosmanoğullarına ait bazı vesikalar», *Tarih Vesikaları*, III, 13, 1944, p. 125-6, doc. n° 28 (see also p. 123-4, doc. n° 27). The Court registers (*sicills*) of Manisa contain a number of documents pertaining to Karaosmanoğlu Mustafa's attempts to change the limits of his farmed-out lands, as well as the complaints of the population against these practices ; see I. Gökçen, Manisa tarihinde vakıflar ve hayırlar, II, Manisa, 1950, p. 6.
60. G. Veinstein, «Trésor public et fortunes privées dans l'Empire ottoman (milieu XVI$^e$-début XIX$^e$ siècle)» in *L'argent et la circulation des capitaux dans les pays méditerranéens (XVI$^e$-XX$^e$ siècles) Cahiers de la Méditerranée*, Nice, 1981, p. 125-9 ; K. Röhrborn, «Konfiskation und intermediäre Gewalten im Osmanischen Reich», *Islam*, 55, 2, 1978, p. 345-51.
61. I. Gökçen, *op. cit.*, p. 82 ; Ç. Uluçay, *Manisa Ünlüleri*, Manisa, 1946, p. 58.
62. Y. Cezar, *art. cit.*
63. S. Faroqhi, *Der Bektaschi-Orden in Anatolien*, Wien, 1981.
64. A. E. B. 1, 1053 : dispatch of Peyssonnel, August 27, 1752.
65. G. A. Olivier, *Voyage dans l'Empire Othoman, l'Égypte et la Perse*, I, Paris, an 9 (1801), p. 186, 190.
66. Cezar, *art. cit.*, p. 58-9.

# V

# L'HIVERNAGE EN CAMPAGNE TALON D'ACHILLE DU SYSTÈME MILITAIRE OTTOMAN CLASSIQUE

## A PROPOS DES *SIPĀHĪ* DE ROUMÉLIE EN 1559-1560 (*)

L'institution du *timār* apparaît comme l'un des éléments fondamentaux de l'organisation de l'empire ottoman classique dans ses aspects militaires mais aussi administratifs, économiques et sociaux. Elle a donné lieu, comme il se devait, ces dernières années, à de nombreuses études et publications de documents [1]. Pourtant, un des traits de son fonctionnement

---

(*) Le système de translittération de l'ottoman est celui de la *Revue des Études islamiques*.

(1) Le terme *timār* déjà attesté en pahlavi, signifie en persan : souci, inquiétude, et désigne concrètement l'action de panser un cheval. Même si l'utilisation du vocable dans la terminologie administrative est déjà connue chez les Grands Seljoukides et les Kworezm chah, on ne le rencontre que chez les Ottomans dans le sens précis qu'il a sous ce régime, de concession de revenus fiscaux, en rétribution de services rendus à l'État — services le plus souvent militaires, parfois civils. Il est déjà attesté dans cette acception pour l'époque de Murād Ier (1362-1389).

Le *timār* ottoman comprend généralement deux parties : la réserve du timariote *(ḫāṣṣa čiftligi)* directement exploitée par ce dernier, et les redevances diverses, taxes et droits coraniques ou coutumiers, acquittés en nature ou en argent par les paysans *(reʿāyā)* dont les tenures *(čift)* sont rattachées au *timār*.

Parmi les nombreux travaux sur le *timār* ottoman, cf. notamment :
J. von Hammer-Purgstall, *Des osmanischen Reiches Staatsverfassung und Staatsverwaltung*, I, Vienne, 1815, pp. 337-434 ; II, pp. 242-372 ; M. Belin, « Du régime des fiefs militaires dans l'islamisme et principalement en Turquie », *Journal asiatique*, 6e série, XV, 1870 ; P. A. von Tischendorf, *Das Lehnwesen in den moslemischen Staaten insbesondere im osmanischen Reich*, Leipzig, 1872 ; J. Deny, art. « Timar », *Encyclopédie de l'Islam* (cité infra *E.I.*), 1re édit. ; Ö. L. Barkan, art. « Timar », *Islâm Ansiklopedisi*, fasc. 123, Istanbul, 1972, pp. 286-320 ; fasc. 124, pp. 321-333 ;

nous semble avoir jusqu'ici peu attiré l'attention des historiens : la question de l'hivernage en campagne et des institutions qu'elle a suscitées, le ḫarčlıq et les ḫarčlıqčı. On sait que le cavalier rétribué par un timār, le sipāhī, avait pour source de revenu le produit des taxes acquittées par les sujets *(re'āyā)* travaillant sur son timār, en un point de l'une des provinces *(sanǧaq, livā')* de l'empire ottoman. Il résidait donc sur son timār une partie de l'année pour y recueillir les taxes en argent ou en nature lui permettant de pourvoir à sa subsistance et à celle de sa maisonnée ainsi qu'à l'équipement militaire de lui-même et de ses éventuels subordonnés, les ǧebelü, en vue de la campagne ([1]). Celle-ci se déroulait de mars à octobre ; mais si la nécessité se faisait jour de prolonger la campagne, le sultan devait ordonner à ses troupes d'hiverner en route et le problème se posait alors au sipāhī de recueillir à distance le produit du timār dont il se trouvait éloigné, afin de pouvoir faire face à son entretien et aux dépenses de la campagne suivante ([2]). Le procédé adopté consistait à expédier

---

H. Inalcık, *Hicri 835 tarihli sûret-i defter-i sancak-i Arvanid* (Copie du registre de la province d'Albanie, datée de l'année 835 de l'Hégire), Ankara, 1954 ; B. A. Cvetkova, *Fontes Turcici Historiae Bulgaricae*, III, Sofia, 1972 ; I. Beldiceanu-Steinherr, M. Berindei, G. Veinstein, « Attribution de *timār* dans la province de Trébizonde (fin du XVe siècle) », *Turcica*, VIII/1, 1976, pp. 279-290, et IX/2-X, 1978, pp. 107-154 ; eidem, « La Crimée ottomane et l'institution du ' timār ' », *Annali dell'Istituto orientale di Napoli*, 39 (N. S. XXIX), Naples, 1979, pp. 523-562 et XIV tabl. ; N. Beldiceanu, *Le timar dans l'État ottoman (début XIVe-début XVIe s.)*, Wiesbaden, 1980.

(1) Sur les obligations militaires du timariote, cf. outre les travaux cités ci-dessus, N. Beldiceanu, *Code de lois coutumières de Meḥmed II : Kitāb-i qavānīn-i 'örfiyye-i 'osmānī*, Wiesbaden, 1967, ff. 9 v-10 v.

(2) Le sultan pouvait aider à la solution du problème et stimuler les énergies défaillantes en consentant des prêts, voire des dons en argent aux chefs et aux membres de l'armée timariale. C'est ainsi qu'en 1516, alors que l'armée ottomane se trouvait à Damas, Selīm Ier qui entendait poursuivre son avance en Égypte, décide, comme le montre un document des archives du palais de Topkapı (D. 9255), d'accorder une avance sur leurs revenus aux hauts dignitaires de l'armée, de même qu'aux *subašı* et *sipāhī* des différentes provinces ; parmi les bénéficiaires, figuraient notamment le *beǧlerbeǧ* de Roumélie, les *sanǧaqbeǧ* d'Avlonya, Silistre, Tırḫala, Florina et Prizren, ainsi que les *subašı* et *sipāhī* de Roumélie ; le prêt consenti à ces deux dernières catégories se montait à 4 841 486 aspres sur un total de 8 983 000 aspres. Par ailleurs, le chroniqueur Sa'dü-ddīn mentionne l'octroi par Selīm dans les mêmes circonstances d'une gratification exceptionnelle à ses troupes de 20 000 000 d'aspres, sans qu'on puisse déterminer le rapport exact entre l'infor-

une partie des *sipāhī* d'un *sanğaq* au pays pour y recueillir le fruit du *timār* de leurs camarades et le leur rapporter au campement d'hiver. On donnait aux ressources ainsi apportées aux *sipāhī* le nom de *ḫarčlıq* (¹). C'est là un emploi technique d'un terme d'un usage général qui signifie : argent pour les dépenses nécessaires, moyens de subsistance (²) et doit parfois être compris comme avance (³). Signalons qu'un usage technique en est également fait dans le cas des corps semi-militaires de types *müsellem*, *yürük*, *ğanbaz*, pour lesquels on appelle *ḫarčlıq* la somme que les membres d'une unité *(oğaq)* ne participant pas au combat (ou à un autre service requis par l'État), les

---

mation du document et celle de la chronique ; cf. J.-L. Bacqué-Grammont, « Un registre d'emprunts de l'armée ottomane en décembre 1516 », *Annales islamologiques*, Le Caire, XVIII, 1982, pp. 171-191. Nous savons que, de la même façon, lors de la campagne de Tabriz et de Van qui se poursuivit par l'hivernage du sultan à Alep dans l'hiver 1548-49, Süleymān Iᵉʳ consentit un prêt de pièces d'or aux *sipāhī* d'Anatolie : deux ordres du *dīvān* au *beğlerbeğ* d'Anatolie, de février 1552, nous apprennent qu'à cette date, malgré des ordres antérieurs répétés, six mille pièces d'or restaient à devoir par ces *sipāhī* ; la Porte s'inquiétait de ces retards et interdisait de réattribuer le *timār* d'un débiteur mort tant que sa dette envers le fisc n'aurait pas été remboursée ; Bibliothèque du Musée de Topkapı, *KK. 888*, ff. 70 v et 72 v.

(1) Cf. J. Deny, *art. cit.* ; M. Z. Pakalın, *Osmanlı tarih deyimleri ve terimleri sözlüğü* (Dictionnaire des termes et expressions historiques ottomans), I, Istanbul, 1946, art. « Harçlıkçı », p. 739 : c'est apparemment par une confusion avec un autre emploi du terme *ḫarčlıq* rappelé *infra* que l'auteur a attribué la paternité de l'institution qui nous intéresse au rival de Murād II, *Düzme* Muṣṭafa, éliminé en 1421, ce dernier agissant d'ailleurs sur l'exemple de son allié Aydınoğlu Güneyd *beğ*, le *beğ* d'Aydın ; en effet, il s'appuie certainement (sans le préciser) sur le passage de Neşri qui relie à *Düzme* Muṣṭafa et à son inspirateur « Izmiroğlu », non pas le fait d'apporter au campement d'hiver le revenu des *timār* des *sipāhī*, mais la pratique selon laquelle les *müsellem* alternativement de service recevaient de leurs camarades non combattants un *ḫarčlıq* de 50 aspres ; cf. *Kitâb-ı Cihan-Nümâ, Neşrī Tarihi* (F. R. Unat et M. A. Köymen, édit.), II, Ankara, 1957, pp. 556-557.

(2) Cf. notamment, D. Kélékian, *Dictionnaire turc-français*, Constantinople, 1911, s.v.

(3) Des attestations dans ce sens in L. Fekete, *Die Siyāqat-Schrift in der türkischen Finanzverwaltung*, I, Budapest, 1955, pp. 375, 383, 595, 641 (dans ces passages, l'auteur peut donner à *ḫarčlıq* l'équivalent allemand de *Vorschuss*) ; de même, dans un ordre d'avril 1552 adressé au *sanğaqbeğ* de Čirmen, on appelle *ḫarčlıq* l'avance consentie à titre de frais d'entretien *(nafaqa ṭarīqiyle birer miqdār ḫarčlıq)* à des rameurs utilisés sur le Danube qui ne toucheront qu'en fin de service le reliquat de leur solde totale correspondant au temps où ils auront servi ; ms. cit. *KK. 888*, f. 177 r.

*yamaq*, versent pour son entretien à celui d'entre eux qui, à tour de rôle, accomplit un service officiel *(nevbetlü ešküngü)* (¹). En revanche, le terme forgé sur le premier de *ḥarčlıqčı* (celui qui s'occupe du *ḥarčlıq*) est d'un emploi plus limité et semble ne s'appliquer qu'aux *sipāhī* allant quérir le *ḥarčlıq* de leurs camarades dans leur *sanğaq* d'origine.

Les auteurs ayant traité du *timār* n'ont accordé que quelques mots à cet aspect du fonctionnement de l'institution, s'en tenant à l'énoncé de principes généraux : selon certains, on envoyait cinq ou dix *ḥarčlıqčı* par *sanğaq*, d'autres disent 15 ; quelques-uns prétendent qu'ils étaient choisis par leurs camarades ; enfin, ces historiens divergent sur le point de savoir ce que rapportaient les *ḥarčlıqčı* : argent, fournitures ou subsistances (²).

Comme c'est si souvent le cas, les documents des « registres des affaires importantes » *(mühimme defteri)* (³) permettent d'aller au-delà des indications de principe, trop générales et vagues, pour montrer le fonctionnement de l'institution dans les modalités concrètes de la pratique effective. En particulier, l'un des plus anciens volumes de la série, auquel on a donné

---

(1) Cf. Ö. L. Barkan, *XV ve XVI ıncı asırlarda Osmanlı imparatorluğunda zirat ekonominin kukukî ve malî esasları*, I, *Kanunlar* (Les bases juridiques et financières de l'économie agricole dans l'Empire ottoman aux xvᵉ et xvıᵉ siècles, I, Règlements), Istanbul, 1945, pp. 247, 259, 262.

(2) Cf. notamment J. Deny, *art. cit.* ; S. J. Shaw, *History of the Ottoman Empire and modern Turkey*, I, 1976, pp. 126-127.

(3) Les *Mühimme defteri* (registres des affaires importantes) consignent l'essentiel du contenu des ordres innombrables émanant du *dīvān* (conseil de l'empire) sur des sujets de toute nature. Les volumes conservés de cette série, d'une importance historique primordiale, se trouvent pour la plupart aux archives de la Présidence du Conseil *(Başbakanlık arşivi)* à Istanbul ; ils couvrent, non sans lacunes, la période allant de 1553 à 1905 ; toutefois ces registres au moins analogues existaient certainement avant 1553 : la bibliothèque du palais de Topkapı conserve ainsi deux recueils d'ordres d'un caractère comparable sous les cotes *E. 12 321* et *KK. 888*, respectivement pour 1544-1545 et 1551-1552 ; cf. M. Sertoğlu, *Muhteva bakımından Başvekâlet arşivi* (Les archives de la Présidence du Conseil, du point de vue de leur contenu), Ankara, 1955, pp. 13-35 ; G. Elezović, *Iz Carigradskih Turskih Arhiva - Mühimme Defteri* (Les *Mühimme Defteri* des archives d'Istanbul), I, Belgrade, 1951, pp. 1-31 ; U. Heyd, *Ottoman Documents on Palestine, 1522-1615. A study of the firman according to the Mühimme Defteri*, Oxford, 1963 ; A. Çetin, *Başbakanlık Arşivi Kılavuzu* (Guide des archives de la Présidence du Conseil), Istanbul, 1979, pp. 49-57.

le numéro III, portant sur la période 1558-1560, comporte un ensemble de documents (pp. 198 à 202) sur l'hivernage des troupes de la province européenne de Roumélie dans l'hiver 1559-1560, et nous nous efforcerons ici d'en tirer les principaux enseignements.

Le sultan Süleymān Ier («le Magnifique») mobilise alors ses troupes contre son fils qu'il accuse de rébellion : il charge son autre fils Selīm (futur Selīm II) d'en venir à bout et, en mai 1559, il lui adjoint dans cette tâche, entre autres troupes, celles de Roumélie commandées par le *beğlerbeğ* Qızıl Aḥmedli Muṣṭafa pacha ([1]). Ayant été battu par son frère le 30 mai à Konya, Bāyezīd quitte en juillet son gouvernement d'Amasya pour prendre la direction de l'Iran. Quelque temps après, en septembre, devant les progrès du fugitif, le sultan ordonne à Selīm ainsi qu'au vizir Soqollu Meḥmed et au gouverneur d'Adana, de rester mobilisés pendant l'hiver sur la frontière, afin de surveiller les entreprises ultérieures du rebelle et d'éventuels mouvements du côté de l'Iran. C'est dans ces circonstances que le *beğlerbeğ* de Roumélie reçut, lui aussi, l'ordre d'hiverner ([2]).

D'autre part, cette même documentation se réfère à un cas précédent d'hivernage de l'armée de Roumélie, antérieur de quelques années, à l'occasion de la campagne de Nakhichevan ([3]) : dans cette expédition, la troisième de Süleymān en Iran, le sultan avait quitté très tard la capitale, le 28 août de l'année 1553, manifestement en liaison avec son projet de

---

(1) Cf. J. de Hammer-Purgstall, *Histoire de l'Empire ottoman depuis son origine jusqu'à nos jours* (trad. de J. J. Hellert), VI, (1547-1574), pp. 120-136 ; Ş. Turan, *Kanunî'nin oğlu şehzâde Bayezid vak'ası* (L'épisode du prince Bayezid, fils de /Soliman/ le Législateur), Ankara, 1961.

(2) Nous savons que le prince Selīm et le vizir Soqollu Meḥmed pacha (futur grand vizir) se rendirent à Alep pour passer l'hiver mais l'ensemble de l'armée ottomane prit position sur une ligne Erzurum-Muṣ-Bitlis-Alep-Bagdad, et nous ignorons sur quel point précis du dispositif furent placées les troupes de Roumélie. Lorsque parvint la nouvelle que Bāyezīd avait obtenu la protection du chah de Perse Tahmasb, on renonça à prolonger la mobilisation d'hiver : Selīm quitta Alep au début de novembre et arriva à Konya le 4 décembre ; de leur côté, les *sanğaqbeğ* et leurs troupes furent autorisés à regagner leurs provinces d'origine ; Ş. Turan, *op. cit.*, pp. 135-136.

(3) Cf. J. de Hammer, *op. cit.*, VI, pp. 55-70 ; M. T. Gökbilgin, art. « Süleyman I », *I.A.*, fasc. 110, Istanbul, 1967, pp. 37-38.

faire exécuter son fils Muṣṭafa, qui se réalisa en effet le 6 octobre, près d'Ereğli. Dans ces conditions, le sultan ne parvint à Alep que le 8 octobre et il dut y hiverner, tandis que dans le même temps, les troupes de Roumélie commandées à l'époque par le *beğlerbeğ* Soqollu Meḥmed pacha (que nous avons vu devenir vizir), engagées dans la même campagne, passaient l'hiver à Tokat. D'ailleurs, l'hiver suivant, 1554-1555, après la prise et le sac de Nakhichevan dans le Qarabağ, les *sipāhī* de Roumélie durent de nouveau passer l'hiver loin de leurs *timār*, cette fois en Qaraman.

Soulignons que si les deux précédents d'hivernage auxquels se réfère notre documentation appartiennent déjà à une période relativement avancée du règne de Süleymān, ils devancent néanmoins largement l'époque de grande décomposition du régime du *timār*, située à partir de la fin du xvie siècle ([1]) : ils en annoncent pourtant, comme nous le verrons, certains aspects.

Notre documentation se compose du texte type de l'ordre envoyé par le sultan en novembre 1559 à tous les *qāḍī* de Roumélie et, d'autre part, en vue des diverses expéditions de cet ordre, du dénombrement des différentes délégations de *ḫarčlıqčı*, avec précision de leur composition, selon des indications dont on doit considérer qu'elles avaient été préalablement communiquées au divan impérial par le *beğlerbeğ* intéressé. Un des intérêts de ce second document est ainsi d'offrir au passage un tableau assez détaillé de la composition de la province de Roumélie *(Rūmeli beğlerbeğiliği)* à la date considérée : la totalité des *sanğaq* de Roumélie existant à cette époque apparaissent, à l'exception de ceux qui, pour des raisons diverses, ne prenaient pas part à cette campagne : les *sanğaq* d'Alağaḥiṣâr,

---

(1) Cf. M. Akdağ, « Timar Rejimin Bozuluşu » (La décomposition du régime du *timār*), *Ankara Üniversitesi Dil ve Tarih-Coğrafya Fakültesi Dergisi*, III, 4, Ankara, 1945, pp. 419-431 ; cf. aussi F. A. Behrnauer, « Koğabeg's Abhandlung über den Verfall des osmanischen Staatsgebäudes seit Sultan Suleiman dem Grossen », *Zeitschrift des deutschen Morgenländischen Gesellschaft*, XV, Leipzig, 1861, pp. 272-332 ; *Koçi Bey risâlesi*, édit. de A. K. Aksüt, Istanbul, 1939 ; B. Lewis, « Ottoman observers of Ottoman decline », *Islamic Studies*, I, 1962, pp. 71-87.

Midillü, Vidin, Vülčitrin, Kefe, Aqkerman ([1]). Dans le cas du *livā*' du pacha, particulièrement étendu à cette époque ([2]), les délégations de *ḫarčlıqčı* sont énoncées circonscription *(nāḥiye)* par circonscription, celles-ci atteignant le nombre de 20.

En ce qui concerne les *ḫarčlıqčı*, ils sont clairement présentés comme ayant été désignés par le *beḡlerbeḡ* en personne, en l'occurrence Qızıl Aḥmedli Muṣṭafa pacha ([3]) : il n'est pas fait mention d'un choix effectué par les *sipāhī* eux-mêmes (faut-il considérer que celui-ci a en effet existé mais à une époque désormais révolue ?) ; de même, n'est pas davantage évoqué le rôle de proposition — au demeurant vraisemblable — des supérieurs de ces *sipāhī* au niveau provincial : les gouverneurs de province *(sanḡaqbeḡ)* et les chefs de l'armée timariale d'une province donnée *(alaybeḡ)*.

D'autre part, on est surtout frappé, compte tenu des alléga-

(1) Les forces des *sanḡaq* de Kefe et d'Aqkerman étaient alors mobilisées (ainsi d'ailleurs que les auxiliaires du khan des Tatars de Crimée et du voïevode de Moldavie) au nord de la mer Noire, pour faire face aux attaques de Dimitri Višneveckij et d'une coalition de troupes moscovites, cosaques et tcherkesses ; cf. Ch. Lemercier-Quelquejay, « Un condottiere lithuanien du XVIe siècle, le prince Dimitrij Višneveckij et l'origine de la *seč* zaporogue d'après les Archives ottomanes », *Cahiers du Monde russe et soviétique*, X, 2, 1969, pp. 258-273 ; de même, le *beḡ* de Vulčitrin (sl. Vučitrn) avait reçu l'ordre qui lui est confirmé le 26 juin 1559, de se rendre du côté d'Aqkerman (Belgorod-Dniestrovskij) pour participer à la défense des possessions ottomanes contre les attaques des *Rus* ; *Mühimme defteri* (cité *infra M.D.*), III, ff. 19, 60, 168.

(2) Rappelons, pour nous en tenir aux parties anatoliennes et européennes de l'empire, à l'époque qui nous intéresse, que les premières comprenaient alors les provinces *(beḡlerbeḡlik, vilāyet)* d'Anatolie, Rum, Qaraman, Dulqadır, Erzurum, Diyārbekir et Van ; les secondes les provinces de Roumélie, Ḡezā'ir-i baḥr-i sefīd (apanage du qapudan pacha), Budun (Buda) et Temešvar. Chacune de ces provinces comprenait un gouvernorat *(sanḡaq, livā')* propre au gouverneur ; celui du *beḡlerbeḡ* d'Anatolie avait pour siège Kütahya ; en ce qui concerne la Roumélie, le *livā'* du pacha, dont les limites fluctuent selon les périodes, connaît une extension particulière au moment de nos documents : on le constatera en commentant *infra* le détail de ses subdivisions *(nāḥiye)* dont certaines avaient appartenu à des dates antérieures à des *livā'* dits de Sofya, Florina, Čirmen, Köstendil, Arvanid ; il est vrai qu'à l'inverse, Üsküb et Selanik qui avaient appartenu par le passé au *livā'* du pacha, sont en 1559 sièges de *livā'* particuliers.

(3) Qızıl Aḥmedlü Muṣṭafa pacha, frère de Šemsi pacha, avait été chef des chambellans *(qapuḡı bašı)* et chef des écuries *(mīrāḫōr)* avant de devenir en 962 (1554-1555) *beḡlerbeḡ* de Roumélie ; plus tard, en 979 (1571), il deviendra cinquième vizir ; *Siḡil-i 'osmānī*, IV, p. 375 ; cf. aussi J. de Hammer, *op. cit.*, VI, p. 198.

tions habituelles, par l'extrême diversité du nombre des *ḫarčlıqčı* selon les différents *sanǧaq* : le *livā'* du pacha ([1]) de loin en tête, n'en totalise pas moins de 245 ; celui de Köstendil en a 100, de Tırḫala 55, d'Avlonya 50, d'Oḫri 42, de Yanya et de Niḡbolu 40, de Silistre 32, d'Üsküb 30, de Selanik et de Pirzerin 26, d'Iskenderiye 22 ; puis viennent des chiffres plus modestes : Elbasan : 12, Delvine : 11, Čirmen : 10, Mora : 9, Vize : 6, Qırqkilise : 1. Rien de semblable, on le voit, aux chiffres invariables, tournant autour de 5 à 15 par *sanǧaq* généralement cités. Le principe qui semble prévaloir de façon d'ailleurs logique, consiste à assigner à chaque *sanǧaq* un nombre de *ḫarčlıqčı* en gros proportionnel à celui des *tīmār* et des *ze'āmet* existant dans ce *sanǧaq*. Il faudrait pour en apporter rigoureusement la preuve disposer des chiffres exacts de ces concessions dans chaque province, à la date la plus proche possible de celle de nos documents. Faute de posséder une statistique semblable, on peut du moins comparer le nombre des *ḫarčlıqčı* des différents *sanǧaq* apparaissant dans nos documents avec ceux des *tīmār* et *ze'āmet* de ces mêmes *sanǧaq*, tels qu'ils ont été reproduits par 'Ayn-ı'Alī dans son traité en 1018 (1609) ([2]). Sans doute, cette comparaison est-elle très discutable dans le détail puisque les termes en appartiennent à des époques sensiblement différentes, mais elle garde une valeur grossièrement indicative. Ce rapprochement fait apparaître qu'on a, le plus souvent, dans chaque *sanǧaq*, un *ḫarčlıqčı* pour huit à treize *tīmār* et *ze'āmet*, la seule exception bien marquée à cette constatation étant présentée par le *sanǧaq* de Mora qui n'a que neuf *ḫarčlıqčı* quand 'Ayn-ı'Alī lui prête 600 *tīmār* et 100 *ze'āmet* ([3]).

Nos documents révèlent en outre que, dans la plupart des cas, les *ḫarčlıqčı* n'accomplissaient pas leur expédition seuls mais étaient escortés par des *čavuš*. Rappelons à ce propos qu'il

---

(1) Sur l'identification et la composition des différentes circonscriptions mentionnées ici, cf. les notes relatives au doc. n° II, n. 38 et sq.

(2) 'Ayn-ı 'Alī, *Qavānīn-i āl-i 'Os̱mān der ḫulāṣa-ı meẓāmīn-i defter-i dīvān*, Istanbul, 1280.

(3) Une explication à cette anomalie pourrait tenir au fait que seule une partie réduite des timariotes de Morée se serait trouvée au camp d'hiver.

existait plusieurs types de *čavuš* dans l'administration ottomane, les plus importants et les mieux connus étant ceux dits de la Sublime Porte *(dergāh-ı mu'allā čavušları)* qui servaient d'émissaires du pouvoir central en province et à l'étranger et étaient rétribués par une solde journalière ([1]). Mais il apparaît nettement que les *čavuš* dont il est question ici appartiennent (sans que le texte le dise expressément) à la catégorie des *čavuš* provinciaux *(vilāyet čavušları)*, attachés au service des différents *beḡlerbeḡ* — ici, celui de Roumélie — et désignés par eux, avec l'accord de la Porte, parmi les timariotes établis dans les *sanǧaq* de leurs provinces respectives ([2]). Les *čavuš* mentionnés ici sont des timariotes importants dont les revenus atteignent souvent et parfois dépassent les 10 000 aspres ([3]). Il semble d'après les quelques précisions fournies (la localisation des *timār* des *čavuš* n'est pas toujours indiquée) que, de façon logique, le *beḡlerbeḡ* choisissait pour accompagner les *ḫarčlıqčı* d'un *sanǧaq*

---

(1) Sur l'origine du terme *čavuš* et ses emplois au cours de l'histoire turque et mongole, cf. P. Pelliot, « Neuf notes sur les questions d'Asie centrale », *T'oung Pao*, XXVI, Leyde, 1929 ; G. Doerfer, *Türkische und mongolische Elemente im Neupersischen*, III, Wiesbaden, 1967, p. 35 ; L. Bazin, « L'antiquité méconnue du titre *čavuš* », *Actes du premier Congrès international des études balkaniques et sud-est européennes*, VI, Sofia, 1968, pp. 243-252 ; sur la fonction et la composition du corps à l'époque ottomane, cf. R. Mantran, art. « Čā'ūsh », *E.I.* 2, II, pp. 16-17 ; Ö. L. Barkan, « H. 933-934 (M. 1527-1528) Malî yılına âit bir bütçe örneği » (Un exemple de budget concernant l'année financière 933-934/1527-1528), *Istanbul üniversitesi Iktisat Fakültesi mecmuası*, XV, 1-4, Istanbul, 1953-54, p. 328.

(2) Un ordre au *beḡlerbeḡ* d'Anatolie de janvier 1552, motivé par la destitution d'un *čavuš* provincial devenu vieux et hors d'état de servir, s'oppose à l'intention du *beḡlerbeḡ* de le remplacer par un timariote d'un autre *sanǧaq* en prescrivant au contraire de choisir le remplaçant parmi les *sipāhī* du même *sanǧaq* ; la même règle est rappelée dans un ordre au *beḡlerbeḡ* de Roumélie du même mois à propos de la destitution d'un de ses *čavuš* (l'expression employée est *mīrmīrān čavušları* : *čavuš* de gouverneur) auquel il reprochait de ne pas remplir ses obligations. Par ailleurs, un ordre du *dīvān* de peu postérieur (avril 1552) adressé au *beḡlerbeḡ* de Qaraman, fait état d'une déclaration de ce dernier selon laquelle, sur les 65 détenteurs de postes *(gedik)* de *čavuš* dans sa province, 15 sont alors en service à Bagdad, cinq autres aident le percepteur de la province *(vilāyet emīni)* à lever les taxes, et les 45 restant sont âgés ; *KK. 888*, ff. 63 r, n° 249 ; 73 r, n° 295 ; 184 r, n° 808. Signalons encore un ordre au *beḡlerbeḡ* d'Anatolie de mars 1552, lui demandant d'envoyer à la Porte un registre des *čavuš* de sa province ; *M.D. III*, f. 106 r, n° 450.

(3) Pourtant, l'ordre au *beḡlerbeḡ* de Roumélie de janvier 1552 cité dans la note précédente, lui interdisait d'attribuer désormais des charges de *čavuš* à des détenteurs de *timār* de plus de dix mille aspres.

donné, des *čavuš* pourvus de *timār* dans ce même *sanğaq* : le *timār* de l'un des deux *čavuš* accompagnant les *sipāhī* d'Avlonya est constitué de plusieurs villages dépendant de Premedi, une des *nāḥiye* de ce *sanğaq* ; le *čavuš* délégué auprès des *ḫarčlıqčı* de Vize détient un *timār* dans la région de Čorlu, une des circonscriptions juridiques *(qaẓā)* de ce *sanğaq* ; pourtant, le *timār* du *čavuš* dépêché dans la *nāḥiye* de Sofya (*livā'* du pacha) dépend, comme il est précisé, du *sanğaq* d'Oḫri.

Notons que le nombre des *čavuš* accompagnateurs n'est guère proportionnel à celui des *ḫarčlıqčı* : les 22 *ḫarčlıqčı* du *sanğaq* d'Iskenderiye sont pourvus de trois *čavuš*, tandis que les 40 du *sanğaq* de Yanya n'en ont que deux ; un même nombre de *čavuš*, quatre, accompagne les 30 *ḫarčlıqčı* d'Üsküb et les 100 de Köstendil : ces inégalités peuvent bien renvoyer à celle du nombre de postes de *čavuš* (*čavušluq*) ou, du moins, de *čavuš* disponibles, selon les *sanğaq*. Au total, ce sont 45 *čavuš* de la province qui sont mobilisés pour l'opération.

L'un des membres de ces délégations composées de *ḫarčlıqčı* et de *čavuš*, était revêtu d'une responsabilité particulière : il était porteur à la fois de l'« ordre sacré » du sultan dont le document nº 1 nous donne le texte type, destiné au *qāḍī* auprès duquel se rendait la délégation, et, d'autre part, d'un registre que lui avait remis le *beğlerbeğ* et portant le sceau de ce dernier. Ce registre consignait les différents *timār* et *zeʿāmet*, avec leurs revenus, dont il s'agissait de percevoir le *ḫarčlıq*. On peut supposer qu'il avait été établi au camp sur la base de registres de *timār (iğmāl defteri)* et de registres d'appel des présents *(yoqlama defteri)* en possession de l'administration du *beğlerbeğ*[1]. Il est précisé pour l'un des registres de ce type, particulièrement long puisqu'il concernait six *nāḥiye* du *livā'* du

---

(1) Sur les différents types de registres militaires, cf. notamment H. Inalcık, *op. cit.* ; B. Lewis, art. « Daftar », *E.I.* 2, II, pp. 79-83 ; Ö. L. Barkan, art. « Daftar-ı khākānī », *E.I.* 2, II, pp. 83-84 ; B. A. Cvetkova (éd.), *Opis na Timarski Registri*, Sofia, 1970 ; V. P. Mutafčieva, « Sur l'état du système des timars au cours de la première décade du XVIIe siècle, d'après les yoklama datant de 1014 et 1016 de l'Hégire (1605-1606 et 1607-1608 A.D.) », in V. P. Mutafčieva et Str. Dimitrov, *Sur l'état du système des timars des XVIIe-XVIIIe s.*, Sofia, 1968, pp. 7-31 et fac-similés, pp. 58-192.

pacha, totalisant 124 *ḫarčlıqčı*, qu'il comportait quatre pages *(defteri dört varaqdır)*.

Étant donné le rôle d'émissaires du *beğlerbeğ* dévolu aux *čavuš* provinciaux, on ne s'étonnera pas qu'il leur revienne le plus souvent de porter l'ordre du sultan et le registre du *beğlerbeğ* dans les différentes circonscriptions. Lorsqu'une délégation comprend plusieurs *čavuš*, il est soigneusement précisé auquel d'entre eux reviennent ce témoignage de confiance et cette attribution de responsabilité. Un même homme est toujours chargé des deux pièces : le *čavuš* Toġrul envoyé dans le *qaẓā* de Köprülü (nº 23) ayant reçu de surcroît le registre relatif au *qaẓā* de Filibe, recevra également l'ordre destiné au *qāḍī* de ce même lieu (nº 24). Dans le cas de la *nāḥiye* de Šehirköy (nº 31), le *čavuš* investi de la mission n'est pas celui délégué auprès des *ḫarčlıqčı*. En l'absence de *čavuš* au sein d'une délégation, un simple *ḫarčlıqčı* remplit le rôle : il s'agit toutefois du détenteur d'un *tīmār* important (5 000 aspres pour Oḫri, 7 500 pour Delvine), ou même d'un officier de l'armée timariale, d'un *serʿasker* (¹) dans les *nāḥiye* de Göriğe et Bihlište (nº 4) et à Pirzerin (nº 22). Dans le cas du *sanğaq* de Qırqkilise, l'unique délégué est aussi porteur de l'ordre et du registre : du moins s'agit-il d'un timariote assez important (9 000 aspres), à la fois *sipāhī* et janissaire. Dans plusieurs cas, il arrive même qu'en dépit de la présence d'un ou de plusieurs *čavuš*, dans une délégation, la responsabilité des pièces officielles soit attribuée à un *ḫarčlıqčı* ; encore, bien entendu, ne s'agit-il pas alors de n'importe quel *sipāhī* : le *beğlerbeğ* a jeté les yeux sur un timariote important (d'un revenu de 11 853 aspres pour Niğbolu, nº 21 ; de 16 768 aspres pour Köstendil qui recevait pourtant par ailleurs quatre *čavuš*, nº 6) ou ayant des titres particuliers à sa confiance : le *sipāhī* nommé Riḍvān choisi pour Edirne passait pour être « bien connu de Qartalzāde » (nº 17). Il retiendra de même un chef de janissaires locaux *(serdār)* (²) détenteur

---

(1) Le *serʿasker* appelé aussi *čeribašı* est le commandant des timariotes d'une *nāḥiye* ; cf. I. Beldiceanu-Steinherr, M. Berindei, G. Veinstein, « Attribution de *tīmār*... », *art. cit.*, p. 282 et n. 6.

(2) Le sens le plus connu du terme *serdār* est évidemment celui de général en chef à qui est confiée la conduite d'une campagne ; mais le titre peut s'appliquer égale-

d'un *limār* de 14 798 aspres (Tırḥala, n° 25) ou un simple janissaire (Berqofča, n° 32). Étant donné la confiance particulière généralement réservée à l'âge chez les Ottomans, on peut supposer que dans les choix qui précèdent et dont le principe n'apparaît pas toujours clairement, c'est au plus âgé (qui avait également des chances d'être le plus fortement doté) qu'allait la préférence.

L'ordre adressé aux *qāḍī* de Roumélie met clairement en évidence qu'une fois les *ḫarčlıqčı* arrivés à destination, le rôle de ces *qāḍī* locaux devient prépondérant dans l'opération : c'est ici le lieu de rappeler que non seulement il leur revenait naturellement en tant que juges de l'islam d'apporter leur caution à la régularité d'une action susceptible d'entraîner fraudes et contestations, mais qu'en tant qu'administrateurs régionaux, ils étaient les agents économiques locaux du pouvoir central, couramment amenés, par exemple, à effectuer des achats et des ventes pour le compte de l'État et de l'armée dans le cadre de leurs circonscriptions respectives (1). En revanche, notre documentation ne fait aucune allusion à ces hypothétiques *qoruğu* (gardiens), des *sipāhī* qui seraient laissés sur place pendant la campagne, à raison d'un sur dix, afin d'assurer le maintien de l'ordre et la perception des taxes revenant à leurs collègues absents (2) : ce sont les *qāḍī* (par l'intermédiaire assurément de leurs agents) qui percevront les revenus des *limār* de chacun et en remettront le produit aux *ḫarčlıqčı*, ces derniers se bornant donc en principe à le recevoir des mains du *qāḍī*. D'autre part, ces mêmes juges leur remettront également un registre qu'ils auront préalablement établi et marqué de leur sceau, consignant ce qui a été perçu sur le *limār* de chacun, étant supposé que seule une partie du revenu de chaque *limār* devait être emportée, car il fallait

---

ment au chef d'un détachement local de janissaires ; cf. H. Gibb et H. Bowen, *Islamic society and the West*, vol. I, I, Londres, 1957, p. 156, n. 2 ; M. Z. Pakalın, *op. cit.*, III, Istanbul, 1972, p. 179.

(1) Cf. par exemple, *M.D. III*, ff. 16, 17, 82, 157. Sur le rôle du *qāḍī* en général, cf. Gy. Kaldy-Nagy, art. « Kadi, époque ottomane », *E.I. 2*, IV, pp. 391-392.

(2) J. Deny, *art. cit.* ; St. Shaw, *op. cit.*, I, p. 126 ; M. Z. Pakalın, *op. cit.*, ne signale pas cet emploi.

laisser sur place de quoi subvenir raisonnablement aux besoins de la famille et de la maisonnée du *sipāhī*.

En fait, la tâche des *qāḍī* était compliquée par une double nécessité : celle de faire parvenir aux *sipāhī* leur *ḥarčlıq* avant la campagne suivante, soit, en l'occurrence avant mars 1560, et celle de le leur faire parvenir — le document est net sur ce point — sous forme d'argent. Deux conséquences en résultaient : les taxes perçues en argent qui, tel l'*ispenğe* des mécréants (1), étaient levées ordinairement au début de mars, avaient déjà été recueillies par les *sipāhī* avant leur départ en campagne (en mars 1559) ; en revanche, celles de l'année suivante devaient être perçues de façon anticipée (hiver 1559-1560 au lieu de mars 1560), ce qui pouvait causer des difficultés aux assujettis. D'autre part, en ce qui concerne les taxes acquittées en nature, notamment la dîme sur les céréales et sur le vin nouveau, dues au timariote, et les revenus de sa réserve timariale, ce sont celles et ceux correspondant à la récolte de 1559 qu'il s'agissait de percevoir et de transformer en argent au plus vite (2). Or

---

(1) Le terme *ispenğe* dont l'origine reste discutée, désigne une taxe d'un montant généralement de 25 aspres à l'époque considérée, frappant dans les régions de l'empire où elle s'applique (et c'est le cas de la Roumélie) tous les sujets chrétiens, mâles et adultes ; elle était en principe réservée à ceux qui travaillent la terre ; cf. Ö. L. Barkan, ... *Kanunlar*..., *op. cit.*, index sous *ispençe* ; H. Inalcık, « Osmanlılar' da raiyyet rüsûmu » (Les taxes des raïas chez les Ottomans), *Belleten*, XXIII, 92, Ankara, 1959, pp. 602-608 ; D. Bojanić-Lukać, « De la nature et de l'origine de l'ispendje », *Wiener Zeitschrift für die Kunde des Morgenlandes*, Vienne, 1976, pp. 9-30 ; N. Beldiceanu, *Recherche sur la ville ottomane au XVe siècle, Étude et actes*, Paris, 1973, pp. 298-299 ; H. Inalcık, art. « Ispendje », *E.I.* 2, IV, p. 22.

Les autres taxes en numéraire à percevoir avant la date habituelle auxquelles fait allusion le document, sont les autres taxes en vigueur en Roumélie, dont le paiement est lié au statut de *re'āyā*, soit, pour les musulmans, la taxe de tenure et la taxe des célibataires *(resm-i čift* et *resm-i müğerred)* et, pour les mécréants, outre l'*ispenğe*, la taxe des veuves *(resm-i bīve)* ; cf. H. Inalcık, « ...raiyyet rüsûmu... », *art. cit.*, pp. 577-586 ; M. Berindei et G. Veinstein, « Règlements fiscaux et fiscalité de la province de Bender-Aqkerman », *C.M.R.S.*, XXII, 2-3, 1981, pp. 276-278 ; sur la date habituelle du paiement, cf. notamment, Ö. L. Barkan, ... *Kanunlar*..., *op. cit.*, p. 281, par. 18.

(2) Conformément à la loi coranique, les différents produits de la terre récoltés par les paysans étaient frappés d'une dîme *('öšr)* ; dans le cadre du régime ottoman, celle-ci s'appliquait aussi bien aux *re'āyā* musulmans que chrétiens. Étaient ainsi imposés les céréales, légumes, fruits, plantes textiles, mais aussi, le cas échéant, le vin nouveau *(šire)* obtenu par les mécréants ou le produit de la pêche. En ce qui concerne la Roumélie, les productions soumises à la dîme généralement citées par

une partie au moins de ces revenus risquait fort de ne pas avoir été encore réalisée au moment de la venue des *ḫarčlıqči*. Il incombait donc aux *qāḍī* de vendre sans délai les gains en nature des *sipāhī*, et ce sans entorse au prix fixé en vigueur *(narḫ-ı rūzī)* (1), avec d'ailleurs le concours des hommes des *sipāhī*, se trouvant sur place. Dans ces conditions, ces ventes s'adresseraient en premier lieu aux personnes fortunées de l'endroit *(aġnıyā, māldār olan kimesneler)*, seules en mesure de faire rapidement des achats importants. En outre, pour hâter encore les choses, les *qāḍī* devaient donner priorité sur le marché aux céréales des *sipāhī* par rapport à celles des paysans, par

---

les règlements fiscaux et les registres de recensement sont le froment, l'orge, le seigle, l'avoine, le blé dit *qapluġa (triticum monococcum)*, le millet, les légumes secs (fèves, pois chiches, lentilles, etc.), le lin, le chanvre, les plantes potagères (oignon, ail, chou), les fruits. Le prélèvement fiscal était effectué en nature (sauf peut-être dans le cas des dîmes sur les plantes textiles, les potagers et les fruits dont, à notre connaissance, les registres ne donnent pas la valeur en nature mais seulement en argent) et ce prélèvement était supérieur au dixième de la récolte, la dîme sur les céréales proprement dite étant complétée par une autre taxe appelée *sālāriyye* ; le montant total pouvait varier sensiblement selon les régions mais il tournait le plus souvent en Roumélie (de même qu'en Anatolie occidentale), autour d'1/7, 1/8 ; cf. Grohman, art. « Us̲h̲r », *E.I. 1*, IV, pp. 1106-1107 ; S. Faroqhi, « Rural society in Anatolia and the Balkans during the sixteenth century, I », *Turcica*, IX-1,1977, p. 192. Dans le cadre du *timār*, ces prélèvements étaient destinés au *sipāhī* et les *reʿāyā* étaient également tenus de construire pour ce dernier et de maintenir en état un grenier de dimensions suffisantes pour contenir ses céréales ; ils devaient en outre porter la dîme du *sipāhī* au marché le plus proche pour qu'elle y soit vendue ; cf. notamment, Ö. L. Barkan, ... *Kanunlar...*, *op. cit.*, pp. 287-288, par. 57. C'est cette commercialisation normale de la dîme (ainsi que de la récolte propre) du *sipāhī* que perturbait l'urgence entraînée par l'hivernage.

(1) Les denrées comme les articles artisanaux faisaient l'objet d'un prix fixé par les *qāḍī* locaux *(narḫ)* à l'occasion de leur vente sur le marché ; cf. Ö. L. Barkan, « XV asrın sonunda bazı büyük şehirlerde eşya ve yiyecek flyatlarının tesbit ve teftişi hususlarını tanzim eden kanunlar » (Lois sur la fixation et la surveillance des prix concernant les effets et les denrées dans quelques grandes villes à la fin du XVe siècle), *Tarih vesikaları*, I/5, Istanbul, 1942, pp. 326-340 ; II/7, pp. 15-40 ; II/9, pp. 168-177 ; *idem*, « Quelques observations sur l'organisation économique et sociale des villes ottomanes des XVIe et XVIIe siècles », *Recueil de la Société Jean Bodin*, VII (1955), Bruxelles, 1955, pp. 289-311 ; H. Inalcık, « The Ottoman economic mind and aspects of Ottoman economy », in *Studies in the economic history of the Middle-East*, M. A. Cook, éd., Londres, 1970, pp. 207 et sq. ; N. Beldiceanu, *Recherche sur la ville...*, *op. cit.*, pp. 76-77, 207-248 ; M. Kütükoğlu, « Medeniyet Tarihi Açısından Narh defterlerinin önemi » (L'importance des registres de prix fixé sous l'angle de l'histoire culturelle), communication au IXe Congrès d'histoire turque, Ankara, 21-25 septembre 1981, à paraître dans les actes de ce congrès.

conséquent instaurer en faveur des premiers un monopole temporaire de vente. Si, nonobstant ces mesures, les ventes n'avaient pu se faire à temps, il restait aux *qāḍī* à emprunter les sommes correspondantes auprès des éventuels hommes riches de l'endroit — encore eux — à charge pour les juges de veiller ultérieurement au remboursement régulier des emprunts, une fois les ventes effectuées. La question des intérêts liés à ces emprunts n'est pas posée : le contraire aurait été surprenant, toute forme d'usure étant en principe prohibée par la loi musulmane ; mais des intérêts pouvaient néanmoins être introduits de façon déguisée (1) et il y a lieu de supposer que les prêts, même à court terme, recommandés ici, n'en étaient pas exempts.

Il revenait enfin aux *qāḍī* de tenir la Porte informée de la marche de l'opération, des dates d'arrivée et de départ des *ḫarčlıqčı*, pour permettre d'apprécier la diligence des différents acteurs.

Ces éclaircissements laissent apparaître combien l'opération perturbait sur place les conditions de perception des taxes ainsi que le marché des produits. Sur ce second point, elle favorisait en particulier l'accaparement et l'usure d'éventuels détenteurs de capitaux locaux. A quelles catégories, plus précisément, la Porte pouvait-elle penser ? Sans doute à ces négociants de céréales *(renǧber)* dont le rôle est souvent signalé par les documents, peut-être aussi à des marchands de bestiaux *(ǧelebkešān)* ou à d'autres grands marchands et banquiers comme en comportaient en tout cas les centres commerciaux importants ; assurément aussi à des affermataires *('āmil)* des taxes et autres revenus de l'État, à des agents militaires et civils de l'État (y compris les *qāḍī* eux-mêmes et d'autres *'ulemā*) et aussi à des administrateurs de legs pieux *(vaqf)*. D'ailleurs les prescriptions de la Porte sont conditionnelles, n'excluant pas l'inexistence en une région donnée de semblables

---

(1) Sur le prêt à intérêt dans l'empire ottoman, cf. Ö. L. Barkan, « Edirne Askerî Kassamı'na âit Tereke defterleri (1545-1659) » (Registres d'inventaires après décès relevant du juge des successions militaires d'Edirne), *Belgeler*, III, 5-6, 1966, pp. 31-46 ; H. Inalcık, « Capital formation in the Ottoman Empire », *Journal of Economic History*, 19/1, New York, 1969, p. 131, n. 83 ; N. Çagatay, « Riba and interest concept in the Ottoman Empire », *Studia islamica*, 32, 1972, pp. 53-68.

notables pourvus de capitaux disponibles. On constate d'autre part la large place laissée par le système au zèle et à l'honnêteté des *qāḍī* auxquels il n'était manifestement pas inutile, à en juger par l'insistance des recommendations, de rappeler qu'ils avaient à percevoir tout ce qu'ils devaient et rien que ce qu'ils devaient...

En fait, un certain nombre d'abus ne manquaient pas de se faire jour : quelques-uns étaient apparus lors de la campagne de Nakhichevan, à l'occasion des hivernages auxquels nous avons fait allusion. L'ordre présent s'en inspire pour tenter de les prévenir à l'avenir. Ces références précises à des précédents longuement rappelés, de façon d'ailleurs assez décousue, sont une caractéristique frappante du document : elle illustre la continuité de la pratique administrative ottomane sur plusieurs années. Des pièces d'archives furent-elles consultées en vue de l'élaboration de l'ordre ou le rédacteur put-il se contenter de faire appel à sa mémoire ? Peut-être faut-il rappeler à ce propos qu'ʿAbdürraḥmān, chef effectif de la chancellerie du *dīvān* en tant que *reʾīs ül-küttāb*, à l'époque de notre document, était pour sa part en fonction depuis novembre 1554 ([1]).

Nous avons ainsi connaissance d'efforts des *qāḍī* pour tirer bénéfice de la situation : ils devaient consigner en détail sur leur registre propre *(qāḍī siǧillātı)* les revenus de chaque timariote remis aux *ḥarčıqčı* ; or ils sont accusés d'avoir proposé par la suite de remettre aux *sipāhī* un extrait correspondant de ce registre, à seule fin de percevoir à cette occasion des frais de chancellerie supplémentaires ([2]).

Plus généralement, on reproche aux *qāḍī* leur incurie passée : ils n'ont pas perçu de façon complète les revenus des *sipāhī*, laissant par négligence (voire par une complicité intéressée ?)

---

(1) Cf. J. Matuz, *Das Kanzleiwesen sultan Süleymans des Prächtigen*, Wiesbaden, 1974, pp. 33-43. Le grand vizir lui-même, Rüstem pacha, en fonction depuis le 29 septembre 1555, avait occupé une première fois son poste de novembre 1544 à octobre 1553.

(2) La délivrance d'un extrait de registre *(ṣūret-i defter)*, comme tout acte du tribunal, ne se faisait pas sans frais ; on constate, par exemple, que la remise aux héritiers d'une copie de l'acte de répartition d'une succession, coûte à Edirne 25 aspres en 1568, 40 aspres en 1603 ; Ö. L. Barkan, « Edirne Askeri kassam'ına... », *art. cit.*, pp. 142, 155, 159.

certains *re'āyā* échapper aux perceptions. Il leur est enjoint de percevoir à l'avenir les revenus de façon intégrale sans favoriser personne ni dissimuler aucune source d'imposition. Les prélèvements des *qāḍī* étaient d'ailleurs gênés par l'attitude des « hommes » des *sipāhī* restés sur le *timār*, qui prétendaient conserver une part excessive du revenu pour les besoins domestiques.

La négligence des *qāḍī* est également dénoncée pour une autre de leurs missions : la vente des céréales des *sipāhī*. Elle n'avait pas été faite à temps, ce qui avait retardé le retour des *ḫarčlıqčı* au camp et provoqué un manque de *ḫarčlıq* pendant la campagne. On rapporte même que les hommes des *qāḍī* s'étaient entendus avec les *re'āyā* pour leur racheter en sous-main les céréales des *sipāhī* qui n'avaient pas été vendues à temps.

Face à cette inertie des *qāḍī* qu'on peut présumer au moins partiellement délibérée, les *ḫarčlıqčı*, de leur côté, ne s'étaient préoccupés, égoïstement, que de vendre aux riches les céréales de leurs propres *timār* (facilitant ainsi l'écoulement de ces dernières en limitant l'offre sur le marché). Certains sont même accusés d'une fraude encore plus grossière : ils auraient tout bonnement empoché ce qu'ils avaient perçu à l'intention de leurs camarades.

L'énumération de ces divers abus commis dans l'hiver de la campagne de Nakhichevan, laissait mal augurer de ce qui pourrait advenir durant l'opération de l'hiver 1559-1560, et ce, malgré les vigoureuses mises en garde répétées inlassablement par le sultan aux *qāḍī* : « il est certain que non content de vous destituer, menaçait-il, on vous punira du châtiment le plus rigoureux ». En fait, nous n'avons retrouvé dans la suite du volume III des *mühimme defteri* qu'un seul document relatif au déroulement de l'opération (1) : un ordre aux *qāḍī* de Filibe et Tatarpāzārı du début janvier 1560, vise à réprimer un abus d'un genre nouveau, absent du réquisitoire précédent. Selon une dénonciation des deux *qāḍī*, les *ḫarčlıqčı* envoyés dans leurs

---

(1) *M.D. III*, f. 225, n° 667, daté du 3 *rebī' ül-āḫır* 967 (2 janvier 1560) ; cf. *infra* en annexe, doc. n° III.

circonscriptions, avaient profité de leur mission pour saisir les revenus de timariotes qui ne se trouvaient pas au campement d'hiver et ne figuraient donc pas sur le registre que leur avait remis le *beḡlerbeḡ*. Le document ne précise pas s'il s'agissait de *sipāhī* qui ne s'étaient pas présentés à la campagne (et qui étaient à ce titre justiciables par ailleurs de graves sanctions) ou de *sipāhī* régulièrement dispensés de prendre part à la campagne pour avoir été affectés sur place à des tâches particulières.

Il apparaît en tout cas qu'une opération de ce genre, non seulement perturbait le fonctionnement normal du *timār* mais ouvrait la voie à toutes sortes d'irrégularités : les *reʿāyā* en étaient victimes mais peut-être pouvaient-ils également, avec la complicité des autorités locales, trouver certains avantages à la situation. Les *sipāhī*, quant à eux, étaient assurément lésés. Il est bien douteux que, les années d'hivernage, en dépit des efforts de la Porte pour organiser et contrôler l'opération, ils aient pu recueillir sans dommages la totalité de leur revenus. Cette pratique de l'hivernage qui, par ailleurs, les maintenait durablement loin de chez eux et des leurs, ne pouvait donc être que très impopulaire parmi eux ; elle favorisait immanquablement la désaffection des *sipāhī* à l'égard de leur service et la tendance à l'absentéisme et à la désertion qui caractérisera leur évolution ultérieure. En outre, il ne faut pas sous-estimer non plus les inconvénients et les dangers de l'hivernage pour les régions où il avait lieu et les populations de ces dernières : la présence de ces troupes déracinées, et plus ou moins démunies, ne pouvait aller sans conséquences, surtout si, de grands froids survenant, il devenait impossible aux soldats de coucher sous la tente et de laisser leurs chevaux dehors ; ils étaient alors autorisés à quitter la rase campagne pour prendre leurs quartiers dans les villages, bourgs et villes proches [1].

Dans ces conditions, le sultan ne pouvait qu'hésiter à faire

---

[1] Révélateur à cet égard est, par exemple, l'ordre adressé le 17 novembre 1560 aux *beḡ* de Vülčitrin, Alaǧa ḥiṣār (Kruševac), Vidin et Selanik : d'abord mobilisées pour faire face aux attaques de Višneveckij sur Azaq (Azov) et Özü (Očakov), leurs troupes qui devaient être libérées à la fin de l'été sont contraintes d'hiverner devant de nouvelles menaces dues à des troubles en Moldavie ; *M.D. III*, f. 560.

hiverner l'armée timariale et recourir à l'imparfaite pratique des *ḫarčlıqčı*. Il en résultait que la partie la plus nombreuse de son armée était inutilisable une partie de l'année. L'empire se trouvait donc particulièrement vulnérable pendant l'hiver et il restait loisible à ses adversaires d'en tirer profit comme sut le faire, par exemple, un Jean Hunyadi. Cette situation a une autre conséquence : l'extension du rayon d'action de l'armée ottomane se trouvait limitée par la nécessité pratique d'un retour aux bases à chaque automne. Cette réalité rend partiellement compte des difficultés et des piétinements de l'avance ottomane en Perse comme en Hongrie. C'est l'expansion même de l'empire qui, structurellement, était bornée par le caractère saisonnier de l'armée timariale et l'impossibilité d'y échapper de façon satisfaisante.

DOCUMENTS

I

« Ordre type »

*Mühimme defteri*, III, f. 198, n° 558.  28 *ṣafer* 967
(29 novembre 1559) (¹)

Attendu qu'à présent, l'ordre est donné à l'émir des émirs généreux, le *beḡlerbeḡ* de Roumélie, Muṣṭafa pacha — que son élévation se perpétue ! — d'hiverner en campagne cet hiver,

---

(1) La date reproduite ici est celle qui, apparaissant au f. 95 du *M.D. III* commande le groupe d'ordres auquel appartient notre document (comme il n'y a apparemment pas ici de ces erreurs de reliure postérieure qu'on rencontre souvent, on peut considérer que ce document appartenait bien originellement au groupe placé sous cette date). Nous n'entreprendrons pas ici de déterminer à quoi correspondait exactement cette date : selon toute vraisemblance, on a affaire à la date de l'inscription dans le registre des *Mühimme*, laquelle peut différer plus ou moins de la date de la rédaction de l'ordre original et de celle de l'expédition de celui-ci ; d'ailleurs ces différentes dates étaient au demeurant certainement très rapprochées et l'on peut retenir en tout cas que l'opération fut déclenchée à la fin de novembre 1559. Sur les dates figurant dans la suite de la documentation, cf. *infra*, n. 4, p. 135 et n°s 36 et 37.

V

le susdit a désigné ... pour recueillir les ḫarčlıq des détenteurs de zeʿāmet et de timār se trouvant dans / vos / juridictions / respectives /, et il leur a remis des listes cachetées à cet effet. En conséquence, j'ai ordonné que, dès qu'ils arriveront munis de mon ordre sacré et du registre remis par le susdit, vous vous procuriez et préleviez en toute hâte, sans perdre un instant, le ḫarčlıq correspondant au timār de chacun, et que vous le remettiez aux ḫarčlıqčı qui ont été désignés, conformément au contenu de leurs registres / respectifs /. En outre, chacun d'entre vous établira un relevé (defter) indiquant quelle part des revenus de chacun il a recueillie et remise aux ḫarčlıqčı ; vous mettrez votre sceau sur ces relevés et les joindrez à l'envoi. Au cas où il se trouverait des céréales à vendre sur les timār des sipāhī et qu'il faudrait attendre jusqu'à ce qu'elles soient vendues, comme il est / néanmoins / nécessaire que les ḫarčlıq des soldats leur parviennent rapidement, s'il existe sur place des personnes disposant de numéraire (aqčalu kimesneler), vous ferez des emprunts auprès d'elles en fonction du revenu de chaque / timariote / et vous en remettrez le montant aux ḫarčlıqčı. De même, par la suite, une fois que les revenus correspondants auront été réalisés, vous rembourserez l'argent prêté. Vous percevrez en outre avant la date habituelle, les ispenǧe et autres taxes en numéraire (naqdiyye) pour que les ḫarčlıqčı puissent s'en retourner avant le début de la / prochaine / campagne, et vous en expédierez le produit, en sorte que les ḫarčlıq des soldats soient disponibles pour l'époque de la campagne, et qu'il ne soit pas nécessaire d'attendre.

Il s'est avéré / par le passé / que, lorsqu'il a fallu livrer aux ḫarčlıqčı les revenus produits par les timār des timariotes dépendant de vos juridictions, par simple désir de soutirer / indûment / de l'argent, après avoir porté sur votre registre

Signalons, d'autre part, que le blanc figurant à la fin de la ligne 2, devait être comblé dans les expéditions destinées aux différents qāḍī par les précisions concernant les délégations correspondantes — au moins par l'indication du nom du porteur de l'ordre (le blanc au début de la première ligne correspondait évidemment à la désignation du destinataire de l'ordre).

le détail véridique des revenus et des céréales de chaque / timariote /, vous leur avez par la suite proposé de leur remettre un extrait de ce registre, et, sous ce prétexte, vous avez perçu une taxe abusive des *sipāhī*. Or, lorsque vous livrez l'argent aux *ḫarčlıqčı*, vous devez inscrire la quantité d'argent attribuée à chacun, mais vous ne devez pas proposer d'établir une copie de ce registre de la façon exposée plus haut et les inviter à prendre cet extrait. Dans ces conditions, si vous percevez ainsi de l'argent sous prétexte de copie de registre et que des plaintes s'en suivent, absolument aucune excuse ne sera admise ni acceptée. Vous prendrez vos mesures en conséquence. Vous ferez vendre au prix fixé en vigueur *(narḫ-i rūzī)*, avec le concours des hommes de chacun / des *sipāhī* /, les dîmes sur les céréales, les revenus sur le vin nouveau *(šīre maḥṣūli)*, les céréales *(ḥubūbāt)*, les *ispenǧe* et autres revenus obtenus sur les *timār* des *ḫarčlıqčı* (¹), désignés conformément à la liste du susdit / le *beǧlerbeǧ* / des détenteurs de *zeʿāmet* et de *timār* dépendant de vos juridictions. Vous ferez également prélever et percevoir les taxes acquittées habituellement en argent ; vous ne percevrez de personne le moindre aspre ni le moindre grain de blé en trop, et vous ne laisserez rien dissimuler non plus. Vous établirez de façon détaillée le relevé de ce qui a été perçu des revenus de chacun, vous apposerez votre signature et votre sceau sur ce relevé et vous le remettrez aux *ḫarčlıqčı* désignés conformément à la liste du susnommé / le *beǧlerbeǧ* / et vous les enverrez en toute hâte sans le moindre retard.

Précédemment, il a été fait preuve de négligence à l'égard des *ḫarčlıqčı* qui avaient été envoyés pour les *sipāhī* restés au camp lors de la campagne de Nakhichevan: on n'a pas, contrairement à ce qui était ordonné, fait acheter leurs céréales par des hommes fortunés *(aġnıyā)* ; elles n'ont pas été vendues dans les délais fixés, de sorte que les *ḫarčlıqčı* envoyés par les *sipāhī* ne sont pas revenus au complet ; on a manqué de *ḫarčlıq* ;

---

(1) Il faut comprendre : les *timār* dont les *ḫarčlıqčı* ont à s'occuper et non, bien entendu, les seuls *timār* propres des *ḫarčlıqčı*.

V

de plus, certains / *harčlıqčı* / se seraient livrés à des transactions frauduleuses, et des préjudices auraient été ainsi portés. Vous serez attentifs et vigilants à ce sujet également. Vous percevrez au complet l'argent obtenu sur les revenus de chaque *sipāhī*. Vous ne laisserez personne user de favoritisme ni de dissimulation.

Il est arrivé / aussi / qu'en prétendant / s'occuper des / revenus des *sipāhī*, les *harčlıqčı* ne faisaient que vendre leurs propres céréales à des gens fortunés, tandis que celles des autres *sipāhī* restaient invendues et que, profitant de cette situation, les hommes des *qāḍī* proposaient de l'argent en sous-main aux paysans *(re'āyā)* des *timār* des *sipāhī* et achetaient / les céréales /. Sur ce point également, vous serez aussi attentifs qu'il convient, et vous ne laisserez prendre le moindre aspre ni le moindre grain. De même, on a appris que les hommes des *sipāhī* prélevaient de l'argent sur le revenu des *timār* pour les besoins domestiques. Vous ne devrez plus prêter l'oreille à de telles exigences, et vous ne perdrez pas une minute pour leur envoyer à eux-mêmes / aux *sipāhī* /, intégralement, l'argent perçu. Tant il est vrai que si vous n'agissez pas conformément à mon ordre sacré et qu'en raison de votre négligence, les *harčlıq* des soldats ne leur parviennent pas au complet ou arrivent en retard, ou si vous laissez qui que ce soit en détourner ou dissimuler une partie, aucune excuse ne sera admise, et il est certain que non content de vous destituer, on vous punira du châtiment le plus rigoureux. Vous prendrez personnellement des mesures en conséquence et, conformément à mon ordre, vous entreprendrez aussitôt de faire parvenir les *harčlıq*. Vous ferez savoir par un rapport écrit quel jour les *harčlıqčı* sont arrivés dans votre juridiction et quel jour ils en sont partis pour s'en retourner. En somme, la question des *harčlıq* des *sipāhī* est une affaire de la plus haute importance et ne doit pas être comparée à d'autres ; c'est pourquoi, si un délai était nécessaire pour vendre les céréales, vous ne laisserez vendre les céréales de personne avant que n'aient été vendues celles des *sipāhī*, et vous déploierez toutes sortes d'efforts et de soins pour fournir et expédier rapidement / les *harčlıq* /. Vous vous garderez au plus haut point de toute négligence et incurie. Sachez-le bien.

## II

« Précisions sur les différentes expéditions de l'ordre type » (¹)
*M.D. III*, ff. 199-202.

1. — Les *ḫarčlıqčı* du *sanğaq* d'Elbasan (²) sont d'après le registre du *beğlerbeğ* au nombre de 12 *sipāhī*, et le *čavuš* Seyfi, détenteur d'un *timār* de 8 000 aspres pris sur le village de Borčalı (?) Bālā, ayant été délégué auprès d'eux, l'ordre et le registre lui ont été confiés.

2. — Les *ḫarčlıqčı* du *sanğaq* d'Avlonya (³) sont d'après

---

(1) Précisons d'emblée, pour éviter d'avoir à les reciter trop souvent en note que nous nous sommes principalement aidé pour identifier et caractériser les différentes circonscriptions, *qażā* (ou *nāḥiye*) et *sanğaq*, à côté de cartes modernes, des cinq travaux suivants : — ʿAyn-ı ʿAlī, *op. cit.*, cité *infra* ʿAyn-ı ʿAlī, qui donne le nombre de *timār* et *zeʿāmet* des différents *sanğaq* pour 1609 ; — K. G. Mostras, *Dictionnaire géographique de l'Empire ottoman*, Saint-Pétersbourg, 1873, cité Mostras ; — M. T. Gökbilgin, « Kanunî Sultan Süleyman devri başlarında Rumeli eyaleti, livalar, şehir ve kasabaları » (Les gouvernorats, villes et bourgs de la province de Roumélie au début du règne de Soliman le Législateur), *Belleten*, XX, 78, avril 1956, Ankara, 1956, pp. 247-294, avec résumé en français, cité Gökbilgin : nous nous référons surtout au document des archives de Topkapı (D. 9578) publié ici par l'auteur et qu'il date de 1526-1529, mais qu'une critique interne plus complète permet à Pitcher (cf. *infra*) de dater de 1524-26 ; — D. E. Pitcher, *An historical geography of the Ottoman Empire from earliest times to the end of the sixteenth century*, Leyde, 1972, cité Pitcher ; — I. M. Kunt, *Sancaktan eyalete, 1550-1560 arasında osmanlı ümerası ve il idaresi* (Du *sanğaq* à l'*eyālet*, les émirs ottomans et l'administration territoriale entre 1550 et 1650), Istanbul, 1978, cité Kunt : l'auteur publie plusieurs listes des gouvernorats des différentes provinces de l'empire ottoman, dont celle de Roumélie : nous nous référons à celle de 1527 (Topkapı, D. 5246), de 1568-74 (Başbakanlık arşivi, *Maliye ahkam defteri*, nº 553), de 1578-88 (B. A., *Kâmil Kepeci tasnifi*, nº 262), de 1632-41 (B. A., *Kâmil Kepeci tasnifi*, nº 266 et *Cevdet Dahiliye tasnifi*, nº 6095).

(2) Turc : Ilbasan, Elbasan (grec : Albanopolis), en Albanie. Forteresse construite par Meḥmed II en 1466. Le *sanğaq* de ce nom fut constitué à la même date ; il comprend au début du XVIᵉ (registres de 1506-1520) les *qażā* d'Elbasan, Čermeniqa, Išbat et Dıračı (sl. : Durač ; ital. : Durazzo ; alb. : Durrës) et 109 *timār* de *sipāhī* ; cf. Inalcık, art. « Arnawutluk », *E.I.* 2, I, p. 676 ; ʿAyn-ı ʿAlī : 18 *zeʿāmet*, 138 *timār*.

(3) Valona, alb. : Vlorë, port de l'Adriatique, en Albanie ; conquis par les Turcs en 1417, fait d'abord partie de la première province ottomane d'Albanie, le *sanğaq* d'Arvanid, et figure dans le registre correspondant de 1431 ; H. Inalcık, ... *Sûret-i defter-i sancak-i Arvanid..., op. cit.*, p. 64 ; le *sanğaq* d'Avlonya est créé en

le registre du *beğlerbeğ* au nombre de 50, et on a délégué auprès d'eux Ferhād *čavuš*, détenteur d'un *timār* de 15 000 aspres pris sur le village nommé Qurā (¹) et d'autres villages dépendant de Premedi, et Ḥüseyn *čavuš*, détenteur d'un *timār* de 15 000 aspres pris sur le village de Ḥiṣārlu Gölgesire (?) (²). En conséquence, le registre et l'ordre ont été remis à l'un des *harčlıqčı* susdits, Zaġanos détenteur d'un *timār* de 7 426 aspres pris sur le village d'Abano (?) (³).

3. — Les *harčlıqčı* de la *nāḥiye* de Sofya (⁴) sont, d'après le registre du *beğlerbeğ* au nombre de 11. On a délégué auprès des susdits Ḥusrev *čavuš*, détenteur d'un *timār* de 9 106 aspres, pris sur le village d'Ušturon (?) (⁵) dépendant d'Oḥri. En conséquence, le registre et l'ordre lui ont été remis.

4. — Les *harčlıqčı* de la *nāḥiye* de Göriğe (⁶) sont au nombre de dix *sipāhī* ; ceux de la *nāḥiye* de Bihlište (⁷) sont au nombre de dix *sipāhī* également, et on a délégué auprès d'eux le *ser'asker* (⁸) Bālī, détenteur d'un *timār* de 11 662 aspres provenant du village d'Uštama (?) (⁹). En conséquence, le registre et l'ordre lui ont été remis.

1466, lors de la réorganisation de l'Albanie ottomane ; il comprend au début du XVIe les *qażā* d'Avlonya, Belgrad (Arnavut Belgradı, Berat), Iskarapar (Iskrapar), Premedi, Boġonya, Tepedelen, Arġiri Qaṣrı (Ergiro ou Ergiri Qaṣrı ; alb. : Gjinokastër), avec 479 *timār* de *sipāhī* ; H. Inalcık, « Arnawutluk... », *art. cit.*, p. 676 ; 'Ayn-ı 'Alī : 38 *ze'āmet*, 479 *timār*.

(1) Cf. planche II, l. 3.
(2) Cf. planche II, l. 4.
(3) Cf. planche II, l. 5.
(4) Sofia, en Bulgarie, conquise par les Turcs en 1385 ; apparaît ici comme le chef-lieu d'une *nāḥiye* du *livā'* du pacha, mais avait été à des dates antérieures chef-lieu d'un *sanğaq* distinct (mentions, par exemple, en 1490, 1526, 1527) ; les listes postérieures à notre document ne font pas réapparaître de *sanğaq* dit de Sofya, la ville continuant à faire partie du *livā'* du pacha dont elle est la capitale et, partant, celle du *beğlerbeğlik* de Roumélie.

(5) Cf. planche II, l. 6. Le *timār* du *čavuš* est situé dans un autre *sanğaq* ; sur le *sanğaq* d'Oḥri, cf. *infra*, n. 1 et 2, p. 179.

(6) Korçë en Albanie, à la frontière grecque ; est déjà mentionnée en 1526 comme appartenant au *livā'* du pacha (Gökbilgin) mais avait fait partie en 1431 de celui d'Arvanid ; H. Inalcık, ...*Defter-i Arvanid*..., *op. cit.*, p. 2.

(7) Actuelle Bilisht, en Albanie, à la frontière grecque ; la région apparaît également dans la documentation ottomane comme *vilāyet* de Vulqašin (Gökbilgin, n. 42) ; fait partie du *livā'* du pacha.

(8) Cf. *supra*, n. 1, p. 119.
(9) Cf. planche II, l. 8.

5. — / Ordre / aux *qāḍī* de Ḥurpišta ([1]) et Kesriye ([2]) : / les *ḥarčlıqčı* de vos circonscriptions sont au nombre de / 22 *sipāhī*. On a désigné pour être délégué auprès d'eux Sinān *čavuš*, détenteur d'un *timār* de 11 600 aspres. En conséquence, / l'ordre et le registre / ont été remis au susdit Sinān *čavuš*.

6. — / Au-dessus du texte : /
*timār* de Bālī *čavuš* : 7 414 / aspres / ;
*timār* d'Iskender *čavuš* : 10 493 ;
*timār* de Muṣṭafa Ṭor 'Alī Meḥmed *čavuš* : 5 999 ;
*timār* de Ḥasan *čavuš* : 5 146.

/ Ordre / aux *qāḍī* du *sanǧaq* de Köstendil ([3]) : les *ḥarčlıqčı* sont au nombre de 100 *sipāhī* ; ont été désignés pour être délégués auprès d'eux, les *čavuš* Bālī, Iskender, Meḥmed et Ḥasan. / L'ordre et le registre / ont été remis au *sipāhī* nommé Ferhād *ketḫüdā* ([4]) qui détient un *timār* de 16 768 aspres.

7. — / Au-dessus du texte : /
*timār* : 11 300 / aspres /.

/ Ordre / au *qāḍī* de Temürḥiṣār ([5]) : les *ḥarčlıqčı* sont au nombre de six et on a désigné pour être délégué auprès d'eux Süleymān *čavuš*. En conséquence, l'ordre et le registre ont été remis au susdit.

8. — / Ordre / aux *qāḍī* de Gümülǧine ([6]) et Qaraṣu ([7]) :

---

(1) Hurpišta, en Macédoine grecque, fait partie du *livā'* du pacha.
(2) Actuelle Kastoria, en Macédoine grecque ; fait partie du *livā'* du pacha.
(3) Sl. : Velbužd ; actuelle Kjustendil en Bulgarie. D'après un registre de 957/1550, le *sanǧaq* comprenait les *qażā* suivants : Ilıǧa (Mostras : Lisa, contiguë à Skoplje au nord) avec les *nāḥiye* d'Ilıǧa, Islavište, Biyalič, Radomir, Sersil ; Dubniča ; Kratova avec les *nāḥiye* de Kratova, Ištip (Mostras : Astibus ; Stip), Qočana et Nögerič ; Usturumǧa (Strumica) avec les *nāḥiye* d'Usturumǧa, Tikveš (Kavardaci), Menlik, Toyrangölü et quatre autres *nāḥiye* ; Ivraniye (Vranja) ; cf. Gökbilgin, p. 256 et n. 91-99 ; 'Ayn-ı 'Alī : 48 *ze'āmet*, 1017 *timār*.
(4) Ce vocable, d'origine persane, s'applique dans le régime ottoman à une variété de fonctions civiles et militaires ; il désigne souvent l'adjoint, l'homme de confiance d'un personnage important, notamment un officier ou un *sanǧaqbeǧ* ; cf. C. Orhonlu, art. « Ketḫudā », *E.I. 2*, IV, pp. 926-927.
(5) Actuelle Siderokastro, au nord-ouest de Serrès, en Macédoine grecque ; fait partie du *livā'* du pacha.
(6) Actuelle Komotini en Macédoine grecque ; la *nāḥiye* fait partie du *livā'* du pacha.
(7) Appelée aussi Yeniǧe-i Qaraṣu ou Qaraṣu Yeniǧesi ; l'assimilation avec

les ḫarčlıqčı ont été désignés au nombre de trois pour la nāḥiye de Gümülğine et de trois pour celle de Qaraṣu. Reğeb čavuš a été désigné pour être délégué auprès d'eux. L'ordre lui a été remis.

9. — / Ordre / au qāḍī de Manastir (¹) : les ḫarčlıqčı sont au nombre de dix. Le čavuš Taqiyağı (²) Aḥmed a été désigné pour être délégué auprès d'eux. L'ordre lui a été également remis.

10. — Pour le qaẓā de Filorina (³), les ḫarčlıqčı sont au nombre de 20. ʿAlī čavuš a été désigné pour être délégué auprès d'eux.

11. — / Ordre / aux qāḍī du sanğaq de Vize (⁴) : les ḫarčlıqčı sont au nombre de six. A été désigné pour être délégué auprès d'eux Ḥasan čavuš qui détient un timār d'un montant de 6 650 aspres dans le qaẓā de Čorlu.

12. — / Ordre / au qāḍī de Drama (⁵) : les ḫarčlıqčı sont au nombre de deux sipāhī. Süleymān čavuš a été délégué auprès d'eux. En conséquence, le registre et l'ordre lui ont été remis.

---

Vardar Yeniğesi (soit l'antique Pella) proposée notamment par Hammer, est rejetée par Pitcher qui place Yeniğe-i Qaraṣu sur la côte égéenne au sud-ouest de Komotini ; cf. Pitcher, p. 42 et carte n° 26 ; la nāḥiye fait partie du livā' du pacha.

(1) Actuelle Bitola en Macédoine yougoslave ; fait partie du livā' du pacha.

(2) Litt. le fabricant de bonnets (sorte de bonnets de lin portés sous le turban); sur taqiya, cf. Redhouse, A Turkish and English lexicon, Constantinople, 1890, pp. 579 et 1225.

(3) Sl. : Lerin ; actuelle Florina en Macédoine grecque ; apparaissait de façon insolite dans la liste de 1525-26 comme le chef-lieu d'un sanğaq particulier, ne comprenant d'ailleurs pas d'autre ville que Florina même ; Gökbilgin, p. 259 et n. 147 ; dans notre document, la ville apparaît comme appartenant au livā' du pacha ; le sanğaq particulier ne réapparaît pas davantage dans les listes ultérieures. Cf. une autre mention antérieure du sanğaq de Florina (1516), supra in n. 2, p. 110.

(4) Vize dans l'actuelle Thrace turque ; a été conquise en 1367-68 ; le sanğaq comprend en 1526 les villes suivantes (toutes en Thrace turque) : Vize, Hayrabolu, Birgoz (act. Lüleburgaz), Danišmend-Eski (act. Baba-Eski), Čorlu (Çorlu où est situé le timār du čavuš), Qırqkilise (act. Kırklareli ; cf. infra n. 5, p. 140) ; Ereğli (act. Marmara Ereğlisi), Silivri, Terkos, Inğügiz ; cf. Gökbilgin, p. 255 et n. 69 ; ʿAyn-ı ʿAlī : 20 zeʿāmet, 79 timār.

(5) Ville de Macédoine grecque, conquise par les Turcs vers 1372-75 ; fait partie du livā' du pacha ; signalons que dans un registre de 1525 la ville de Kavalla figure comme dépendant de Drama ; Gökbilgin, n. 45/2.

# L'HIVERNAGE EN CAMPAGNE

13. — / Ordre / au *qāḍī* de Siroz ([1]) : les *ḫarčlıqčı* sont au nombre de sept *sipāhī*. Ṭurġud *čavuš* a été désigné pour être délégué auprès d'eux. En conséquence, l'ordre lui a été remis.

14. — / Ordre / au *qāḍī* de Ziḥne ([2]) : les *ḫarčlıqčı* sont au nombre de trois *sipāhī*. Ṭurġud *čavuš* a été désigné pour être délégué auprès d'eux. L'ordre et le registre lui ont été remis.

15. — / Ordre / aux *qāḍī* du *sanǧaq* d'Iskenderiye ([3]) : les *ḫarčlıqčı* sont au nombre de 22. Ont été désignés pour être délégués auprès d'eux, les *čavuš* Muṣṭafa, détenteur d'un *timār* de 10 642 aspres, Nūḥ dont le *timār* est de 1 240 aspres, et un autre Muṣṭafa, détenteur d'un *timār* de 14 000 aspres. En conséquence, l'ordre et le registre ont été remis au susdit Nūḥ.

\*
\* \*

Le quatrième jour (mercredi) 22 (*recte* : 29) *ṣafer* de l'année 967 (30 novembre 1559) ([4]).

16. — / Ordre / aux *qāḍī* du *sanǧaq* de Yanya ([5]) : les *ḫarčlıqčı* sont au nombre de 40 *sipāhī*. Ont été désignés pour être délégués

---

(1) Gr. : Séré ou Serraī ; frç. : Serrès ; en Macédoine grecque ; avait été conquise par les Turcs vers 1372-75 ; fait partie du *livā'* du pacha.

(2) Gr. : Sikhne ; il existe aujourd'hui en Macédoine grecque une « Nea-Zichni ». Fait partie du *livā'* du pacha.

(3) Gr. : Scutari ; actuelle Shkodër en Albanie ; conquise par les Turcs, devint en 1479 le siège d'un *sanǧaq* regroupant les possessions ottomanes du nord de l'Albanie ; il comprenait à la fin du XVe siècle les *qażā* d'Iskenderiye, Podgoriġa (Podgoricës), Bihor (Bihorit), Ipek (Pejës) et totalisait 8 *zeʿāmet* et 110 *timār* de *sipāhī* ' cf. Inalcık, « Arnawutluk... », *art. cit.*, p. 676 ; S. Pulaha, *Defteri i Regjistrimit të sanxhakut të Shkodrës i vitit 1485* (Le cadastre de l'an 1485 du *sanǧaq* de Shkoder), 2 t., Tirana, 1974 (texte français in II, pp. 3-53). ʿAyn-ı ʿAlī : 49 *zeʿāmet*, 205 *timār*.

(4) Bien que le chiffre de 22 soit clairement lisible, cette date qui précéderait de six jours l'enregistrement de l'ordre type et des expéditions précédentes et qui, d'autre part, rompt la suite régulièrement chronologique des dates d'enregistrement, en milieu de page, qu'on observe par ailleurs dans le registre, nous apparaît comme une anomalie flagrante et nous sommes porté à supposer qu'il s'agit d'une erreur pour 29 et que les expéditions qui suivent ont été en fait inscrites le lendemain de ce qui précède (le 22 et le 29 tombant un même jour, on se serait trompé de semaine).

(5) Gr. : Ioannina ou Jannina, ville d'Épire (Grèce) ; en 1524-26, le *sanǧaq* comprend les villes de Narda (gr. : Arta), Yanina, Rinase, Aydonat, Qoniče (gr. : Konitsa), Zogoz (?) ; Gökbilgin, p. 260 et n. 164. ʿAyn-ı ʿAlī : 62 *zeʿāmet*, 345 *timār*.

auprès d'eux les *čavuš* Ḫalīl, détenteur d'un *timār* de 6 712 aspres et Yūsuf, détenteur d'un *timār* de 5 999 aspres. L'ordre et le registre ont été remis au susdit Yūsuf.

17. — / Ordre / au *qāḍī* d'Edirne ([1]) : les *ḫarčlıqčı* sont au nombre de sept *sipāhī*. On a désigné pour être délégué auprès d'eux le *čavuš* nommé Nažar dont le *timār* est de 5 999 aspres. / L'ordre et le registre / ont été remis au *sipāhī* nommé Riḍvān ; il serait une connaissance de Qartalzāde (?).

18. — / Ordre / aux *qāḍī* du *sanǧaq* de Delvine ([2]) : 11 *sipāhī* ont été désignés comme *ḫarčlıqčı*. / L'ordre et le registre / ont été remis à Memmi dont le *timār* est de 7 500 aspres.

(1) Gr. : Adrianopolis ; frç. : Andrinople, en Thrace turque. Plusieurs dates ont été avancées pour la conquête de la ville par les Turcs : 1361, 62, 69, 71... ; cf. en dernier lieu, I. Beldiceanu-Steinherr, « La conquête d'Andrinople par les Turcs : la pénétration turque en Thrace et la valeur des chroniques ottomanes », in *Travaux et Mémoires* (Centre de recherches d'histoire et de civilisation byzantines), I, Paris, 1966, pp. 439-461 : l'auteur suppose que la ville fut prise vers 1369 et, observant que le sultan ottoman Murād Ier ne pouvait être en Europe à cette date, considère que la conquête fut initialement le fait de *beḡ* turcs agissant de leur propre initiative, le fruit de la conquête n'étant recueilli par le sultan que dans un second temps, après la reprise de Gallipoli : peut-être dans l'hiver 1376-77 ou dans le cours de 1377 ; cf. d'autre part, E. A. Zachariadou, « The conquest of Adrianople by the Turks », *Studi veneziani*, XII, 1970, pp. 211-217 ; P. Schreiner, *Die Byzantinischen Kleinchroniken*, II, Vienne, 1977, pp. 297-299.

A partir de l'« interrègne » faisant suite à la bataille d'Ankara (1402), la ville où s'installe le prince Süleymān *čelebi* devient le véritable centre des restes disputés de l'État, au détriment de Bursa, et Murād II lui confirmera son rôle de nouvelle capitale ; elle reste après la conquête de Constantinople, la seconde résidence du sultan et capitale de l'empire, ce qui s'accompagne d'un statut particulier, tous les revenus de la ville étant directement dévolus au sultan ; cf. notamment, M. T. Gökbilgin, *XV-XVI asırlarda Edirne ve Paşa livası, vakıflar, mülkler, mukataalar* (Andrinople et le gouvernorat du pacha ; les legs pieux, les biens de pleine propriété, les fermes fiscales), Istanbul, 1952 ; *idem*, art. « Edirne », *I.A.*, IV, pp. 107-127 ; *idem*, art. « Edirne », *E.I. 2*, II, pp. 700-703 ; cf. aussi F. Th. Dijkema, *The Ottoman historical monumental inscriptions in Edirne*, Leyde, 1977.

La ville qu'un registre de 925/1519 rangeait dans le *sanǧaq* de Čirmen (cf. *infra*, n. 6, p. 138) figure ici, comme c'était déjà le cas dans la liste de 1524-26, comme chef-lieu d'une circonscription du *livā'* du pacha ; cf. Gökbilgin, n. 22 et 23.

(2) Gr. : Delvinon ; frç. : Delvinë en Albanie. Dans la liste de 1524-26, la ville est rattachée au *sanǧaq* d'Avlonya (cf. *supra* n. 3, p. 131), mais elle devient chef-lieu d'un *sanǧaq* particulier au milieu du siècle : première attestation d'un recensement à part en 958/1551 ; le *sanǧaq* comprend alors les *nāḥiye* de Delvine, Praqalma (?), Qarveleš, Aydonat (qui relevait en 1524-26 de Yanina ; cf. *supra*, n. 5, p. 135), Mazaraq ; Gökbilgin, n. 109 ; le même *sanǧaq* réapparaîtra dans les listes postérieures. ʿAyn-ı ʿAlī : 24 *zeʿāmet*, 125 *timār*.

L'HIVERNAGE EN CAMPAGNE 137

19. — / Ordre / aux *qāḍī* du *sanǧaq* d'Oḫri ([1]) : on a désigné 42 *sipāhī* comme *ḫarčlıqčı* et personne n'a été nommé pour être délégué auprès d'eux ([2]). / L'ordre et le registre / ont été remis à Aḥmedoġlu Iskender dont le *timār* est de 5 000 aspres.

20. — / Ordre / aux *qāḍī* du *sanǧaq* de Vize ([3]) : les *ḫarčlıqčı* sont au nombre de six. A été désigné pour être délégué auprès d'eux Ḥasan *čavuš*, détenteur d'un *timār* de 6 650 aspres pris sur le village de Qorčar (?).

21. — / Ordre / aux *qāḍī* du *sanǧaq* de Niġbolu ([4]) : 40 *sipāhī* sont *ḫarčlıqčı*, et les *čavuš* nommés Meḥmed, ʿOs̱mān et Ferhād ont été désignés pour être délégués auprès d'eux. / L'ordre et le registre / ont été remis au *sipāhī* nommé Kemine ǧan (?) ([5]) dont le *timār* est de 11 853 aspres.

22. — / Ordre / aux *qāḍī* du *sanǧaq* de Pirzerin ([6]) : 26 *sipāhī* sont *ḫarčlıqčı* et le *čavuš* nommé Yaḥya a été désigné pour être délégué auprès d'eux. / L'ordre et le registre / ont été remis à Danyal qui est *serʿasker* ([7]) avec un revenu de 11 020 aspres.

---

(1) Actuelle Ohrid en Macédoine yougoslave ; avait été prise par les Turcs en 1385 ; le *sanǧaq* fut constitué en 1466 avec ceux d'Elbasan et d'Avlonya ; il comprend au début du xvɪᵉ les *qażā* d'Oḫri, Dibra, Aqčaḥiṣār (ital. : Croia ; alb. : Krujë), Mat (Mattia), avec 388 *timār* de *sipāhī* ; Inalcık, « Arnawutluk... », *art. cit.*, p. 676 ; Gökbilgin, p. 258 et n. 116-118. ʿAyn-ı ʿAlī : 60 *zeʿāmet*, 342 *timār*.
(2) Rappelons qu'un *čavuš* de Roumélie dont le *timār* dépendait d'Oḫri (le seul dans ce cas ?) avait été affecté aux *ḫarčlıqčı* de la *nāḥiye* de Sofya ; cf. *supra*, n° 3.
(3) Il s'agit d'une répétition (cf. *supra*, n° 11), mais le village du *timār* du *čavuš* est cette fois précisé.
(4) Gr. : Nikopolis ; actuelle Nikopol en Bulgarie, sur le Danube ; fut occupée une première fois par les Turcs en 1388 puis devint siège d'un *sanǧaq* de frontière *(serhād livā'sı)* à partir de 1395, après la disparition de l'état de Tărnovo ; cf. H. Inalcık, art. « Bulgarie », *E.I.* 2, I, pp. 1342-43. D'après un registre de 1556, les *nāḥiye* sont les suivantes : Niġbolu, Ivraġa, Izladi (sl. : Zlatitsa), Lofča, Tırnova (sl. : Tărnovo), Černoy, Hezargrad, Šumnu (sl. : Šumen), Yanbolu, Zaġra-ı yeniǧe, Zaġra-ı Eski-Ḥiṣār ; Gökbilgin, p. 255 et n. 61 ; cf. la réglementation fiscale de la province in B. A. Cvetkova, « Actes concernant la vie économique des villes et ports balkaniques, aux xvᵉ et xvɪᵉ siècles », I, *Revue des Études islamiques*, XL, 2, 1972, pp. 371-377. ʿAyn-ı ʿAlī : 60 *zeʿāmet*, 344 *timār*.
(5) Cf. planche IV, l. 3.
(6) Vulpiani ; actuelle Prizren, région autonome du Kosovo (Yougoslavie) ; avait été conquise par les Turcs en 1455 ; en 1524-26, le *sanǧaq* comprend les villes suivantes : Pirzerin, Tirgovište, Foča (actuelle Foča en Herzégovine) ; Gökbilgin, p. 258 et n. 137-138. ʿAyn-ı ʿAlī : 17 *zeʿāmet*, 335 *timār*.
(7) Cf. *supra*, n. 1, p. 119.

23. — / Ordre / au *qāḍī* de Köprülü (¹) : neuf *sipāhī* sont *ḥarčlıqči* et le *čavuš* nommé Ṭoġrul qui détient un *timār* de 9 000 aspres a été délégué auprès d'eux ; en conséquence, / l'ordre et le registre / ont été remis au susdit.

24. — / Ordre / au *qāḍī* de Filibe (²) : 12 *sipāhī* sont *ḥarčlıqči* et le *čavuš* nommé Ḥusrev a été délégué auprès d'eux. Comme Ṭoġrul *čavuš* a apporté le registre / les concernant /, l'ordre a été remis à ce dernier de même que le registre.

25. — / Ordre / aux *qāḍī* du *sanğaq* de Tırhala (³) : il y a 55 *ḥarčlıqči* ; les *čavuš* nommés Meḥmed et Muṣṭafa ont été délégués ; / l'ordre et le registre / ont été remis à Aḥmed qui est leur *serdār* (⁴) et détient un *timār* de 14 798 aspres.

26. — / Ordre / aux *qāḍī* du *sanğaq* d'Üsküb (⁵) : 30 *sipāhī* sont *ḥarčlıqči* ; les *čavuš* nommés Meḥmed, Aḥmed, un autre Aḥmed, et Muṣṭafa ont été délégués ; / l'ordre et le registre / ont été remis au susdit Muṣṭafa *čavuš*, détenteur d'un *timār* de 10 300 aspres.

27. — / Ordre / aux *qāḍī* du *sanğaq* de Čirmen (⁶) : dix *sipāhī*

---

(1) Actuelle Tito Veleš en Macédoine yougoslave ; fait partie du *livā'* du pacha.
(2) Gr. : Philippopolis ; actuelle Plovdiv en Bulgarie ; fait partie du *livā'* du pacha.
(3) Actuelle Trikkala en Thessalie (Grèce) ; avait été conquise par les Turcs en 1395 ; en 1524-1526, le *sanğaq* comprenait les villes suivantes : Tırhala, Inebahtı (gr. : Naupactus ; it. : Lepanto ; frç. : Lépante ; à l'époque de notre document, cette ville est le siège d'un *sanğaq* particulier, confié à Ṭurhan *beġ*, chef d'*aqınǧı*, soit de coursiers ; mais on constate que ce *sanğaq* n'avait pas été mobilisé contre le prince Bāyezīd ; cf. *M.D. III*, f. 446, n° 1393) ; Badrağıq (Néopatras), Alasonya (Elason), Čatalǧa (Pharsale), Dömeke (Domokos), Yenišehir (Larisa), Fener (Phanari), Aġrafa (Agrafa) ; Gökbilgin, p. 258 et n. 127-136. ʿAyn-ı ʿAlī : 36 *zeʿāmet*, 439 *timār*.
(4) Cf. *supra*, n. 2, p. 119.
(5) Skoplje en Macédoine yougoslave ; conquise par les Turcs après la bataille de Kosovo (1389), Üsküb n'apparaît pas encore comme *sanğaq* en 1524-26 (où elle fait partie du *livā'* du pacha) ni dans la liste de 1527, mais le *sanğaq* attesté dans notre document le sera également dans les listes postérieures. ʿAyn-ı ʿAlī : 20 *zeʿāmet*, 244 *timār*.
(6) Aujourd'hui en Bulgarie. D'après un registre de 925/1519, le *sanğaq* comprenait alors les villes suivantes : Edirne (cf. *supra*, n. 1, p. 136), Yeniǧe-i Zaġra, Qızanlıq (ou Aqča Qızanlıq), Ḥasköy (Haskovo), Tekirdaġ (*qaḍā* comprenant la ville de Rodosġuq), Ineǧik (ou Inepāzārı), Ergene (Uzunköprü) ; Gökbilgin, *Edirne ve Paša livası...*, *op. cit.*, p. 18 ; dans la liste de 1524-26, Edirne et Ergene ne figurent

sont *ḫarčlıqčı* ; Reğeb *čavuš*, détenteur d'un *timār* de 9 563 aspres, a été désigné pour être délégué auprès d'eux ; en conséquence, / l'ordre et le registre / lui ont été remis.

28. — / Ordre / aux *qāḍī* du *sanğaq* de Silistre ([1]) : 32 *sipāhī* sont *ḫarčliqčı* ; Ya'qūb *čavuš*, détenteur d'un *timār* de 9 000 aspres a été délégué auprès d'eux ; en conséquence, l'ordre et le registre lui ont été remis.

29. — / Ordre / aux *qāḍī* de Filibe ([2]), Eski Ḥiṣār-ı Zaġra ([3]),

plus dans ce *sanğaq* mais il apparaît un nouveau *qaẓā* de Čırpan (actuelle Čirpan en Bulgarie) ; Gökbilgin, p. 256 et n. 77-82. 'Ayn-ı 'Alī : 20 *ze'āmet*, 130 *timār*.

(1) Silistra en Bulgarie, sur le Danube ; avait été définitivement occupée par les Turcs en 1393 ; au début du XVIe siècle, le *sanğaq* comprenait les 12 *qaẓā* suivants : Silistre, Aqkerman (roumain : Cetatea-Albă ; sl. Belgorod), Kili (roum. : Chilia, actuel Kilija en U.R.S.S.), Tekfur gölü, Aḥyolu (bulg. : Aheloj), Ḥırsova (roum. : Hîrşova), Varna, Prevadi (bulg. : Provadija), Aydos (bulg. : Ajtos), Yanbolu (bulg. : Jambol), Qarınovası (ou Qarınabad ou Qarnobad ; bulg. : Karnobat), Rusqaṣrı (bulg. : Rusokastro), avec 10 *ze'āmet* et 246 *timār* ; *B. A.*, registres *TT. 370*, *TT. 483* et *TT. 701* et Ankara, *Tapu ve kadastro genel mürdülüğü, kuyudu kadime*, nos 83 et 86 ; H. Inalcık, art. « Dobroudja », *E.I. 2*, II, pp. 625-629. A partir de 1538, les anciens *qaẓā* de Kili et d'Aqkerman ainsi que les nouveaux qui viennent d'être acquis de Bender (roum. : Tighina) et Ğankerman (ou Özü ; sl. : Očakov) forment un nouveau *sanğaq* dit d'Aqkerman ou de Bender ; Berindei et Veinstein, *art. cit.*, pp. 251-328, dont les troupes sont, en 1559, retenues en mer Noire (cf. *supra*, n. 1, p. 115). Chez 'Ayn-ı 'Alī, le *sanğaq* de Silistre comporte 10 *ze'āmet* et 422 *timār*.

Notons que dans la campagne contre le prince impérial, le *sanğaqbeğ* de Silistre, Sinān *beğ* et ses troupes, s'étaient vu attribuer des missions particulières : lorsque, le 7 juillet, Bāyezīd quitte Amasya, capitale de son gouvernement, pour s'enfuir vers l'est, le *beğ* est chargé d'y aller saisir les objets et les armes que le prince y avait laissés (cf. *M.D. III*, ff. 65, 110, 112, etc.). Puis, devant les désordres provoqués par les *levend* (*re'āyā* ayant quitté leurs terres), il est envoyé à Gelibolu (Gallipoli) pour empêcher ces derniers d'aller causer des troubles en Roumélie ; ensuite, devant le soulèvement des fidèles de Bāyezīd à Amasya, il y est réenvoyé pour être remplacé à Gelibolu par le *čavuš* Iskender (21 août 1559). Bien que ses *sipāhī* soient mentionnés par notre document, Sinān *beğ* avait en fait reçu l'ordre de retourner dans son *sanğaq* pour en assurer la protection dès le 28 octobre 1559, manifestement en relation avec la menace cosaque (*M.D. III*, no 460) ; sur ces faits, cf. Ş. Turan, *op. cit.*, pp. 160-170.

(2) Le *qāḍī* de Filibe avait déjà été mentionné comme faisant l'objet d'un ordre particulier ; cf. *supra*, no 24 et n. 2, p. 138.

(3) Appelée aussi Eski Zaġra, actuelle Stara Zagora, en Bulgarie ; fait partie du *livā'* du pacha.

140

Ḫarmanlu (?) (¹), Tatarpāzāri (²), Qızılaġač (³) et Tatarġıq (⁴) :
il y a 124 ḫarčlıqčı et Ḫusrev čavuš a été désigné pour être
délégué ; / l'ordre et le registre / ont été remis au susdit Ḫusrev
čavuš qui détient un timār de 12 600 aspres ; son registre
comporte quatre pages.

30. — / Ordre / aux qāḍī du sanǧaq de Qırqkilise (⁵) : le

(1) Cf. planche IV, l. 14. Sans être évidente, la lecture apparaît comme probable ; une localité de ce nom qui correspond à l'actuelle Harmanli en Bulgarie, à l'est de Plovdiv et au sud-est de Stara Zagora, figurait dans un document de 921/1515 comme dépendant du livā' de Čirmen ; Gökbilgin, ... *Edirne ve Paşa livası...*, op. cit., p. 394 ; en revanche, dans la liste de 1524-26, ce nom n'apparaît ni parmi les villes du livā' de Čirmen (cf. *supra*, n. 6, p. 138) ni d'ailleurs parmi celles du livā' du pacha, circonscription à laquelle cette localité se rattacherait pourtant en 1559 si notre lecture est correcte.

(2) Appelée aussi Tatarpāzārġıq ou Tatarġıq-Pāzārġıq ; Gökbilgin, ... *Edirne ve Paşa livası...*, op. cit., p. 619 ; correspond à l'actuelle Pazaržik en Bulgarie ; fait partie du livā' du pacha.

(3) Appelée aussi Qızılaġač Yeniǧesi ; actuelle Elkhovo en Bulgarie ; fait partie du livā' du pacha.

(4) Cette localité est assimilée par Gökbilgin à Tatarpāzāri (*alias* Tatarġıq-Pāzārġıq) ; ... *Edirne ve Paşa livası...*, op. cit., pp. 619-620 ; de fait, on ne rencontre pas dans les documents turcs autres que le nôtre la juxtaposition des deux dénominations qui paraissent au contraire être utilisées alternativement ; en outre, il ressort de documents citant la forme Tatarġıq qu'il s'agit d'une localité proche de Qızılaġač et de Filibe (cf. not. *ibidem*, p. 86), ce qui retient de penser à un autre Tatarġıq ayant existé en territoire bulgare, à l'emplacement de l'actuelle Slana-Bara, soit dans la région de Vidin. Si donc Tatarpāzārı et Tatarġıq ne font qu'un, il faut conclure à une bévue de notre document. D'ailleurs, la répétition de Filibe, la mention apparemment insolite de Ḫarmanlu, suggèrent un certain flottement dans ce passage.

(5) Aujourd'hui Kırklareli en Thrace ; conquise par les Turcs en 1367-68. Le fait que la délégation se compose d'un unique ḫarčlıqčı s'explique par le petit nombre de timār existant dans ce sanǧaq : 11 zeāʿmet et 18 timār, selon ʿAyn-ı ʿAlī ; ce sanǧaq (entre autres) était en effet le siège d'un autre type de corps, de *müsellem* et de leur *beǧ*, un corps de cavalerie divisé en unités *(oǧaq)* composées d'un certain nombre d'hommes qui servaient à tour de rôle, soit à l'armée, soit dans d'autres tâches requises par l'État ; les membres des *oǧaq* recevaient des terres et le sultan attribuait en outre à chaque *oǧaq* un certain nombre de foyers de *reʿāyā* ; sur les *müsellem*, cf. Beldiceanu, *Code de lois coutumières...*, op. cit., ff. 38 v-39 r ; Hammer, *Des osmanischen Reiches Staatsverfassung...*, op. cit., I, pp. 53, 194, 257 ; ces *müsellem* résidant dans la circonscription de Qırqkilise étaient appelés *müsellem* de Qızılġa (*KK. 888*, f. 136 v). Dans la région de Čirmen existaient d'autres *müsellem* rouméliotes.

Dans la liste de 1524-26, Qırqkilise est rattachée au sanǧaq de Vize (cf. *supra*, n. 3, p. 137) mais présentée comme possession du *beǧ* des *müsellem* ; Gökbilgin, p. 255 et n. 73 ; la liste de 1527 (Kunt) ne fait pas davantage mention d'un sanǧaq

## L'HIVERNAGE EN CAMPAGNE 141

*sipāhī* nommé Riḍvān qui est janissaire et détient un *timār* de 9 000 aspres, a été désigné comme *ḥarčlıqčı*. L'ordre / et le registre / ont été également remis au susdit.

31. — / Ordre / au *qāḍī* de Šehirköy ([1]) : dix *sipāhī* ont été désignés comme *ḥarčlıqčı* et le *čavuš* Ṭurḫan a été délégué auprès d'eux. L'ordre et le registre ont été remis au *čavuš* Buraqoġlu Ḥüseyn.

32. — / Ordre / au *qāḍī* de Berkofča ([2]) : quatre *sipāhī* ont été désignés comme *ḥarčlıqčı* et le *čavuš* Muṣṭafa a été délégué. L'ordre et le registre ont été remis au *ḥarčlıqčı* nommé Meḥmed le janissaire.

33. — / Ordre / aux *qāḍī* du *sanǧaq* de Selanik ([3]) : 26 *sipāhī* ont été désignés comme *ḥarčlıqčı* et les *čavuš* nommés Meḥmed, Erdoġan et un autre Meḥmed, ont été délégués auprès d'eux. / L'ordre et le registre / ont été remis au susdit Erdoġan *čavuš*.

34. — / Ordre / au *qāḍī* de Serfiǧe ([4]) : il y a cinq *ḥarčlıqčı* et Meḥmed *čavuš* a été désigné pour être délégué auprès d'eux. L'ordre / et le registre / ont été également remis au susdit.

35. — / Au-dessus de la ligne : / *timār* de Muṣṭafa :

---

de Qırqkilise ; en revanche, une liste datée par son éditeur de 927-928/1520-1522, cite une *livā'* des *müsellem* de Qırqkilise ; Topkapı, D. 9772 in Ö. L. Barkan, « H. 933-934 (M. 1527-1528) Malî Yılına ait bütçe örneği » (Exemple de budget pour l'année financière 1527-1528), *Istanbul üniversitesi Iktisat fakültesi mecmuası*, XV, 1-4, 1953-54, p. 304. Par ailleurs, dans le registre *B.A. TT. 370*, du début du règne de Süleyman Ier et la documentation ultérieure du xvie siècle, Qırqkilise est bien le siège d'un *sanǧaq* particulier.

(1) Actuelle Pirot au sud-est de Niš, en Serbie. Si elle apparaît ici comme appartenant au *livā'* du pacha, elle était, dans la liste de 1524-26, rattachée au *livā'* de Sofya ; Gökbilgin, p. 256 et n. 88.

(2) En Bulgarie, au nord-est de Sofia ; en 1524-26, elle ne faisait pas encore partie du *livā'* du pacha, mais était rattachée à celui de Sofya.

(3) Gr. : Thessalonica, Salonica ; frç. : Salonique, en Macédoine grecque. Conquise et reperdue à plusieurs reprises, la ville avait été définitivement acquise par les Ottomans en 1430. Le *sanǧaq* n'apparaît pas encore en 1524-26, la ville étant alors rattachée au *livā'* du pacha ; cependant, un *livā'* de Selanik figure déjà dans la liste de 1527, accordé « à titre de retraite » *(ber veǧh-i tekaüd)* ; Kunt, p. 127, et ce gouvernorat continue à être attesté dans la documentation ultérieure. ʿAyn-ı ʿAlī : 35 *zeʿāmet*, 262 *timār*.

(4) Actuelle Servia, en Macédoine grecque, au sud-est de Kozani ; fait partie du *livā'* du pacha ; Gökbilgin, p. 254 et n. 40.

3 000 / aspres /. Les *ḫarčlıqčı* du *sanğaq* de Mora (¹) sont au nombre de neuf cavaliers *(ğündi)*. Yoldaoğlu Muṣṭafa a été désigné pour être délégué auprès d'eux ; en conséquence, l'ordre et le registre lui ont été remis.

36. — / Ordre / aux *qāḍī* des endroits où se trouvent les domaines *(ḫāṣṣ)* du *sanğaqbeğ* d'Üsküb (²) : le susdit *sanğaqbeğ*, 'Aṭāyi *beğ* a désigné Aḥmed qui est *čeribašı* de Qalkandelen et lui a remis un registre portant son sceau ; en conséquence, un ordre a été écrit et a été également remis au susdit *čeribašı* ; le 27 *ṣafer* de l'année 967 (28 novembre 1559).

37. — / Ordre / aux *qāḍī* d'Isturumğa, Tikveš, Ištip et Ivranya (³) : / le *beğlerbeğ* / a désigné son homme Süleymān

---

(1) La Morée ou Péloponnèse ; elle constitue un *sanğaq* à partir du règne de Meḥmed II ; d'après un registre de 1461 (*B. A., TT. 10*), le gouvernorat comprend alors les *nāḥiye* suivantes : Qalavarta (Kalavryta), Bežnik (Bocenico, Bessenico, Bezenico), Voštiče (Vostitza), Ḫolomič (Chloumoutzi), Oḫromoro (Orchoménos), Girdoqor (Gardiki), Arqadya (Arcadie), Londar (Léontarion), Qoritos (Corinthe), Balyabadra (Paleo-Patras) ; cf. N. Beldiceanu, I. Beldiceanu-Steinherr, « Recherches sur la Morée (1461-1512) », *Südost-Forschungen*, XXXIX, 1980, p. 20.

Dans la deuxième moitié du xvie siècle, le Péloponnèse sera partagé entre un *livā'* de Morée et un de Mezestre (Mistra) ; ce second gouvernorat auquel seront rattachés de nouveaux *qażā* figure dans la liste de 1578-88 comme dépendant du gouverneur des îles *(mīrmīrān-ı ğezā'īr)* c'est-à-dire du qapudan pacha ; Kunt, p. 151. Pour le *livā'* de Morée, d'après un registre de 979 (1571-72), il comprend à cette date les *qażā* suivants : Balya-Badra, Ḫolomič, Arhos (Argos), Qoritos, Qalavarta, Qaritena (Karytaina), Arqadya, Moton (Modon), Anaboli (Gr. : Nauplion ; ital. : Napoli ; frç. : Nauplie) avec 48 *ze'āmet* et 671 *tīmār* ; Gökbilgin, n. 148 ; 'Ayn-ı 'Alī donne pour le *livā'* de Morée 100 *ze'āmet* et 600 *tīmār*.

(2) Sur le *sanğaq* d'Üsküb, cf. *supra*, n. 5, p. 138. On comprend que les domaines *(ḫāṣṣ)* du *sanğaqbeğ* d'Üsküb ne se trouvaient pas — ou pas entièrement — dans ce *sanğaq* (où ils auraient pu, dans le cas contraire, être intégrés à la mission de la délégation concernée) ; ils devaient être dispersés à travers différents *sanğaq* d'où la nécessité d'une mission particulière confiée à un homme désigné non par le *beğlerbeğ* mais, exceptionnellement, par le *sanğaqbeğ* intéressé lui-même. Il charge de ce soin un *čeribašı* (cf. *supra*, n. 1, p. 119), soit le chef des timariotes de ce qui est, vraisemblablement, une *nāḥiye* de son *sanğaq* : en effet Qalkandelen, actuelle Tetovo en Yougoslavie, entre Prizren et Skoplje, qui faisait partie du *livā'* du pacha en 1524-26 (alors que le *sanğaq* d'Üsküb ne figurait pas encore) est vraisemblablement rattachée à Üsküb à l'époque de notre document ; cf. Gökbilgin, p. 253 et n. 34 ; cf. aussi H. Šabanović, *Krajišta Isa-Bega Ishakovića zbirni katastarski popis iz 1455 godine* (Copie du registre de cadastre de l'année 1455 concernant la région d''Isa-Beğ Ishaković), Sarajevo, 1964, p. 18.

(3) Ces quatre localités actuellement en Yougoslavie faisaient partie en 1550 du *livā'* de Köstendil (cf. *supra*, n. 3, p. 133).

pour recueillir le *ḫarčlıq* de Meḥmed *čelebi*, précédemment *defterdār* de Budun (¹) qui détient un *zeʿāmet* dépendant de vos juridictions ; il lui a remis une attestation *(tezkere)* munie de son sceau et, en conséquence, l'ordre lui a été remis ; le 10 *rebīʿül-evvel* 967 (9 décembre 1559).

## III

*M.D. III*, f. 225, n° 667.                              2 janvier 1560

Ordre aux *qāḍī* de Filibe et Tatarpāzārı :

tu as écrit une lettre dans laquelle tu fais savoir que les *sipāhī* qui sont arrivés, munis d'un ordre sacré pour recueillir les *ḫarčlıq* des *züʿemā* et des timariotes se trouvant à la campagne impériale, sont intervenus non seulement dans les revenus des *sipāhī* qui avaient été inscrits dans le registre expédié portant le sceau du *beġlerbeġ*, mais aussi dans ceux des *sipāhī* ne se trouvant pas dans le registre.

J'ai ordonné que, dès que cet ordre arrivera, tu agisses dans cette affaire en suivant le registre scellé envoyé par le *beġlerbeġ*, et que tu ne laisses personne s'ingérer et commettre des abus en allant à l'encontre du registre.

---

(1) *Defterdār* : les provinces *(beġlerbeġilik, eyālet)* de l'empire comprenaient généralement deux *defterdār*, littéralement chargés de tenir les registres, soit en fait de diriger l'administration financière de la province. Le *timār defterdārı* dressait l'état des attributions de *timār*, le *māl defterdārı* tenait la comptabilité des rentrées en espèces ; mais dans quelques provinces importantes comme celle de Budun constituée en 1541 à partir des conquêtes de Süleymān en Hongrie, un seul *defterdār*, un personnage considérable, avait la haute main sur toutes les questions financières et plus largement économiques de la province ; cf. Gibb et Bowen, *op. cit.*, I, pp. 149-151 ; L. Fekete, *op. cit.*, I, pp. 103-104 ; J. Káldy-Nagy, « The administration of the *sanjaq* registrations in Hungary », *Acta Orientalia*, XXI, Budapest, 1968, pp. 181-223.

Planche I. *M.D. III*, f. 198.

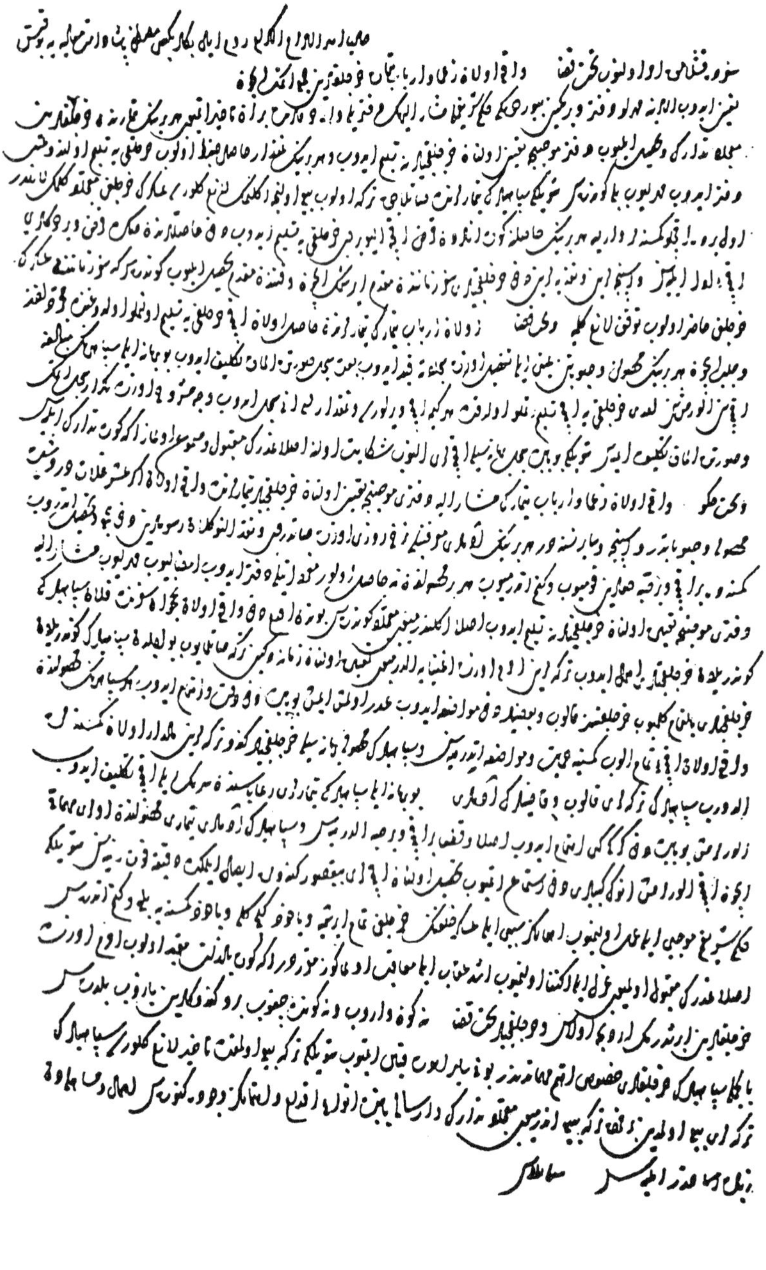

V

Planche II. *M.D. III*, f. 199.

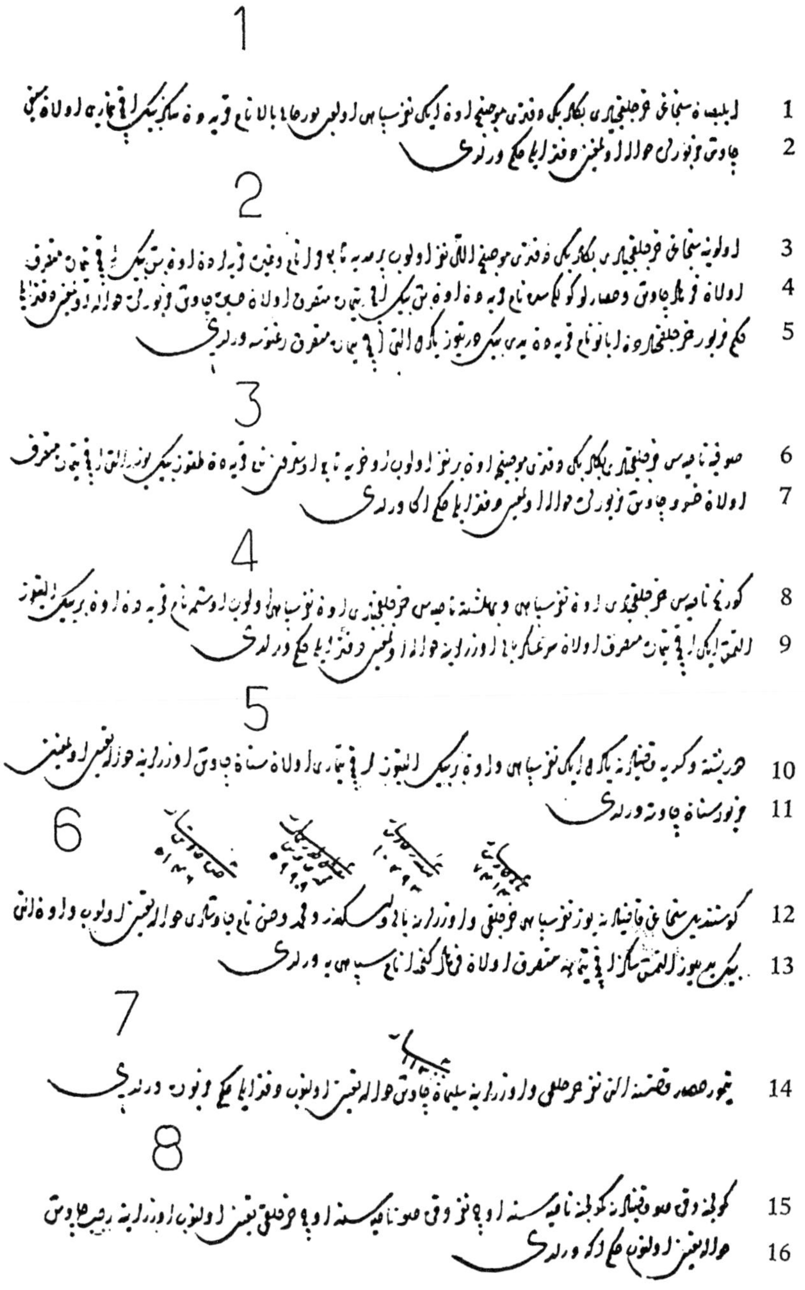

1

١ ...
٢ ...

2

٣ ...
٤ ...
٥ ...

3

٦ ...
٧ ...

4

٨ ...
٩ ...

5

١٠ ...
١١ ...

6

١٢ ...
١٣ ...

7

١٤ ...

8

١٥ ...
١٦ ...

Planche III. *M.D. III*, f. 200.

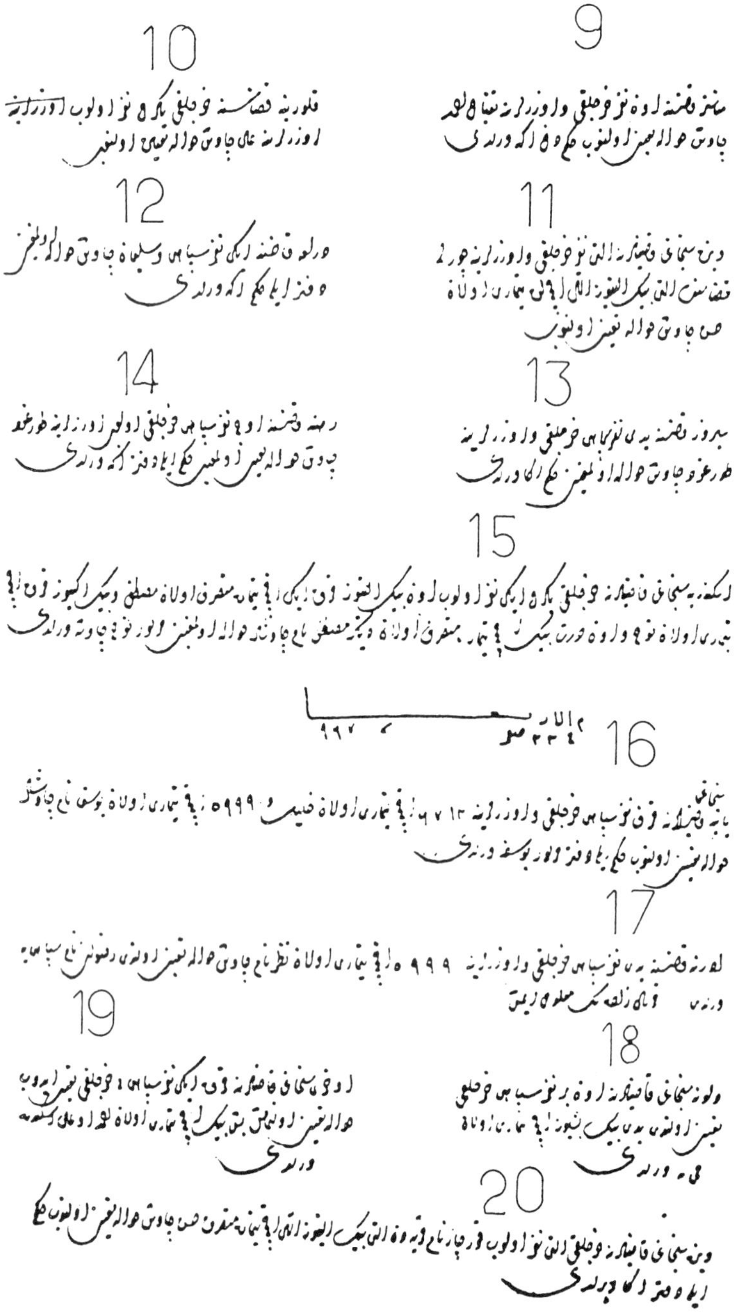

Planche IV. *M.D. III*, f. 201.

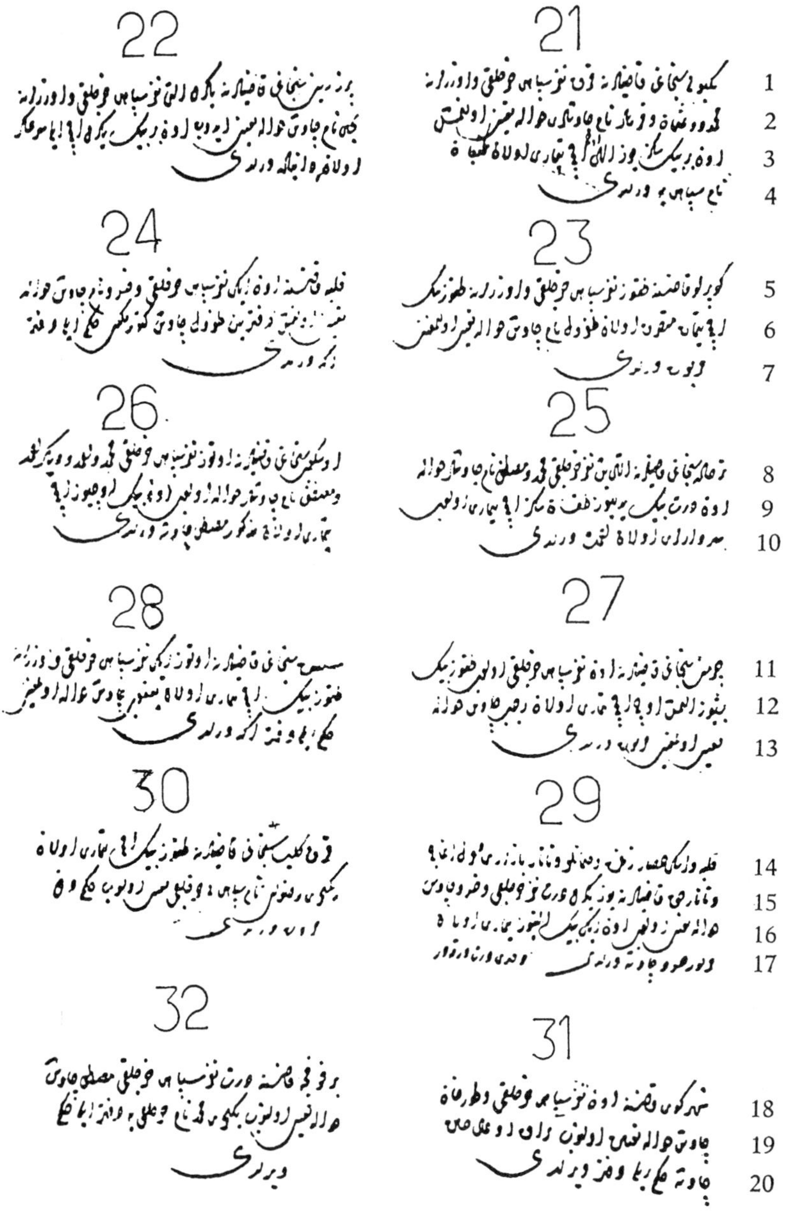

Planche V. *M.D. III*, f. 202.

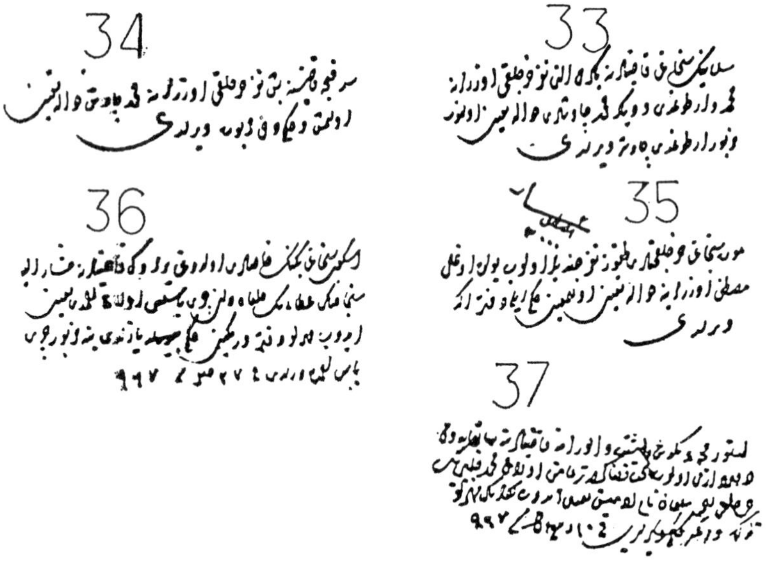

# VI

# LES PRÉPARATIFS DE LA CAMPAGNE NAVALE FRANCO-TURQUE DE 1552 À TRAVERS LES ORDRES DU DIVAN OTTOMAN *

La présente étude est née de la rencontre, dans le manuscrit *KK888* de la bibliothèque du Musée de Topkapı à Istanbul (1) — un recueil d'ordres du *dīvān* se succédant entre janvier et décembre 1552 —, d'un grand nombre de documents relatifs à l'activité de l'ambassadeur de France auprès de la Porte, durant cette période, et surtout à la préparation, du côté turc, de la campagne navale franco-ottomane de l'été 1552. Nous avons été ainsi amené à revenir sur un épisode des premières relations entre l'Empire ottoman et la France, sous les règnes de Soliman le magnifique (Qānūnī Süleymān) d'une part, François 1er, puis Henri II de l'autre.

Sans doute cette phase fondatrice d'une alliance souvent évoquée est-elle elle-même particulièrement connue. Les contemporains sur le moment, les historiens par la suite, n'ont pas manqué de mettre en relief cette étonnante union entre le Roi Très-chrétien et le plus puissant des souverains musulmans : union en apparence contre nature, mais qui reposait sur la claire conscience acquise, de part et d'autre, d'une communauté d'intérêts — certes non pas totale, d'où les nuages qui traversent périodiquement cette «amitié» — mais néanmoins très large, face à un adversaire commun : la puissance habsbourgeoise incarnée par Charles Quint, son frère Ferdinand et plus tard son fils Philippe II d'Espagne. En ces premiers temps de l'alliance, celle-ci n'implique pas seulement, comme ce sera le cas, avec des hauts et des bas, dans les siècles postérieurs, une action diplomatique de concertation et de soutien réciproques, assortie d'échanges commerciaux, mais une véritable coopération militaire, particulièrement dans le domaine naval : un épisode fameux comme le débarquement de la flotte de Ḫayreddīn Barberousse, ancien corsaire devenu *qapudan* (Grand amiral) du sultan, à Marseille en 1543, suivi d'un siège franco-turc de Nice, puis de l'hivernage de la flotte ottomane à Toulon, offre une illustration frappante de cette volonté de collaboration, comme d'ailleurs des difficultés de sa mise en œuvre (2).

Ces questions — nous le reconnaissons — sont relativement familières quand tant d'autres, de première importance pour la connaissance interne de l'Empire ottoman, restent plus ou moins inexplorées et mériteraient donc de nous retenir en priorité. Néanmoins, il vaut peut-être la peine de s'attarder encore sur les premières, dès lors qu'une documentation d'origine ottomane inédite est en mesure d'apporter quelques confirmations et précisions à ce que nous savions déjà par ailleurs, de suggérer quelques éclairages nouveaux, ou même de nous faire déboucher sur des aspects peu explorés du fonctionnement de l'immense empire.

Nommé officiellement par François 1er ambassadeur auprès du Grand Seigneur en 1547, après une mission antérieure en Turquie, Gabriel de Luetz, baron et seigneur d'Aramon et de Valabrègues, est resté surtout fameux parmi les diplomates français au Levant pour avoir accompagné Soliman dans sa longue et difficile campagne de Perse de 1548-1549, équipée relatée par un homme de sa suite, Jean Chesneau, dans son *Voyage de Monsieur d'Aramon* (3). Un peu plus tard, dans l'été 1551, l'ambassadeur que Henri II avait fait partir de Marseille avec deux galères rejoignit la flotte ottomane devant Tripoli, où il assista au siège de la place par le grand amiral ottoman, autrement appelé *beğlerbeğ* des îles *(Ğeza' ir beğlerbeği)*, Sinān pacha. À cette occasion, l'ambassadeur obtint de ses alliés la grâce des Chevaliers de Malte qui avaient tenu la place (5).

C'est donc un homme riche d'une exceptionnelle expérience du pays et de ses gouvernants qui rejoint la cour de Soliman à Edirne, dans l'hiver 1551-1552 : il a désormais pour principal objectif de convaincre le sultan d'entreprendre de nouveau une opération navale commune contre les Impériaux, qui soit plus directement utile que la précédente aux intérêts du roi de France.

Avant d'évoquer ce que nous pouvons apprendre de ces négociations et du déroulement des préparatifs du côté turc, il n'est peut-être pas inutile de rappeler ce qu'il en advint : le principe fut finalement retenu d'une rencontre des flottes à Naples et d'une attaque de cette place qui dépendait de l'Espagne, laquelle serait suivie d'autres opérations contre les côtes soumises à Charles Quint. En outre, l'attaque par mer de Naples serait complétée, du côté français, par l'envoi de 18 à 20 000 «hommes de pied» et «11 000 chevaux», sous la conduite du prince de Salerne et du maréchal de Termes (6). Les tentatives pour entraîner Venise et obtenir l'apport de ses bateaux n'aboutirent pas.

La flotte ottomane de 120 unités, qu'accompagnaient Gabriel d'Aramon et les galères propres de ce dernier, quitta, en effet, les Dardanelles sous la conduite du *qapudan* Sinān pacha. La suite des événements (7) fut relatée dans deux dépêches d'Aramon à Henri II, la première écrite " à la hauteur de Terracine " (Terracina), le 22 juillet (8), la seconde " à la hauteur du promontoire Circello " (cap Circeo), le 30 juillet (9), deux points au N.O. de Naples, en face des îles Ponziane : après être passés, le 3 juillet, à Messine, les Turcs s'étaient emparés de Reggio et avaient ravagé la côte de Calabre, puis ils étaient parvenus, le 15 juillet, devant Naples dont ils avaient fait le blocus. Mais la flotte française du baron de La Garde, retardée par divers accidents, n'était pas au rendez-vous ; pas plus d'ailleurs que le contingent terrestre du prince de Salerne : faute d'avoir pu obtenir des galères de Venise pour s'embarquer, le prince avait dû retourner à Marseille, ce qui avait tout retardé (10).

N'ayant aucune nouvelle des Français, les chefs turcs songent très rapidement, " dès le 3e ou le 5e jour ", à s'en retourner et tous les efforts de l'ambassadeur tendent à les faire patienter : son idée est de les amener à poursuivre jusqu'en Corse, en prenant en route Elbe et Piombino, puis de faire hiverner la flotte ottomane dans les ports français (en dépit du précédent peu encourageant de 1543), ce qui la mettrait mieux à même de poursuivre l'action en Méditerranée occidentale au printemps suivant. Grâce à l'appui de Dragut, il semble convaincre ses partenaires, qui commencent à se diriger vers le Nord, mais ils se heurtent au mauvais temps (au grand vent) et renoncent vite à atteindre Elbe et Piombino où, de toutes façons, " on arriveroit trop tard dans la saison " : malgré l'avis contraire de Ṭurġud qui, une nouvelle fois, appuie Aramon, Sinān pacha décide de faire demi-tour, non sans avoir préalablement capturé sept des 40 galères qu'Andrea Doria avait aventurées aux abords de l'île de Ponza.

Le bruit courut que le vice-roi de Naples avait obtenu à prix d'argent la retraite des Turcs (11), mais Aramon en donne d'autres explications, dans sa lettre au roi du 30 juillet : " Cette mutation, lui écrit-il, n'a procédé en partie que pour n'avoir eu, depuis qu'ils sont par de çà, aucunes nouvelles ny advis de vous par terre ny par mer, et partie aussi pour le peu d'expérience qu'a le dit capitaine ès choses de la mer, qu'il croit facilement aux persuasions d'un chacun, mesmement de ceux qui ont bonne volonté de retourner au logis, comme sont plusieurs sanjacques *(sanğaqbeğ)* et autres de la dite armée de mer, plus accoustumez au repos qu'au travail de la mer ".

La dénonciation de l'inexpérience de Sinān pacha promu amiral par la faveur de son frère, le grand vizir, n'a pas de quoi surprendre. D'autre part, en évoquant la mauvaise volonté des chefs des *sanğaq* et de leurs troupes à servir sur les galères, le témoin français met le doigt sur un problème majeur de la flotte ottomane, que nous retrouverons en évoquant les préparatifs de la campagne.

Ses espoirs déçus, l'ambassadeur regagna Istanbul, tandis que la flotte partait hiverner à Chio. Les bateaux du baron de La Garde arrivés entre temps vinrent l'y rejoindre, pour un hivernage en commun des deux flottes, qui devait permettre à la campagne de l'année suivante de commencer sous de meilleurs auspices.

Ayant évoqué le résultat, la stérile campagne de 1552, revenons à présent sur la phase préparatoire qui l'avait précédée, et fait d'ailleurs apparaître en germe quelques causes de l'insuccès final.

**Préparatifs d'une campagne navale ottomane**

Sur le principe même d'une expédition navale ottomane au printemps 1552, l'ambassadeur de Henri II n'avait pas eu de mal à convaincre le sultan, au début de l'hiver précédent, puisque, antérieurement déjà, la décision en avait été spontanément prise du côté turc et que les préparatifs en avaient même été amorcés. Henri II avait d'ailleurs été tenu au courant de ces dispositions, au moins par son ambassadeur à Venise, Odet de Selve, qui lui écrivait, dès septembre 1551, que " dedans l'arsenal du dit lieu (Istanbul), l'on avoit mictz huict gallaires sur le chantier et que le Turc en vouloit faire faire jusques a cinquante, et pour cest effect avoit envoyé les groz navires quérir le boys. L'on avoit aussi faict commandement en Constantinople de faires des biscuitz jusques à la quantité de XXV mille cantars et par tous les fours de la ville s'en cuisoit en grande diligence " (12).

En novembre, le même annonçait qu'était arrivée " de retour de Mer Majour (la mer Noire), une marine chargée de boys à faire gallaires " (13).

Les choses se confirmèrent dans les mois qui suivirent : le 15 janvier 1552, de Selve faisait savoir que les préparatifs turcs " par mer et par terre continuoient plus vivement et plus grand que jamais ", et il faisait état de la certitude où l'on était à Venise que la flotte du sultan " seroit à la voile de fort bonne heure et beaucoup plus tost que l'an passé (elle avait appareillé en mai), et seroit de CL galères, sans plusieurs navires et les vaisseaux des corsaires levantins, qui estoient ordinairement en grand nombre " (14).

C'est, bien entendu, le grand intérêt de la série d'ordres du *dīvān* contenus dans le manuscrit *KK888* que de nous permettre de suivre ces préparatifs turcs, non plus seulement à travers les observations et supputations des agents occidentaux, mais de l'intérieur, tels que le sultan les ordonne. Reconnaissons néanmoins qu'on ne doit pas en attendre une image exhaustive de la préparation de cette campagne. Cette documentation n'apporte, en fait, que des éclairages qui, aussi suggestifs soient-ils, restent partiels et très inégaux selon les secteurs.

Deux raisons peuvent en être données : les ordres conservés ne commencent, comme nous l'avons indiqué, qu'en janvier 1552 et ne couvrent par conséquent pas les premières mesures lançant la campagne, et notamment celles commandant la construction de nouveaux bâtiments. D'autre part, et la remarque vaut pour l'ensemble de la phase préparatoire, la campagne une fois résolue par le souverain et son *dīvān*, les préparatifs en étaient entièrement placés sous l'autorité du *qapudan* : c'est à ce dernier et à ses adjoints qu'il revenait de prendre toutes les dispositions pratiques nécessaires, non, bien entendu, sans informer régulièrement la Porte de l'avancement des choses. Ces préparatifs n'avaient donc de chance de figurer parmi les ordres ultérieurs du souverain que dans des circonstances particulières : qu'il éprouve le besoin de confirmer ou modifier ses directives à l'Amiral, de contrôler et de stimuler l'action de ce dernier, ou encore d'appuyer ou de compléter celle-ci en intervenant avec tout le poids d'une autorité suprême qui s'impose à tous.

Un premier enseignement de cette source est de confirmer que le sultan prévoit, au départ, de faire commencer la campagne à la fête de *nevrūz* (littéralement : la nouvelle année), à l'équinoxe de printemps (20 au 21 mars), soit par conséquent à une date relativement précoce et antérieure à celle de l'année précédente, ce qui permettra une campagne sensiblement plus longue et donc plus ambitieuse. C'est, comme nous le verrons, la date en vue de laquelle rameurs et hommes de troupes doivent être tenus prêts. Des incidents locaux, comme des actes de piraterie et la présence de 15 à 20 bateaux suspects dans la région de Valona (Vlorë), renforcent la Porte dans ses intentions et l'incitent, le 17 février, à demander au *beḡlerbeḡ* de hâter au maximum les préparatifs *(ff. 64 v. - 65 r.)*.

Sur la préparation matérielle de la flotte, les questions de construction et de fournitures, notre documentation apporte très peu de renseignements, ce qui dénote une faible intervention directe de la Porte dans ce domaine, au moins durant la période considérée (15). On apprend cependant, par un ordre au *qāḍī* de Benderegli (Karadeniz Ereğlisi), qu'il avait été prévu que les ancres nécessaires à la flotte seraient fabriquées à Samaqov (Samokov), à proximité des gisements de fer, et que la Porte avait ordonné que des sujets paysans *(re'āyā)* soient loués sur place pour brûler du charbon à cette fin ; pourtant, ces derniers refusent d'accepter le travail *(f. 97 r.)* (16). D'autre part, le *beğlerbeğ* des îles informe la Porte que le bateau, qu'il avait eu peu avant l'ordre de construire pour transporter deux colonnes de marbre d'Alexandrie à Istanbul *(f. 34 v.)*, serait bientôt fini, mais il recommande d'attendre trois mois pour accomplir ce voyage dans des conditions plus sûres. La Porte lui ordonne alors d'utiliser en attendant ce bateau pour transporter, depuis la mer Noire, des troncs d'arbres destinés à la fabrication des galères *(qadırġa aġačları)* — une instruction manifestant le souci de la Porte de recourir à tous les moyens disponibles pour approvisionner l'arsenal de Galata *(f. 99 v.)*.

Les seules précisions sur le nombre des bateaux à tenir prêts, livrées par notre documentation, ont trait non pas à l'ensemble de la flotte ottomane mais aux deux escadres particulières devant servir sous les ordres des chefs corsaires Ṣāliḥ et Ṭurġud, deux anciens compagnons de Barberousse.

Ṭurġud avait été maintenu dans son *sanğaq* de Qarlıeli (Acarnanie) après la conquête de Tripoli. Un ordre au *beğlerbeğ* des îles du 24 janvier 1552 *(f. 34 v.)* renvoie à un firman antérieur adressé au même, par lequel il devait armer sans retard 20 galères destinées à Ṭurġud *beğ*. Dans le même temps, le *qapudan* avait également reçu des instructions relatives aux bateaux de Ṣāliḥ *re'īs*.

Ce dernier avait été récemment promu gouverneur d'Alger *(Maġreb ğezā'iri beğlerbeği)*. Aramon, qui évoquait cette nomination dans sa dépêche du 20 janvier, se réjouissait de la désignation comme *«sanjaq»* (en fait, ainsi qu'il vient d'être dit, comme *beğlerbeğ*) de ce Ṣāliḥ, " personnaige d'autre sens et conduite que n'estoit le... roy d'Alger ", et il s'en attribuait largement le mérite : " je pense, écrivait-il au roi, luy avoir de tant aydé et secondé pour parvenir à ce point, qu'il s'en tient grandement redevable et obligé à vous : lequel sçait bien aussy combien vivement j'ay pourchassé luy faire tomber en mains quelque nombre de gallères ". L'ambassadeur précisait ensuite que le nouveau promu se rendrait à Alger " pour entrer en possession de son estat au temps du partement de l'armée de mer " (17).

Ce sont, en fait, dix galères que le *qapudan* avait reçu l'ordre de tenir prêtes pour les faire partir le moment venu avec Ṣāliḥ pacha : celui-ci en laisserait quatre sur place à Alger et enverrait les six autres se joindre au reste de la flotte impériale lors de la campagne. Cependant l'intéressé avait demandé une modification de ces dispositions : il garderait non pas quatre mais cinq galères à Alger et enverrait les cinq restantes rejoindre la flotte, ce à quoi d'ailleurs la Porte consentira.

Face à ces premières instructions qui tendaient à l'armement de 30 galères pour les deux ex-corsaires, le *qapudan* avait objecté qu'il ne lui serait pas possible de tenir prêtes en un temps rapide un tel nombre d'unités. L'obstacle qu'il invoque, et sur lequel nous aurons à revenir, tient aux lenteurs de la mobilisation des rameurs : " les galères à armer sont au nombre de 30, fait-il observer. Il n'est pas possible de les armer sans retard. Les rameurs mettront du temps à arriver. Tant qu'ils ne seront pas arrivés, on ne pourra pas armer ". En réponse à ces objections, la Porte admet un étalement des fournitures à Ṭurġud *beğ* : il partira d'abord avec 11 bateaux, et le reste sera armé quand ce sera possible (18).

Telles avaient été les instructions du 24 janvier. Par la suite, nous n'entendons plus parler de la préparation des galères de Ṭurġud. En revanche, celles de Ṣāliḥ suscitent de nouvelles interventions de la Porte : nous apprenons le 15 février que l'homme désigné pour accompagner le nouveau *beġlerbeġ* en Algérie et pour en repartir à la tête des cinq galères destinées à participer à la campagne, est un membre du corps des *sipāhī oġlan* qui a pour nom Seydī 'Alī *(f. 71 r.)* (19). Quelques jours après, la Porte ayant reçu des nouvelles alarmantes de *qā'id* Ṣafā, chargé d'assurer la défense d'Alger *(Maġreb ġezā'iriniñ muḥafaẓasında olan...),* décide de précipiter le départ de Ṣāliḥ pour son gouvernement et donne des instructions pressantes au *qapudan* à cet effet : c'est lui qui doit fournir les rameurs des cinq galères qui resteront sur place en Algérie, mais il en fera recruter les combattants *(ġenkči)* par Ṣāliḥ pacha lui-même. Quant aux cinq autres galères qui rejoindront la flotte impériale sous la conduite de Seydī 'Alī, c'est le *qapudan* qui en fournira à la fois les rameurs et les combattants. En outre, probablement sous l'effet de cette pénurie de rameurs dont nous allons reparler, et considérant que Ṣāliḥ en trouverait sur place, la Porte ordonne que Seydī 'Alī amène également avec lui à la flotte les rameurs des cinq galères restant à Alger *(f. 80 v.)*. Le *beġlerbeġ* des îles doit en outre procurer de la poudre à canon à ces cinq galères *(f. 101 r.)*. Comme la question des rameurs continuait apparemment à embarrasser le *qapudan*, la Porte lui commande d'affecter aux bateaux qui accompagneront Ṣāliḥ pacha des " mécréants valaques " *(eflaq kāfirleri)* qui avaient été mis à la rame dans des circonstances qui nous échappent *(f. 94 v.)*. Un peu plus tard, la Porte interroge Sinān pacha sur l'exécution de cet ordre : " ces mécréants avaient-ils été bien envoyés en mer ? Se trouvaient-ils désormais là-bas ? Combien étaient-ils ? Des morts étaient-elles survenues parmi eux ? " *(f. 105 r.)*. Au reste, nous verrons plus loin qu'au moment de le convoquer pour la campagne, le sultan donnera à Ṣāliḥ pacha des instructions tout autre que ce qui avait été prévu dans cette première phase préparatoire.

Mais le recrutement des hommes suscite bien davantage les interventions de la Porte que la préparation matérielle des bateaux ; il s'ensuit que notre documentation est beaucoup plus abondante sur ces questions.

C'est d'abord le cas pour les rameurs *(kürekči)*, élément essentiel au fonctionnement d'une flotte composée principalement de galères, et dont nous avons déjà entrevu combien il pouvait perturber la mise en route des bateaux. On sait que les Ottomans recouraient à quatre sources de recrutement : prisonniers de guerre enrôlés de force, volontaires appointés, sujets appelés au titre des obligations fiscales liées à la guerre *('avāriẓ)* et enfin condamnés mis à la rame (20). Ces deux dernières catégories apparaissent fréquemment dans les préoccupations du *dīvān*.

**Levée des rameurs de service**

Rappelons, que sauf exemption particulière liée à l'accomplissement d'un autre service, les sujets du Grand Seigneur étaient tenus de ramer sur les galères pendant la campagne, ou de fournir une somme d'argent en compensation de ce service. Le principe de cette obligation, qui entrait dans la catégorie des *'avāriẓ-i dīvānīyye*, est connu : en fonction des besoins d'une campagne, les *qāḍī* dont les circonscriptions ont été retenues doivent lever parmi leurs administrés un certain nombre de rameurs, tandis que les foyers non directement astreints verseront un équivalent monétaire correspondant à l'entretien des rameurs. Selon certaines sources, notamment relatives à 1551, c'est chaque ensemble de 23 foyers qui devait fournir un rameur et le montant de son salaire pour un mois (21).

Pour la campagne de 1552, nous ne possédons pas les premiers ordres de recrutement des rameurs de ce type, qui avaient certainement été émis avant janvier. Nous savons néanmoins, par les documents ultérieurs qui s'y réfèrent, quelles zones géographico-administratives avaient été mises à contribution : les *qaẓā* des *beğlerbeğilik* de Rūmeli, Anaṭolı (Anatolie) et Qaraman (Karaman) ; il s'y ajoutait certains *qaẓā* de la province de Rūm (ou de Sivas) et du *sanğaq* de Trabzon (Trébizonde), où il avait été ordonné de lever des rameurs *(f. 70 v.)* (22).

Les documents de 1552 font ressortir quelques modalités concrètes du fonctionnement de cette institution, ainsi que les difficultés du Pouvoir à la mettre en pratique.

C'est au *qāḍī*, qui a la haute main sur toute l'opération dans sa circonscription, qu'il revient notamment de choisir les rameurs, et il est rappelé le 4 février au *qāḍī* de Manisa qu'il ne doit pas figurer, parmi les rameurs qu'il expédie, des individus âgés et invalides *(pīr ve ma'lūl)*, mais uniquement des gens en état de ramer *(küreğe yarar)* *(f. 51 v.)*.

Non seulement le *qāḍī* devait lever les rameurs et percevoir l'argent de leur entretien, mais accompagner le tout à la capitale (plus précisément à Galata, où il existait d'ailleurs une Porte des rameurs) (23) pour les remettre au *qapudan*. Si la présence du *qāḍī* était en effet une garantie de la bonne marche des choses, ce déplacement, éventuellement assez long, pouvait être incompatible avec ses autres obligations sur place ; un ordre au *beğlerbeğ* des îles, du 4 avril, lui commande de renvoyer d'urgence le qāḍī de Belgrade venu lui apporter l' «argent des rameurs» *(kürekči aqčasi)* de sa circonscription, car on a besoin de lui pour examiner certaines affaires dans la forteresse de Dirač (Durazzo, Durrës) *(f. 152 r.)*. De même, un ordre du 4 février, au *qāḍī* de Kayseri, lui enjoint, s'il est parti pour Istanbul avec ses rameurs, de faire immédiatement demi-tour à l'endroit où l'ordre l'atteindra, pour se trouver présent à son siège quand y arrivera un inspecteur chargé d'examiner sa gestion passée. Il confiera les rameurs à l'un de ses subordonnés *(nā'ib)* et à des gens capables de son personnel *(f. 51 v.)*. De même le *qāḍī* de Gümülğine (Komotini) s'étant vu confier une «affaire d'inspection» *(teftiš ḫuṣūṣu)*, il choisira un de ses *nā'ib* capable et digne de confiance pour lever les rameurs et les accompagner à Istanbul, ce qui lui permettra de mener à bien la tâche qui lui est confiée *(f. 55 v.)*. Le *qāḍī* de Manisa doit lui-aussi faire escorter les rameurs qu'il envoie par un *nā'ib* et des hommes capables : il recommandera d'ailleurs bien à ces derniers de veiller à ne perdre aucun rameur en route, de retrouver ceux qui disparaîtraient et de ne s'en retourner qu'une fois les rameurs déposés sur les bateaux *(f. 51 v.)*, des tentatives de désertion étant manifestement à prévoir.

Mais au début de 1552, il apparaît que le recrutement lui-même se fait mal. Selon un rapport présenté par le *sanğaqbeğ* à la demande des habitants, auquel la

Porte répond le 3 février *(f. 50 v.)*, cette opération est impossible dans le gouvernorat de Delvina (Delvinë) : une extrême disette *(ziyāde qaḥṭ)* y sévit et, inquiets pour leur subsistance, les paysans ont dû se disperser vers l'intérieur ou les contrées avoisinantes. Ils ne sont donc pas en mesure de fournir des rameurs ni d'acquitter l'équivalent monétaire. Dans ces conditions, les gens d'expérience et les notables du pays *(ehl-i vuqūf ve 'āyan-i memleket)* sollicitent une exemption " pour cette fois ". La Porte réplique que si elle ne peut fournir de rameurs, la population doit acquitter une compensation financière *(bedel aqčası)* qui ne doit pas être inférieure à 1100 aspres (24).

Une demande de dispense caractérisée comme celle qui précède reste exceptionnelle, mais il apparaît que partout l'exécution des ordres donnés ne va pas sans problèmes : peut-être en raison de l'inefficacité des *qāḍī* ; certainement, en tout cas, de résistances chez les assujettis. Plusieurs ordres lancés entre le 11 et le 13 février dressent un bilan négatif de la situation : ils constatent que la date de *nevrūz* est proche, qu'on est parvenu au moment où la flotte est sur le point de prendre la mer et que, selon les cas, la plupart ou la totalité des rameurs ne sont pas encore arrivés. C'est alors, et, semble-t-il, alors seulement, que la Porte se décide à faire appel aux troupes, à des officiers et cavaliers de l'armée timariale (nous reviendrons sur ce terme) locale pour prêter main-forte aux *qāḍī* dans la levée des rameurs et leur acheminement jusqu'à la flotte. Nous possédons deux versions datées du même jour — 11 février — d'un ordre aux *beğlerbeğ* d'Anatolie et de Qaraman : la première *(f. 69 v.)* leur prescrit de faire assister les *qāḍī* dans cette tâche par des hommes d'armes dignes de confiance, de leur dépendance, en quantité suffisante, pris parmi les *alaybeğ, subašı, sipāhī* et autres. Mais cette version, comme l'indique la note de chancellerie ajoutée au-dessus du texte, a été modifiée *(ta 'dīl olub)*, et une autre version, enregistrée presque immédiatement après, *(f. 70 v.)* comporte en effet des dispositions sensiblement différentes : les *beğlerbeğ* enverront des émissaires, des *čavuš*, là encore capables et dignes de confiance, pour participer à la levée et à l'expédition des rameurs dans chaque *qāḍīlıq*, et ils lanceront d'autre part des avis et des exhortations aux *subašı* et *sipāhī* de tous lieux pour qu'ils assistent les *qāḍī* dans cette affaire. Ils feront d'ailleurs savoir à la Porte dans quels *qāḍīlıq* ils ont envoyé des *čavuš* et qui ils ont envoyés. Copie du même ordre était adressée au *lālā* (gouverneur du prince impérial) Yaḥya *beğ* pour les *qāḍīlıq* en cause de la province de Rūm et du *sanğaq* de Trébizonde. En ce qui concerne les régions dépendant des deux *beğlerbeğilik* de Rūmeli et des îles, il n'y a pas d'ordre analogue aux *beğlerbeğ* respectifs, mais une même mission était confiée à plusieurs *sanğaqbeğ* dépendant de ces derniers : ceux de Mora (Morée), Qarlıeli, Ağriboz (Eubée), Inebaḫtı (Lépante), Avlonya (Valona, Vlorë), Yanya (Jannina), Elbasan, Iskenderiyye (Shkodrë) et Delvina *(f. 71 r.)*. Les *qāḍī* de Rūmeli étaient par ailleurs invités à s'assurer le concours des cavaliers timariotes locaux et à indiquer à la Porte les noms des *subašı* et *sipāhī* de leurs circonscriptions ayant refusé de leur prêter assistance ou l'ayant fait de façon insatisfaisante.

D'une manière générale, ces différents ordres sont lourds de menaces : il est dit et répété que si les rameurs n'arrivent pas avant *nevrūz*, ou s'ils arrivent en nombre incomplet, la faute en retombera sur les *qāḍī* : " Vous ne pourrez pas dire — leur est-il signifié dans l'un des ordres, par des formules stéréotypées des firmans ottomans :

nous ne savions pas, nous n'avons pas entendu, et vous serez châtiés de telle manière que ce soit matière à exemple pour les autres " *(f. 70 r.)* ; mais il est également précisé que les *čavuš* et hommes d'armes appelés à la rescousse seront eux aussi tenus pour responsables et punis en cas d'insuccès : " Il ne pourra y avoir, est-il ajouté dans une formule là encore rituelle, de favoritisme ni de circonstances atténuantes " *(meyl ve muḥābā iḥtimāli yoqdur) (f. 70 v.)*. De même, les uns et les autres sont sévèrement mis en garde contre la tentation de réclamer ou d'accepter des pots de vin des *reʿāyā* ou d'exiger d'eux plus que ne le prévoit la loi : la levée des rameurs ne doit pas fournir de prétexte à des violences et des exactions, lesquelles ne manqueraient pas d'être réprimées d'où qu'elles viennent *(f. 70 v.)*.

Cette intervention énergique du *dīvān* semble avoir porté quelques fruits puisque des progrès sont enregistrés par la suite ; à la fin de mars, le sultan se félicite d'avoir reçu du *qapudan* les registres consignant tous les rameurs arrivés à destination à la date du 24 mars (soit à peu près celle de *nevrūz*), ce qui lui a permis de prendre de nouvelles mesures et d'envoyer des émissaires pour hâter l'arrivée des retardataires *(f. 140 v.)*.

Il n'empêche que la question n'avait pas été entièrement résolue pour *nevrūz* et qu'elle reste même encore en suspens dans les semaines qui suivent : à la fin avril, la Porte doit de nouveau interroger le *qapudan* à deux reprises sur l'état des rameurs : " combien sont arrivés ? Combien de *qādīlıq* n'ont pas encore envoyé les leurs ? ", et elle lui prescrit d'installer ceux qui continueront d'arriver. Il semble en outre qu'il n'ait pas encore reçu assez de cet «argent de compensation» *(bedel aqčası)* qui doit lui servir à rétribuer les rameurs, puisqu'il lui est recommandé, s'il a besoin d'argent à cette fin, d'en prendre auprès de l'intendant de la ville d'Istanbul *(bedel aqčası lāzım ise šehir emīninden alub...)*. Le sultan conclut, non sans euphémisme, compte tenu de la date à laquelle il s'exprime : " Il ne faut pas que le départ de la flotte soit retardé " *(donanmanıñ čıqması teʾḫir olunmıya ; ff. 135 r. et 166 v.)*.

## Utilisation des condamnés sur les galères

Ne pouvant se contenter des rameurs obtenus non sans mal dans le cadre que nous venons d'évoquer, le sultan fait usage, comme nous l'annoncions, d'autres méthodes. Nous n'avons trouvé qu'un seul document de 1552 se référant à l'utilisation de prisonniers de guerre (25) : le *qapudan* se voit notifier l'envoi par le *beğlerbeğ* de Budun (Bude, annexée depuis 11 ans) de 43 mécréants *(kāfir)* accompagnés par le *qapu ketḫüdāsı* (chargé d'affaires auprès de la Porte) de ce dernier, destinés à être mis à la rame : parmi ceux-ci figurent cinq condamnés pénaux ainsi que 38 prisonniers de guerre *(ff. 163 v. et 191 r.)*.

En revanche, le recours à des condamnés, déjà attesté dans le cas que nous venons d'évoquer, fait l'objet par ailleurs d'un nombre important de documents. Ceux-ci illustrent abondamment la volonté du sultan de mettre à profit les ressources offertes par la «population pénitentiaire» pour résoudre un grave problème d'effectifs (26). Plusieurs ordres annoncent ainsi au *beğlerbeğ* des îles l'arrivée de condamnés, isolés ou en groupes, que lui expédient les autorités locales des diverses parties de l'empire, en les faisant escorter par un émissaire auquel le *beğlerbeğ* devra remettre un accusé de réception *(temessük)*, quand il aura pris possession de ces futurs galériens. D'autres ordres avaient été préalablement envoyés par le *dīvān* à ces autorités locales, judiciaires comme les *qāḍī*, ou militaro-policières comme les *beğlerbeğ, sanğaqbeğ* et *subašı*, pour qu'ils envoient rejoindre la flotte tel ou tel individu dont les méfaits sont rappelés et dont la culpabilité a été prouvée au terme d'un jugement. Dans d'autres cas, au contraire, ces ordres n'avaient été que conditionnels, ne devant s'appliquer qu'une fois prouvée une culpabilité qui n'était encore que suspectée.

Il est fréquemment spécifié que ces condamnés doivent être menés à destination enchaînés *(derzinğir)*, et la Porte précise d'ailleurs, à propos de cinq coupables conduits enchaînés par un certain 'Ömer du corps des *čavušoğlu*, auprès du *qapudan*, que ce dernier, une fois les hommes dûment placés sur les galères, est prié de rendre les chaînes au susdit 'Ömer pour qu'il les rapporte... *(ff. 154 v.* et *184 r.)*.

Pendant la période de préparation de la campagne, c'est généralement dans la capitale même, là où la flotte se constitue, que les forçats sont amenés, mais on cherche néanmoins à «rationaliser» ces déplacements plus ou moins commodes : le *beğ* de Mora gardera sur place son condamné pour le remettre au *qapudan* " quand il arrivera dans ces régions " *(f. 130 v.)*. Au *qāḍī* de Salonique, on prescrit de remettre ses condamnés à l'amiral de la flotte établie dans le port proche de Kavalla, au *Qavala qapudanı (f. 134 v.)* (27). D'autre part, une fois que la flotte principale a enfin pris le départ pour la campagne, les condamnés sont orientés vers des escadres restant sur place à des fins défensives, en l'occurrence à Gelibolu (Gallipoli) ou à Rhodes (28). On note, par ailleurs, qu'indépendamment de la flotte de guerre proprement dite des condamnés pouvaient être employés comme rameurs sur des bateaux affectés au transport des pierres *(ṭaš gemisi ; ff. 154 v.* et *182 r.)*.

Dans le recours à la peine de galères, le *pādišāh* ottoman tente de conjuguer ses prérogatives et ses devoirs de commandant des armées et de juge suprême de l'empire officiant dans le cadre du droit islamique. Sans prétendre traiter les questions juridiques posées par cette pratique, nous voudrions présenter quelques constatations : c'est le monarque qui prend l'initiative d'envoyer un condamné aux galères, mais il ne s'agit généralement pas d'une décision arbitraire, prise en dehors des institutions judiciaires ordinaires de l'empire. Le plus souvent, comme nous l'avons indiqué, cette décision vient au terme d'une action judiciaire régulière du tribunal compétent : un *qāḍī* a mené l'enquête et rendu son verdict en agissant selon les dispositions du *šer'* ; ou bien, elle est suspendue au résultat d'une telle action. Si, d'autre part, l'innocence d'un galérien en train de purger sa peine vient à être prouvée après coup, le sultan ordonne au *qapudan* de le libérer, le cas échéant sous caution *(ff. 65 r., 154 v.* et *182 r.)*.

Tel paraît être le principe général, même si nous devons reconnaître que, dans quelques cas, il n'est pas évident que le condamné ait à comparaître à un moment quelconque devant un *qāḍī* : ces cas ont généralement trait à des manquements dans des services para-militaires ou autres dus à l'État. C'est ainsi, par exemple, que le *sanğaqbeğ* de Vize devra livrer aux galères les Tatars de Bozapa (29) qui refuseraient de participer à la campagne de Hongrie sous le commandement du *subašı* des *yürük* de

Vize *(f. 98 r.)*. Le *sanğaqbeğ* de Çirmen fera de même pour les rameurs soldés qu'il a recrutés en vue de la flottille du Danube dans les *sanğaq* voisins, au cas où ils ne seraient pas venus s'embarquer à Belgrade, ou bien auraient déserté : " Si on ne les châtie pas, avait fait remarquer le *sanğaqbeğ*, dorénavant plus aucun rameur n'arrivera des différentes régions " *(f. 177 r.)*. L'absence du recours au *qāḍī* devient tout à fait explicite dans un ordre au *sanğaqbeğ* de Pojega (Požega) : il avait fait savoir que deux *knez* (30) et certains *re 'āyā* de son gouvernorat avaient organisé " un va et vient d'informateurs avec l'ennemi " de part et d'autre de la frontière. " La loi sacrée ne permet pas de châtier de tels gens " *(anlarıñ gibilerin ḥaqlarından gelinmeğe šer' rıza vermez)*, observait le sultan, et il poursuivait, à l'adresse du *sanğaqbeğ* : " Tu as néanmoins demandé un ordre sacré pour qu'un ou deux d'entre eux soient châtiés et donner ainsi aux autres matière à exemple et à avertissement ". Il donnait enfin son accord pour que ceux dont la culpabilité se confirmerait soient enchaînés et envoyés aux galères *(f. 182 r.)*.

Dans tous les cas — les plus nombreux, répétons-le — où l'ordre impérial dépendait d'une intervention préalable du *qāḍī*, le monarque ne faisait que procéder à une commutation de peine, substituant aux sanctions prévues par la loi islamique, pour tel ou tel délit constaté par le juge local, une sanction autre — l'obligation de ramer sur les galères impériales — qui (pas plus d'ailleurs que les amendes si courantes dans la pratique pénale ottomane) ne figurait pas dans le droit musulman proprement dit (31).

Sans doute le sultan profitait-il en la circonstance de la relative souplesse de la législation islamique, de la marge d'initiative qu'elle laisse au monarque et à ses agents de justice et de police dans la détermination des peines et leur éventuelle commutation (32), mais il n'en demeure pas moins que toutes les peines n'étaient pas considérées comme commutables ; les peines afflictives *(ḥadd*, plur. *ḥudūd)* sanctionnant les crimes capitaux, basées sur le Coran et la *Sunna*, étaient réputées de droit divin *(ḥaqq Allāh)* et ne pouvaient donc qu'être appliquées telles quelles (33). La question se pose de savoir dans quelle mesure Süleymān reste fidèle à ce principe dans ses ordres de mise à la rame. De fait, il indique bien à l'inspecteur chargé de réprimer le brigandage dans la région de Malkara et Gelibolu, et au *qāḍī* de Gümülğine, que seuls devront être envoyés aux galères les coupables ne méritant pas la peine capitale *(f. 66 v.)*, or nous savons que les meurtres perpétrés lors de " brigandages sur les chemins publics " *(qaṭ' al-ṭarīq)* constituent précisément l'un des cas où la peine capitale ne peut être commuée, même par le souverain (34). De même, il est ordonné au *qāḍī* de Bursa d'envoyer aux galères d'Istanbul tous ses prisonniers qui ne méritent pas la peine capitale *(f. 120 r.)* ; à celui de Salonique de remettre à l'amiral de Kavalla ceux de ses condamnés qui n'encourent pas la peine capitale *(f. 134 v.)*. Ces différents exemples tendraient à faire penser que les condamnations à mort restaient incommutables. On ne peut cependant s'en tenir à cette conclusion, puisqu'on sait par ailleurs que figuraient parmi les galères de la flotte des condamnés méritant la pendaison *(ṣalb ve siyāsete müstaḥaq olub... ; f. 80 v. ; cf. infra)*.

Ce sont en vérité des délinquants très divers, auteurs de méfaits de nature variée et de gravité inégale, passibles par conséquent de peines plus ou moins lourdes, que,

# VI

dans son pressant besoin de bras, le souverain réunit sur les bancs des rameurs ; la nécessité pratique à laquelle répond cette peine ressort bien, entre autres, de cet ordre au beğlerbeğ des îles : un certain Reğeb avait été mis aux galères au mois de ğemāzī ül-evvel 958 (7 juin - 6 juillet 1551) ; le beğlerbeğ doit l'y maintenir jusqu'à la fin de la campagne de 1552 ; après quoi, il pourra le relâcher sous la caution de garants sûrs (f. 63 r.). Sans prétendre à l'exhaustivité, nous avons rassemblé les résumés d'un certain nombre de documents du KK888 sur ce sujet, afin de faire apparaître la diversité des situations : chrétiens, Tziganes et musulmans figurent parmi les condamnés (toutefois nous n'avons pas rencontré en leur sein de soldats proprement dits ('asker) ni de serviteurs du sultan (qul)). Les crimes contre l'État sont assurément les plus fréquents, mais ils sont de natures très différentes : brigandage, refus de service, évasion fiscale, fausse-monnaie, espionnage, exactions d'agents du fisc, exportations illégales. En outre les délits privés ne sont pas absents, avec des affaires de vols, calomnies, outrages aux mœurs. Précisons d'ailleurs que c'est de la brève relation des faits que nous déduisons la nature des délits en cause, faute de disposer des verdicts mêmes des qāḍī qui en donneraient une définition plus technique.

Ce qui fera la différence entre des condamnés ayant vu commuer en service sur les galères des peines inégalement lourdes, et maintiendra donc un certain principe d'équité, c'est le temps variable qu'ils auront à y passer (lequel n'est jamais indiqué dans les ordres auxquels nous avons affaire). Cette modulation temporelle de la peine suppose — on le conçoit — toute une bureaucratie, l'établissement soigneux de dossiers sur la composition des chiourmes et la situation de chaque rameur, le réexamen et la mise à jour réguliers de ces pièces. Il apparaît que le gouvernement ottoman n'y manque pas : le 18 février, il demande au beğlerbeğ des îles de préparer un registre détaillé de tous les criminels se trouvant en prison auprès de lui ou sur les bateaux, en indiquant leurs noms et lieux d'origine, la nature de leurs délits ainsi que la date à laquelle ils ont été mis à la rame ; il doit envoyer ces documents à la Porte (en l'occurrence à Edirne), afin que ceux qu'il est temps de libérer puissent être connus (f. 67 r.) Le 22 février, la Porte indique au même beğlerbeğ qu'elle lui envoie de son côté les extraits de registres judiciaires (ṣūret-i siğill) correspondant au jugement de chaque galérien, retrouvés par le qāḍī d'Istanbul, mevlānā Šems ed-dīn, ainsi que des listes récapitulatives (defterler), le tout dûment cacheté et placé dans une bourse (kese). Le qapudan devra se reporter à ces pièces : pour ceux des condamnés qui méritent la pendaison, l'amputation d'un membre, main ou pied (qaṭ'-i 'uzuvv) ou qui sont rendus coupables d'actes d'impudicité (ğürm-i ğalīzī) (35), il les maintiendra sur les galères. Au contraire ceux qui y ont été mis pour une faute légère (bir güz'ī günāh ičün küreğe qonulub...) et qui ont déjà accompagné la flotte suffisamment longtemps pour avoir purgé leur peine, il les libérera. Enfin, le beğlerbeğ devra informer la Porte de ces libérations comme des galériens laissés en place, indiquant " qui et combien sont ces derniers, de quelles circonscriptions ils proviennent, quels étaient leurs délits " (f. 80 v.).

Le document que nous venons d'analyser pose toutefois un problème : au-dessus du texte a été portée la mention : tebdīl olundı (a été modifié) ; or, nous n'avons pas retrouvé, parmi les ordres qui suivent, une nouvelle version sur le même sujet, comme nous en avons rencontré plus haut des exemples : faut-il considérer qu'on a préféré reporter la mesure et attendre la fin de la campagne navale pour faire procéder à ces révisions ?

Tels nous ont paru être les principaux enseignements du manuscrit *KK888* sur une pratique qui s'efforce de concilier l'exercice de la justice et le fonctionnement de la flotte, au risque de sacrifier les exigences du premier aux impératifs du second.

**Mobilisation des troupes de la flotte**

À côté du recrutement des rameurs, la mobilisation des troupes de la flotte donne également lieu à une intervention directe de la Porte sous la forme d'ordres nombreux aux gouverneurs, *beğlerbeğ* et *sanğaqbeğ*, concernés. Cette abondance témoigne des difficultés rencontrées de nouveau sur ce terrain.

Il apparaît que pour garnir les galères de la campagne de 1552, la Porte fait principalement appel à des *sipāhī* issus du système du *timār*, et à des janissaires (36).

Le système du *timār* est surtout connu pour son rôle dans les campagnes terrestres où il fournissait la partie la plus nombreuse de la cavalerie (37). Rappelons brièvement qu'il consistait pour l'État ottoman à rétribuer des cavaliers *(sipāhī)* sous la forme de concessions de revenus fiscaux sur une unité géographique donnée appelée *timār, ze'āmet* ou *ḫāṣṣ*, par ordre d'importance croissante. Chaque *sanğaq* de l'empire comprenait ainsi un certain nombre de *timār*. L'étendue du *timār* variait selon le rang du bénéficiaire dans la hiérarchie militaire, les actions qu'il avait accomplies et les faveurs qu'il s'était attirées. En contrepartie, le détenteur devait s'équiper et prendre part à la campagne à la suite de son *sanğaqbeğ*, cette campagne étant en principe saisonnière, allant en gros du début du printemps à celui de l'automne. En dehors de lui-même, le timariote devait équiper et emmener avec lui un certain nombre d'autres soldats, ses *ğebelü*, en nombre proportionnel au revenu de son *timār*. Beaucoup plus dépendant du souverain que les armées féodales de l'Occident contemporain, cet instrument militaire n'en manquait pas moins, par sa nature même, de souplesse et d'efficacité, même avant d'entrer dans sa période de décadence caractérisée.

En ce qui concerne les campagnes navales à propos desquelles nous allons voir ici fonctionner ce système dans la phase de la mobilisation, ce sont par priorité les *sipāhī* des *sanğaq* dépendant du *beğlerbeğilik* du *qapudan*, qui étaient appelés (38), mais ils n'étaient pas nécessairement les seuls, et la Porte pouvait chercher à augmenter les effectifs en recourant en outre aux troupes d'autres *sanğaq* en quelque sorte non spécialisés, dans la mesure où ces troupes restaient disponibles.

Qu'en est-il en 1552 ? Le processus nécessairement long de mobilisation des *sipāhī* commence, semble-t-il, le 15 février. À cette date, le sultan annonce au *sanğagbeğ* de Midillü (Mytilène), ainsi qu'à plusieurs autres *sanğaqbeğ* qui reçoivent des copies du même ordre *(f. 62 v.)*, qu'il " a conçu le dessein et formé le projet d'une expédition *(ġazā)* bénie... " et qu' " il a été décidé et résolu que (sa) flotte auguste prendrait la mer au *nevrūz* béni ". En conséquence, le *beğ* doit adresser des avertissements aux *sipāhī* de son *sanğaq* pour que chaque timariote pourvoie à son équipement et à celui des *ğebelü* dont il a la charge, et que tous se tiennent prêts, avec un armement complet. Enfin, le *sanğaqbeğ* devra prendre ses dispositions pour faire parvenir et rassembler l'ensemble de ses troupes en un port de son *sanğaq*, soit, en l'occurrence, de l'île de Mytilène, où la flotte les prendra à son passage.

Les obligations d'équipement du «*sipāhī* de mer» sont en gros les mêmes que celles du «*sipāhī* de terre» : le document mentionne la cotte de maille *(ğebe)*, les flèches, la lance, le bouclier. Mais il s'ajoute pour les premiers la nécessité de se munir d'un baril *(varil)* destiné, supposons-nous, à contenir de l'eau douce, et d'une provision individuelle de biscuit *(peksimad)* pour huit mois, obligation sans équivalent dans les campagnes terrestres où les *sipāhī* s'approvisionnent sur le pays ou auprès des dépôts préalablement constitués par l'État sur leur route (39).

Parmi les *sanğaq* mobilisés pour la campagne maritime dans l'hiver 1552, figurent bien la plupart de ceux qui constituent le *beğlerbeğilik* du *qapudan* dans ses limites de cette époque : Mytilène, Qarlıeli, aux mains, comme nous l'avons vu, de Ṭurġud, Inebaḫtı ; à quoi la Porte ajoute, apparemment dans un second temps, par un ordre du 7 mars, le *sanğak* d'Aġriboz *(f. 106 v.)*. Deux *sanğak* du *beğlerbeğilik* restent cependant en dehors de la mobilisation pour la campagne : ceux de Gelibolu et de Rodos (Rhodes). Nous apprenons par des ordres ultérieurs que des galères y étaient également armées, mais elles étaient destinées à rester sur place pour assurer la défense des détroits dans un cas (40), de Rhodes dans l'autre (41).

Par ailleurs, le sultan fait également appel pour cette campagne navale à des *sanğaq* dépendant d'autres *beğlerbeğilik*, *sanğaq* dont il est à noter qu'ils ne correspondent pas toujours à des régions précisément côtières. C'est le cas du *beğlerbeğilik* de Qaraman dont cinq *sanğaq* sont convoqués pour la flotte : Aqšehir (Akşehir), Aqsaray (Aksaray), Qonya (Konya), Niğde et Beğšehir (Beyşehir) (42).

Ainsi s'établit une première liste de *sanğaq* affectés à la campagne maritime, qui est récapitulée dans un ordre au *beğlerbeğ* des îles du 9 mars *(f. 112 v.)* : il devra fixer aux troupes des différents *sanğaq* dépendant de sa propre province les ports respectifs où elles auront à se tenir prêtes pour pouvoir embarquer au passage de la flotte. Quant aux troupes de Qaraman, elles ont ordre de rejoindre le «château du détroit» (Boğazḥiṣārı), c'est-à-dire Çanakkale sur les Dardanelles.

Mais quelques adjonctions sont apportées ultérieurement : par un ordre du 1er avril *(f. 146 v.)*, répété le 9 du même mois, *(f. 160 v.)* il est également fait appel à trois *sanğaq* côtiers européens, dépendant du *beğlerbeğilik* de Rūmeli ; toutefois, il ne leur est demandé qu'une participation partielle : seuls seront affectés à la flotte des *sipāhī* d'un revenu modeste, dotés d'un *timār* inférieur à un montant de 3000 aspres. Le *sanğaqbeğ* d'Avlonya fournira 100 de ces *sipāhī* ; celui de Yanya : 160, et celui de Delvina : 50 ; tous ces *sipāhī* étant munis de leurs cottes de maille, arcs, flèches, lances, boucliers et de biscuit pour huit mois.

Enfin, le 15 avril, ordre sera donné à l'un des *sanğaqbeğ* du *beğlerbeğilik* d'Anatolie, celui de Menteše (Menteşe) de rejoindre d'urgence Çanakkale avec la totalité de ses timariotes, pour s'y embarquer *(f. 170 r.)*. Or, l'année précédente, outre celui-ci, deux autres *sanğaq* de cette province avaient pris part à la campagne de Tripoli : Qoğaeli et Ala'iya *(f. 200 v.)*.

## UNE CAMPAGNE NAVALE FRANCO-TURQUE

Nous avons calculé en ajoutant aux chiffres fixés pour les trois *sanğaq* de Rūmeli les données fournies par 'Ayn-i 'Alī dans son traité sur les effectifs des autres *sanğaq* concernés, que le total des hommes d'armes ainsi mobilisés pour la flotte était de 148 *za'im* (détenteurs d'un grand bénéfice), 2439 timariotes et 702 *ğebelü*, soit un ensemble de 3289 hommes. Le caractère artificiel de ce petit exercice ne nous échappe pas, puisque nous n'oublions pas que les chiffres de 'Ayn-i 'Alī correspondent à la situation au début du XVIIe siècle(43). Peut-être cette évaluation a-t-elle néanmoins une valeur grossièrement indicative.

Les constatations qui précèdent nous paraissent appeler deux observations : la Porte faisant appel pour la flotte à des *sanğaq* autres que ceux du *qapudan* et ces *sanğaq* variant selon les campagnes, il s'ensuit que les mêmes *sipāhī* pouvaient être amenés à prendre part à des campagnes terrestres ou maritimes, aux conditions sensiblement différentes. D'autre part, les *sanğaq* dont la Porte peut disposer pour une campagne maritime donnée sont fonction des autres campagnes terrestres ou maritimes qu'elle a à mener simultanément.

De ce point de vue, la situation prévalant dans l'hiver 1551 - 1552 est des plus complexes et chargées (sans être pour autant exceptionnelle) : le sultan doit en effet préparer de front trois campagnes principales de grande envergure : rappelons qu'outre la campagne méditerranéenne envisagée ici, il organise une campagne de première grandeur en Hongrie (44), à laquelle il songe à participer personnellement, et qui requiert la mobilisation de la quasi-totalité des *sipāhī* européens, issus des *beğlerbeğilik* de Rūmeli et de Budun. C'est ainsi, par exemple, que les *beğ* d'Avlonya, Yanya et Delvina, peu avant d'être invités à soustraire, dans les conditions que nous avons vues, une partie bien délimitée de leurs *sipāhī* en faveur de la flotte, s'étaient vu assigner leur mission dans le cadre de cette campagne : les deux premiers rejoindraient avec leurs troupes le *beğlerbeğ* de Rūmeli ; le troisième resterait sur place pour assurer " la garde et la protection de ces côtes ", veillant à ce que l'ennemi n'y cause aucun dommage " par terre ou par mer " (45). Par-dessus le marché, cette même campagne de Hongrie nécessite le concours d'importants contingents anatoliens : signalons que trois *sanğaqbeğ* côtiers de la province d'Anatolie, ceux de Bursa, Teke et Aydın, seront ainsi appelés sur le Danube (46), tandis que le *beğlerbeğ* de Qaraman lui-même, avec ses troupes propres, sera chargé de lancer, depuis la Moldavie, un raid en Transylvanie en compagnie des troupes moldaves et des «faiseurs de raids» *(aqıngı)* (47). D'ailleurs, la totalité des troupes du *beğlerbeğ* d'Anatolie avaient été initialement prévues pour la campagne d'Europe (48). Mais peu après, la nécessité se fait jour de mettre sur pied une troisième campagne, celle-ci vers l'est, à la frontière persane, à laquelle on envisage de faire participer, en fonction de leur position géographique, outre le *beğlerbeğ* de Diyārbekir et les *emīr* du Kürdistān *(f. 90 r.)*, les *beğlerbeğ* d'Anatolie et de Qaraman avec leurs troupes, sans précision des *sanğaq* concernés : le *beğlerbeğ* d'Anatolie, commandé peu avant pour l'Europe, reçoit à présent l'ordre de rassembler toutes ses forces dans la plaine de Qaraḥiṣār (Afyon Karahisar) *(f. 116 v.)* (49).

On voit par ces aperçus que sous la pression des événements et des décisions qu'ils suscitent, la Porte est amenée à jongler littéralement avec ses *sanğaq*, ce qui ne va pas sans confusion et embarras. Ainsi s'explique peut-être que, comme nous l'avons constaté, la liste des *sangaq* affectés à l'expédition méditerranéenne n'ait pas été arrêtée en une seule fois mais en plusieurs étapes. Il est clair aussi, que dans un tel contexte, cette liste ne pouvait être que limitée, le nombre de *sangaq* disponibles en dehors de ceux du *beğlerbeğilik* des îles que réduit.

Dans sa tâche de mobilisation, le sultan se heurtait encore à une autre difficulté : l'évidente mauvaise volonté des *sipāhī* à accomplir leurs obligations militaires. Le phénomène est général, mais peut-être encore plus marqué dans le cas des campagnes navales. Les tendances absentéistes sont en tout cas constamment dénoncées dans les ordres relatifs à ces dernières. Il ne serait d'ailleurs pas surprenant que les *sipāhī* aient tout particulièrement répugné à quitter leurs terres et le soin de leurs récoltes pour des expéditions lointaines qui ajoutaient, aux habituels épreuves et périls de la guerre, ceux de la navigation.

Dans son ordre de mobilisation au *sangaqbeğ* de Mitylène, le sultan rappelait à titre préventif que les *sipāhī* qui feraient défaut, non seulement perdraient leurs dotations *(dirlik)* et leurs revenus *(ḥāṣıl)*, se verraient donc dépossédés de leurs *timār*, mais seraient également frappés d'un châtiment. Le *sangaqbeğ* ne devait pas manquer d'annoncer bien clairement et partout l'ordre de mobilisation pour que les *sipāhī* défaillants ne puissent pas se défendre par la suite en déclarant : " Nous ne savions pas. Nous n'avons rien entendu " (la même formule que nous avons mentionnée plus haut à propos des *qāḍī*). D'ailleurs une inspection *(yoqlama)* était annoncée, qui permettrait au moment de l'embarquement de relever les absents ainsi que les éventuelles lacunes dans l'équipement des présents *(f. 62 v.)* (50).

Ces menaces n'étaient pas de pure forme : un ordre au *beğlerbeğ* d'Anatolie, du 1er mai 1552, fait état d'un registre envoyé par ce dernier, énumérant les *sipāhī* de Menteše, Qoğaeli et Ala'iya, en spécifiant ceux qui avaient été présents ou absents lors de la campagne navale de l'année précédente. Le *beğlerbeğ* avait ordre de saisir pour le fisc les revenus annuels des *timār* de ceux qui avaient fait défaut. Il attendrait un nouvel ordre pour procéder à la réattribution de ces *timār (f. 200 v.)*. Néanmoins, il reste à savoir dans quelle mesure la Porte parvenait finalement à faire appliquer ces dispositions dans toute leur rigueur sur le terrain.

On peut légitimement supposer que la répugnance à partir, généralement répandue chez les *sipāhī* de la flotte, était particulièrement forte dans les *sangaq* plus rarement convoqués pour des opérations maritimes, parmi des *sipāhī* ayant peu ou pas d'expérience des affaires navales et de la mer elle-même.

D'ailleurs, ces *sipāhī* tentaient d'aller au-devant des sanctions qu'entraînerait leur absence, en avançant de bons prétextes pour s'abstenir, mettant en avant, par exemple, leur état de santé, leur âge ou le fait qu'un autre service officiel les retenait sur place. Ce dernier argument venait tout naturellement à ceux des timariotes qui étaient investis de responsabilités militaires dans le cadre du *sangaq*, comme les *mīr 'alem* («commandants de l'étendard») et les *alaybeğ* ou de fonctions de messagers ou de secrétaires auprès du *beğlerbeğ*, tels que les *čavuš* et les *kātib* (51). Il n'était d'ailleurs pas nécessairement sans fondement ni de pure complaisance de la part des

# VI

## UNE CAMPAGNE NAVALE FRANCO-TURQUE

*beğlerbeğ* qui le prenaient eux-mêmes à leur compte : ils faisaient valoir au sultan qu'en laissant partir pour la campagne ces précieux collaborateurs ils resteraient démunis pour faire accomplir les tâches que celui-ci leur confierait éventuellement dans le même temps. Cependant le souverain se montre généralement insensible à ce genre de considérations, estimant au rebours des intéressés que la présence des timariotes les plus importants, par l'appoint militaire que représentaient leur participation et celle de leurs *ğebelü*, était indispensable. Un ordre au *beğlerbeğ* de Qaraman du 23 avril reflète bien cette situation *(f. 184 r.)*.

Probablement dès réception du premier ordre de mobilisation — en tout cas l'ordre qui lui est adressé le 9 mars y fait déjà allusion *(f. 115 r.)* —, le *beğlerbeğ* de Qaraman avait présenté plusieurs demandes d'exemption : il souhaitait garder, durant le temps de la campagne, l'*alaybeğ Šāhrūḫ* et le *mīr'alem* Seydī Aḥmed pour les utiliser sur place " au service du *pādišāh* ". Quant à l'intendant des registres *(defter emīni)*, le secrétaire *(kātib)* Süleymān et le secrétaire aux attestations *(tezkere kātibi)*, deux agents de l'administration des *tīmār* auprès du *beğlerbeğ*, ils avaient leur service à accomplir ; de plus, du fait de leur âge avancé, l'un et l'autre n'avaient plus les forces nécessaires pour servir dans la flotte *(pīr olub donanma-i hümāyūn ḫizmetine iqtidārları olmayub...)*. Le *beğlerbeğ* avait également demandé une dispense pour les 65 timariotes de sa province investis d'une charge *(gedük)* de *čavuš* : 15 d'entre eux se trouvaient à Bagdad où ils avaient été antérieurement envoyés en mission (52) ; cinq autres avaient été chargés, par un ordre précédent du sultan, d'apporter leur concours au recenseur de la province *(vilāyet emīni)*, Ebu el-Faẓl *efendi* (53), pour faire rentrer certains revenus fiscaux ; enfin, les 45 autres lui paraissaient également susceptibles de bénéficier d'une exemption, les uns en raison de leur âge, les autres parce que leur départ le laisserait privé de toute aide dans l'accomplissement de sa tâche. Il faisait en outre observer à la Porte, dans une remarque révélatrice de l'état d'esprit de ces timariotes, que les différents collaborateurs en question étaient restés en service auprès de lui depuis leur retour de la précédente campagne d'Erzinğan : s'ils avaient à rejoindre la flotte, dont le départ était désormais proche, " ils seraient dans l'impossibilité de rentrer chez eux, de régler leurs affaires et de parvenir à la flotte impériale ".

La réponse du sultan, qui avait déjà demandé peu avant au *beğlerbeğ* de lui adresser une copie exacte du registre des *čavuš* de la province de Qaraman *(f. 164 v.)*, est catégorique : à l'exception des 15 *čavuš* se trouvant à Bagdad et des cinq autres en service auprès de Ebu el-Faẓl (priorité aux rentrées fiscales !), tout le monde doit partir : si besoin est, le *beğlerbeğ* n'aura qu'à recruter les *čavuš* et *kātib* nécessaires parmi les *sipāhī* de son *sanğaq* propre (et non dans les *sanğaq* de sa province désignés pour la flotte) (54).

Les observateurs occidentaux de l'époque, frappés avant tout par la toute-puissance et l'ampleur impressionnante des ressources matérielles et humaines du Grand Seigneur, n'ont pas toujours fait leur place aux ratées de la formidable machine et notamment aux déficiences du système timarial, à leurs conséquences sur les délais de mobilisation et les effectifs disponibles, pour les campagnes terrestres et peut-être plus encore pour les navales. Chesneau, qui avait pourtant eu l'occasion, en accompagnant l'ambassadeur en Perse, d'observer de près l'armée du Grand Seigneur, paraît inconscient de ces résistances perceptibles dans les sources ottomanes : " quand le dict Grand Turq veut faire quelqu' entreprinse, écrit-il, il ne faict que mander les dictz beglierbeys se trouvent à un tel temps avec ses gens à un tel lieu, et incontinent ilz sont prets, car ilz n'oseroient sous peine de leur vie faillir d'un demy jour " (55). Il est vrai que d'autres observateurs contemporains sont moins catégoriques, tel Antoine Geuffroy qui remarque, avec certainement plus de lucidité : " en ces spachiz est fondée la seconde force du Grant Turc (avec les janissaires) qui seroit grande s'ilz estoient tous bons " (56). Ces considérations donnent en tout cas toute leur crédibilité aux remarques citées plus haut d'Aramon mettant en avant, pour expliquer l'interruption prématurée de l'expédition de Naples, la " volonté de retourner au logis " de plusieurs *sanġaqbeġ*.

La mobilisation des janissaires de la flotte pose moins de problèmes à la Porte, même si, là encore, elle recourt, pour garnir ses galères, à un corps qui n'est pas proprement naval, et semble de la même façon avoir du mal à fixer la part de la flotte dans la répartition des effectifs disponibles entre ses divers objectifs.

Les premières instructions aux janissaires en vue de la campagne navale nous échappent, mais un ordre à l'*aġa* des janissaires, expédié d'Edirne le 29 février 1552 *(f. 99 r.)*, se réfère à des dispositions antérieures, selon lesquelles l'*aġa* devait tenir prêts 1 500 janissaires pour la flotte. Dorénavant, on ne lui en demande plus que 1 000, qu'il enverra sous la conduite de son adjoint, le *ketḫüdā* des janissaires. Le plus remarquable dans ces instructions, est qu'il ne doit laisser savoir à personne qu'il n'expédie que ces 1 000 : pas même au *qapudan (qapudana dāḫī demeyüb)* ! Il déclarera, au contraire, que 2 000 janissaires sont affectés. Une semaine plus tard, le 7 mars, la Porte met fin à cette situation, pour le moins scabreuse, en revenant aux dispositions initiales et en commandant à l'*aġa* l'envoi de 1 500 janissaires *(f. 105 r.)*.

En dehors des rameurs et des soldats de deux origines dont il vient d'être question, notre documentation mentionne la présence sur les bateaux de la flotte de quelques autres éléments destinés, selon toute apparence, à un rôle de matelots proprement dits. Ils ne sont d'ailleurs l'objet que d'allusions circonstancielles, la Porte n'intervenant à leur sujet qu'en cas de problème : un ordre du 18 mars au *qāḍī* de Gelibolu *(f. 125 r.)* signale ainsi l'existence de *levend* sur les bateaux à l'ancre dans cette circonscription, mais c'est pour remédier à la désertion de ces matelots issus des populations chrétiennes de la région. Les habitants des villages environnants, supposés leur servir de garants, ignorent où ils sont passés — ou n'osent pas le dire de crainte de représailles. Quand les *levend* reviendront, ordonne la Porte, chacun devra désigner un garant (de sa présence) valable et sûr : ceux qui en seront incapables seront mis aux galères — cette fois en tant que rameurs.

Un autre document atteste la présence de *'aġemī oġlan*, c'est-à-dire «d'apprentis-janissaires» (57), sur les *qalyon* (de l'italien : *galleone*), qui sont des bateaux à voiles (58) : un ordre au *beġlerbeġ* des îles, du 28 avril *(f. 190 v.)*, lui précise que les *'aġemī oġlan* qu'il placera sur les bateaux de ce type passeront entièrement sous son autorité : " les lieux où ils auront ordre de marcher et leurs affectations, lui est-il écrit, se feront en fonction de tes attestations *(tezkere)* et tu enverras celles-ci à leurs *aġa* ".

## Ordres de départ

Comme on a pu le constater en envisageant les problèmes de recrutement des hommes, les préparatifs de la campagne se poursuivent bien au-delà de la date du 21 mars initialement fixée pour le départ de la flotte, ce qui atteste implicitement que, chemin faisant, cette date avait été abandonnée ; ce n'est qu'en avril, nous l'avons vu, que sont convoqués les *sipāhī* européens et ceux de Menteše. De même, il faut attendre le 16 avril pour que la Porte, avisée entre temps que le *sanğaqbeğ* de Mytylène n'avait jamais reçu son ordre initial de mobilisation, lui en adresse un nouveau pour qu'il prépare ses troupes d'urgence et les envoie, toutes affaires cessantes, rejoindre la flotte *(f. 172 r.)*.

Dès le 26 mars, la Porte demandait au *qapudan* de lui envoyer un rapport détaillé sur l'état de la flotte, l'avancement des préparatifs, la situation des rameurs, et de lui indiquer la date pour laquelle il serait prêt à appareiller *(f. 135 r.)*. Mais le 22 avril, le sultan en est encore à interroger son amiral sur les mêmes questions, à demander quels rameurs sont arrivés, en provenance de quelles circonscriptions, lesquels ne le sont pas ; à réclamer un rapport détaillé sur la situation présente de la flotte. Dans le même temps, on apprend que des dispositions importantes sont encore à prendre : le *qapudan* avait indiqué antérieurement qu'il avait besoin de plusieurs *barča* (du vénitien *barza*), de gros bateaux de transport à voiles, munis de deux ou trois mâts (59), pour charger les armes et les munitions qui partiraient avec la flotte *(donanmaile gideğek yaraq)* ; le 13 avril, la Porte lui demandait de préciser de combien de *barča* il s'agirait, si elles étaient déjà prêtes ou s'il faudrait les affréter *(navlunlamı tedārik olunur)* *(f. 166 v.)* ; c'est le 28 que la Porte autorise finalement le *beğlerbeğ* à affréter trois *barča* pour le transport des matériaux et équipements de toutes sortes, nécessaires à la flotte *(f. 190 v.)*.

Il est clair que la lenteur des préparatifs avait contribué à imposer l'abandon d'une date de départ relativement précoce qui aurait eu l'avantage (fût-ce au risque de conditions climatiques plus rigoureuses) d'allonger le temps disponible pour la campagne. Il n'est pas évident néanmoins que le pouvoir l'ait tellement regretté (60). On est au contraire frappé par le calme avec laquel ces retards sont accueillis par le sultan : sans doute cherche-t-il à les endiguer (" il ne faut pas que le départ de la flotte soit retardé ", écrit-il au *qapudan* à la mi-avril ; *f. 166 v.)*, mais il les supporte malgré tout avec patience.

Au-delà d'un certain fatalisme ou réalisme, cette attitude peut s'expliquer par une hésitation prolongée sur les objectifs précis à assigner à cette campagne navale, dont seul le principe avait été posé. Revenons sur la dépêche déjà citée d'Aramon à Henri II du 20 janvier 1552 : elle nous montre qu'à cette date Süleymān restait très perplexe sur les modalités et les buts de l'opération à venir. Sur les instructions du roi, l'ambassadeur lui avait soumis deux propositions : la première était de détacher un contingent de sa flotte pour l'envoyer se joindre à la flotte française, tout en gardant l'essentiel de la flotte ottomane à proximité de ses territoires, afin de faire face à toute éventualité. Pour reprendre les termes employés par Aramon à l'adresse de son souverain, l'hypothèse était " que le grand seigr vous voulsist accommoder du nombre de quarante ou cinquante gallères pour se joindre avecq les vostres, et aller sur l'en-

# VI

nemy, à l'exécution des entreprinses ès endroictz que vous, sire, adviseriez " ; de son côté, il faisait valoir au sultan " l'avantaige que ce luy seroit avoir ses principales forces de mer près de luy, pour les pouvoir exploicter en autre cousté près ses dicts pays où bon luy sembleroit ".

S'il rejetait cette proposition qui avait la préférence de la France, l'ambassadeur demandait à Soliman " que, à tout le moins il voulsist de nouveau faire sortir son armée de Mer, et icelle exploicter sur les pays du dit ennemy " et il ajoutait à l'adresse du sultan que " s'il trouvoit bon " que la flotte française " se vînt joindre avec la syenne ès endroicts qu'il seroit advisé ", le roi s'y conformerait.

Notons d'ailleurs qu'à cette date du 20 janvier M. d'Aramon n'est pas encore fixé sur les souhaits du roi concernant l'éventuel lieu de rencontre des deux flottes : il n'est pas encore question de Naples, et l'ambassadeur demande à être informé : " il seroit très nécessaire, fait-il remarquer au roi, qu'il vous plaise m'envoyer une bien ample et particulière instruction, me discourant les endroicts où ladite armée se debvra exploicter et où elle se pourra conjoindre avec la vostre, advenant l'occasion, et sera aussi très requis que ce soyt avant le temps de l'issue de l'armée, pour commander au cappitaine qui a la charge d'icelle, avant son partement, ce qu'il aura à faire en vostre faveur... ".

Pressé par l'ambassadeur de s'engager, le sultan écarte la première proposition, se contentant d'affirmer, comme le rapporte Aramon, " qu'il fera asseurément ce temps nouveau prochain sortir entièrement sadite armée de mer, laquelle sera de cent cinquante gallères, que il fait mettre en ordre en grande dilligence, pour aller donner sur les pays de l'ennemy ". Toutefois, malgré l'insistance de son interlocuteur, il ne promet pas que cette flotte ira rejoindre la flotte française en quelque lieu, ou plutôt il met, comme condition à une action commune de cet ordre, l'absence de toute menace de la flotte impériale sur ses propres territoires : " si par ledit ennemy n'estoient faictes entreprinses sur ses pays, où il eust besoing pour la sûreté d'iceulx s'en servir (de sa flotte), poursuit Aramon à l'adresse d'Henry II, il l'envoyera pour se joindre avecq la vostre en tel endroict qui sera advisé avant le partement d'icelle, pour suivre par exemple quelque bonne entreprinse ".

L'ambassadeur a donné la clef des réticences du sultan à trop s'engager vis-à-vis de la France : il redoute une attaque navale de la part de Charles Quint et a besoin de connaître l'évolution de la situation avant de se déterminer : " il n'y a eu ordre que j'aye sceu tant faire, rapporte-t-il encore à son maître, que il aye voulu parler autrement qui ne procède, comme je croy par la crainte que luy ont donné de la venue de l'empereur en Italie, et du grant préparatoire qu'il fait par mer, ceulx qui sont coustumiers luy faire peur des armes d'aultruy, craignant que se trouvant sadite armée de mer loing de ces pays, et occupée ès endroictz qu'il présuppose que vous la vouldriez faire exploicter, il ne s'en servira à son besoing, advenant que ledict empereur fist entreprendre sur luy, voulant veoyr ce qu'il fera avant que de l'esloigner de ses dits pays... " (61).

Deux questions restaient donc en suspens : les souhaits d'Henri II quant à un éventuel lieu de rencontre des flottes, de possibles initiatives de Charles Quint guettées par la Porte. Or, il semble que l'attentisme qu'elles suscitent se poursuivit bien au-delà de *nevrūz*, ce qui expliquerait la relative sérénité du sultan face aux lenteurs des préparatifs. Dans ces conditions, on relèvera qu'aucun des ordres concernant la future campagne que nous avons mentionnés jusqu'ici n'en précise la destination. De son côté, l'ambassadeur de France à Venise ne commence à évoquer «l'entreprinse de Naples» que dans ses dépêches d'avril (62).

Ce n'est qu'à l'extrême fin de ce mois et au début de mai que le sultan paraît avoir enfin pris sa décision et commence à adresser des instructions précises aux chefs de sa flotte : un premier ordre au *qapudan* du 30 avril *(f. 197 r.)* lui annonce l'envoi d'une copie de la réponse donnée par le sultan à une supplique que lui a adressée le *pādišāh* de France par l'intermédiaire de son ambassadeur auprès du «Seuil de la Félicité» *(Franǧa pādišāhı āstāne-i saʿādetde olan elčisine ʿarż-u ḥāla yazılan ǧevābnāme)*. En conséquence de cette réponse, ordre lui est donné de rejoindre les bateaux du roi de France en un lieu à déterminer " sur les côtes de Naples, de Sicile, des Pouilles ou d'ailleurs " *(Anabolı' dan ve Šičilya' dan ve Polya'dan ve ġayrīden)*. La région semble donc en gros choisie, le sud de l'Italie, mais c'est au *beǧlerbeǧ* qu'il appartient de fixer le lieu précis : " J'ai ordonné, poursuit le souverain, que tu détermines un endroit tant pour votre rencontre que pour attaquer le pays des mécréants, de sorte que cet endroit soit commode à la fois pour la protection des pays-bien-gardés (l'Empire ottoman lui-même) et pour la flotte impériale ". Le texte est incomplet et ne porte d'ailleurs pas de mention d'expédition : il est vraisemblable qu'il ne fut pas envoyé sous cette forme.

De fait, les deux versions successives d'un autre ordre au *beǧlerbeǧ*, postérieur de quelques jours, complet cette fois, font apparaître, que les choses avaient été entre temps quelque peu modifiées et définitivement arrêtées.

Ces deux versions d'un même ordre sont respectivement des 3 et 7 mai *(ff. 202 v. et 207 v.)*; la première fut remise au *čavuš* Bıyıqlı (le moustachu) Maḥmūd et la seconde à l'interprète *(terǧümān)* Ibrāhīm *beǧ* (63). Les textes en sont identiques avec cette réserve que la première version comporte dix lignes supplémentaires formant une assez longue et redondante exhortation au *beǧlerbeǧ* de se tenir toujours sur ses gardes et de se méfier des «pièges» et «ruses» d'un adversaire maritime qu'on est manifestement loin de sous-estimer.

Non seulement Naples est désormais désignée comme le lieu où se rencontreront les flottes turque et française, mais le sultan ne craint pas de reconnaître devant son *qapudan* (comme il le fera devant Ṣāliḥ *reʾīs* dans un autre ordre sur lequel nous reviendrons) que ce choix est le fait des Français : " L'ambassadeur du *pādišāh* de France se trouvant à notre seuil, refuge du monde, écrit-il, a fait savoir qu'il fallait déterminer rapidement un endroit pour la rencontre de nos flottes... et il a déclaré que Naples qui fait partie du pays d'Espagne convenait (à cet effet) et qu'il n'y avait pas d'endroit plus approprié ". Si l'on peut reconnaître au sultan une sorte de modestie dans cette présentation des faits, il faut constater qu'elle disparaît aussitôt dans la phrase suivante où le «*pādišāh* de l'Islam» affirme au contraire toute sa prééminence : " En conséquence, dans ma lettre impériale adressée au susdit *pādišāh* de France, je lui ai donné l'ordre que la jonction se fasse à Naples " *(Anabolı' da mulāqāt oluna deyü emrim olmušdur)*.

# VI

La désignation de Naples non seulement comme une dépendance du roi d'Espagne, ce qui est alors conforme à la réalité, mais comme faisant partie du pays d'Espagne *(Ispanya vilāyetinden Anabolı)* est à relever : elle semble trahir une certaine confusion dans les notions géo-politiques de la Porte (64).

Au demeurant, dans l'esprit du sultan, Naples ne constitue pas le but de l'expédition mais seulement un point de départ à partir duquel seront pillées et dévastées les côtes ennemies. Mais il n'est pas question que la flotte ottomane s'aventure seule au-delà de Naples et, avertie par des exemples précédents (peut-être pense-t-on à celui de 1537 où Süleymān attendit vainement à Valona la flotte française commandée par Saint-Blancard), la Porte n'exclut pas un retard des Français au rendez-vous : " Lorsqu'on arrivera à proximité de Naples, est-il écrit au *qapudan*, si les bateaux du *pādišāh* de France sont arrivés à cet endroit, tout ira bien. S'ils ne sont pas arrivés, tu établiras des contacts avec eux et tu attendras les bateaux (français) ". Ce même souci de prudence est de nouveau exprimé plus loin dans le texte : " tu ne laisseras pas les flottes se séparer l'une de l'autre dans les endroits dangereux ".

C'est donc, une fois la conjonction effectuée à Naples, que le *qapudan* reprendra sa route : " Tu ne resteras pas immobile, lui est-il prescrit, mais tu brûleras, détruiras, pilleras, saccageras, mettras à sac et dévasteras (il n'y a pas trop de synonymes pour exciter son ardeur) les parties du pays de l'ennemi maudit que tu auras pu atteindre... ".

La question de l'itinéraire que suivrait la flotte, des objectifs précis contre lesquels elle se porterait, était donc laissée ouverte, une grande marge d'autonomie étant accordée aux amiraux turcs et français pour agir selon les circonstances. On peut d'ailleurs se demander dans quelle mesure les gouvernants ottomans de l'époque ont des notions très nettes sur la situation géo-politique (assez complexe au demeurant) du bassin occidental de la Méditerranée : nous avons déjà soulevé la question plus haut au sujet du «pays d'Espagne» ; on peut le faire également à propos de l'instruction, donnée un peu plus loin dans le texte de l'ordre, au *qapudan* d'accorder l'*amān* (la grâce) et donc d'épargner l'attaque et le pillage aux " gens qui obéissent au *pādišāh* de France " et dont il considérera que, se trouvant dans les parages (du territoire)du *pādišāh* de France, ils pourront être sous le contrôle de ce dernier . Il est sûr que ces formules se font l'écho de préoccupations exprimées à la Porte par le roi et son ambassadeur, mais de manière si vague que nous sommes embarrassés pour les interpréter : font-elles confusément allusion aux régions revendiquées par les Français en Italie comme Naples elle-même ou aux possessions du prince de Salerne (65), et dans ce cas le sultan les situerait de façon erronée " dans les parages du territoire du roi de France " (de la même façon qu'il plaçait Naples en Espagne), ou l'ordre envisage-t-il que la flotte ottomane parviendra effectivement aux abords des côtes françaises ? La mention se rapporterait alors à la Corse, en possession de la banque de Saint-Georges et que le roi de France aspire à faire passer sous son influence. Si cette seconde hypothèse est la bonne, Aramon était fondé à pousser Sinān pacha, comme nous l'avons vu, appuyé en cela par Dragut, à continuer jusqu'à la Corse après son départ de Naples. Mais il reste que les instructions impériales, avares au plus haut point de termes géographiques, laissaient subsister un certain flou. Un bref ordre, annexe au premier, n'est pas plus explicite : le *beḡlerbeḡ* des îles, désigné ici simplement comme Sinān pacha, ce qui dénote peut-être le caractère plus officieux du message, y est seulement invité à se conformer à l'ordre détaillé *(mufaṣṣal ḥüküm)* qui l'accompagne et encore une fois à " éviter toute négligence dans le service maritime " *(f. 205 v.).* Telles étaient les ultimes consignes du sultan à son *qapudan*. Quant à Ṭurġud, nous avons vu qu'en tant que *sanğaqbeḡ* de Qarlıeli, il avait été dès le début mobilisé pour cette campagne, et il se trouvait à présent inclus dans l'ordre de départ à Sinān pacha que nous venons d'examiner, étant hiérarchiquement subordonné à ce dernier. Il est bon toutefois de signaler qu'entre temps, le 14 avril, la Porte avait cru utile d'adresser au chef corsaire un ordre apparemment destiné à mettre un terme aux arrière-pensées qu'elle avait fait naître chez lui en l'écartant du gouvernement de Tripoli *(f. 167 r.)* : un hommage y était solennellement rendu à sa valeur et à sa bravoure, ainsi qu'à son habileté et sa pénétration dans la " science de la mer " *('ilm-i deryāda mehāret ve ḥüsn-ü ferāsetiñ olub...)* et l'envoi d'une «robe d'honneur auguste» *(ḥilāt-i hümāyūn)* lui était annoncé ; on lui précisait que le *qapudan* avait fait un rapport sur les exploits qu'il avait accomplis, les services qu'il avait rendus au cours de la campagne de l'année précédente, et on l'invitait à continuer à servir de la même manière, en accord et entente avec le *beḡlerbeḡ* des îles, de la façon qui paraîtrait appropriée à ce dernier ; on lui promettait qu'en échange le *pādišāh* récompenserait ses mérites par de surabondantes faveurs.

Pour ce qui concerne Ṣāliḥ pacha qui avait rejoint son gouvernement d'Alger à la fin avril, il fait l'objet d'un ordre de départ distinct, émis le 7 mai *(f. 212 r.)*, comme la seconde version de l'ordre détaillé au *qapudan*. De même que pour Ṭurġud, le sultan commence par rendre hommage à ses qualités propres, à son " expérience et intelligence des choses de la mer et de la situation de l'ennemi " *(deryā umūrına ve düšmān aḥvālına her veğhile vuqūf ve šu' ūruñ olub)*, ainsi qu'à ses services passés : tant il est vrai que le *pādišāh* met plus de formes pour s'adresser à ces corsaires ralliés qu'à ses serviteurs *(qul)* ordinaires même si c'est pour leur dire qu'il les identifie à ses *qul* et les associe donc pleinement aux faveurs dévolues à ces derniers... Mais ce document nous apprend aussi que les instructions de Ṣāliḥ pacha ont nettement changé depuis les ordres de janvier-février que nous évoquions plus haut : il est question de 15 galères avec lesquelles le nouveau *beḡlerbeḡ* s'est rendu à Alger et non plus de dix, chiffre auquel nous étions restés. D'autre part, le sultan, lui ayant annoncé que la flotte du *qapudan* avait ordre de partir au début de mai et de rejoindre la flotte française à Naples, lui commande non seulement de faire participer ces 15 bateaux à la campagne mais d'y adjoindre d'autres unités prises " dans les flottes qui se trouvent là-bas " (c'est-à-dire à Alger), de sorte que son escadre se monte à 46 unités *(bundan alub gitdügüñ on beš pare qadırġa ile anda olan donanmalar gele ki ğümle qırq altı miqdārı donanma olur)*. Ṣāliḥ pacha prendra lui-même le commandement de cette escadre ou, s'il est retenu sur place *(eğer kendüñ yerüñde oturmaq lāzımise)* (66), il y affectera un homme capable pris parmi les chefs *(beḡ)* se trouvant auprès de lui : le nom de Seydī 'Alī, probablement affecté ailleurs entre temps (peut-être déjà à la flotte d'Egypte) n'est plus cité. Dans l'une ou l'autre hypothèse, l'amiral commandant la flotte d'Alger échangera des informations avec le *qapudan* pour savoir à quel endroit précis se trouve la flotte impériale, et s'il est préférable, compte tenu de la situation, qu'il se joigne à cette dernière ou agisse séparément, en attaquant et mettant à sac le pays ennemi sur un autre point : un ordre ouvert donc, qui témoigne de nouveau de la marge d'initiative laissée par la Porte à ses amiraux, comme d'ailleurs des inquiétudes et incertitudes où elle est plongée.

Ces dernières dispositions se retrouvent d'ailleurs dans le souci de ne pas laisser les propres côtes de l'Empire dégarnies, après le départ de la flotte du *qapudan* : " Il est probable, avait écrit le sultan à Sinān pacha dans son ordre de départ, que les Infidèles partent de chez eux avec l'intention de porter préjudice à un point de mes territoires ", d'où les flottes maintenues, comme nous l'avons vu, dans un but défensif, à Rhodes et à Gallipoli. Le 7 mai, le sultan demandait encore au *qapudan*, dans un ordre succinct, en même temps que le jour exact où il avait appareillé, de renseigner la Porte sur les mesures qu'il avait prises au sujet des «bateaux de Rhodes» *(f. 211 r.).*

**Les Turcs approvisionnent les galères de M. d'Aramon**

De même qu'en 1537 l'ambassadeur La Forest avait accompagné Süleymān et ses troupes à Valona ou qu'Aramon lui-même, dix ans plus tard, les avait suivis en Perse, Henri II avait fait valoir au sultan la nécessité que son ambassadeur se joigne à la flotte ottomane cinglant vers Naples, " tant pour consulter avec le chief d'icelle, ce qui sera nécessaire à la journée, que pour tenir adverty sadite m[té] du succès et occurence d'icelle " (67). Pendant son absence, un autre émissaire français familier du Levant depuis la fin du règne de François 1er, Codignac, resterait à Istanbul comme chargé d'affaires (68).

Pour se joindre aux forces turques, Aramon disposait encore à Istanbul de ces " deux galleres des meilleures et des mieux équippées " que le roi lui avait «baillées» à Marseille en juillet 1551 (69), avec lesquelles, comme nous l'avons rappelé, il avait pris part au siège de Tripoli et ramené les chevaliers de Saint-Jean vaincus sur leur île de Malte.

Depuis le retour de l'ambassadeur à Istanbul, l'entretien et l'équipement de ces deux bâtiments avaient été pour lui une préoccupation permanente, faute d'argent pour y faire face : " Sire, écrivait-il au roi dans sa dépêche plusieurs fois citée du 20 janvier 1552, par mes dernieres lettres, je vous suppliay voulloir commander qu'il me feust payé deux quartiers de gallaires, à ce que j'eusse moyen les entretenir, et à ce que je puisse satisfaire à ceulx qui m'ont fourny pour l'entretenement d'icelles cest yver, pour suyvre à ce temps nouveau, en l'estat qu'il est requis qu'elles soyent, les occasions de votre service... ", et il ajoutait : " Je vous prie aussi vouloir commander que le paiement de mes estatz me soyt avancé, à ce que j'aye plus de moyen m'entretenir à la suyte de l'armée et autres endroictz où il sera nécessaire " (70). Les lenteurs et les difficultés dans l'obtention des subsides nécessaires de France ne représentaient pas la moindre épreuve des ambassadeurs au Levant. C'est devant l'absence de réponse à ses demandes qu'Aramon s'était résolu à profiter du retour en France, en mai 1552, de l'envoyé du roi, Michel de Seure, pour le faire accompagner par son «secrétaire», Jean Chesneau : " Le dict ambassadeur, rapporte l'intéressé, me depescha pour la sollicitation d'aucunes de ses affaires (allusion probable aux tentatives d'Aramon pour recouvrer les domaines contestés de sa famille en Provence) mesmement pour avoir argent de sa pension et celui de ses galleres " (71). Néanmoins, cette mission était trop tardive pour profiter aux préparatifs de la campagne de 1552 : Chesneau ne sera de retour à Istanbul que dans l'été 1553, et il raconte à ce propos : " Le dict sieur ambassadeur... fust bien aise de ma venue, parce que j'avois l'argent d'une année de sa pension dont il avoit bon besoing ". En attendant, Aramon avait dû faire appel à l'aide compréhensive du Grand Seigneur.

De fait, tout corps expéditionnaire français, terrestre ou naval, partant d'Istanbul pour accompagner une armée ottomane, se trouvait dans l'obligation d'acquérir ses provisions et une partie au moins de son équipement auprès de ses alliés turcs ; tel avait été le cas dans la campagne de 1548, où la petite troupe de gentilshommes français conduite par M. d'Aramon s'était procurée de cette manière " dix pavillons, quarante cameaux, dix huict muletz et douze autres chevaux de somme... ", et Chesneau ajoute de façon significative : " Nous étions tous portans armes à la turquesque ; les uns arquebuzes, les autres lances gayes... " (72). En mai 1552, Aramon se trouve de la même façon tributaire de l'approvisionnement turc pour ses galères et réduit en outre, comme nous l'avons vu, à une complète inpécuniosité.

Qu'à cela ne tienne ! Deux ordres du 7 mai 1552 *(f. 211 r.)*, c'est-à-dire faisant suite à la décision de lancement de la campagne, montrent Soliman venant au secours de son allié dont les galères constituent d'ailleurs un petit appoint qui n'est pas à dédaigner.

Du reste, ces deux documents font état non pas de deux mais de trois galères de l'ambassadeur de France devant prendre la mer avec la flotte impériale *(Franğa elčisi donanma-i hümāyūnumla bile gidüb kendü ile bile gideğek üč bāb qadırğa)*. Quelle est donc cette troisième galère qui s'est adjointe aux deux amenées de Marseille dans l'été 1551 ? Chesneau nous suggère une réponse possible, en indiquant à propos des galères d'Aramon : " Il avoit fait faire une à ses despens au dict Constantinople " (73). Nous n'avons pas trouvé d'autre mention de cette opération qui serait à l'origine de la troisième galère.

Le premier des deux ordres impériaux relatifs aux galères françaises est adressé à l'*Istanbul šehir emīni* (intendant de la ville d'Istanbul) qui paraît avoir autorité sur les réserves de poudre de la capitale (74) : suite aux sollicitations présentées à la Porte par l'ambassadeur, il devra attribuer quinze *qanṭār* de poudre à chacune des trois galères, ration correspondant d'ailleurs à ce qui était normalement alloué aux galères ottomanes elles-mêmes, " selon l'usage ancien " (75). Aucune allusion n'est faite à un éventuel paiement par l'ambassadeur.

Le second ordre est adressé au *qapudan* lui-même : il devra fournir, pour répondre là encore à une demande présentée par l'ambassadeur à la Porte, de l'huile *(yağ)* pour huiler les galères ainsi que du goudron *(zift)* et du biscuit, en quantité suffisante pour ces trois galères. De nouveau, pas de précision d'ordre financier.

Dans la mesure où ces ordres furent fidèlement exécutés (Aramon ne fait pas allusion à ces questions matérielles dans les dépêches conservées), les galères françaises ne manquèrent de rien durant leur campagne.

## VI

Nous avions indiqué d'emblée que, malgré un succès contre les galères d'Andrea Doria face à l'île de Ponza, la campagne navale de 1552 ne s'accompagna d'aucun résultat tangible, tant pour les Turcs que pour les Français : elle fut donc plus stérile encore que celle de 1551, qui avait au moins donné Tripoli au sultan. Revenons, à la lumière des développements qui précèdent, sur les raisons de cet échec. De prime abord, on est tenté d'en faire porter la responsabilité sur la personne du *qapudan*, Sinān pacha, comme les contemporains et les historiens n'ont pas manqué de le faire : la décision de ce dernier de faire rentrer précipitamment les galères turques aurait tout compromis. On attribue ce comportement à son impéritie ainsi qu'à sa corruption : les Espagnols ou les Génois auraient acheté son départ, ce qui n'est pas à exclure mais impossible à prouver comme à réfuter. De toute façon, on ne peut s'en tenir là : n'oublions pas, pour commencer, que le retard de la flotte française avait de quoi influencer son attitude, d'autant plus que le sultan, comme nous l'avons appris, lui avait fait interdiction de s'aventurer au-delà de Naples en l'absence de la flotte française. Il est vrai qu'il lui avait aussi ordonné d'attendre cette dernière en s'informant sur sa position. Mais précisément nous savons par Aramon qu'il n'en avait obtenu aucune nouvelle, ce qui était bien de nature à l'inquiéter et à lui faire craindre une attente indéterminée.

D'ailleurs, lorsqu'on reproche à Sinān pacha son attitude timorée, il faut reconnaître qu'elle ne le singulariserait pas parmi les hauts dignitaires ottomans : la crainte du combat naval et des actions de l'ennemi sur ce terrain paraît largement répandue dans l'entourage du sultan et sans doute chez ce dernier lui-même : en témoignent certains ordres de la Porte au *qapudan* que nous avons eu l'occasion d'évoquer : sans relâche, ils incitent ce dernier à la prudence, à se méfier des «ruses et des pièges» de l'adversaire ; l'obligation d'attendre la flotte française avant de poursuivre la route, de ne pas séparer les deux flottes " dans les endroits dangereux " participe de ce manque sensible de confiance en soi. Il est manifeste que le *pādišāh* qui, comme nous l'avons vu, a longtemps attendu pour arrêter sa stratégie — ce qui semble avoir influé sur le départ tardif de la flotte — et ne cessera de craindre une attaque ennemie sur ses propres côtes, redoute tout particulièrement les attaques maritimes. Seuls les corsaires nés, rompus à la «science de la mer» sont — et c'est ce qui fait leur prix — à l'abri de ces frayeurs.

Nous ne prétendons pas par ces remarques déplacer la responsabilité de l'échec de la tête du *qapudan* pour la reporter sur celle du sultan lui-même. Un des enseignements des documents ottomans est au contraire de témoigner de la loyauté de celui-ci à l'égard de son allié français : Soliman a tardé à répondre concrètement aux instances françaises, mais, une fois ses engagements pris, il s'y tient sans réticences. Les instructions à ses subordonnés en apportent la preuve : dans une correspondance à usage purement interne, il ne leur commande pas autre chose que ce que les Français ont demandé, comme il le reconnaît sans fard, et qu'il leur a promis. Il est vrai qu'il laisse subsister, à côté de quelques injonctions catégoriques, un certain vague dans ses directives : il s'explique par la nécessité de laisser sur le terrain une marge d'initiative à ses amiraux, mais nous nous sommes demandé si ce vague ne tenait pas également à une absence de notions géographiques suffisamment précises sur le pays des «Francs».

En fait, si la campagne échoue, c'est pour des raisons plus profondes, structurelles, qui dépassent la responsabilité du *qapudan* ou du *pādišāh*, des raisons qui valent également pour les autres expéditions navales ottomanes en Occident, et que mettent en lumière les ordres de la Porte. Pour garnir ses galères, le sultan doit faire face à des problèmes de recrutement qui certes ne lui sont pas propres, mais que sa puissance sans pareil ne lui épargne pas entièrement : quel que soit le nombre de ses soldats et au demeurant l'excellence de ses intentions vis-à-vis de son allié, à une opération navale donnée, il ne peut affecter que des effectifs limités, compte tenu de la multiplicité des actions à mener sur les immenses frontières de son empire. Les troupes de la flotte sont issues pour une large part du même réservoir qui alimente simultanément les campagnes terrestres, ce qui implique un partage des ressources en hommes comme d'ailleurs une absence de spécialisation.

Les rigoureuses limites temporelles des campagnes maritimes sont une autre conséquence de cette situation : que Sinān pacha décide de rentrer un peu plus tôt ou un peu plus tard, il faut bien voir que de toutes façons l'expédition ne peut qu'être brève, trop brève pour atteindre et emporter durablement des objectifs lointains, aux confins occidentaux de la Méditerranée : pour des raisons climatiques, elle est *a priori* saisonnière mais le temps qui lui est imparti se trouve encore réduit par des départs trop tardifs : or, il apparaît que ceux-ci sont, au moins pour une part, la conséquence des difficultés et des lenteurs du recrutement et de la mobilisation des hommes, des rameurs comme des *sipāhī* : la Porte a beau s'y prendre de bonne heure, lancer ses premiers appels à la mobilisation presque immédiatement après le retour de la campagne précédente, le *qapudan* n'est pas prêt à appareiller à l'équinoxe de printemps.

Partie des Dardanelles le 9 mai, parvenue à Naples plus de deux mois après, la flotte turque — et pas seulement son amiral — songe au retour au début du mois d'août. Pour expliquer ce fait, Fernand Braudel songe un instant à dénier tout dessein politique aux expéditions navales ottomanes : " Le Turc ne voit pas si loin. Pour son armada, il s'agit de simples opérations de pillage. On remplit ses coffres et dès qu'ils sont pleins, on reprend le chemin du Levant " (76). Mais rien ne dit que les coffres étaient déjà pleins. Ce sont l'importance des distances et la logique même du système du *timār* auquel le sultan faisait largement appel pour la flotte qui commandaient le retour : les soldats saisonniers qui en étaient issus, vivant de leur «réserve» et des taxes perçues sur leurs paysans, étaient attachés à leurs terres et impatients de les retrouver. Ils ne pouvaient que répugner à des entreprises trop lointaines et trop longues dont le butin ne suffisait manifestement pas à compenser pour eux les inconvénients. Aramon a lui-même fait clairement allusion à cette impatience des *sanğaqbeğ* dont la documentation ottomane permet de mieux saisir toute la portée. Sans être propre aux campagnes maritimes, elle y pèse certainement d'un grand poids. On conçoit aussi combien la pratique de l'hivernage de la flotte, seul moyen d'échapper aux étroites limites de la campagne saisonnière, était difficile à imposer à ces mêmes *sipāhī* comme contraire au mode d'existence entraîné par leur statut (77).

La campagne navale de 1553 fut apparemment plus heureuse : malgré un départ plus tardif encore (début juin) (78), les flottes conjointes de Dragut et du baron de La Garde, qui avait hiverné ensemble, atteignirent les objectifs qu'Aramon avait vainement tenté d'affecter à l'expédition précédente : elles s'emparèrent notamment d'Elbe et de la plupart des places corses, ce qui permit une invasion de l'île par les troupes du Marquis de Thermes et de l'exilé corse allié de la France, Sampiero de la Bastilica. Pourtant ces succès momentanés ne signifient pas que cette campagne échappa à ces «fatalités» des entreprises ottomanes de longue distance, que nous venons d'évoquer, et qu'elles n'en limitèrent pas la portée : la flotte ottomane avait été réduite à 40 unités, probablement, comme le suggère Fernand Braudel, sous le contrecoup des énormes exigences de la campagne de Perse (79). Surtout, pour être moins précoce que l'année précédente, le retour «au logis» des Turcs n'en survint pas moins, inexorable et dramatiquement prématuré pour les Français et leurs alliés corses : refusant, malgré leurs instances, de prolonger le blocus de Calvi, dernière place de l'île restée aux mains des Génois, Dragut reprit la mer : le 1$^{er}$ octobre il franchissait avec sa flotte le détroit de Messine pour regagner Istanbul en décembre.

M. d'Aramon avait été absent de cette campagne, de même qu'il avait renoncé à prendre part, comme en 1548, à la nouvelle campagne de Perse du sultan : ses aventures précédentes ayant sérieusement ébranlé sa santé, il avait préféré mettre fin à son ambassade et regagner la France. Il n'y récupéra pas les biens de sa famille et ne conserva pour toute charge que ces galères aux besoins desquels le Grand Seigneur avait un moment pourvu (80).

## NOTES

\* Le système de translittération des termes ottomans est celui de la *Revue des études islamiques*.

(1) Sur ce manuscrit, cf. U. Heyd, *Ottoman documents on Palestine, 1552-1615. A study of the firman according to the Mühimme defteri*, Oxford, 1960, p. 4 ; F.E. Karatay, *Topkapı sarayı müzesi kütüphanesi türkçe yazmalar kataloğu*, I, Istanbul, 1961, p. 601.

(2) Cf. en dernier lieu, J. Deny et J. Laroche, " L'expédition en Provence de l'armée de mer du sultan Suleyman sous le commandement de l'amiral Hayreddin pacha dit Barberousse (1543-1544) d'après des documents inédits ", *Turcica. Revue d'études turques*, I, 1969, pp. 161-211. J.P. Fighiera, " Les incursions turques dans la région niçoise en 1543 ", in *Vienne, 1683. L'Empire ottoman et l'Europe* (G. Stolwitzer, édit.), *Cahiers de la Méditerranée*, 28, Nice, 1984, pp. 77-93.

(3) J. Chesneau, *Le voyage de Monsieur d'Aramon, ambassadeur pour le Roy en Levant*. Paris, Ch. Schefer, édit., 1887, cité *infra* Chesneau.

(4) Tripoli, conquise par les Espagnols en juillet 1510, avait été cédée par eux aux Chevaliers de Malte en 1530. Sur le siège de Tripoli par les Turcs et le rôle de Dragut, cf. Haji Khalifeh, *The history of the maritime wars of the Turks*, trad. de J. Mitchell du *Tuhfet ül-kibâr fi esfâr el-behâr*, Londres, 1831, pp. 70-71, 80 ; Ch. Monchicourt, " Dragut amiral turc ", *Revue tunisienne*, 1930, tiré à part, p. 5 ; S. Aurigemma, *I cavalieri Gerosolimitani a Tripoli negli anni 1530-1551*, Rome, 1937, pp. 167-198 ; E. Rossi, *Il dominio degli Spagnuoli e dei Cavalieri di Malta a Tripoli (1530-1551)*, Intra, 1937 ; F. Braudel, *La Méditerranée et le monde méditerranéen à l'époque de Philippe II*, II, 3e édit., Paris, 1976, pp. 238-240 ; Ş. Turan, " Rodos'un zaptından Malta muhasarına ", in *Kanunî Armağanı*, Ankara, 1970, p. 76.

(5) Chesneau, p. 152. Il y avait dans la citadelle de Tripoli 30 chevaliers de Malte commandés par Fra Gaspar de Vallier, maréchal de la langue d'Auvergne. Seuls ces chevaliers furent sauvés par Aramon. Le reste de la garnison, composé de 630 mercenaires calabrais et siciliens, fut laissé aux mains des Turcs ; Braudel, *op. cit.*, II, pp. 239-240.

(6) Lettre de Henri II à Aramon du 27 juin 1552,

(7) Sur la campagne navale de 1552, Cf. Haji Khalifeh, *op. cit.*, p. 77 (précise que le *qapudan partit avec 120 bateaux)* ; Monchicourt, *art. cit.*, p. 6 ; E. Petit, *André Doria, amiral condottière au XVIe siècle (1466 - 1560)*, Paris, 1887, pp. 320 - 321 ; Braudel, *op. cit.*, II, p. 243 ;

Les circonstances des campagnes de 1552 et 1553 sont interpolées chez Hammer, *op. cit.*, VI, p. 183.

(8) Charrière, *op. cit.*, II, pp. 209 - 215.

(9) *Ibid*, pp. 216 - 218.

(10) Lettre de M. de Selve à l'évêque de Mirepoix, ambassadeur à Rome, du 25 juillet 1552, *in* Charrière, *op. cit.*, II, pp. 215 - 216, n.1.

Sur le refus de Venise d'appuyer le prince de Salerne, D. Ferrante Sanseverino, cf. Braudel, *op. cit.*, II, p. 243, et n.6.

(11) Charrière, *op. cit.*, II, p. 199 ; Braudel fait également état de ce bruit qui se répand bientôt, "obstiné mais incontrôlable de "gros pourboires espagnols ou génois", *op. cit.*, II, p. 244.

(12) Selve à Henri II, 2 et 28 septembre 1551, *in* Charrière, *op. cit.*, II, p. 163.

(13) Selve à Henri II, 2 et 17 novembre 1551, *in* Charrière, *op. cit.*, II, p. 166.

(14) *Ibid*, p. 175.

(15) La remarque n'est cependant pas à généraliser car on trouve dans d'autres volumes des *mühimme defteri* (cités *infra M. D.*), des ordres de la Porte commandant à des *sanǧaqbeǧ* et des *qāḍī* locaux l'envoi à l'arsenal de Galata de fournitures telles que toile à voile, cordages, fer, chanvre, étoupe, bois de charpente, poix, etc. ; cf. I.H. Uzunçarşılı, *Osmanlı devletinin merkez ve bahriye teşkilâtı*, Ankara, 1948, pp. 515 - 516, 518 ; C.H. Imber, "The navy of Süleyman the Magnificent", *Archivum ottomanicum*, VI, Louvain, 1980, pp. 228 - 235.

(16) Samokov en Bulgarie, qui comprenait à la fois des mines de fer et des forges, paraît avoir représenté la principale source de pièces de métal pour la flotte de Süleymān. En 1565, par exemple, en prévision de la campagne contre Malte, 300 ancres furent commandées pour l'arsenal au *qāḍī* de Samokov ; Imber , *art. cit.*, p. 234.

(17) Charrière, *op. cit.*, II, pp. 181 - 182.

L'ancien «roi d'Alger» n'était autre que Ḥasan pacha, fils de Ḥayreddīn Barberousse, qui avait succédé à son père comme *beǧlerbeǧ* d'Alger à la mort de ce dernier, le 4 juillet 1546. Aramon, qui lui reprochait sa mauvaise volonté à l'égard des envoyés français à Alger, semble avoir influé sur sa chute : il fut destitué par la Porte et quitta Alger pour Istanbul, le 22 septembre 1551. Son successeur Ṣāliḥ pacha ne rejoignit pas immédiatement Alger, comme l'indique Aramon dans sa dépêche, et l'*interim* qui se prolongea, comme nous le verrons, jusqu'à la fin avril, date de l'arrivée du nouveau *beǧlerbeǧ*, fut exercé par qā'īd Ṣafā, commandant de Tlemcen que les Turcs avaient occupée en 1550 ; H.D. de Grammont, *Histoire d'Alger sous la domination turque (1515 - 1830)*, Paris, 1887, pp. 73 - 78.

(18) "*Ṭurǧud beǧ on bir pare gemi ile čıqa. Maadası mevsimile donadub...*".

(19) Il s'agit, selon toute apparence, du fameux Seydī 'Alī *re'īs* qui s'était déjà signalé dans les campagnes de Rhodes, Preveza et Tripoli et sera nommé, à la fin de l'année suivante, amiral de la flotte d'Egypte. Il est surtout connu pour avoir laissé, entre autres ouvrages d'astronomie, mathématiques et géographie, le célèbre *mir'āt al-mamālik* ; cf. *I. A.*, art. "Seydî Alî reis" (Ş. Turan). Haji Khalifeh, *op. cit.*, p. 73, signale qu'il a servi au Maghreb.

(20) Uzunçarşılı,... *merkez ve bahriye...*, *op. cit.*, pp. 482 - 483 ; Imber, *art. cit.*, pp. 265 - 269.

(21) En s'appuyant sur des registres de levée envoyés à la capitale par les *qāḍī*, principalement en 1551, en vue de la campagne de Tripoli, Imber a constaté que les assujettis étaient répartis en groupes de 23 foyers tenus de fournir chacun un rameur et un mois de gages se montant à 106 aspres pour les musulmans et 80 pour les chrétiens. Il observe également que le nom de chaque rameur était assorti d'un ou de plusieurs garants et que chaque groupe de foyers pouvait payer une somme d'argent (*bedel*) au lieu d'envoyer un rameur ; Imber, *art. cit.*, p. 267 ; cf. aussi Gy.Káldy-Nagy, "The first centuries of the ottoman military organization", *Acta orientalia hungarica*, XXXI/2, 1977, p. 164 et n.66 et 67 : l'auteur indique que, pour la campagne navale franco-ottomane de 1543, la Porte avait levé en Roumélie et Anatolie 15 653 rameurs ainsi que 1460 matelots.

Le nombre de foyers devant fournir un rameur pouvait être supérieur ou inférieur à 23 : selon un ordre de recrutement de 1567, un rameur devait être fourni par 20 foyers ; *M.D.* VII, p. 241, cité par Uzunçarşılı,... *merkez ve bahriye...*, *op. cit.*, p. 515.

(22) Cf. la liste des *qażā* dans lesquels on a recruté des rameurs pour la campagne de 1565 contre Malte, d'après *M.D., V, in* Uzunçarşılı,... *merkez ve bahriye...*, *op. cit.*, pp. 515 - 516.

(23) Cf. M. Sertoğlu, *Resimli osmanlı tarihi ansiklopediṣi*, Istanbul, 1958, pp. 110 et 185.

(24) Exemple de cas où la fourniture d'un rameur et de son salaire serait remplacée par une contribution financière. L'emploi du distributif pour exprimer la somme *(biñ yüzer aqča)* exclut qu'il s'agisse d'un montant global pour l'ensemble du *sanǧaq*, mais il est difficile de supposer que chaque groupe de 23 foyers ait pu être imposé pour une somme aussi élevée que 1100 aspres : faut-il comprendre qu'elle est demandée par *qażā* ?

(25) D'une manière générale, il semble que les prisonniers de guerre étaient très peu nombreux parmi les rameurs de la flotte de Süleymān, contrairement à l'idée communément reçue en Europe ; Imber, *art. cit.*, p. 265.

(26) Cf. U. Heyd, *Studies in old ottoman criminal law*, V.L. Ménage, édit., Oxford, 1973, pp. 304 - 307 ; Imber, *art. cit.*, pp. 268 - 269.

Des exemples d'ordres annonçant au *beǧlerbeǧ* des îles l'envoi de condamnés *in KK 888*, ff. 71 v., 88 bis v., 154 v., 160 r., 163 v., 180 v., 197 r., 207 r.

(27) Sur la flottille et le *qapudan* de Kavalla, cf. Imber, *art. cit.*, p. 255.

Des condamnés pouvaient être également envoyés à Lépante et Nauplie ; Heyd, *Studies..., op. cit.*, p. 306.

(28) Cf. *KK 888*, f. 207 r., au *subaşı* d'Istanbul, 5 mai 1552 : " Si la flotte est déjà partie, qu'on le mette (le condamné) sur une galère à Gelibolu... ". Pour Rhodes, cf. f. 216 r., à l'*emīn* de Galata, 10 mai 1552. Cf. aussi *infra*, n. 58 et 59.

(29) L'un des corps de Tatars de Roumélie au statut particulier comprenant des obligations militaires en contrepartie d'exemptions fiscales ; cf. M.T. Gökbilgin, *Rumeli'de yürükler, tatarlar ve evlâd-ı fâtihân*, Istanbul, 1957, pp. 88 - 90.

(30) Le terme de *knez* est d'origine slave et désigne une institution pré-ottomane conservée par les Turcs : il s'agissait de chefs de villages ou de régions ; cf. N. Beldiceanu, " Sur les Valaques des Balkans slaves à l'époque ottomane (1450 - 1550) ", *Revue des études islamiques*, XXXIV, Paris, 1966, pp. 107 - 108.

(31) Cf. J. Schacht, *Introduction au droit musulman*, trad. de P. Kempf et A.M. Turki, Paris, 1983, p. 147. La peine de galère ne figure d'ailleurs pas davantage dans le *qānūn*, la législation émanant du souverain ottoman, Heyd, *Studies..., op. cit.*, p. 304 ; Imber, *art. cit.*, p. 268.

(32) Cf. M. de Mouradgea d'Ohsson, *Tableau général de l'Empire othoman*, VI, Paris, 1824, pp. 254 et 322.

(33) *Ibid.* pp. 242 - 243 ; Schacht, *op. cit.*, p. 147.

(34) D'Ohsson, *op. cit.*, VI, pp. 314 - 315. Les différents ordres sultaniens se contredisent : selon les cas, les condamnés à mort ou à des amputations sont présentés comme exclus des galères ou au contraire comme passibles de celles-ci ; Heyd, *Studies..., op. cit.*, pp. 304, n.5 et 305, n.1 ; Imber, *art. cit.*, p. 268 ; cette contradiction se retrouve au sein même de notre documentation, comme on le verra ci-dessous.

(35) Cf. C. Imber, " *Zinā* in ottoman law " *in Contributions à l'histoire économique et sociale de l'Empire ottoman*, J.L. Bacqué-Grammont et P. Dumont, édit., Paris, 1983, pp. 59 - 92.

(36) Nous n'avons pas rencontré dans notre registre d'ordres relatifs aux *'azab* qui constituaient le seul corps spécifiquement naval de l'Empire ottoman, fournissant, semble-t-il, l'équipage proprement dit (capitaines de galères, matelots, calfats, canonniers, surveillants des rameurs, etc.) et jouant peut-être également un rôle véritablement militaire. Nous n'avons pas trouvé non plus d'instructions relatives aux artilleurs de la flotte ; cf. Imber, " The navy... ", *art. cit.*, pp. 252 - 254, 261.

(37) Sur le *timar*, cf. notamment, J. von Hammer-Purgstall, *Des osmanischen Reiches Staatsverfassung und Staatsverwaltung*, I, Vienne, 1815, pp. 337 - 434, II, pp. 242 - 372 ; P.A. von Tischendorf,

UNE CAMPAGNE NAVALE FRANCO-TURQUE

*Das Lehnwesen in den moslemischen Staaten insbesondere im osmanischen Reich*, Leipzig, 1872, *reprint* Berlin, 1982 ; *Encyclopédie de l'Islam* (cité *infra* E.I.), 1ère édit., IV, pp. 807-812, art. " timar " (J. Deny) ; *I.A.*, fasc. 123, Istanbul, 1972, art. " timar " (Ö.L. Barkan) ; N. Beldiceanu, *Le timar dans l'État ottoman (début XIVe - début XVIe s.)*, Wiesbaden, 1980.

(38) Les *sanǧaq* en question étaient qualifiés de *sanǧaq* maritimes *(deryā sanǧaqları)* et ils devaient fournir non seulement des troupes mais également, à l'occasion, quelques galères pour la campagne ; cf. Uzunçarşılı,... *merkez ve bahriye...*, *op. cit.*, p. 421 ; Imber, " The navy... ", *art. cit.*, p. 256 (à propos du *sanǧaqbeǧ* de Mytilène).

(39) Cf. L. Güçer, *XVI - XVII asırlarda Osmanlı imparatorluǧunda hububat meselesi ve hububattan alınan vergiler*, Istanbul, 1964, pp. 67-135. Nous avons abordé ce sujet dans " Comment Soliman le magnifique préparait ses campagnes : la question de l'approvisionnement ", contribution à la 16ème semaine d'étude de l'*Istituto internazionale di storia economica «Francesco Datini»*, Prato, 1984, (à paraître dans les actes de ce colloque).

(40) Cf. *KK 888*, f. 125 r., au *qāḍī* de Gelibolu, 18 mars 1552 : mention de bateaux à l'ancre dans le *qaẓā* de Gelibolu ; f. 207 r., au *subaši* d'Istanbul, 5 mai 1552 : des galères sont restées sur place, affectées à la garde des détroits ; f. 212 v., à l'*emīn* de Galata, 7 mai 1552 : il doit mettre les dix *voynuq* qui ont déserté le service sur les galères affectées à la défense du détroit si le *qapudan* est déjà parti avec la flotte.

(41) Cf. *KK 888*, f. 159 r., au *beǧlerbeǧ* des îles : mention des galères destinées à rester sur place pour la défense de Rhodes ; f. 216 r., à l'*emīn* de Galata, 10 mai 1552 : il doit mettre dix *voynuq* condamnés sur les galères affectées à la défense de Rhodes. De même, dans deux ordres du 7 mai 1552, la Porte s'inquiète auprès du *qapudan* de l'état de préparation de la flotte de Rhodes, ff. 211 r. et 214 v.

Sur la flottille de Rhodes, cf. Imber " The navy... ", *art. cit.*, pp. 256-258 : cite un rapport d'Andrea Dandolo selon lequel les Ottomans gardaient toujours 30 à 40 bateaux en mer comme escadre de protection pour Rhodes et Alexandrie.

(42) Notons que dans le cas d'Aqšehir, il est précisé sans explication que les troupes ne viendront pas sous la conduite de leur *sanǧaqbeǧ* mais de l'adjoint de ce dernier, l'*alaybeǧ*, chef de la cavalerie timariale. Néanmoins, il existe bien au même moment un *sanǧaqbeǧ* en poste à Aqšehir du nom de Meḥmed ; cf. *KK 888*, f. 108 r.

(43) Cf. 'Ayn-i 'Alī, *Qavānīn āl-i 'o&scaron;mān der ḫulāṣa-i mežāmīn-i defter-i dīvān*, Istanbul, 1280 (l'ouvrage date de 1018/1609) ; trad. in Tischendorf, *op. cit.*, pp. 65, 67-68, 71.

(44) Sur cette campagne qui finalement sera conduite non par le sultan lui-même mais par le second vizir Aḥmed pacha et aboutira à la conquête de Temesvár (Timişoara) et du banat, cf. Hammer, *Histoire...*, *op. cit.*, VI, pp. 32-52. L'ensemble du registre *KK 888* constitue la meilleure source pour l'étude de la campagne du côté ottoman.

*(45) Cf. KK 888*, f. 87 v., au *beǧ* de Delvina, 4 mars 1552.

(46) *Ibid.*, ff. 139 v., 152 v., 197 v., 207 r., 315 v., 337 r., 359 r.

(47) *Ibid.*, ff. 22 r., 23 r., 24 r.

(48) *Ibid.*, f. 26 r., au *beǧlerbeǧ* d'Anatolie, 24 janvier 1552, doc. cité par Káldy-Nagy, *art. cit.*, p. 161.

(49) Ces préparatifs conduiront à l'envoi en septembre 1552 d'une armée commandée par le grand-vizir Rüstem pacha contre la Perse, puis, après le rappel de ce dernier, au départ du sultan lui-même dans cette direction, à la fin août 1553 : ce sera la campagne de Nakhichevan qui aboutira à la paix d'Amasya avec les Persans, le 29 mai 1555 ; cf. Hammer, *Histoire...*, *op. cit.*, VI, pp. 52-70 ; Uzunçarşılı, *Osmanlı tarihi*, *op. cit.*, II, pp. 360-361.

N'oublions pas d'autre part que, dans le même temps, la flotte ottomane d'Egypte combat les Portugais dans le golfe persique.

(50) Il apparaît que ces inspections pouvaient également donner lieu à la réforme de certains éléments : un ordre au *qapudan*, du 19 avril 1552, lui demande d'envoyer la liste des *sipāhī* du *sanǧaq* d'Ala'iya qui n'ont pas été admis à la campagne maritime, du fait de leur inaptitude au service ; *KK 888*, f. 179 r. Comme il n'est pas question, par ailleurs, de mobilisation de ce *sanǧaq* pour la campagne

navale de 1552, au contraire de ce qui s'était passé l'année précédente (cf. *supra*), nous supposons que l'ordre fait allusion à l'inspection de 1551, comme c'est le cas de l'ordre cité *infra* du f. 200 v.

(51) À côté des *čavuš* du pouvoir central, dits *čavuš* de la sublime Porte *(dergāh-i muʿallā čavušları)*, émissaires du gouvernement en province et à l'étranger, il existait dans chaque *beğlerbeğilik* des *čavuš* provinciaux *(vilāyet čavušları* ou *mīrmīrān čavušları)* désignés par le *beğlerbeğ* parmi les timariotes d'un certain revenu dans sa province ; cf. *KK 888*, ff. 63 r., 73 r. ; *M.D.III*, f. 106 r.

(52) Nous ignorons la nature de leur mission. Peut-être était-elle en rapport avec l'envoi à Bagdad des soldes des janissaires affectés là-bas à la campagne conduite par le *beğlerbeğ* de Bagdad ; cf. *KK 888*, f. 127 r., au *beğlerbeğ* de Diyārbekir. Rappelons que Bagdad, dont la conquête remonte à 1534, était encore une acquisition récente pour les Ottomans.

(53) Sur ce recensement de la province de Qaraman, cf. *KK 888*, f. 59 r Le recenseur, Ebu el-Fażl *efendi*, n'est autre que le fils d'Idrīs Bidlisī, auteur du *Hešt bihišt*. Lui-même continua la chronique de son père et écrivit également une histoire ottomane de ʿOs̱mān à Selīm Ier. Son rôle de recenseur de Qaraman est attesté par ailleurs ; cf. F. Babinger, *Die Geschichtsschreiber der Osmanen und ihre Werke*, Leipzig, 1927, pp. 95-97 et p. 96, n.1.

(54) Que le *beğlerbeğ* de Qaraman ait eu effectivement besoin de *čavuš*, comme il le prétend, pour faire exécuter les missions dont le charge la Porte dans la période considérée, avait été attesté par l'ordre cité *supra* sur la levée des rameurs (f. 70 v.) ; le fait l'est également par un autre ordre du 14 avril 1552 qui lui commande précisément de désigner des *čavuš* et des hommes de garnison pour accompagner le cuivre devant être transporté à Amid (Diyarbekir) ; f. 163 v.

(55) Chesneau, p. 46.

(56) Cf. F. Antoine Geuffroy, " Briefve description de la court du grant Turc ", publiée par Schefer *in* Chesneau, p. 248.

(57) Sur les *ʿağemī oğlan*, cf. I.H. Uzunçarşılı, *Osmanlı devletinin teşkilâtından kapukulu ocakları*, I, Ankara, 1943, pp. 1-141 ; B. Papoulia, *Ursprung und Wesen der «Knabenlese» im osmanischen Reich*, Munich, 1963, p. 3 ; *E.I.* 2, I, pp. 212-213, art. " 'adjāmī oghlān " (H. Bowen) ; *idem*, II, pp. 217-219, art. «devshirme» (V.L. Ménage).

Leur rôle dans la flotte est mentionné par Chesneau : leurs deux *ağa* d'Anatolie et de Roumélie " les font venir en Constantinople et les employent aux bastiments qui s'y font et aux navires et galleres " ; Chesneau, pp. 44-45. Selon Imber, " The navy… ", *art. cit.*, p. 237, ce rôle était surtout celui d'artisans participant à la construction des bateaux à Gallipoli et Galata. On notera leur rôle sur les bateaux à voile signalé ici.

(58) S. Soucek, " Certain types of ships in ottoman-turkish terminology ", *Turcica*, VII, 1975, pp. 243-244 ; Imber, " The navy… ", *art. cit.*, p. 214.

(59) Uzunçarşılı,… *merkez ve bahriye…*, *op. cit.*, pp. 469, 517 ; Soucek, *art. cit.*, p. 242 ; Imber, " The navy… ", *art. cit.*, p. 212.

(60) Sans qu'il soit nécessaire de supposer ici que Rüstem pacha se soit laissé acheter par les Impériaux pour retarder le départ de la flotte, comme le bruit en courra, l'année suivante, pour expliquer le départ tardif de la campagne navale de 1553 ; cf. Braudel, *op. cit.*, II, p. 246.

(61) Charrière, *op. cit.*, II, pp. 179-180. Notons que lorsqu'un autre envoyé de Henri II, Michel de Seure, se rendit à son tour auprès du sultan à Edirne, dans l'hiver 1551-1552 (nous ne connaissons pas plus précisément la date) " pour solliciter la dicte armée de mer ", Süleymān lui confirme son intention de faire sortir cette dernière mais sans s'engager à un départ précoce : " Il eut fort bonne responce, qui estoit qu'elle partiroit dans le mois de juing 1552 " ; Chesneau, p. 153.

(62) Selve à Henri II, 10 avril 1552, *in* Charrière, *op. cit.*, II, p. 190.

(63) Cet interprète, du nom d'Ibrāhīm *beğ*, est, selon toute apparence, le renégat d'origine polonaise, Joachym Strasz, qui avait été chargé en 1547 de raccompagner l'envoyé autrichien à Istanbul, rentrant à Vienne porteur du nouveau traité de paix et qui joue par la suite un grand rôle dans les relations diplomatiques entre les Ottomans, les Habsbourg, la Pologne et la Moldavie, sous Süleymān, puis Selīm II ; cf. Hammer, *Histoire…*, *op. cit.*, VI, p. 314 ; Uzunçarşılı, *Osmanlı tarihi*, *op. cit.*, II, p. 497 ; J. Matuz, *Herrscherurkunden des Osmanensultans Süleymān des prächtigen*, Freiburg, 1971, numéro 240 ; Z. Abrahamowicz, *Katalog dokumentów tureckich*, Varsovie, 1959, docs. numéros 177, 178,

202, 203 ; M. Guboglu, *Catalogul documentelor turçesti*, II, Bucarest, 1965, doc. numéro 94, p. 34 ; M.M. Mehmet, *Documente turçesti privind istoria României*, I (1455 - 1774), Bucarest, 1976, doc. numéro 94, p. 90.

(64) Cela soit dit sans méconnaître la remarquable qualité de certains travaux géographiques ottomans des XVIe et XVIIe siècles, mais la question se pose de savoir dans quelle mesure leurs enseignements étaient pris en compte par les fonctionnaires de la Porte ; d'autre part, le savoir purement géographique, la localisation des villes et régions, et les notions sur la situation historique et politique de celles-ci, sont à distinguer. Ḥāǧǧı ḫalife (Kātib čelebī) lui-même, le plus savant des géographes ottomans (1609 - 1657), qui donne au début de son histoire des campagnes maritimes une description assez précise des côtes d'Italie, d'Espagne et de France, en évoquant plus loin dans le même ouvrage la campagne de Ṭurġud *re'īs* contre la Corse génoise en 1553, présentera Bastia comme une " forteresse espagnole sur la côte italienne " ; Haji Khalifeh, *op. cit.*, pp. 10, 11, 80. Sur ces questions, cf. B. Lewis, *The muslim discovery of Europe*, Londres, 1982, pp. 135 - 170.

(65) Notons à ce propos que lors de la campagne de 1553, la flotte turque fera un détour à l'aller " pour éviter des pillages au royaume de Naples, considéré un peu comme terre française ", Braudel, *op. cit.*, II, p. 246, n.5. De même, après la prise de Reggio, le 4 juillet 1552, Aramon interviendra auprès des chefs de la flotte pour que soient épargnés les autres villes et villages de la côte, comme appartenant au prince de Salerne, passé au service du roi de France ; Chesneau, introduction, p.L.

(66) De fait, dès son arrivée à Alger, Ṣāliḥ pacha devra se mettre en campagne contre les chefs de Touggourt et d'Ouargla qui s'étaient révoltés et refusaient de payer le tribut imposé 25 ans avant par Barberousse ; il mâtera les rebelles et rentrera de l'expédition avec un immense butin ; Grammont, *op. cit.*, p. 78. Sur la flottille ottomane d'Alger, cf. Imber, " The navy... ", *art. cit.*, p. 259.

(67) Projet d'Aramon pour une lettre de Henri II à Süleymän *in* Charrière, *op. cit.*, II, p. 183.

(68) Chesneau, introduction, p. XIV.

(69) N. de Nicolay, *op. cit.*, p. 2.

(70) Charrière, *op. cit.*, II, p. 182.

(71) Chesneau, pp. 153 - 154.

(72) *Ibid.*, p. 58.

(73) *Ibid*, p. 167.

(74) Dans un autre cas, c'est à l'*Istanbul ḫāṣṣa ḫarǧ emīni* (intendant préposé aux dépenses impériales d'Istanbul) que s'adresse la Porte pour qu'il fournisse de la poudre et de la mèche aux janissaires devant partir pour la campagne de Hongrie, et c'est également ce dernier qui s'occupe de la conservation et de la fabrication des canons, boulets et armes à feu ; *KK 888*, ff. 127 v. et 149 r. Sur l'intendant de la ville d'Istanbul, cf. R. Mantran, *Istanbul dans la seconde moitié du XVIIe siècle*, Paris, 1962, pp. 163 - 164 ; sur l'intendant préposé aux dépenses impériales, cf. N. Beldiceanu, *Recherche sur la ville ottomane au XVe siècle. Étude et actes*, Paris, 1973, pp. 71 - 72.

(75) Cf. un ordre du *M. D. XIV*, p. 5, de *ẕī' l-ḥiǧǧe* 978 (26 avril - 25 mai 1571) cité par Uzunçarşılı,... *merkez ve bahriye...*, *op. cit.*, pp. 520 - 521.

(76) Braudel, *op. cit.*, II, p. 244.

(77) Nous avons abordé cette question *in* G. Veinstein, " L'hivernage en campagne, talon d'Achille du système militaire ottoman classique ", *Studia Islamica*, LVIII, pp. 109 - 148.

(78) Sur cette campagne, cf. *Tārīḫ-i Pečevī*, I, Istanbul, 1281, pp. 343 - 344 ; Haji Khalifeh, *op. cit.*, p. 80 ; Uzunçarşılı, *Osmanlı tarihi*, *op. cit.*, II, p. 386 ; Petit, *op. cit.*, pp. 323 - 337 ; Braudel, *op. cit.*, II, pp. 245 - 247.

(79) *Ibid.*

(80) Chesneau, introduction, p.LI.

Addenda:

p.62 n.4 l.4: J. de Hammer, *Histoire de l'Empire ottoman*, trad. de J.J. Hellert, VI, Paris, 1850

p. 62 n.6, l.3: I.H. Uzunçarsili, *Osmanli Tarihi*, II 4è. édit., Ankara, 1983.

p.67 n.69: N. de Nicolay, *Dans l'Empire de Soliman le magnifique*, M. Ch. Gomez-Géraud et S. Yérasimos, eds., Paris, 1989, p.55.

# VII

## Some Views on Provisioning in the Hungarian Campaigns of Suleyman the Magnificent

Ottoman military campaigns, especially the great Imperial ones, the so-called sefer-i hümāyūns, which mobilized a large part of the various forces and resources of the Empire, were by no means a matter of improvisation. These campaigns, which, as is well known, were led by the Sultan himself thirteen times during the reign of Süleyman the Magnificent, had a seasonal nature. They used to be launched in spring, April or May, sometimes later, under the pressure of circumstances, and would come to an end, most frequently in October or November, with the coming of winter and bad weather. On some particularly ambitious expeditions the Sultan was obliged to maintain his troops under arms during the winter as well - a most unpopular measure among sipāhīs, since it led to difficulties in providing them with their annual incomes[1].

Nevertheless, the preparation of a campaign began several months before the actual departure, at the latest in the previous autumn. We learn from the correspondence of foreign diplomats and agents in the Empire, for example from the dispacci of the Venetian bailos in Constantinople, that they followed very carefully these lengthy preparations and tried to infer from their importance and nature the Sultan's purpose for the next spring. But it is hardly necessary to emphasize that the best source for a detailed and comprehensive view of the various preparatory dispositions involved is the Mühimme defteri. Many of these measures had direct economic implications. Among other possible themes of study in this respect, we have chosen to focus here on the question of provisioning Süleyman's campaigns in Hungary. Our analysis rests mainly on the basis of the two oldest known specimens of the Mühimme defteri, i.e. the two registers of this type which are kept in the museum of Topkapı. Let us recall that the first one (E.12321) contains orders promulgated from December 1544 up to the middle of April 1545[2]. It sheds light on the preparation of a most important Danubian campaign, perhaps aimed at Vienna (at least it was so interpreted and feared by foreign observers), which the Sultan decided to abandon in the middle of April 1545, owing to the progress of the negotiations with Ferdinand of Habsburg's emissaries, negotiations which finally resulted in the peace treaty of 1547[3].

The second volume (KK.888) covers the year 1552[4]. The ḥüküms included in it deal, among many other subjects, with the preparation and carrying through of the Temesvâr campaign, which led to the conquest of this important place and the surrounding region[5]. It was originally planned and organized as an Imperial campaign, even though at the last moment Süleyman renounced his intention to lead it personally and sent only a contingent of the Porte's troops, headed by the second vizier, Ahmed pasha. To this nucleus were added forces from the beylerbeyis of Rumeli and Budun (Buda).

Let us note that the measures of provisioning relating to these two campaigns took place about the middle of the reign of Süleyman, when the Ottoman administration benefited in the Danubian area, not only from its previous experiences but also from the strategic positions it had newly acquired with the formation in 1541 of the so-called Beylerbeyilik of Budun, a province which was to become a forward base in Hungary on the road to Vienna. At the same time, the Sultan formed the habit of spending the winter preceding a campaign in his second capital, Edirne, in order to make the preparations there, closer to the frontier area where the main arrangements had to be made[6]. Furthermore, it is to be observed that starting from Edirne instead of Istanbul had the advantage of shortening the armies' march to Hungary by about nine days.

The positive effects of these different developments in the logistics of the Hungarian campaigns became obvious in Süleyman's tenth campaign in 1543. The author of the "Ġazavāt-i İsturĝun ve İstolni-Belĝrad" underlines the fact that this expedition, which resulted in the conquest of these two Hungarian fortresses (Esztergom and Székesfehérvár), was given the best organization which had ever been seen. He explains that, before leaving, the Sultan had prepared huge stocks of grain: 124,800 müdd (about 55,500 t.) of barley and 40,000 müdd (about 17,800 t.) of flour[7]. He also mentions a fleet of 371 ships which had to carry these provisions along the Danube, starting, as he says, from the Black Sea[8].

These few indications are already suggestive, but it is only for the following campaigns that we begin to get more extensive and precise information, thanks to the two above-mentioned defters from Topkapı.

It appears from the great amount of hüküms concerning the supply question that the Porte had two main goals in this field: 1. the provisioning of the army, with peculiar attention to the needs of the Porte units (ķapu ḫalķı) at different stages (the so-called ķonaķs or menzils) of their march through Ottoman territory before penetrating into the enemy's land: As a matter of fact a long march which occupied the major part of the campaign time; and 2. the constitution of large cereal stores - as large as possible - at strategic points, especially in the cases under study in Belĝrad (Beograd) and Budun. These stores were intended to solve the problems arising from the great distances between the Hungarian front and the productive areas from which the food for the troops (men as well as horses) had to be drawn. Not only would the major part of the army assembling in Belgrade find there grain and meat before proceeding further, but from these two stocks provisions could be sent to the surrounding fortresses in danger of siege. Furthermore, if the army continued to advance in Hungarian and Austrian lands a base would remain close behind from whence food could be sent forward if necessary.

In both cases we must keep in mind that, when the advancing army marched through the Ottoman countries, the harvests of the current year were not yet ready. This meant that the provisioning was entirely based on "old grain" from previous harvests. Consequently there was unavoidably a growing conflict between the needs of the army and those of the civilian population. For the same reason, when advancing, the troops crossed fields which had not yet been reaped; hence the well-known very drastic measures of the Ottomans at that time against horsemen who damaged the fields[9]: The future harvests had to be preserved at all costs, not only for the welfare of the population, but also in view of the continuation of the campaign, the future needs of the returning soldiers, as well as of a possible wintering under arms.

Returning to the first type of provisioning by stages along the successive menzils. This first included the supply of sheep and to a much lesser degree of oxen to the army: for instance, in 1552, the Moldavian and Walachian voivodes had to procure 30,000 sheep and 3,000 oxen respectively[10]. Moreover several sancaḳbeyis and ḳadis of various European districts were ordered to send a total of 75,000 sheep[11]. A special commissary, the ḳoyun emīni, supervised the whole operation. As another campaign was planned at the same time against Persia[12], the beylerbeyi of Diyarbekir was required to supply in the same way 50,000 sheep from his own area[13]. In January 1566, in view of the future campaign of Szigetvâr, several ḳadis of Rumeli were ordered to gather together 174,290 sheep, while a second order in May, sent partly to the same officials, partly to other kadis, required a total of 228,340 sheep to be driven to Belgrade and sold there[14].

What was the method used by the Ottomans to procure all this livestock? It took the form of a kind of requisition, a special one, commonly called sürsat[15], even if the term is not to be met within our documents: People in the ḳazās concerned are compelled by the kadi to sell their sheep to the soldiers. The sheep-owners or their repesentatives (vekīl) should personally lead their own sheep to the passing army. The people liable to this obligation are the official cattle-merchants, the so-called yazılı celeb or celebkeş[16], as well as the private wholesalers, the madrapaz, and more generally, as the documents say, every reᶜāyā who has sheep. However, an order of January 1552 recalls that orphans and widows who have only 20 or 30 sheep are not subject to these compulsory sales[17].

Another principle is that the sheep must be sold to the troops at "the current fixed price" in the corresponding district (cāri olan narḫ-i ruzī üzere)[18]. This means that the soldiers have to pay the same price as every buyer in the given area: It must be a regular commercial operation for the benefit of both buyer and seller, which is expressed by formulas such as: ṣāḥiblerine ticāret ve ᶜasker ḥalḳına sebeb-i maᶜīşet ḥāṣıl ola... (let it be     an object of trade of owners and a means of subsistence for soldiers).

Besides livestock, all kinds of articles had to be brought to the different menzils by means of the same sürsat method: On 15th April 1552, only 13 days before the departure of the troops from Edirne, an order to the different kadis between Edirne and Sofia provided for the victualling of Ahmed pasha's 2,000 janissaries and 3,000 horsemen of the Porte, for their first 11 menzils: barley, hay, bread, cheese, butter and honey should be taken by their owners to each menzil, in order to be sold at the current prices. This order does not include any precise indication of the quantities of the provisions required: it states merely that the greatest quantities possible should be provided[19]. On the contrary, 14 years later, a similar order of 15th March 1566 (related to the impending Szigetvâr campaign) does include precise requirements for the first 15 stations of the Imperial army's march: each of them should receive 400 müdd of barley (178 t.), 400 carts of hay, 400 carts of wood, bread to a value of 4,000 to 5,000 akça, as well as other commodities[20].

We do not have such precise orders for the following menzils of the advancing army, but as far as the campaign of 1545 is concerned we know, for instance, that George Martinuzzi, governor of Transylvania, or Petro Petrovics, count of Temesvâr, were expected to supply the army by the same sürsat means when it passed through their respective territories, considered by the Porte as vassal lands[21].

Furthermore it should be recalled that the needs of the troops on the march were also satisfied by the government in another way: before their departure, the kadis of the three main cities, Istanbul, Edirne and Bursa, had to select and levy a certain number of capable craftsmen in their respective towns, specialised in various kinds of crafts, who were to join the army: I mean the so-called orducu[22]. Among them were butchers, bakers, grocers, barbers, different types of specialised tailors, shoemakers and boot-makers, saddlers, ferriers, sellers of barley and of candles as well as some others[23]. However, let us note that no physicians are to be found in this corps.

We may now pass to the second aspect of the State's action: the constitution of what we may call the "strategic stocks" of Belgrade and Budun, which are certainly among the most striking teachings of our documents.

At the end of December 1544, in view of the campaign planned for the next spring, the sancakbeyi of Semendire (Smederevo) had to buy for the Treasury, in the sancak of Semendire itself as well as in the estates (ḫāṣṣ) of the beylerbeyi of Budun in the "island" (cezīre) of Serem (Srem), 6,000 müdd of barley (2,670 t) to serve as Imperial stores (ḫāṣṣ-ı hümāyūn) in four fortresses of the Danube area: Belgrade, İslankımen (Szalânkemen), Petrovaradin (Pétervârad) and Aylok (Újlak). To this end 100,000 akça were sent to him from the Imperial Treasury (ḫazīne-i cāmire). If this sum should not suffice, he would have to deduct money from the local tax farms (mukātaca)[24]. Moreover, for the Belgrade stores, which were of particular importance because this place was planned to be the assembly point of the whole army on the campaign, he had to buy 2,500 müdd of flour in the vassal Banat of Temesvâr, then in Petro Petrovics' hands. When the Porte learned afterwards that flour was scarce and expensive in this district, it adapted with pragmatism to the new situation by ordering the sancakbeyi, first to reduce the quantity of flour, then to buy barley instead of flour, and finally to give up this too difficult purchase: the bey would buy the said flour elsewhere. - Let us note again that such official purchases made by the soldiers by the sürsat method had to be carried out at the normal local fixed price, the narḫ-i rūzī. To this end, the sancakbeyi again received from the Treasury 2,000 florins and afterwards 400,000 akça (about 7,300 florins)[25].

Another function of the Belgrade store was to serve as a reservoir for the still more important one, at Budun. But the latter also had its own sources of supply: on 27th December, George Martinuzzi, the governor of Transylvania, was ordered to buy barley in this vassal country with the 10,000 florins he normally had to pay to the Sultan as a tribute, and this grain had to be sent to Budun, although we learn that by the end of April 1545 it had not yet arrived there[26].

The foregoing examples point to the importance of public purchases, the so-called iştirā[27], in the formation of official stores in connection with the future campaign, but other methods were used simultaneously, as appears clearly in the 1552 case: there again, important stocks were prepared in Belgrade and Budun during the months preceding the arrival of the troops. On that occasion another sancakbeyi, Mehmed, the bey of Çirmen, was in charge of collecting these provisions, as the Porte states when addressing him as zaḫīre cemᶜinde olan Meḥmed...[28].

Part of the Budun and the Belgrade stocks could be sent to other fortresses in danger: on 1st April 1552, the beylerbeyi of Budun was ordered to send food (as well as arms) from Budun to İsturġun, İstolni-Belġrad, Segedin (Szeged) and other fortresses which needed such reinforcements. At about the same time, the bey of Çirmen was ordered to transfer 513 t. of corn from Belgrade to Segedin and some other grain to the fortresses of Beçi (Becse) and Beşkerek (Becskerek)[29].

In the constitution of the Belgrade and Budun stores in 1552, State purchases once again play an important role (even if we are not able to calculate the total amount gathered according to this principle)[30], but the stocks receive as well the product of another source of supply, the nüzül collection. I shall not dwell on this important institution, which has been studied in particular by L. Güçer[31]: the nüzül is a part of the extraordinary contributions related to the war, called ᶜavārıż-i dīvāniyye. Consequently each fiscal unit (ᶜavārıż ḫānesi)[32], if not exempted, has to deliver to the army a certain quantity of barley and flour, varying according to the global amount required for the corresponding campaign. The expense of transporting the grain also has to be borne by the reᶜayas.

Furthermore, as the goal was to gather in Belgrade and Budun the largest amount of grain, in addition to the iştirā and the nüzül, different kadis of the Danubian sancaks were ordered to encourage private merchants (rencber) as well, to bring to Belgrade and sell it to the public stores at the normal fixed prices (narḫ), but the government emphasized the fact that in this case it was by no means an obligation for the purveyors: they were to come according to their own will (iḫtiyārıyla). Moreover they were to be assisted by the local authorities while sailing on the Danube and no tolls and duties might be imposed upon them on their way[33].

Generally speaking the transport of these massive quantities of grain (as well as of arms and cannons) was made possible only by the existence, besides private shipping, of an important Danubian fleet[34] under the command of an "Admiral of the Danube" (Ṭuna ḳapudanı)[35]. The area of navigation included the Sava, Drina, Drava and Morava rivers and the fleet was made up of transport ships (ẓaḫīre gemileri), ferries (geçid gemileri) as well as armed vessels (şayka)[36].

Among the measures taken in the preparatory phase of the campaign, a general inventory of the available Danubian ships was carried out and many orders were issued concerning the repair of older boats and the building of new ones: at the beginning of the 1545 preparations, the sancakbeyi of İzvornik (Zvornik) had to construct 150 new boats, and in the same way new ships had to be built in 1552 under the control of the sancakbeyis of Vidin, Niğbolu (Nikopol) and Silistre (Silistra)[37]. In 1566, during the months preceding the Szigetvár campaign, 250 new ships (including 50 şayka) were ordered[38].

To man this fleet, oarsmen (kürekçi) were levied from Wallachia and from some Danubian ḳazās[39]. The assistance of local soldiers (ᶜazab and merd-i ḳalᶜe) was also needed: they had to protect the convoys and to help the ships pass through difficult stretches of the Danube, such as the famous Iron Gates (Demirḳapu), between Turnu Severin and Orşova, which created serious but not insuperable obstacles[40].

All these measures, aiming at securing a good provisioning of the army during the campaign, give birth to an important amount of discussions, reports and orders. There is no doubt that in this field, as in many others, the activity of the Ottoman military and bureaucratic machine, as revealed by the Mühimme, is impressive. However, it remains true that the efficiency of this striking effort is questionable. It appears that the Porte had to face many difficulties in order to carry out its purposes. It complains again and again about delays. Orders on the same subject have to be repeated many times. The Sultan has always to intimidate and to urge more attention and diligence. It is also true that he may change his mind and that his orders are not always free of contradictions.

But apart from these kinds of weaknesses and factors making for inefficiency, the Porte's ambitions remain limited in scope. The government does not try to solve every supply problem. For instance, when the contingent of one or several sancaks goes to join the bulk of the army or assembles in one part of the country or another, it has to solve its food problems by itself. Nevertheless as long as they remain in an Ottoman or vassal land, the soldiers always have to pay for anything they take. The Sultan only advises his beys to choose convenient places (münāsib yer) to assemble their men, places where grain is abundant and cheap[41]. These places should also be at a certain distance from the main route of the army's march, so that the assembled troops shall not impoverish the local sources of supply required by the bulk of the Imperial army[42]. Furthermore certain auxiliary corps such as the Wallachian oarsmen, the müsellems[43], cerāḫōrs[44] and so on, had to bring along with them food supplies for several months when they joined the campaign[45]. This was the case as well for the sipahis levied for the maritime forces, who had to embark with biscuit (peksimād) for eight months[46].

But such considerations should not diminish the great impression of Ottoman preparation, especially as far as provisioning the troops is concerned. This has to be assessed not by modern standards but by those of other States in the middle of the sixteenth century. From this point of view the foresight and organizing capacity of the Ottoman government cannot be denied. It appears that the relative rationalization which strikes one in the Ottoman case (even though it must not be exaggerated) was made possible by the omnipotence of the Sultan but at the same time was made necessary by the immensity of the Empire itself, of its distances, resources and forces.

1 Such cases of wintering of the Imperial army are to be found, for instance, in Selim I.'s campaign in Syria and Egypt (1516-1517) as well as in Süleyman's campaigns of Tabriz (1548-1549) and Nakhjivan (1553-1555). We touched on the problems and the methods related to this practice in "L'hivernage en campagne, talon d'Achille du système militaire ottoman classique. A propos des sipahi de Roumélie en 1559-1560", Studia Islamica, LVIII, (1983), 109-148.

2 On this manuscript, see U. HEYD, Ottoman Documents on Palestine, 1552-1615, Oxford, 1960, p. XVIII.

3 E. D. PETRITSCH, Die Ungarn-Politik Ferdinands I. bis zu seiner Tributpflichtigkeit an die Hohe Pforte, unpublished thesis for the "Geisteswissenschaftliche Fakultät", University of Vienna, 1979; M. BERINDEI, La prêparation d'une campagne ajournée (1544-1545). Contribution to the Symposium on Ottoman - Habsburgian Relations (XVIth-XVIIth c.), Vienna, September 1983.

4 HEYD, op. cit., 4; F. E. KARATAY, Topkapı Sarayı Müzesi kütüphanesi Türkçe yazmalar Kataloğu, I, Istanbul, 1961, 601.

5 J. DE HAMMER, Histoire de l'Empire ottoman (French transl. by J. J. Hellert), VI, Paris, 1836, 32-35.

6 In November 1551, de Selve, ambassador of the French king Henri II in Venice, explained that the Sultan left Istanbul to spend the winter in Edirne, "tant pour ce que la demeure y est meilleure en temps d'hiver, que pour ce que audict lieu il sera plus voisin de la Hongrie et Transsilvanie, où sont maintenant ses affaires..."; E. CHARRIERE, Négociations de la France dans le Levant, II, Paris, 1850, 166.

7 We know that one müdd was equal to 20 kīle of Istanbul. But müdd and kīle were in fact measures of capacity; this means that when the kile was used for weighing wheat, it equalled 20 okka (1 okka = 1282 gr), that is 25.65 kg; while in barley, it weighed about 22.25 kg. Consequently one müdd of wheat meant 513 kg when one müdd of barley corresponded to 445 kg. As far as the müdd of flour is concerned, we could not succeed in finding its exact weight; W. HINZ, Islamische Maße und Gewichte, Leiden, 1955, 41, 47; Gy. KALDY-NAGY, The Administration of the Sancak Registrations in Hungary, Acta Orientalia, XXI/2 (1968), 197-198.

8 HAMMER, op. cit., V, 360.

9 See, for instance, M. KONSTANTINOVIC, Istorija ili ljetopisi turski spisani oko godine 1490, Belgrade 1865, 41, 156; HAMMER, op. cit., V, 434-435, 447.

10 KK.888, 19a. The number of oxen ordered from the voivode of Wallachia was not clear on our photocopy.

11 Ibid., 45b, 59b.

12 The Grand Vizier Rüstem pasha will advance in this direction in September 1552 and the Sultan himself will leave for Persia at the end of August 1553: this will be the so-called Nakhjivan campaign; HAMMER, op. cit., VI, 52-70; I. H. UZUNÇARŞILI, Osmanlı Tarihi II, Ankara 1963[4], 360-361.

13 KK.888, 90a.

14 Gy. KALDY-NAGY, The First Centuries of the Ottoman Military Organization, Acta Orientalia, XXXI, 2, 1977, 182, n. 187.

15 L. GÜÇER, XVI - XVII asırlarda Osmanlı Imparatorluğunda hububat meselesi ve hububattan alınan vergiler, Istanbul 1964, 93-114.

16 B. A. CVETKOVA, Le service des celep et le ravitaillement en bétail dans l'Empire ottoman (XVe - XVIIIe s.), Etudes Historiques, III, Sofia, 1966, 145-172; idem, Les celep et leur rôle dans la vie économique des Balkans à l'époque de l'Empire ottoman (XVe-XVIIIe s.), Studies in the Economic History of the Middle East from the Rise of Islam to the Present Day, ed. M. A. COOK, London - New York - Toronto 1972, 172-192.

17 KK.888, 45b.

18 This formula meant that there was no special price for the army: it would buy at a fixed price as everybody does it and the price was not different for the

soldier and any private customer (hence the notion of current fixed price in a given district: cāri olan narh-i rūzī). On this notion of narþ, subject to some misinterpretations, Ö. L. BARKAN, XV. asrın sonunda bazı büyük şehirlerde eşya ve yiyecek fiyatları, Tarih Vesikaları, I/5, Istanbul 1942, 326-340; II/7, 15-40; II/9, 168-177; H. SAHILLIOGLU, Osmanlılarda Narh müessesesi ve 1525 yılı sonunda Istanbul'da fiyatlar, Belgelerle Türk Tarih dergisi, 1, 1967, 36-40; M. KÜTÜKOĞLU, Osmanlılarda narh müessesesi ve 1640 tarihli narh defteri, Istanbul 1983, 3-38.

19 KK.88, 165b.

20 KALDY-NAGY, The First Centuries..., 179.

21 E.12321, 116a-b.

22 R. MANTRAN, Istanbul dans la seconde moitié du XVIIe siècle. Essai d'histoire institutionnelle, économique et sociale, Paris 1962, 391.

23 E.12321, 220a; KK.888, 104a, 151b.

24 E.12321, 13a, 18b-19a, 67b.

25 Ibid., 92b-93a, 103a, 125b, 189b-180a. The florin (filōrī), general term for the golden coins has a value of 55 akça between 1517 and 1549, and of 60 akça between 1550 and 1566; Ö. L. BARKAN, The Price Revolution of the Sixteenth Century: A Turning Point in the Economic History of the Near East, International Journal of Middle-Eastern Studies, 6 (1975), 12.

26 E.12321, 21a, 52b, 124b, 218b.

27 KK.888, 27b, 103a.

29 Ibid., 176b.

30 Ibid.

31 GÜÇER, op. cit., 69-92.

32 Encyclopaedia of Islam[2], I, 783.

33 KK.888, 139b, 153a, 167b, 171a, 181b-182a.

34 I. H. UZUNÇARŞILI, Osmanlı devletinin Merkez ve Bahriye teskilâtı, Ankara 1948, 403-404.

35 E.12321, 13a.

36 A. SUCESKA, Construction of Boats (shaykas) in XVI and XVII Centuries in Bosnia for the Needs of the Turkish River Fleet, in: Navigation sur le Danube et ses affluents à travers les siècles, Conférences scientifiques de l'Académie serbe des sciences et des arts, XV, Belgrade 1983, 195-205 (in Serbo-Croat, with an abstract in English).

37 E.12321, 13a, 14a, 87b, 151a, 176b. See also KK.888, 6a-7b.

38 KALDY-NAGY, The First Centuries..., 175.

39 E.12321, 177b; KK.888, 6b-7a.

40 Ibid., 143a, 195b.

41 Ibid., 139b, 207a, 183b.

42 Ibid., 25a, 117a.

43 Gy. KALDY-NAGY, The Conscription of Müsellem and Yaya Corps in 1540, in: Hungarico-Turcica. Studies in Honour of Julius Németh, ed. Gy. Káldy-Nagy, Budapest 1976, 275-281; idem, The First Centuries..., 171-173.

44 P. FODOR, Egy Szeldzsuk intézmény útja Magyarországra: a dzserechorok, Hadtörténelmi Közlemények, 28, 3, 1981, 354-375.

45 KK.888. 178b.

46 Ibid., 62b.

# VIII

## DU MARCHE URBAIN AU MARCHE DU CAMP: L'INSTITUTION OTTOMANE DES *ORDUCU*

La puissance de l'armée ottomane, du moins dans la phase ascendante et à l'apogée de l'empire, la supériorité du sultan sur ses adversaires ne tenaient pas seulement à des facteurs proprement militaires comme la masse des effectifs, l'entraînement et la discipline des troupes, l'abondance et la qualité de l'armement. Les soins apportés par le Grand Seigneur, longtemps en avance sur les souverains occidentaux sur ce point, aux secteurs auxiliaires de l'intendance, du génie, de la logistique, y contribuaient également. A cet effet, les immenses ressources matérielles et humaines de l'empire étaient largement et directement mises à contribution en vue de la guerre qui n'était donc pas seulement l'affaire des soldats mais de l'ensemble de la population.

Parmi les diverses institutions destinées à organiser cette participation générale, l'une d'elles semble plus particulièrement propre à attirer l'intérêt de l'historien de la vie économique et sociale d'Istanbul et des principales villes ottomanes, celle des *orducu*, puisque étaient désignés par ce terme les artisans et marchands issus des corporations urbaines recrutés pour subvenir aux besoins des troupes en campagne.

Cette institution est connue surtout grâce aux analyses et documents publiés par Osmân Nûrî dans son *Mecelle-i umûr-i belediyye*, qui ont fourni une base appréciable aux études ultérieures sur la question (1).

Néanmoins, ces matériaux concernent la seule ville d'Istanbul et appartiennent à une période relativement tardive, allant de la fin du XVIIe au début du XIXe siècle. Il serait donc nécessaire pour obtenir une image plus complète du fonctionnement de l'institution et de ses éventuelles évolutions à travers l'histoire ottomane de recourir à une documentation plus large.

Nous n'avons fait ici qu'amorcer ce travail en nous limitant à rechercher quelques éléments de comparaison situés le plus haut possible dans le temps. Nous avons trouvé ainsi dans les manuscrits *E*. 12 321 et *KK*. 888, respectivement des archives et de la bibliothèque du musée de Topkapi, qui sont les plus anciens spécimens actuellement connus de registres du type *mühimme defteri*, quelques *hüküm* des années 1545 et 1552, relatifs au recrutement des *orducu*. A côté de ces documents qui ont des chances d'être les versions les plus anciennes qu'on ait conservées d'ordres de ce genre, nous avons également retenu quelques autres actes de 1565 et 1583 appartenant respectivement aux volumes VI et XLIV des *mühimme defteri*.

---

(1) Cf. Osmân Nûrî, Mecelle-i umûr-i belediyye, Istanbul, 1922/1338, pp. 627-636 ; H.A.R. Gibb et H. Bowen, *Islamic society and the West*, I : *Islamic society in the eighteenth century*, I, Londres, 1950, p. 322 ; R. Mantran, *Istanbul dans la seconde moitié du XVIIe siècle ; essai d'histoire institutionnelle, économique et sociale*, Paris 1962, pp. 389-396 ; G. Baer « The administrative, economic and social function of the Turkish guilds », *International Journal of Middle East Studies*, I, pp. 28-50 (surtout, pp. 40-41).

Mais il est hors de doute qu'on enrichirait considérablement cet échantillon par une investigation plus systématique, notamment dans l'ensemble des *mühimme* ainsi que dans les *sicill* des cadis, surtout ceux d'Istanbul, de Bursa et d'Edirne. Dans ces conditions, les résultats auxquels nous sommes parvenus en reliant ces quelques pièces à celles produites par Osmân Nûrî ne représentent qu'une esquisse qu'il reste à mettre à l'épreuve et à compléter sur une base documentaire élargie.

Dans l'ordre du 11 février 1697 que cite Nûrî (2), par lequel la Porte ordonne au cadi d'Istanbul de recruter des gens de métier dans sa ville et de les envoyer dans la plaine d'Edirne, « dix jours avant *nevrûz* » (le 11 mars) afin qu'ils prennent part à la « campagne auguste » décidée pour cette année, cette pratique dont les caractéristiques sont rappelées, est présentée comme un « usage immémorial » (*muʿtâd-i kadîm*) et donc parfaitement familier.

De fait, il n'est pas douteux que la présence de marchands et d'artisans à la suite des armées ottomanes remonte haut dans l'histoire de l'empire. Elle est attestée au moins pour la fin du XIVe siècle par un passage bien connu de Neşri. Pour faire ressortir l'importance des troupes rassemblées par Murâd 1er contre les Serbes, le chroniqueur indique — avec d'ailleurs une exagération manifeste — que les « gens du marché du camp » (*ordu bâzâr halkı*) comptaient à eux seuls 10 000 hommes (3).

Toutefois la question reste entière des conditions dans lesquelles ils s'étaient joints à l'armée, de leur organisation, du rôle de l'État à cet égard. Or il est tout à fait improbable que les modalités de fonctionnement de l'institution, telles que nous les observerons plus tard, aient pu être appliquées dès cette époque, car elles supposent l'existence d'organisations professionnelles bien structurées qui n'étaient pas encore apparues. Nous aurons en effet à constater que l'institution des *orducu* était étroitement liée au fonctionnement des *esnâf* et ne peut donc avoir

---

(2) Nûrî, *op. cit.*, pp. 630-631 (extrait du *sicill* n° 23 des cadis d'Istanbul).

(3) Mehmed Neşri, *Kitabi Cihannüma, Neşri Tarihi*, I, F.R. Unat et M.A. Köymen, éds., Ankara, 1949, p. 258 ; cité in M. Akdağ, *Türkiye'nin iktisadî ve içtimaî tarihi*, I, 1243-1453, Istanbul, 1974, p. 427. L'auteur ne fait pas de distinction entre ces 10.000 *ordu bâzâr halkı* (qu'il relie arbitrairement à la bataille de Kosovo) et les *orducu* mentionnés postérieurement. Il est à noter que l'expression très proche d'*ordu bâzârî* se retrouvera au début du XVe siècle dans l'Asie centrale timouride puis dans la Perse safavide, témoignant d'une présence analogue de marchands au sein des armées (sans préjuger des conditions précises de cette présence) ; cf. W. Barthold, *Ulug beğ und seine Zeit*, W. Hinz, éd., Leipzig, 1935, p. 181 ; *id.*, *Herāt unter Husain Baiqara dem Timuriden*, W. Hinz, éd., Leipzig, 1938, p. 67 ; J. Aubin, *Deux sayyids de Bam au XVe siècle. Contribution à l'histoire de l'Iran timouride*, Wiesbaden, 1956, p. 40 ; Iskandar bègi, *Türkmāni munši : Tāriḫi ʿālam ārayi ʿabbāsi*, I. Afšār, éd., Téhéran, 1334-35, 2 vol., pp. 499, 621, 691.

Le voyageur Raphaël du Mans a donné en 1660 une description suggestive des *ordu bâzârî* de l'armée safavide : « Pour les vivandiers qu'ils appellent ordou bazari, doukender, bakkal, chacun faicts sa petite cuisine dans une fosse en terre, avec deux ou trois pierres sur les bords, la pignate dessus, et un peu de feu de brouçilles ramassées de ça et la et d'ordinaire des crottes de chameaux ; d'ordinaire tout est cher dans l'extrémité... » ; R. du Mans, *Estat de la Perse en 1660*, Ch. Schefer, éd., Paris, 1890, p. 156 ; références tirées de G. Doerfer, *Türkische und mongolische Elemente im Neupersischen unter besonderer Berücksichtigung älterer neupersischer Geschichtsquellen, vor allem der Mongolen — und der Timuridenzeit*, II, Wiesbaden, 1965, pp. 34-35.

précédé la mise en place de ces derniers (4). Il est possible au contraire que les deux processus aient été conjoints et que la nécessité de doter l'armée de façon régulière et sûre des artisans et marchands dont elle avait besoin, ait incité l'État, parmi d'autres facteurs, à favoriser la formation des corporations. Accessoirement, les levées d'*orducu* telles que nous les verrons s'accomplir par la suite, impliquent en outre l'incorporation à l'empire non seulement des centres artisanaux de Bursa et d'Edirne, mais du marché stambouliote.

Quoi qu'il en soit du moment précis où l'institution a été mise en place, il est en tout cas sûr que la plupart des caractères présents, dans l'ordre cité de 1697, la définissaient déjà avant le milieu du XVIe siècle. Nous les retrouvons en effet dans un ordre de recrutement des *orducu* émis le 3 avril 1545, en vue d'une campagne impériale contre Ferdinand de Habsbourg, d'ailleurs annulée peu après (5).

Les deux firmans de 1545 et de 1697, comme les documents analogues de 1552, 1583 et 1809, que nous aurons à analyser, mettent le recrutement de cette sorte d'auxiliaires sur les marchés d'Istanbul, Edirne et Bursa, en rapport avec le déclenchement des « campagnes augustes » ( *sefer-i hümâyûn* ). Précisons qu'entraient dans cette catégorie non seulement les campagnes commandées personnellement par le souverain, comme le sous-entend l'épithète utilisée, mais, plus largement, toute entreprise militaire de grande envergure, engageant une part importante des forces de l'empire, dont le commandement pouvait être attribué avec le titre de *serdâr* au grand vizir, à l'un des autres vizirs, ou même à un simple *beylerbey*. La campagne de Géorgie de 1583, confiée au *beylerbey* de Rûmeli Ferhâd pacha (6) est ainsi désignée dans le document dont il sera question ici comme une « campagne auguste » (7).

Il serait logique de supposer qu'une fois l'usage adopté — donc au plus tard à partir de 1545 —, toute « campagne auguste » a donné lieu à des mesures de cet ordre. Pourtant, nous avons constaté que le volume V des *mühimme defteri* qui rassemble les dispositions prises par la Porte avant et pendant l'ultime expédition de Süleymân Ier, la campagne de Szigetvár de 1566, ne comportait aucun firman relatif aux *orducu* (8). Cette absence surprenante signifie-t-elle qu'on s'était effectivement abstenu d'en recruter, ou correspond-elle à une lacune dans la documentation conservée ? Un examen systématique des autres volumes de la série serait à mener dans cette perspective.

---

(4) Sur l'existence des organisations professionnelles dans l'histoire musulmane, cf. F. Taeschner, « *Akhî* », *EI2*, I, pp. 331-333 ; idem et Cl. Cahen, « Futuwwa », *EI2*, pp. 983-991. Selon Taeschner repris par Baer, *art. cit.*, p. 28, les *esnâf* ottomans ne se seraient pas mis en place avant le début du XVIe siècle.

(5) *Archives du palais de Topkapı*, Istanbul, E. 12321, f. 220r : ordre au cadi d'Edirne. Sur cette campagne annulée, cf. M. Berindei, « La préparation d'une campagne ajournée (1544-1545) », contribution au colloque sur les relations ottomano-habsbourgeoises, Vienne, 1983, à paraître.

(6) Cf. I. H. Uzunçarşılı, *Osmanlı Tarihi*, III, 1, *II. Selim'in tahta çıkışından 1699 Karlofça andlaşmasına kadar*, Ankara, 1983 (3e éd.), pp. 61-62.

(7) *Mühimme defteri* (cité infra MD), vol. XLIV, f. 145, n° 262 : ordre au cadi d'Istanbul du 23 muharrem 991 (16 janvier 1583).

(8) Notre propre examen des ordres de ce registre confirme sur ce point les regestes qu'en a établis G. Elezović in *Iz carigradskih turskih arhiva mühimme defteri*, Belgrade, 1950, et l'analyse des préparatifs de la campagne présentée par Gy. Kaldy-Nagy in « The first centuries of the Ottoman military organization », *Acta Orientalia*, XXXI, 2, Budapest, 1977, pp. 175-183.

En général, la mobilisation des *orducu* était ordonnée aux cadis des trois villes concernées plusieurs mois avant l'ouverture de la campagne, théoriquement fixée au *nevrûz* (21 mars) mais qui, bien souvent, ne survenait pas dans la pratique avant la fin d'avril ou le courant de mai, voire plus tard. Cette disposition entrait dans le cadre des multiples mesures préparatoires prises durant l'hiver précédant la campagne. D'autres instructions, de caractère plus précis, étaient adressées ultérieurement aux cadis, en vue du départ proprement dit des artisans recrutés. Par rapport à ces constatations tirées d'exemples postérieurs, l'ordre cité du 3 avril 1545 se signale par une date d'émission relativement tardive et par le fait qu'il commande d'un même mouvement aux cadis de désigner les *orducu* et de leur faire rejoindre immédiatement l'armée : nous nous demandons s'il ne faut pas voir dans cette procédure précipitée un signe de la jeunesse de l'institution, du fait que la mobilisation de gens de métier n'était pas encore bien intégrée à l'ensemble des mesures de routine préparatoires à la campagne.

Relevons d'autre part que les trois villes mises à contribution en ces occasions étaient, à l'exclusion d'autres grandes agglomérations de la périphérie, les trois principales cités du « cœur de l'empire », dont elles avaient d'ailleurs été les capitales successives. Du reste, Edirne, séjour hivernal fréquent de la Cour et point de départ des campagnes européennes, demeurait une seconde capitale après l'avènement d'Istanbul. En outre, les documents du XVIe siècle font apparaître qu'un nombre rigoureusement égal de spécialités professionnelles et d'artisans était exigé de chacune des trois villes. Mais il ressort d'un acte de 1691 cité par Ö.L. Barkan que cette situation ne se maintiendra pas par la suite et qu'on tiendra compte au contraire des différences d'importance, d'ailleurs de plus en plus marquées, entre Istanbul, Edirne et Bursa, pour exiger de chacune des trois places des contributions respectives en ordre décroissant, tant en ce qui concerne le nombre des métiers que celui des artisans correspondants (9).

L'ordre au cadi d'Istanbul de 1697 présente le nombre de métiers exigés de la capitale, soit 23, et le nombre de « tentes » consacrées à chacun d'eux, soit un total de 73 tentes, comme consignés dans un registre officiel qualifié de *mevkûfât defteri*, et fixés comme le reste des modalités de l'institution par un « usage immémorial ». Pourtant, on ne retrouve dans la liste qui suit que 22 métiers et 67 tentes : faut-il y déceler une contradiction ou l'incohérence apparente n'est-elle imputable qu'à une erreur de l'éditeur du document ? On constate au contraire que les chiffres énoncés étaient loin de présenter ce caractère de permanence suggéré par le texte, mais variaient selon les levées : nous savons ainsi que six ans avant ce firman, la participation d'Istanbul, au terme de l'ordonnance déjà citée de 1691, comprenait 27 métiers différents répartis en 84 tentes, celle d'Edirne 25 métiers répartis en 48 tentes ; enfin celle de Bursa 24 métiers répartis en 39 tentes.

Au demeurant, il apparaît que sans avoir été fixé *ne varietur*, le nombre des métiers réquisitionnés aux différentes époques reste plus ou moins dans un même ordre de grandeur : il sera un peu plus élevé pour la levée de 1809 : 30 (10),

---

(9) Document cité in Ö. L. Barkan, « L'organisation du travail dans le chantier d'une grande mosquée à Istanbul au XVIe siècle », *Annales, E.S.C.*, XVII, 6, nov.-déc. 1962, p. 1098. Cet article donne un aperçu en français de sa publication ultérieure : *Süleymaniye camii ve imâreti inşaatı* (1550-1557), Ankara, 1972.

(10) Nûrî, *op. cit.*, pp. 634-636 : extrait des *sicill* des cadis d'Istanbul (numéro du volume non précisé).

alors qu'il était légèrement plus bas dans les levées du XVIe siècle, tout en augmentant : 21 en 1545 ; 24 en 1552 (11) ; 27 en 1583.

En ce qui concerne le nombre des artisans recrutés, la comparaison est plus incertaine, du fait, qu'en 1691 et 1697 ceux-ci sont exprimés en « tentes » (*çadır, hayma*) alors qu'au XVIe siècle, ils l'étaient en individus (*nefer*). Néanmoins, la liste de 1809 qui donne pour chaque métier à la fois le nombre de tentes et celui d'individus correspondants, suggère que la différence était faible entre les deux chiffres et qu'en moyenne une tente équivalait à peu près à un individu (12). Une autre difficulté provient du fait que, pour 1697 et 1809, nous ne disposons que des chiffres relatifs à Istanbul et que l'exemple de 1691 nous a montré qu'à cette époque la contribution demandée à chacune des trois villes n'était plus identique. Toutefois, même en multipliant par trois dans ces deux cas les chiffres relatifs à Istanbul (et donc en exagérant indubitablement la somme totale), il demeure que le nombre d'*orducu* recrutés dans ces campagnes de la fin du XVIIe et du début du XIXe siècle, était nettement inférieur à celui des campagnes du XVIe siècle : 441 individus en 1545, 477 en 1552, 324 en 1583 (dans une campagne conduite par un simple *beylerbey*), contre 171 en 1691, 201 tentes en 1697, 261 individus et 258 tentes en 1809.

Assurément, il faudrait pouvoir mettre dans chaque cas le nombre des hommes de métier recrutés en rapport avec l'ensemble des effectifs militaires mobilisés, ce que nous n'avons pas été en mesure de faire. En tout cas, aussi conjecturale que reste notre comparaison, elle contredit catégoriquement la thèse sur laquelle nous reviendrons, prétendant que le développement du système des *orducu* appartiendrait aux époques de décadence de l'empire. Accessoirement, les chiffres cités font ressortir le caractère très excessif du nombre attribué par Neşri aux « *ordu bâzâr halkı* » de l'armée de Murâd Ier.

Les documents évoqués jusqu'ici reliaient explicitement le recours aux *orducu* aux « campagnes augustes » telles que nous les avons définies. Mais il apparaît que l'institution pouvait être également mise en œuvre dans d'autres circonstances : dès lors que des troupes, voire plus généralement un ensemble d'hommes, se trouvaient rassemblés pour une tâche quelconque commandée par l'État et qu'il fallait subvenir aux besoins matériels de cette concentration humaine, la Porte pouvait faire appel à un contingent d'*orducu*. Seuls variaient, de façon logique, en fonction des effectifs réunis, de la nature, du lieu, de la durée de l'opé- ration, l'éventail des métiers retenus, le nombre d'artisans requis, mais aussi les villes mises à contribution.

Un examen plus complet de la documentation dont nous disposons pour l'année 1552, par exemple, met ainsi en évidence la souplesse avec laquelle la Porte fait usage d'un ensemble d'*orducu* initialement inscrits et la variété des situations dans lesquelles elle recourt à ces derniers.

Parfait exemple de ces ordres de mobilisation « préparatoires » définis plus haut, le firman initial déjà cité du 6 mars 1552 prescrivait aux trois cadis

---

(11) *Bibliothèque du musée du palais de Topkapı*, Istanbul, K K 888, f. 104r : ordre au cadi d'Istanbul du 9 rebi<sup>c</sup> ül-evvel 959 (6 mars 1552).

(12) Il serait souhaitable de pouvoir contrôler sur l'original l'édition de Nûrî puisque pour trois métiers le nombre de tentes est un peu supérieur à celui des individus correspondants, ce qui paraît étrange.

concernés d'établir des listes écrites d'*orducu* en vue d'une «campagne auguste, couronnée de gloire et de prospérité» qui correspondait alors dans l'esprit de Süleymân à une grande expédition en Hongrie contre les Habsbourg (peut-être même à une nouvelle campagne de Vienne) dont il envisageait de prendre personnellement le commandement. Pourtant, il modifie ses plans par la suite, pour se contenter d'une opération plus limitée, n'engageant qu'une partie des troupes de la Porte : 2000 janissaires conduits par le *kethüdâ* du corps, deux des six corps de la cavalerie de la Porte, les ᶜ*ulûfeci* «de droite» et les *silâhdâr*, ainsi que les *sipâhî* du *beylerbeyilik* de Rûmeli. Le commandement de l'expédition est confié au deuxième vizir, Ahmed pacha, qui se mettra en route à partir d'Edirne le 28 avril (13). Dans ces conditions, une partie seulement des *orducu* prévus à l'origine est effectivement levée par un ordre au cadi d'Edirne du 7 avril (14) : on ne fait appel qu'à 21 des 24 métiers préalablement retenus ; seules les corporations d'Edirne, point de départ de l'expédition, sont concernées, et sur les 159 artisans antérieurement inscrits dans cette ville, on n'en fait partir que 84.

Dans les semaines suivantes, il se confirme que Süleymân renonce définitivement à se rendre en personne sur les théâtres d'opération européens dans l'année en cours puisqu'il décide de quitter Edirne pour regagner sa capitale stambouliote. Il se mettra en effet en route le «dernier jour de *cemâzî ül-evvel* 959», soit le 24 mai 1552. Or ce retour solennel à Istanbul du *pâdişâh* escorté de sa Cour, de ses dignitaires et, bien entendu, d'éléments de troupes, est organisé à son tour à la manière d'une expédition militaire réduite, suscitant par exemple la mise en place d'un système de type *sürsat* d'approvisionnement par les régions environnantes des différentes étapes de la marche (15). Ce retour s'accompagne également d'un recrutement d'*orducu* organisé par un ordre du 9 mai au cadi d'Edirne, débutant par cet exposé des motifs :

«A présent, on prend le départ pour Istanbul-la-bien-gardée, entouré d'heureux auspices, de félicité et de gloire, et il est nécessaire de recruter des *orducu*... » (16).

Dans ce contexte, les demandes se réduisent à 29 hommes de métier et parmi les spécialités habituellement réclamées, on n'en a retenu que dix : apparemment le strict nécessaire pour un déplacement restreint. De nouveau, de façon

---

(13) Sur la campagne d'Ahmed pacha marquée par les prises de Temesvár, Szolnok, Lippa et de nombreuses autres places hongroises, ainsi que par l'échec du siège d'Eger (Erlau), cf. J. de Hammer, *Histoire de l'Empire ottoman depuis son origine jusqu'à nos jours*, J. J. Hellert, trad., VI, 1547-1574, Paris, 1836, pp. 35-52. Sur les mesures d'approvisionnement préparatoires, Cf. G. Veinstein, «Some views on provisioning in the Hungarian campaigns of Suleyman the Magnificent», in *Osmanlische Studien zur Wirtschafts-und Sozialgeschichte in Memoriam Vančo Boškov*, H. G. Majer, éd., Wiesbaden, 1986, pp. 177-185.

(14) K K 888, f. 151v : ordre au cadi d'Edirne du 12 rebiᶜül-âhır 959 (7 avril 1552).

(15) K K 888, f. 226r : ordre aux cadis se trouvant sur la route d'Edirne à Istanbul, du 29 cemâzî ül-evvel 959 (23 mai 1552). Sur le *sürsat*, système de réquisition par lequel les populations environnantes étaient tenues d'apporter aux différentes étapes de l'armée, diverses sortes de denrées (grains, fourrage, bois, graisse, miel, viande, etc.) pour les vendre aux troupes, cf. L. Güçer, *XVI-XVII. asırlarda Osmanlı imparatorluğunda hububat meselesi ve hububattan alınan vergiler*, Istanbul, 1964, pp. 93-114.

(16) K K 888, cf. 223v : ordre au cadi d'Edirne du 21 cemâzî ül-evvel 959 (9 mai 1552).

logique, tous sont recrutés à Edirne, mais il n'est pas spécifié s'ils doivent être pris, comme pour l'expédition d'Ahmed pacha, parmi les *orducu* initialement inscrits.

Par la suite, tandis que se déroule en Europe la campagne menée par le vizir qui aboutira à la prise de Temesvár (Timişoara), les incidents, survenus aux frontières avec la Perse, conduisent la Porte à préparer pendant l'été une seconde campagne dans cette direction, préparatifs qui aboutiront en septembre à l'envoi d'une première armée sous la conduite du grand vizir Rüstem pacha (17). Le moment est alors arrivé d'utiliser effectivement, sur ce nouveau front, les *orducu* dont la liste avait été dressée antérieurement en vue de la campagne d'Europe : ils n'avaient en effet pas cessé d'être mobilisés et l'ordre du 7 avril qui en avait fait prélever une partie en faveur d'Ahmed pacha, avait d'ailleurs bien précisé au cadi d'Edirne qu'il devait tenir « également prêts... le reste des *orducu*... pour qu'ils soient disponibles au moment voulu... ».

Pour ordonner le départ qui s'impose désormais, des firmans sont adressés le 2 septembre aux trois cadis concernés (18). Ils font expressément référence à l'ordre primitif de mobilisation de mars précédent, tout en demandant une mise à jour des listes établies alors. Sur ce point, la situation n'est pas la même, d'une part à Istanbul et à Bursa, d'autre part à Edirne. Dans le cas des deux premières villes, il s'agit uniquement pour les cadis de remplacer les artisans inscrits qui seraient décédés depuis le premier ordre. A Edirne, il faut non seulement combler les trous dus à des morts éventuelles, mais remplacer ceux qui — pour reprendre les termes du sultan — « ont été donnés en escorte à mon vizir Ahmed pacha ». En revanche, cet ordre au cadi d'Edirne, réitéré le 14 septembre (19), ne fait pas allusion au second prélèvement opéré sur le contingent d'Edirne, pour le retour du sultan à Istanbul : soit que ce prélèvement ne se soit pas fait sur la liste initiale, soit qu'on ait considéré que les artisans concernés ayant eu le temps, ce service achevé, de regagner leur ville d'origine, ils étaient donc de nouveau mobilisables pour un second départ.

L'intérêt d'un autre exemple, emprunté au volume VI des *mühimme defteri*, est de nous apprendre que dans le cas d'opérations limitées, des *orducu* pouvaient être recrutés dans des villes autres que les trois principales, en fonction de la proximité géographique.

Le 4 juin 1565, alors que le *beylerbey* de Rûmeli, Ahmed pacha, est en route pour Sofya (Sofia) où il doit rassembler les troupes de sa province, sans doute en raison de la tension grandissante avec le nouvel Empereur, Maximilien, qui aboutira l'année suivante à la campagne de Szigetvár (20), les cadis de Filibe (Plovdiv) et de Sofya, reçoivent l'ordre de recruter des *orducu* dans leurs circonscriptions respectives afin de subvenir aux besoins de cette concentration. Le même jour, un ordre est envoyé au *beylerbey* lui-même à ce sujet (21). Il subsiste

---

(17) Cf. Hammer, *op. cit.*, VI, pp. 52-54.
(18) KK 888, f. 417v : ordre au cadi d'Istanbul, avec copie pour le cadi de Bursa, et ordre au cadi d'Edirne du 13 *ramazân* 959 (2 septembre 1552).
(19) KK 888, f. 438v : ordre au cadi d'Edirne du 25 *ramazân* 959 (14 septembre 1552).
(20) Cf. Hammer, *op. cit.*, VI, p. 212.
(21) MD. VI, f. 573, no 1255 : ordre au beylerbey de Rûmeli du 5 zi l-ka'de 972 (4 juin 1565) ; et no 1256 : ordre au cadi de Filibe avec copie pour le cadi de Sofya (même date) ; regestes in Elezović, *op. cit.*, p. 181.

d'ailleurs pour nous une légère incertitude sur le nombre d'artisans recrutés en cette circonstance et sur les métiers représentés, du fait de quelques contradictions entre les ordres, probablement imputables à un manque de soin dans la rédaction des textes. Il apparaît ainsi que 16 ou 17 spécialités professionnelles ont été requises des deux villes bulgares à cette occasion, correspondant à un total de 30 ou 32 artisans — une réquisition sans commune mesure, comme on pouvait s'y attendre avec celles provoquées par les « campagnes augustes ». Il serait évidemment souhaitable de trouver d'autres attestations illustrant ainsi l'impact des levées d'*orducu* sur des foyers économiques provinciaux de second ordre (22).

Un autre document tiré du même volume des *mühimme*, un ordre au cadi d'Istanbul du 27 février 1565 ouvre une autre perspective en montrant que le recours aux *orducu* n'était pas limité aux opérations proprement militaires, comme le cas du retour de Süleymân à Istanbul l'avait d'ailleurs déjà suggéré (23). Il y est rappelé au cadi que les services des *orducu* étaient nécessaires aux hommes employés à la construction des aqueducs destinés à Istanbul (allusion à l'édification de l'*Uzun kemer* sous la direction de l'architecte Sinân ?). Tous les *orducu*, déjà recrutés l'année précédente à cette fin, avaient été affectés pour l'année en cours afin de parachever leur service, mais le cadi recevait l'ordre d'en recruter encore davantage afin d'éviter tout risque de pénurie parmi les populations des chantiers. Celles-ci comportaient, comme dans le cas de la construction de la mosquée Süleymâniyye, par exemple, tant des éléments militaires comme les ʿ*acemî oğlan*, que des artisans civils salariés (24), ce que le sultan exprime dans son firman en faisant allusion à ses « propres esclaves et autres catégories » (*kullarım ve sâ'ir tavâ'ife*). Il ne manquait pas de veiller à l'approvisionnement de ces divers éléments en les pourvoyant du marché dont ils avaient besoin.

Après nous être intéressés aux circonstances diverses dans lesquelles il était fait appel plus ou moins largement à des *orducu*, penchons-nous de plus près sur le fonctionnement de cette institution à l'aide des quelques sources à notre disposition.

Osmân Nûrî indique en se fondant sur les documents tardifs qu'il a rassemblés que chaque levée d-*orducu* était précédée de la désignation d'un officier placé à leur tête. Ce dernier était choisi parmi les officiers des janissaires ou les *ağa* des corps du Palais et il avait pour tâche initiale de porter au cadi d'Istanbul le firman ordonnant cette mobilisation (25). Le titre d'*ordu-i hümâyûn ağası* ou *ordu ağası* attribué à cet agent énonce bien qu'il s'agissait d'un *ağa* et donc d'une autorité militaire, mais il nous incite aussi à revenir sur le sens du mot *ordu*. Dans l'usage ottoman, le terme pouvait désigner l'armée dans son ensemble mais il avait également gardé l'une de ses acceptions antérieures, attestée chez les Turcs

---

(22) Dans un travail inédit que l'auteur nous a aimablement communiqué, l'idée est exprimée que les *sipâhî* provinciaux bénéficiaient des services d'*orducu* recrutés dans leurs propres circonscriptions, sur la base de deux documents des *mühimme* qui ne nous ont pas été accessibles (MD, LXXII, no 696 (nov.-déc. 1593) et no 80 fév. 1594) ; cf. C.B. Finkel, « The provisioning of the Ottoman army during the campaigns of 1593-1606 », contribution au colloque sur les relations ottomano-habsbourgeoises, Vienne , 1983, à paraître. Cf. de même, mention d'*orducu* demandés à Çorum in S. Faroqhi, « Town officials, tımar-holders and taxation : the late sixteenth-Century Crisis as seen from Çorum », *Turcica*. XVIII, 1986, p. 79.

(23) MD, VI, f. 366, no 789 : ordre au cadi d'Istanbul du 26 receb 972 (27 février 1565) ; regeste in Elezović, *op. cit.*, p. 128.

(24) Cf. Barkan, *art. cit.*, pp. 1094,1096.

(25) Nûrî, *op. cit.*, pp. 629, 633.

anciens et les Mongols, celle de camp de l'armée (26). En outre, il pouvait s'appliquer plus particulièrement au marché du camp, comme l'illustre par exemple ce passage du récit de Jean Chesneau, relatif à la campagne de Perse de 1548 :

« Il y a ... l'ordy ; c'est-à-dire le marché ou se vendent toutes choses, tant du vivre que habillements, chevaux, muletz, cameaux ; et generallement qui vouloit vendre ou achepter, alloit là ... » (27). C'est d'ailleurs sans doute en fonction de ce sens qu'il faut expliquer la formation du vocable *orducu* qui signifierait précisément : homme de métier attaché au marché du camp. Enfin, le terme *ordu* pouvait même constituer le nom collectif des marchands, fournisseurs et artisans fréquentant le camp (28). Cette acception se rencontre dans l'ordre cité de février 1565, lorsqu'il est énoncé que « de l'*ordu* » était nécessaire aux ouvriers affectés à la construction des aqueducs destinés à Istanbul (*Istanbul'a gelecek suyolunun kemerleri binâsı hizmetinde olanlara ordu lâzım ve mühim olmağın...*). En somme, par *ordu ağası*, il fallait entendre l'officier commandant le marché du camp, ou même le commandant des fournisseurs de ce marché.

Néanmoins, cette expression d'*ordu ağası* n'est pas encore présente dans nos documents du XVIe siècle. L'agent chargé de la fonction équivalente y est désigné comme *ordu muhtesibi* (*muhtesib* du camp ou du marché du camp), ou comme *orducu başı*. L'ordre au cadi d'Edirne d'avril 1545 indique ainsi que le *kapıcı* Hasan a été nommé *ordu muhtesibi* et que le présent firman ainsi que les copies, destinées aux deux autres cadis, lui ont été remis. En mettant un *muhtesib* à la tête des artisans mobilisés, on ne faisait que transposer dans le cadre du camp, l'institution de contrôle des prix, des poids et des mesures, des procédés de fabrication, qui avait cours sur les marchés urbains. Cette dénomination soulignait le caractère économique de la fonction, au détriment du caractère militaire sur lequel la dénomination ultérieure d'*ordu ağası* mettra au contraire l'accent. Néanmoins, dans le contexte ottoman la différence n'était pas aussi grande qu'il pourrait paraître entre un *muhtesib* et un *ağa*, car le premier était avant tout un officier de police (en même temps qu'un percepteur de taxes) et non ce censeur des mœurs connu par d'autres régimes islamiques (29), ce qui explique d'ailleurs qu'un *muhtesib* du camp ait pu être issu du corps palatial des *kapıcı*.

L'expression d'*orducu başı*, plus proche de la formule finale, apparaît déjà dans la documentation de 1552 : l'ordre de recrutement de mars, adressé au cadi d'Istanbul et dont il est spécifié qu'il fut rédigé dans cette même ville (*Istanbul'da yazıldı*), bien que le sultan et son gouvernement résidassent alors

---

(26) Dans ses attestations turques et mongoles anciennes, le terme *ordu* (ou *orda*) prend les sens de tente ou « palais ambulant » du souverain, de camp de l'armée, de garde du souverain ou des princes de sa famille ; cf. B. Vladimirtsov, *Le régime social des Mongols. Le féodalisme nomade* ; M. Carsow, trad., Paris, 1948, p. 55 ; G. Vernadsky, *A history of Russia*, III, *The Mongols and Russia*, New Haven et Londres, 1953, pp. 114-115, 164, 364 ; Dœrfer, *op. cit.*, I, Wiesbaden, 1963, p. 165 ; II, pp. 32-39.

(27) J. Chesneau, *Le voyage de Monsieur d'Aramon, ambassadeur pour le Roy en Levant*, Ch. Schefer, éd., Paris, 1887, p. 107.

(28) Cf. T. X. Bianchi et J. D. Kieffer, *Dictionnaire turc-français*, Paris, 1801, s.v. On verra infra que par extension, le terme d'*ordu* s'appliquera à l'obligation de service elle-même des artisans dans l'armée.

(29) « Hisba », *EI2*, III, pp. 503-510 ; P. Chalmeta, *El Señor del Zuoco*, Madrid, 1975 ; sur le *muhtesib* ottoman, cf. N. Beldiceanu, *Recherche sur la ville ottomane au XVe siècle. Etude et actes*, Paris, 1973, pp. 73-75.

à Edirne, annonce à son destinataire l'arrivée d'un *kapucı* du nom de ᶜAlî qui lui fera inscrire des *orducu*. Dans les ordres ultérieurs émis à l'occasion du départ pour la Perse le même ᶜAlî est désigné, explicitement cette fois, comme *orducu başı*. On peut en conclure que ce *kapucı* qui se trouvait à Istanbul depuis le début de 1552 avait été nommé chef des *orducu* pour l'ensemble de l'année en cours. Pourtant, nous avons vu qu'entre-temps deux départs partiels d'*orducu* avaient eu lieu à Edirne en avril et en mai. Or chacun des deux firmans correspondants, rédigés dans cette même ville, avai été remis à des *kapucı* se trouvant sur place, Tepedenli ᶜIsa et Mahmûd, tous deux revêtus du titre d'*ordu muhtesibi*. On voit donc que cette dernière expression qui figurait seule en 1545, coexiste en 1552 avec celle d'*orducu başı* : dans ce second cas, les deux formules sont-elles rigoureusement synonymes ou n'a-t-on pas plutôt voulu distinguer le chef de l'ensemble des *orducu* recrutés pour la « campagne auguste », l'*orducu başı*, d'agents de compétence plus limitée, chargés d'accompagner des détachements partiels, les *ordu muhtesibi* ?

Les ordres de recrutement de 1565 ne mentionnent pas de chefs des *orducu*, sous aucune dénomination. En revanche, l'ordre relatif à la levée de 1583 stipule que la liste des mobilisés doit être remise par le cadi d'Istanbul à l'*orducu başı*, qu'il faut, selon toute vraisemblance, identifier avec le *kapucı* Mustafa auquel la Porte avait confié son firman.

Tous ces cas mettent en évidence le rôle essentiel du corps des « portiers du Seuil sublime » (*dergâh-i ᶜalî kapucıları*) dans le fonctionnement de l'institution. Cet usage se perpétuera puisqu'en 1799, par exemple, l'*ordu ağası* est encore un *kapucı*, et plus précisément, l'un des officiers de ce corps (30). Au XVIe siècle, on a affaire à un véritable monopole des *kapucı* sur les fonctions officielles relatives aux *orducu*, ce qu'il faut sans doute mettre en rapport avec l'habitude de la Porte de se servir de ces portiers comme émissaires en diverses circonstances, la remise au cadi de l'ordre de recrutement constituant un cas particulier de cette pratique. Non seulement, comme nous l'avons vu, les *ordu muhtesibi* et *orducu başı* cités sont tous des *kapucı*, mais certains de leurs collègues figurent également dans des rôles annexes : les trois exemplaires destinés aux différents cadis de l'ordre de mars 1552 avaient d'abord été confiés au « secrétaire des *kapucı* » (*kapucılar kâtibi*), Ahmed çelebi. Tandis que la copie revenant au cadi d'Istanbul lui avait été remise par l'*orducu başı*, lui-même, c'est un autre *kapucı*, Sinân, qui avait transmis sa copie au cadi d'Edirne ; quant à la copie réservée au cadi de Bursa, elle lui a été portée par un *kapucı* dénommé ᶜAlî : peut-être un homonyme mais plus probablement l'*orducu başı* lui-même qui avait fait le voyage. Le *kapucı* Sinân déjà cité se rendra de nouveau auprès du cadi d'Edirne en septembre, cette fois afin de lui remettre l'ordre de départ des *orducu* avec l'armée de Perse. Il apparaît ainsi que le responsable ne pouvant, du fait des distances, porter personnellement les ordres de mobilisation aux trois cadis différents, des substituts lui étaient donnés, issus du même corps, avec le titre de *mübâşir* (commissaire).

Il ressort des actes de 1697 et 1799 publiés par Nûrî, qu'à côté du firman, l'*ordu ağası* apportait au cadi d'Istanbul un registre émanant de l'administration centrale et portant le monogramme du sultan (*mühürlü ve nişânlu*), qualifié de

---

(30) Nûrî, *op. cit.*, pp. 633-634 : extrait du *sicill* des cadis d'Istanbul, no 72, du 28 zi'l-kaᶜde 1213 (3 mai 1799) : « *dergâh-iᶜâlî kapucıları zâbitânından Derviş Mustafa ağa...* »,

*mevkûfât defteri*, comportant, comme nous l'avons vu, la liste des métiers concernés et le nombre de « tentes » à recruter. Il est même possible qu'y étaient également consignés les noms des artisans recrutés les années précédentes et qui seraient de nouveau mobilisés pour la campagne à venir, sauf nécessité de procéder à des remplacements. On constate ainsi que les quatre selliers engagés pour la campagne de 1799 avaient déjà tenu ce rôle dans les années antérieures. La documentation du XVIe siècle ne porte pas trace de l'existence d'un semblable registre qu'il faut sans doute mettre en relation avec un état tardif, plus structuré — et plus rigide aussi — de l'institution.

A la réception du firman impérial commençait le rôle du cadi, déterminant dans le fonctionnement de l'institution des *orducu* comme de tant d'autres, même si, dans le cas particulier, il semble se réduire un peu avec le temps.

Sa première tâche consistait à choisir les artisans et, à travers les différents ordres, des formules à peu près stéréotypées l'engagent à ne retenir pour chacune des professions que des gens de métier (*ehl-i hiref, bâzârî*) « capables et compétents » (*yarar, kâdir*). Robert Mantran suppose qu'il s'agissait exclusivement de «maîtres» (*usta*) (31), ce qui paraît en effet vraisemblable:on note d'ailleurs que dans le cas des selliers mobilisés en 1799, l'un des quatre porte effectivement le titre d'*usta*. Toutefois, les ordres ne précisent jamais cette exigence : peut-être parce qu'elle allait de soi, mais on verra pourtant que dans le cas de réquisitions d'artisans autres que les *orducu*, il arrivait à la Porte de spécifier ce point.

D'autre part, les sources insistent sur le fait que le cadi devait procéder personnellement à ces désignations et ne déléguer en aucun cas ce soin à l'un de ses substituts (*nâ'ib*) ou de ses apprentis (*dânişmend*), ni au *muhtesib* du camp (32) : une manière de souligner l'importance et la difficulté de la sélection, comme d'engager directement la responsabilité du cadi dans les résultats.

Il est vraisemblable que le cadi s'inspirait en fait des indications fournies par les autorités représentatives des corporations respectives (*kethüdâ, yiğitbaşı* anciens). Néanmoins les firmans n'en soufflent mot et ne confèrent par conséquent aucun caractère officiel à cette consultation. A l'inverse, des mentions de la fin du XVIIIe siècle reconnaissent ouvertement et consacrent l'intervention des organes corporatifs en présentant le recrutement des artisans pour l'armée comme nécessitant l'intervention à la fois du tribunal canonique et des corporations (*maᶜrifet-i şerᶜ ve cümle esnâf maᶜrifetlerile...*) (33).

Il est sûr par ailleurs que le choix s'étendait à des artisans de toutes religions, non seulement musulmans mais chrétiens ou juifs, ne serait-ce que parce que certains des métiers demandés étaient exercés exclusivement ou principalement par des *zimmî*.

Une fois la désignation effectuée, le cadi devait « en toute hâte » établir une liste écrite (*defter*) indiquant le nombre d'artisans mobilisés avec les noms et sobriquets de chacun (*cümlesi isimleriyle ve iştihârlarıyla yazub.*). Une copie

---

(31) Mantran, *op.cit.*, p. 393.
(32) Doc. cit., E. 12321, f. 220 r.
(33) Cf. Nûrî, *op. cit.*, p. 632 : ordre au cadi d'Istanbul de zî'l-kâᶜde 1185 (5 février-5 mars 1772) extrait des *sicill* des cadis d'Istanbul, no 35.

de cette liste était destinée à l'*ordu muhtesibi* ou l'*orducu başı* pour qu'il en fasse usage au moment du départ. Mais la Porte tenait à recevoir elle-même l'original de ce document, dûment visé et scellé par son auteur, afin d'être en mesure de procéder à d'éventuels contrôles et arbitrages, le cas échéant. A ce sujet, le sultan écrivait au cadi d'Edirne dans l'ordre d'avril 1545 : « une fois que tu auras dressé la liste, tu ne la remettras pas au *muhtesib* du camp, tu la viseras, tu y mettras ton sceau (*imzalayub ve mühürleyüb*) et tu l'enverras à mon Seuil sublime ».

Dans le cas de la concentration des troupes du *beylerbey* de Rûmeli à Sofia en juin 1565, c'est à ce dernier que les cadis de Sofya, et de Filibe devaient faire parvenir directement leurs listes d'*orducu*.

Mais la tâche des cadis ne s'arrêtait pas là. Ils devaient ensuite veiller à ce que les artisans inscrits soient munis de tout ce dont ils pourraient avoir besoin pour exercer leurs métiers respectifs en cours de campagne : marchandises, outils, matières premières. Sur ce point encore, des expressions plus ou moins identiques se retrouvent à travers tous les documents : *levâzim ve mühimmâtlarıyla hâzir ve müheyyâ eylesin ; her birinin sanᶜatlarına müteᶜallik lâzım ve mühim olan havâicleriyle hâzır ve müheyyâ eylesin...*

A ce point, les instructions divergeaient selon qu'on avait affaire à un ordre préparatoire en vue d'une campagne dont la date de départ, la destination et donc le lieu de rassemblement n'avaient pas encore été fixés ou au contraire à un ordre de départ immédiat : dans le premier cas, le cadi se contenterait de s'assurer que les *orducu* mobilisés resteraient prêts et disponibles pendant toute la période (nous avons vu qu'elle pouvait durer plusieurs mois) précédant la mise en route finale, jusqu'à ce que celle-ci soit notifiée par un nouvel ordre. La hantise de la Porte était en effet, pour les *orducu* comme pour tous les autres corps mobilisés, que le départ, une fois décidé, soit retardé par des obstacles de dernière minute dus à l'impréparation. Quant aux ordres expédiés à l'heure du départ, ils faisaient obligation au cadi de faire partir les *orducu* sans délai, au complet et munis de tout ce qui leur était nécessaire. Dans le cas des instructions au cadi d'Edirne du 2 septembre 1552, elles lui précisent qu'il doit faire parvenir ses *orducu* à Istanbul (point de départ de l'armée de Perse), mais attendre pour les faire partir l'arrivée des « bêtes de somme de l'État » (*hâssa tavar*), soit les chevaux, mulets ou chameaux destinés à transporter le matériel accompagnant les artisans.

Le ravitaillement de l'armée en marche apparaît ainsi comme une obligation imposée par l'État aux membres des corporations urbaines ou, du moins, comme nous le verrons plus en détail, à certaines d'entre elles. Il s'agit donc d'une application particulière à certaines catégories urbaines des services imposés par l'État à l'ensemble des *reᶜâyâ* dans le cadre des contributions comprises sous la dénomination de *ᶜavâriz-i divâniyye*. On sait que ce concept recouvrait des charges d'espèces diverses, en argent, en nature ou sous la forme de prestations de services, interprétées comme une participation des populations civiles à l'effort de guerre. Parmi les services exigés des paysans dans ce cadre, citons par exemple la fourniture de rameurs (*kürekçi*) pour la flotte, de main d'œuvre pour les travaux publics (*cerahor*), d'orge et de farine pour les troupes (*nüzül*) (34).

---

(34) Cf. H. Bowen, « ᶜAwāriḍ », in *EI2*, I, p. 783 ; H. Inalcık, « *Osmanlı'larda raiyyet rüsûmu* » *Belleten*, XXIII, 92, Ankara, 1959, pp. 598-601, Güçer, *op. cit.*, pp. 69-92.

Un firman du 28 mai 1609 au cadi d'Istanbul illustre cette assimilation du service d'*orducu* désigné à cette occasion comme *ordu* aux obligations entrant dans les ʿ*avâriz* (35). Il enjoint en effet au destinataire de faire respecter l'exemption des charges de types ʿ*avâriz-i divâniyye* et *tekâlif-i* ʿ*örfiyye* (comme d'ailleurs de la « levée en masse » ou *nefîr-i* ʿ*âmm*) dont bénéficiaient les corporations d'Üsküdar, à en croire cet acte, depuis Mehmed II. Au titre de cette exemption renouvelée depuis par des ordonnances des sultans successifs, les artisans de cette place étaient affranchis de l'*ordu* et des autres impositions liées aux « campagnes d'Occident et d'Orient ». Cette exemption était d'ailleurs justifiée par les nombreuses autres charges pesant déjà sur la population d'Üsküdar : obligation d'acquitter chaque année 30 000 aspres pour assurer le service des chevaux de poste (*ulak bârgîrleri*) ainsi qu'une somme évaluée à « plusieurs milliers d'aspres » pour les chevaux estropiés (*sakat olan bârgîrler*) ; à quoi s'ajoutaient d'autres obligations également dues à la position géographique particulière de ce passage obligé entre l'Europe et l'Asie : fournir des provisions pour les trois premières étapes des armées passant en Anatolie ; pourvoir aux besoins des ambassadeurs orientaux parvenant auprès du *pâdişâh* ; protéger les transports de fonds (*hâzîne*) intéressant le Trésor. L'injonction faite au cadi de faire respecter l'exemption de l'*ordu* en faveur des habitants d'Üsküdar était motivée par les violations dont elle avait commencé à faire l'objet au cours des « années précédentes » en dépit de mises en garde répétées de la Porte. Cette infraction était le fait « des chefs et des épiciers du marché d'Istanbul » (*Istanbul bâzâr başıları ve bakkalları*), prenant prétexte de ce que leurs collègues d'Üsküdar « recevaient leur part des provisions parvenant à Istanbul » pour leur imposer indûment une participation à l'*ordu* et leur réclamer de l'argent.

Il apparaît que l'*ordu*, à l'instar des autres prestations de service imposées par l'État aux populations non militaires, présentait en fait deux aspects : dans une communauté donnée, seule une partie des membres accomplissait effectivement le service, les autres ayant pour contribution de verser une somme d'argent destinée à couvrir les besoins des premiers. On appliquait en la circonstance le même modèle régissant le fonctionnement de multiples corps militaires auxiliaires, tels que les *yürük, müsellem, voynuk*, etc.., distinguant ceux qui participaient à la campagne (désignés comme *eşküncü, nöbetlü*), des « assistants » (*yamak*) qui restaient chez eux mais payaient pour l'entretien et l'équipement de leurs camarades en mission. En ce qui concerne les *orducu*, nous n'avons malheureusement pas rencontré de *kânûnnâme* ni d'autres documents décrivant précisément les modalités du système, mais il est clair qu'une semblable répartition

---

(35) Du fait de son lien avec les campagnes militaires et de la répartition qu'il établi entre ceux qui accomplissent le service et ceux qui salarient ces exécutants, on est enclin à faire entrer le système des *orducu* dans le cadre des ʿ*avâriz-i divâniyye*, comme le fait Akdağ in *op. cit.*, II, 1453-1559, Istanbul, 1974, p. 427. Pourtant le même auteur rangeait ailleurs le salaire versé par les membres de la corporation à ces *orducu* dans la catégorie des *tekâlif-i* ʿ*orfiyye, op. cit.*, I, p. 515, et cette conception trouve peut-être une confirmation dans le vocabulaire du document commenté ci-après selon lequel les artisans d'Üsküdar ne doivent être soumis ni au service du camp (*ordu*) ni aux redevances afférentes, précisément désignées comme *teklif*. Quoi qu'il en soit, les deux catégories d'obligations allaient généralement de pair (peut-être sans être toujours nettement distinguées) et le même texte rattache la dispense des artisans d'Üsküdar à leur exemption globale à la fois des ʿ*avâriz-i divânıyye* et des *tekâlif-i* ʿ*orfiyye* : cf. ordre au cadi d'Istanbul du 23 *safer* 1018 (28 mai 1609) publié in A. Refik, *Hicri on birinci asırda Istanbul hayatı (1000-1100)*, Istanbul, 1931, doc. 68, pp. 35-36.

des rôles se faisait au sein de chacune des corporations concernées et que les artisans restant sur place prenaient en charge ceux de leurs camarades appelés à partir. Cette pratique est suggérée par l'acte de 1609 que nous venons d'analyser, et elle est d'autre part illustrée par le document de mai 1799 publié par Osmân Nûrî auquel il a été fait allusion : on y voit quatre membres d'une corporation en l'occurrence officielle, les selliers « se trouvant au Seuil sublime » (*astâne-i ᶜâliyede vâqiᶜ sarrâcân esnâfı*) reconnaître, après avoir été désignés pour prendre part à la campagne, avoir reçu des mains des responsables de leur corporation (le *kethüdâ*, le *yiğitbaşı* et un *usta*) la somme de 1 800 *guruş* à titre d'*ordu mesârifi* (frais de service sur le marché du camp). Moyennant quoi, ils s'engageaient à assurer « comme par le passé » leur fonction au sein de l'armée. Cet acte avait pour fin d'éviter toute contestation ultérieure (36).

C'est le mécanisme d'assistance mutuelle mis en place dans le cadre de leurs corporations qui permettait aux *orducu* non seulement de faire face aux dépenses — investissements compris — nécessitées par leur départ, mais aussi d'être assurés que leurs biens et leurs familles seraient pris en charge par la communauté aussi longtemps que durerait leur absence, et même de façon plus prolongée en cas de décès survenu pendant la campagne. En dehors de ce système de solidarité, l'institution n'aurait pas pu fonctionner de façon satisfaisante. C'est cette constatation — plutôt que le mode de désignation des partants qui, comme nous l'avons vu, n'attribuait pas de rôle officiel dans les premières périodes aux organes corporatifs — qui nous a fait estimer en tête de cette étude que l'institution des *orducu* supposait l'existence des *esnâf* et avait d'ailleurs sans doute contribué à la rendre nécessaire aux yeux de l'État.

Au demeurant, quels qu'aient pu être les frais, les inconvénients, les aléas entraînés pour l'homme de métier par sa participation à la campagne, on est bien amené à considérer que l'opération ne devait pas être entièrement négative, se solder par un pur et simple manque à gagner. Après tout, les marchés du camp lui offraient l'occasion d'exercer son commerce ordinaire auprès de la clientèle militaire. D'ailleurs, un ordre de mobilisation comme celui de février 1565, provoqué par les travaux des aqueducs d'Istanbul, soulignait bien que le ravitaillement des ouvriers et militaires occupés sur les chantiers devait fournir « matière à commerce » à ceux qui assuraient « le service d'*ordu* » (*ordu hizmetin edenlere sebeb-i ticâret ola...*). Néanmoins, il n'est pas évident qu'on puisse pousser plus loin le raisonnement en allant jusqu'à supposer que les conjonctures de la guerre permettaient même aux *orducu* des profits exceptionnels puisqu'ils étaient tenus de respecter les prix fixés (*narh*) établis pour les transactions du camp. Leurs chefs, qu'ils portent le nom de *muhtesib*, d'*orducu başı* ou d'*ordu ağası*, de même que le « cadi du camp » (*ordu kâdısı*) avaient pour mission de les surveiller sur ce point. En un sens, cette réglementation les protégeait peut-être d'éventuelles manœuvres d'intimidation de leur clientèle en armes, mais elle visait surtout à leur interdire d'abuser des circonstances.

---

(36) Evliyâ çelebi donne un bon exemple de ce mécanisme de solidarité financière entre ceux qui partent pour la campagne et ceux qui restent sur place, même si les « professionnels » concernés n'appartiennent pas en l'occurrence aux *orducu* proprement dits : selon le narrateur, les *hatib* et les *müezzin* des mosquées sultaniennes et vizirales d'Istanbul, qui restaient dans la capitale, versaient chacun un mois de leurs salaires au profit des *imâm*, *müezzin*, conteurs de légendes (*muᶜarif*), chanteurs de cantiques et lecteurs du Coran, ainsi que des « aides funéraires » (*cenâze peykleri*) et des laveurs de cadavres, qui accompagnaient l'armée ; Evliyâ çelebi, *Seyâhatnâme*, I, Istanbul, 1314 (1896-7), p. 527, cité par Nûrî, *op.cit.*, p. 630.

D'ailleurs le fait que les artisans concernés n'aient pas vu dans le départ pour l'armée une aubaine mais plutôt une contrainte indésirable est clairement illustré par l'insistance des corporations d'Üsküdar à faire respecter leur exemption comme d'autre part, de manière indirecte, par certaines formules comminatoires prenant rituellement place à la fin des différents ordres de recrutement adressés aux cadis : ils sont régulièrement invités à faire preuve de justice dans le choix des inscrits (*yazılu olduğunda tamam hakk üzere olub*) (37), et ils sont surtout mis en garde contre la tentation de percevoir des pots-de-vin à cette occasion, ou de le laisser faire « au *mübâşir* ou à qui que ce soit d'autre » :

« Si on apprend, lit-on, par exemple dans l'ordre au cadi d'Edirne d'avril 1545, que le moindre aspre ou grain de blé a été exigé de quiconque sous ce prétexte, tu en seras tenu pour responsable... ».

De telles expressions laissent penser que des manœuvres de corruption tendant à éluder la corvée — que l'initiative en ait appartenu aux recruteurs ou aux assujettis — ne paraissaient aucunement exclues. De même, la Porte pouvait juger prudent de prescrire au cadi, selon une pratique courante dans les différents embauchements de *reʿâyâ* de désigner pour chacun des *orducu* inscrits des « garants compétents » (*yarar kefîl*) qui puissent se substituer à ceux qui se déroberaient à l'heure du départ et, peut-être aussi, qui déserteraient en cours de campagne. Toutefois, nous n'avons trouvé de référence à ces garants que dans l'ordre relatif à la levée des *orducu* de Sofya et de Filibe de 1565 : faut-il en conclure que la précaution n'était pas systématiquement prise mais seulement dans des cas comme celui-ci où l'engagement d'*orducu* n'était pas un usage régulièrement établi ?

On pourrait déceler dans l'indiscipline des *orducu* en cours de campagne un autre signe de l'impopularité de l'institution. De fait, un réquisitoire en règle contre leurs délits de plusieurs natures nous est fourni par l'un des documents exhumés par Osmân Nûrî (38). Toutefois ce firman daté de 1772 est un témoignage tardif et, qui plus est, il présente la dégradation du comportement des *orducu* comme un phénomène très récent, remontant à « un an ou deux ». Les griefs formulés contre les hommes de métier qualifiés à cette occasion par le jeu de mots *esnâf biinsâf* (corporations sans équité) sont au nombre de trois : ils rejoignent l'armée avec retard ; ils ne respectent pas les prix fixés ; surtout, ayant acheté l'*ordu ağası*, ils s'enfuient avant la fin de la campagne. Jusque-là au contraire, ils étaient régulièrement restés en fonction jusqu'au retour de l'armée à Istanbul ou du moins jusqu'à ce qu'elle prenne ses quartiers d'hiver, ne se séparant de la troupe qu'après en avoir reçu l'autorisation expresse sous la forme d'un arrêt (*hüccet*) du cadi de l'armée. Face à ces infractions qui sèment le trouble au sein de l'« armée auguste », le cadi d'Istanbul est chargé de désigner pour les corriger dans la campagne à venir un homme « bien informé de la coutume ancienne et capable de justice ». Mais la question subsiste de savoir si ces dérèglements étaient aussi inédits que le prétendait l'auteur de l'ordre et si en laissant entendre que les *orducu* étaient restés jusque-là irréprochables, « accomplissant dans l'ordre leur mission de commerce », il était fidèle aux réalités des époques antérieures ou plus ou moins victime d'une illusion rétrospective.

---

(37) *Doc. cit.*, MD, VI, f. 573, n° 1256.
(38) Cf. n° 33 *supra*.

Pour connaître plus précisément le rôle dévolu aux *orducu*, la place exacte qui leur était assignée dans la satisfaction de l'ensemble des besoins de l'armée, il convient de considérer maintenant les spécialités professionnelles auxquelles ils correspondaient. Or si, comme nous l'avons vu, l'éventail était plus ou moins ouvert en fonction de la nature de l'expédition, on relève une remarquable permanence sur ce point, du milieu du XVIe au début du XIXe siècle. Dans les nombreux cas où un métier donné reste constamment présent à travers toute la période, c'est seulement par le nombre de ses représentants — nombre absolu et éventuellement nombre relatif — qu'un changement se fait jour entre les levées du XVIe siècle et celles qui ont suivi. Pour le reste, les innovations qui apparaissent dans les étapes tardives de cette longue histoire peuvent être tenues pour limitées.

Les métiers dont les ordres de recrutement des *orducu* dressent la liste ont presque exclusivement trait, d'une part aux besoins des hommes en fait d'alimentation, d'habillement et dans une moindre mesure de santé et d'hygiène ; d'autre part, aux besoins des animaux — chevaux de selle et bêtes de trait — en matière de nourriture et surtout d'équipement. A vrai dire, pour plusieurs de ces métiers, il est un peu malaisé aujourd'hui de déterminer à quelles activités précises correspondait une dénomination ancienne. On peut cependant s'aider pour y voir plus clair de documents tels que le registre des prix fixés (*narh defteri*) d'Istanbul daté de 1640, qui présente le grand intérêt de notre point de vue de dresser pour un nombre important d'*esnâf* la liste des différents articles vendus par chacun (39). Il faut d'ailleurs garder à l'esprit que, dans ce système traditionnel, la plupart des marchands étaient également fabricants de ce qu'ils vendaient. Il est à supposer, d'autre part, que les professionnels urbains mobilisés pour la campagne, ne conservaient pas nécessairement dans ce cadre la totalité de leurs productions ordinaires mais s'adaptaient à la clientèle qu'ils y trouvaient — bien spécifique, à commencer par le sexe.

Entrons à présent dans le détail du tableau récapitulatif de nos différentes listes d'*orducu*, donné en annexe.

Les métiers que nous y avons regroupés sous la rubrique de l'alimentation représentent autour de 30 % des effectifs dans les listes du XVIe siècle, avec une part exceptionnellement élevée dans la liste restreinte de mai 1552. En revanche, ce pourcentage tombe de moitié en 1697 et 1809.

Parmi ces métiers, les bouchers (*kassâb*) sont constamment présents et même toujours cités à la première place. Dans ces conditions, nous nous demandons si leur absence insolite dans la liste de 1697 ne tiendrait pas à une omission de l'éditeur du document (ce qui expliquerait qu'on n'y relève que 22 métiers alors que 23 sont annoncés). Les boulangers (*habbâz, etmekçi*) figurent également toujours — et en nombre régulièrement très élevé —, sauf en 1565 dans la réquisition faite à Sofya et Filibe. La présence des épiciers (*bakkal*) ne souffre aucune exception. Les cuisiniers (*tabbâh, aşcı*), toujours cités au XVIe siècle, ne le sont plus en 1697, mais réapparaissent en 1809. Les rôtisseurs de têtes de moutons (*başcı*) ont été en revanche requis en 1697, comme ils l'avaient été régulièrement auparavant (à l'exception peu explicable de la campagne de Temesvár de 1552), mais ce n'est plus le cas en 1809. Les seuls pourvoyeurs d'une boisson quelque peu

---

(39) Cf. M. S. Kütükoğlu ; *Osmanlılarda narh müessesesi ve 1640 tarihli narh defteri*, Istanbul, 1983, édition du même registre in Y. Yücel, *1640 tarihli esʿâr defteri*, Ankara, 1982.

stimulante, la *boza*, à base d'orge fermentée, avaient été exclus du retour du sultan à Istanbul en mai 1552, comme de la concentration des troupes de Rûmeli en 1565, et ils ne seront pas reconduits en 1697 et 1809. Des vendeurs de miel (*balcı*) ne sont mentionnés que pour la campagne de Géorgie de 1583 (encore la lecture du terme dans le document correspondant n'est-elle pas entièrement sûre). Enfin, des vendeurs de fruits frais (*yaş yemici*) sont une nouveauté de la liste de 1809.

Les droguistes-apothicaires (ʿ*attâr*) — régulièrement présents, sauf en 1697 — seraient à rattacher pour une part aux métiers de l'alimentation, du fait des épices variées, comme de quelques friandises, entrant dans leurs éventaires (40). Mais les nombreuses drogues dont ils étaient par ailleurs dépositaires incitent à les ranger dans la rubrique des spécialistes de l'hygiène et de la santé — catégorie au demeurant restreinte qui représentait généralement autour de 10 % des *orducu* et n'atteint même pas 15 % dans la liste de 1809 qui semble dénoter pourtant une attention un peu accrue à ce domaine. A cet égard les ʿ*attâr* étaient en mesure de fournir aux soldats les spécialités de la pharmacopée traditionnelle contre les parasites, les affections de la peau, les troubles digestifs, etc., tous remèdes dont la nécessité ne manquait pas de se faire sentir. En revanche, on les imagine moins offrir à la clientèle du camp ces parfums et cosmétiques qui assuraient leur succès en ville et justifiaient leur localisation aux abords des hammams féminins (41). Les barbiers (*berber*), toujours fidèles au poste en nombre conséquent (sauf chez les recrues de Sofya et Filibe) sont à mettre sous la même rubrique, de même que le tenancier de hammam (*hammâmcı*) réquisitionné à Istanbul, qui fait une apparition tardive en 1809. Faute de mieux, nous avons adjoint à cette catégorie — où l'absence de médecins et de chirurgiens constitue une lacune frappante sur laquelle nous reviendrons — les vendeurs de chandelles (*mûmcı*), régulièrement requis (mais non dans les deux contingents partiels de 1552).

Les métiers du textile travaillant principalement pour le vêtement, constituent le groupe le plus important dans l'ensemble de nos listes (exception faite du cas bien particulier de mai 1552) : ils dépassent le plus souvent le tiers des effectifs avec des pointes supérieures à 40 % chez les *orducu* de Sofya et Filibe en 1565, et chez ceux de 1697.

Dans cet ensemble, le cardage apparaît comme une activité de base, les cardeurs prenant place dans toutes nos listes (sauf en mai 1552). Plus précisément, le rôle attribué à ces artisans par le registre des *narh* de 1640 consistait à carder le coton destiné à la filature ou à la confection des caftans et des couvertures de type couettes (*yorgan*) (42). Comme prévisible, la présence de tailleurs (*hayyât, derzi*), en nombre relativement important, est une autre constante. La rubrique qui leur est réservée dans le registre de 1640 montre en eux des « généralistes » fabriquant un grand choix de vêtements de types manteaux, vestes, chemises, gilets, pantalons, etc. (43). Mais cette variété devait être restreinte en pratique par la présence au camp d'autres confrères plus spécialisés. Parmi ceux-ci, les

---

(40) Cf. Kütükoğlu, *op. cit.*, pp. 98-101.
(41) Cf. La contribution de M. Nicolas dans le même volume.
(42) Cf. Kütükoğlu, *op. cit.*, p. 137.
(43) *Ibid.*, p. 136.

drapiers (*çukacı*) sont attestés en toutes circonstances (sauf chez les recrues de Sofya et Filibe en juin 1565) et sont même les seuls artisans de cette espèce à prendre part au retour de Süleymân d'Edirne à Istanbul en mai 1552. Plus éphémères, les tailleurs sur cotonnades (*penbedûz*), cités en 1545 et dans la réquisition générale d'avril 1552, disparaissent par la suite. En revanche, les toiliers (*bezci, bezzâz*), absents en 1545, sont notés en 1552, puis de nouveau en 1697 et 1809 : ils vendaient de la toile, ainsi que des chemises (*gömlek*), caleçons (*don*), ceintures (*kuşak*) et cordonnets (*uçkur*) de cette même étoffe (44). Des marchands de soie (*gazzâz*), ignorés de nos premières listes, font leur apparition parmi les demandes faites à Sofya et Filibe en 1565 et deviennent constants dans les listes postérieures. Il ressort du registre de 1640 qu'il ne faut pas voir en eux des vendeurs d'étoffes et de vêtements de soie, mais seulement d'articles de mercerie divers confectionnés dans ce matériau : fil (*ibrişim*), cordons (*kaytan*), boutons, galon (*şerîd*), franges (*saçak*) ainsi que de liens pour suspendre le sabre (*kılıç bağı*) (45). Des tailleurs spécialistes du caftan (*kaftânî*) sont une particularité de la liste de 1697 : ils y tiennent peut-être la place des tailleurs qui y faisaient curieusement défaut. Les blanchisseurs (*câmeşuycı*) sont, comme l'avait été le *hammâmcı* d'Istanbul, une nouveauté de la liste de 1809.

Un second secteur de l'habillement est représenté par les métiers de la chaussure. Ils comprennent des fabricants de babouches (*pabuçcı*) : régulièrement mentionnés dans nos listes du XVIe siècle, ils n'ont plus leur place dans celles de 1697 et 1809, peut-être absorbés alors par la catégorie apparemment plus large des bottiers (*çizmeci, haffâf*). Il ressort en effet du registre cité des prix fixés, que les productions des *haffâf* pouvaient être variées, englobant plusieurs types de bottes : *çizme, tomak* (ces dernières définies comme des bottes courtes et lourdes portées par les cavaliers) (46); des sandales (*başmak*), des sous-chaussures de cuir souple (*terlik*), des pantoufles (*postal*) mais aussi bien des babouches — et, notamment, les « babouches de janissaires » (*yeniçeri pabucu*) (47). Coexistant avec les *pabuçcı*, puis seuls, ces *haffâf* sont présents aux différentes périodes (sauf en mai 1552 et en juin 1563). Une même permanence caractérise aussi les vendeurs de fers pour souliers (*naˤlçacı*) qui seront toutefois omis en 1809.

Une autre profession, celle d'*eskici*, est incontestablement à rattacher aux métiers de l'habillement. Les « vieilleries » dont ils étaient vendeurs et qui leur valaient leur dénomination, consistaient en fait en vêtements et chaussures usagés. Il faudrait par conséquent voir en eux des sortes de fripiers. Toutefois, il est à noter que le registre des prix fixés donne de leurs activités une définition plus restrictive et même partiellement différente : en effet, il les fait figurer immédiatement après les *haffâf*, et, de fait, les articles qu'il leur attribue consistent uniquement en chaussures de différents types qui se caractérisent non par l'ancienneté mais par la qualité inférieure du matériau dont elles sont faites (*kerestesi alçak olub...*) (48). Absents de la liste de 1545, les *eskici* se retrouvent dans la

---

(44) *Ibid.*, pp. 156-158.
(45) *Ibid.*, pp. 154-156.
(46) Cf. J.W. Redhouse, *A Turkish and English lexicon*, Constantinople, 1921, s.v.
(47) Cf. Kütükoğlu, *op. cit.*, pp. 36-37, n° 60, et 187-192.
(48) *Ibid.*, pp. 192-193.

plupart des listes postérieures. Du fait d'incohérences déjà signalées, on ne sait pas s'ils ont été demandés ou non à Sofya et à Filibe en 1565 : le firman au *beylerbey* de Rûmeli en fait état, mais non les ordres correspondants aux deux cadis respectifs.

Un autre ensemble de métiers intéresse le transport des marchandises en général et plus particulièrement l'équipement — secondairement aussi l'alimentation — des chevaux de selle et des bêtes de somme. Ces métiers regroupent généralement à peu près le quart des *orducu* recrutés au XVIe siècle (mais leur poids est nettement supérieur dans la liste de mai 1552 composée presque uniquement de ces spécialités et de celles de l'alimentation). Le pourcentage décroît sensiblement dans nos deux listes plus tardives.

Dans cette catégorie, le rôle des *mûytâb*, fabricants d'articles de poil de chèvre ou de cheval, bien représentés dans toutes nos listes (à l'exception pourtant de celle de mai 1552), est de première importance : on constate dans le registre de prix de 1640 qu'ils fabriquaient différents types de sacs (*garar, torba*) et besaces (*heğbe*) parmi lesquels on relève des sacs à biscuit (*peksimed gararı*). des sacs, gris ou noirs, dits de janissaires (*yeniçeri gararı*) ou de *sipâhî* (*sipâhî gararı*). De même, il est question d'anses de sacs de janissaires en poil tressé (*yeniçeri gararının kıl urgan kulplusu*). Ils vendaient également des cordes à différents usages : sangles (*kolan*), licous (*ip yular*), laisses de chevaux (*at tavilesi*), cordes de bât (*semer urganı*), entraves (*paybend, köstek*) ; des protections pour diverses parties du corps de l'animal : couvre-nuque (*enselik*), oreillons (*kulaklık*) ; ainsi que les brosses (*kefe*) et étrilles (*kaşağı, gebre*) nécessaires au pansage. Il s'y ajoutait des pièces de feutre de poil de chèvre (*keçe*) servant notamment de protection contre la neige (*kâr keçesi*), de revêtement de bât (*semer keçesi*) ou de couvertures de cheval de diverses sortes (*çul*) (49). Dans la liste de janvier 1583, les *teğeltici*, fabricants de couvertures à mettre sous la selle, figurent comme un métier distinct (50).

D'autres espèces de sacs, et surtout une large gamme de pièces d'équipement du cheval, sont par ailleurs le fait des artisans du cuir, des selliers (*sarrâc*) qui voisinent avec les *mûytâb* dans la quasi-totalité de nos listes. Parmi leurs spécialités citées dans le registre de 1640, on relève non seulement les selles proprement dites, mais aussi des bourses (*kese*) et différents coffres recouverts de cuir, notamment des coffres à linge (*câmedan*), des malles pour transporter les sabres (*köseleden kılıç sandığı*), ainsi que des carquois (*tîrkeş*) et une variété de récipients de cuir : *debbe* (dont des *yeniçeri debbesi*), gourdes (*matara*), outres (*tulum, kırba*). C'est, d'autre part, à ces mêmes artisans qu'on devait les multiples pièces de harnachement en usage : brides, mors, harnais, licous, guides, rènes, sangles, attaches d'étriers, croupières, courroies, etc. (51). Un métier uniquement cité

---

(49) *Ibid.*, pp. 243-248.

(50) Une difficulté d'interprétation provient du fait que le terme de *teğelti* peut correspondre à deux articles distincts : une couverture à placer sous la selle comme en fabriquent d'autre part les *muytâb* et les selliers ; ou bien une courroie reliée à la partie postérieure de la selle (également du ressort des selliers) ; cf. J.T. Zenker, *Dictionnaire turc-arabe-persan*, Leipzig, 1866-1876, s.v.

(51) Cf. Kütükoğlu, *op. cit.*, pp. 131-141 ; des couvertures de selle (*teğelti*) de laine ou de feutre figurent également dans les productions des selliers.

# VIII

dans la liste de 1583 que nous lisons sans certitude *harrâz* et qui correspondrait à des « couturiers sur cuir » (52) offrirait donc une spécialité particulière de travail des peaux et un complément à l'activité des *sarrâc*.

Deux autres professions liées à l'utilisation des animaux passaient pour absolument indispensables puisqu'on les retrouve dans toutes les listes : les maréchaux-ferrants (*na'lband*) et les bâtiers (*palândûz, semerci*). Il en allait presque de même des marchands d'orge (*cûfurûş, arpacı*), éludés toutefois en 1565 et 1697, mais qui dans tous les autres cas sont requis en nombre particulièrement important, même supérieur à celui des boulangers.

Il ressort de l'énumération qui précède qu'un même ensemble de métiers se retrouve en gros à travers les différentes époques, bien qu'avec certains changements dans la répartition; que, pour l'essentiel, l'institution des *orducu* a continué avec le temps à couvrir un même domaine des besoins de l'armée, qu'on pourrait désigner du terme de vivanderie.

Par rapport à ces constantes, les apports nouveaux des listes tardives sont réduits et ne révèlent par conséquent qu'une évolution limitée :

Les métiers des métaux absents des listes antérieures (si l'on excepte les cas des maréchaux-ferrants et des ferreurs de souliers) surgissent mais avec une part modeste de 3 % des effectifs en 1697 et 4,5 % en 1809. Un *bakırcı*, fabricant de (53) récipients et pièces de vaisselle variés en cuivre (ainsi qu'en laiton et en étain) est cité par la liste de 1697 mais disparaît dans celle de 1809 où sa place est peut-être tenue par le chaudronnier (*kazgancı*) mentionné. Un étameur (*kalaycı*) apparaît dans les deux dernières listes, à quoi la seconde ajoute deux forgerons (*timurcı*).

Plus frappante est l'émergence dans les énumérations tardives de quelques métiers de l'armement, totalement absents aux époques précédentes. Il est d'ailleurs à supposer, pour des raisons techniques, que leur rôle ne consistait pas à fabriquer sur place les armes correspondantes mais plutôt à en assurer l'entretien et les réparations. Des *kılıçcı* (ou *şimşîrger*) se font ainsi jour dès 1583 pour réapparaître dans les levées de 1697 et 1809. Leur dénomination pouvait s'appliquer à des fabricants de sabres à proprement parler, mais il est à noter que le registre des prix de 1640 ne fixe à propos de cette corporation que des salaires correspondant au fourbissage des lames, dont les montants variaient selon l'importance de la rouille (54). De même, deux fabricants d'arcs (*kemânger*) sont mentionnés en 1697 et 1809. Enfin, cette dernière liste fait une place aux spécialistes d'armes plus modernes en incluant deux fabricants de bois de fusil (*kundakçı*) et surtout deux fabricants de pistolets (*tabancacı*). Au demeurant, la percée de ces métiers reste réduite : 2 % des effectifs en 1583, 7,5 % en 1697, 9 % en 1809. En somme, ces innovations n'apportent qu'une retouche limitée à l'idée précédemment exprimée que l'institution des *orducu* n'a cessé au long de son histoire de satisfaire les mêmes types de besoins, à travers des métiers toujours à peu près identiques, sans que l'État ait cherché à étendre ou transformer sensiblement la sphère de compétence qui lui était assignée.

---

(52) Redhouse, *op. cit., s.v.*
(53) Kütükoğlu, *op. cit.*, pp. 195-202.
(54) *Ibid.*, pp. 216-217.

Deux autres conclusions qui se dégagent d'une analyse des métiers compris dans le cadre des levées d'*orducu* nous paraissent mériter quelques réflexions complémentaires.

En premier lieu, il faut souligner que la totalité des corporations urbaines, notamment de celles qui pouvaient exister sur une place telle qu'Istanbul, n'étaient pas tenues d'envoyer des représentants à l'armée. Cette remarque s'impose puisqu'elle va à l'encontre de l'impression donnée par Evliyâ çelebi dans sa célèbre description du défilé des *esnâf* stambouliotes en 1638 (55).

Mais on observe d'autre part, par une constatation en quelque sorte symétrique, que l'ensemble des fonctions extra-militaires associées à la guerre étaient loin d'être assurées par les seuls *orducu*. En d'autres termes, cette institution ne représentait que l'un des modes de transfert à la machine de guerre de la main d'œuvre et des compétences techniques dont elle avait besoin. Le lien entre hommes de métier et hommes de guerre se faisait par ailleurs selon d'autres modalités qui doivent en être soigneusement distinguées, plus qu'on ne l'a fait généralement.

Tout le secteur du génie et des travaux de force : terrassements, construction des ponts, édification et réparation des fortifications, ouvrages de sape, aménagement des routes, était ainsi extérieur à la vocation propre des *orducu*. Il en allait de même de l'immense domaine de l'armement : confection des armes blanches et des armes à feu, mise en œuvre de l'artillerie et des bâtiments de la flotte ; ou d'autres services encore comme ceux de la santé et des pompes funèbres. Il n'entre pas dans notre propos de détailler ici les moyens divers dont la Porte disposait pour faire face à ces nombreuses tâches. Rappelons seulement pour étayer notre raisonnement qu'elle avait mis sur pied un certain nombre de « corps techniques » dont les membres dotés de compétences spécifiques avaient un statut militaire et émargeaient au « budget » de l'État. Ces corps étaient d'ailleurs regroupés dans les listes de dépenses du Trésor sous des rubriques telles que « communauté des gens de métier », « corporations militaires » (*cemâ'at-i ehl-i hiref, cemâ'at-i erbâb-i sanayi', esnâf-i 'askeriyye*), etc. (56). Ils avaient pour objet de répondre aux multiples attentes d'ordres matériel et culturel de ce centre de consommation immense et somptuaire que représentait le Palais au sein de la capitale, mais aussi d'accomplir ces tâches d'intérêt général requises par l'État et l'armée, auxquelles il vient d'être fait allusion.

C'est ainsi, par exemple, que la fabrication des pièces d'artillerie incombait à une partie des membres du corps des canonniers (*topçu*) dirigée par le « chef des fondeurs » (*dökücü başı*). Les autres types d'armes étaient du ressort des armuriers (*cebeci*). Il existait de même un corps de *lağımcı* chargé des travaux de sape. Le soin des chevaux du sultan était confié à la nombreuse « communauté des étables impériales » (*cemâ'at-i istabl-i 'âmire*) qui comprenait notamment un corps de « selliers de l'État » (*sarrâc-ı hâssa*). Les travaux du génie, au même

---

(55) Evliyâ çelebi, *op. cit.*, I, pp. 506 sqq ; version anglaise abrégée in J. von Hammer, *Narrative of travels by Evliyâ Efendi* ; I, 2, Londres, 1850, pp. 99 sqq.

(56) Osmân Nûrî, *op. cit.*, p. 627, cite à ce propos les listes d'artisans de l'Etat de l'époque de Murâd III figurant dans la *risâle* de Koçibey et dans le *netâ'iç ül-vukû'ât* de Mustafa Nûrî pacha. On se référera également à des listes plus anciennes, de la fin du XVe et du début du XVIe siècle publiées in Ö. L. Barkan, « H. 933-934 (M. 1527-1528) malî yılına ait bütçe örneği », *Iktisat Fakültesi mecmuası*, XV, 1-4, oct. 1953, juil. 1954, pp. 300, 309-313.

titre que les grandes constructions civiles et religieuses commandées par le sultan, étaient dirigés par le corps des « architectes de l'État » ($mi^c mâr$-$i$ $hâssa$) sous les ordres d'un architecte-en-chef ($mi^c mâr$ $başı$). Les cadets des janissaires, les $^c âcemî$ $oğlan$ étaient employés sur les chantiers correspondants (57). Un autre corps encore, les porte-hache ($baltacı$) avait pour mission durant les campagnes d'ouvrir en déboisant la voie à l'armée, de dresser les tentes, etc.

Par ailleurs, les garnisons des forteresses comptaient des artisans incorporés à leurs effectifs : armuriers, charpentiers, fabricants d'armes et de flèches, forgerons, « réparateurs » ($meremetî$), etc. (58).

De façon analogue, certains grands corps militaires comme les janissaires, incluaient des techniciens — des chirurgiens, notamment — dans leurs rangs (59).

Mais l'État ne s'est jamais contenté de ses propres ingénieurs et techniciens régulièrement enrégimentés, pas plus à l'apogée de l'empire que dans les temps de décadence. Il leur a toujours adjoint ou substitué, selon les cas, des éléments civils plus ou moins spécialisés, réquisitionnés parmi les populations rurales et urbaines. C'est ainsi, par exemple, que des $re^c âyâ$ mobilisés par centaines ou par milliers, notamment sous l'appellation de $cerahor$, fournissaient l'abondante main d'œuvre nécessitée par la construction et la réparation de forteresses, ou par d'autres travaux de force, en fonction des besoins de la campagne. Pour emprunter quelques exemples aux opérations déjà évoquées de l'année 1552, citons d'abord un ordre aux beys et cadis des $sancak$ d'Alacahisâr (Kruševac), Bosna (Bosnie), Izvornik (Zvornik), Vidin et Hersek (Herzégovine) qui leur prescrivait d'inscrire et de recruter un total de 4 000 $cerahor$ dans leurs circonscriptions respectives, de les tenir prêts avec les vivres, les pioches et autres accessoires nécessaires afin qu'ils soient employés durant l'expédition « à tirer des canons et remplir d'autres tâches » (60). En liaison avec la même campagne de Transylvanie, d'autres $cerahor$ étaient employés à la réparation des forteresses de Becskerek et de Szeged (61), tandis que les voïévodes de Moldavie et de Valachie recevaient l'ordre, en vue d'une opération qui serait conduite à travers leurs territoires, de recruter, le premier 5 000 hommes et le second 1 000 hommes, désignés cette fois comme $baltacı$, afin que les chemins qu'auraient à utiliser les troupes « soient mis en état, que les ponts et les gués soient aménagés, et que tout soit prêt... » (62). D'autre part, en prévision de la campagne de Perse de la même année, le $beylerbey$ du Diyârbekir, par exemple, était chargé d'inscrire « 20 à 30 000

---

(57) Cf. n° 24 $supra$.
(58) Cf., par ex., M. Berindei et G. Veinstein, « La présence ottomane au sud de la Crimée et en mer d'Azov dans la première moitié du XVIe siècle », Cahiers du Monde russe et soviétique, XX, 3-4, juil.-déc. 1979, pp. 398-399, 410 ; KK. 888, f. 247v : ordre au beylerbey et au defterdâr de Budun (Buda) sur les effectifs de la forteresse de Segedin (Szeged) en mai 1552.
(59) Cf. I. H. Uzunçarşılı, Osmanlı devleti teşkilâtından kapukulu ocakları,I,Acemi ocağı ve yeniçeri ocağı, Ankara, 1984 (2e éd.), pp. 405-406.
(60) KK 888, f. 178v : ordre du 19 avril 1552. L'ordre précise qu'il faut exclure de la réquisition les vieillards et autres individus légitimement excusables pour ne retenir « que des gens capables en état de prendre part aux travaux et de participer à la campagne ».
(61) Ibid., ff. 215r et 247r : ordres au serdâr Ahmed pacha des 15 et 28 mai 1552 : les cerahor employés à Becskereke le seront ensuite à Szeged, et pour réparer cette dernière forteresse, 1 000 cerahor supplémentaires accompagnés de 200 charrettes seront réclamés en plus dans le sancak de Serem (Srem).
(62) KK 888, ff. 22r-23r : ordre au voïévode de Moldavie du 22 janvier 1552 ; ff. 23r-24r : ordre au voïévode de Valachie du 22 janvier 1552.

*reʿâyâ* » de sa province, qualifiés en la circonstance de *ʿazab*, « munis de haches, de pioches et de pelles » (63).

A côté de ces recrues qui, sous des dénominations diverses, remplissaient le rôle des pionniers des armées françaises de l'époque (64), l'État réquisitionnait une main d'œuvre plus spécialisée, des artisans à proprement parler : par un ordre du 12 février 1552, par exemple, le *topçıbaşı* devait se mettre en quête de maîtres forgerons (*ustâd demirciler*) et les expédier en toute hâte à Smederevo pour y fabriquer les affûts nécessaires aux 20 « canons basilics » (*beceluşka*) qu'on venait de fondre dans cette place en vue des opérations de Transylvanie (65). De la même façon, un ordre du 2 février précédent avait commandé aux cadis d'Uşak et de Selendi, en Anatolie, de recruter dans leurs circonscriptions 30 spécialistes « appartenant à la catégorie des maîtres » (*ustâd*) pour les envoyer fondre des boulets sur la mine de Bozburun (66).

Mais les métiers du bâtiment étaient tout particulièrement mis à contribution, tant pour les besoins civils que militaires de l'État. Pour n'évoquer ici que les seconds, l'entretien de telle forteresse particulière aussi bien que les ouvrages à accomplir en cours de campagne donnaient prétexte à des réquisitions dans ce secteur. Deux ordres empruntés au volume III des *mühimme*, relatifs aux réparations de la forteresse d'Özü (Očakov) au débouché du Dniepr, en fourniront un exemple parmi d'innombrables autres : par le premier, du 26 mars 1560, les cadis de Silistre (Silistra) Hırsova (Hırşova), Kili (Kilija), Bra'il (Brăila) et Tekfur gölü (Tekirghiol) étaient tenus de fournir des maçons (*bennâʾ*) et des ouvriers (*ırgad*) « en quantité suffisante ». Le second, du 8 avril suivant, ordonne aux cadis de Silistre et d'Akkerman (Belgorod Dniestrovskij) de dresser la liste des charpentiers de leurs circonscriptions et de les envoyer à Özü avec tout ce qui est nécessaire à leur ouvrage (67).

Par ailleurs, nous savons que, lors de la campagne de Géorgie de 1581, le *serdâr* Ferhâd pacha avait fait recruter, en dehors des *orducu* dont nous avons commenté la liste, de grandes quantités de maçons et d'ouvriers à Istanbul, dans les provinces du Diyârbekir, d'Alep et d'Erzurum, ainsi que dans d'autres parties de l'Anatolie (68). De même, lors de la campagne de Hongrie de 1596, l'armée était accompagnée de 250 spécialistes du bâtiment, conduits par un architecte de l'État, qui se répartissaient ainsi : dix architectes, trois « hydrauliciens de l'État » (*hâssa suyolcu*), 87 maçons et charpentiers, dix scieurs de long (*bıçıkcı*), 40 forgerons, 100 sapeurs et dix conducteurs de chevaux (*atkeşân*) (69). Les sapeurs dont il est question ici n'appartenaient pas au corps militaire du même nom, mais provenaient de corporations urbaines. 40 sapeurs de même origine avaient déjà été recrutés de la même façon pour une campagne de Hongrie précédente, en 1594 : l'ordre aux cadis d'Istanbul et de Galata, ainsi qu'au *miʿmâr başı*, qui nous l'apprend, précise qu'il devait s'agir « de maîtres et de gens habiles dans leur art », que 25 devaient être levés à Istanbul et 15 à Galata (70).

---

(63) *Ibid.*, f. 90r (17 février 1552).
(64) Cf. G. Zeller, *Les institutions de la France au XVIe siècle*, Paris, 1948, pp. 321-323.
(65) KK 888, f. 61v.
(66) *Ibid.*, f. 49v. ; ordre répété le 26 mai : f. 246r.
(67) MD, III, ff. 306r et 320r.
(68) Barkan, « L'organisation du travail... », *art. cit.*, p. 1098.
(69) Refik, *op. cit.*, doc. 43, p. 21 (13 juillet 1596) et doc. 50, p. 24 (23 juin 1596). Le même document est cité in Barkan, « L'organisation du travail... », *art. cit.*, p. 1098, mais avec plusieurs inexactitudes.
(70) *Ibid.*, doc. 28, p. 14 (17 février 1594).

Ces quelques aperçus sur les voies directes et indirectes par lesquelles le sultan se procurait les ingénieurs, les techniciens et la main d'œuvre nécessaires à ses entreprises militaires, mériteraient d'être développés et systématisés. Nous n'avons cherché en les introduisant ici qu'à mieux cerner la place propre aux *orducu* dans un dispositif beaucoup plus vaste. Non seulement l'institution ne représente qu'un aspect très limité de la mise par l'État des ressources techniques de l'empire au service de la guerre, mais les levées d'*orducu* ne sont qu'une des formes de ses réquisitions d'artisans. Elles se distinguent des autres à la fois par cet objet spécifique et relativement constant que nous avons défini, et par leur caractère systématique et régulier qui permet bien de voir en elles une institution. Tandis que les autres recrutements d'artisans sont décidés et organisés au coup par coup, en fonction de nécessités particulières, nous avons vu que la mobilisation des *orducu* apparaissait comme un acte de routine dans le cadre des mesures préparatoires à la campagne. Sans doute le pragmatisme ordinaire de la Porte se faisait-il une place dans la sélection des métiers de base, la modulation des effectifs et même le choix des villes mises à contribution, mais le principe et les règles de la mobilisation demeuraient constants.

Ces considérations vont à l'encontre d'une thèse de Osmân Nûrî, reproduite sans critique par G. Baer, selon laquelle l'usage militaire des *esnâf* — qu'il n'avait rencontré que dans des documents relativement tardifs — aurait correspondu à la décadence des industries de l'État. L'auteur du fameux *mecelle-i umûr-i belediyye* écrivait en effet :

« La pratique de faire travailler des gens de métier dans les fabriques de l'État ou en d'autres termes l'utilisation par l'État de ses corps de métiers s'étant affaiblie avec le temps et la diminution de la puissance financière du Trésor, un grand nombre de ces services ont été en partie mis à la charge dans les derniers temps des corps de métiers d'Istanbul, d'Edirne et de Bursa » (71).

Cette idée est contredite par le fait que l'institution des *orducu* était en vigueur à l'apogée de l'empire, au milieu du règne de Süleymân, et qu'elle correspondait même alors à un prélèvement sur la population artisanale des trois villes nettement supérieur à ce qu'on observera par la suite.

Surtout, la remarque de l'historien ottoman repose sur un contresens : les artisans des villes n'ont pu se substituer à ceux de l'État dans la satisfaction des besoins de l'armée puisque, de toutes façons, leurs rôles ont toujours été distincts à cet égard. Si les métiers exercés par les *orducu* étaient effectivement représentés par ailleurs parmi les artisans du palais, ces derniers les pratiquaient exclusivement au bénéfice du sultan et de sa vaste maison, non pas à l'usage de l'armée dans son ensemble. Au contraire, les secteurs dans lesquels l'appareil de production publique travaillait effectivement pour l'armée — le génie et l'armement — n'étaient aucunement ceux des *orducu*. D'autre part, s'il est vrai que dans ces secteurs aussi, l'État complétait ses propres techniciens en faisant largement appel à une main d'œuvre et à des spécialistes issus des populations civiles, ce phénomène — distinct, répétons-le de l'institution des *orducu stricto sensu* — est attesté, comme l'auront illustré plusieurs exemples pris parmi beaucoup d'autres, aussi bien en plein règne de Süleymân que dans des périodes moins brillantes.

---

(71) Nûrî, *op. cit.*, p. 628 ; Baer, *art. cit.*, p. 40.

Seule l'apparition de quelques spécialistes de l'armement dans les listes les plus tardives d'*orducu*, pourrait néanmoins conforter partiellement la conception de Nûrî. Cependant, nous avons cru devoir mettre en doute qu'il se soit agi de fabricants à proprement parler, et nous avons constaté en outre le caractère limité, presque marginal, de ce trait d'évolution.

Au demeurant, ce n'est pas l'idée du déclin de l'appareil de production étatique, exprimée par Nûrî, qui est en cause, mais l'usage qu'auraient fait les Ottomans des *orducu* pour tenter d'y remédier. En fait, cette institution avait certainement constitué, dès le milieu du XVIe siècle (et peut-être même un peu avant) l'un des aspects de l'avance ottomane en matière d'intendance militaire. Il suffit pour s'en persuader de comparer l'ordre et la régularité qu'elle instaurait aux aléas et aux abus qui régnaient à cet égard dans les armées françaises du XVIe siècle (72). Mais elle s'était elle-même sclérosée avec le temps, et il apparaît, notamment à travers le document cité de 1772, qu'elle ne fonctionnait plus de façon bien satisfaisante dans les décennies précédant son abolition en 1826.

---

(72) Zeller, *op. cit.*, pp. 323-324.

## TABLEAU : Listes d'orducu

| Métiers | 1545(1)<br>(3 avril) | 1552(1)<br>(6 mars) | 1552<br>(7 avril) | 1552<br>(9 mai) | 1565(2)<br>(4 juin) | 1583(1)<br>(16 janv.) | 1697(3)<br>(11 févr.) | 1809(3) |
|---|---|---|---|---|---|---|---|---|
| I. Alimentation | | | | | | | | |
| Bouchers (kassâb) | 18 | 18 | 4 | 2 | 2 | 12 | | 6/ 6†(4) |
| Boulangers (habbâz, etmekçi) | 33 | 33 | 8 | 4 | | 24 | 12† | 12/12† |
| Epiciers (bakkal) | 24 | 24 | 5 | 2 | 2 | 18 | 12† | 12/ 6† |
| Cuisiniers (tabbâh, aşcı) | 24 | 24 | 4 | 2 | 2 | 18 | | 3/ 3† |
| Rôtisseurs de têtes de moutons (başcı) | 21 | 21 | | | 2 | 12 | 6† | |
| Vendeurs de boza (bozacı) | 21 | 21 | 4 | 2 | | 12 | | |
| Marchands de miel (balcı) | | | | | | 6 | | |
| Marchands de fruits frais (yaş yemici) | | | | | | | | 9/ 6† |
| Total partiel | 141/32% | 141/29,5% | 25/30% | 12/4% | 8/27,5% | 102/31,5% | 30†/15% | 42/33†/16% |
| II. Habillement | | | | | | | | |
| Cardeurs (hallâç) | 15 | 15 | 2 | | 2 | 6 | 6† | 6/ 6† |
| Tailleurs (hayyât, derzi) | 27 | 27 | 5 | | 2 | 18 | | 9/ 9† |
| Fabricants de vêtements de coton (penbedûz) | 21 | 21 | | | | | | |

# L'INSTITUTION OTTOMANE DES ORDUCU

| Métiers | 1545(1)<br>(3 avril) | 1552(1)<br>(6 mars) | 1552<br>(7 avril) | 1552<br>(9 mai) | 1565(2)<br>(4 juin) | 1583(1)<br>(16 janv.) | 1697(3)<br>(11 févr.) | 1809(3) |
|---|---|---|---|---|---|---|---|---|
| Drapiers (çukacı) | 15 | 15 | 2 | 2 | | 6 | 6† | 6/ 6† |
| Culottiers (çakşırcı) | | 15 | 3 | | 2 | 12 | 9† | 6/ 6† |
| Toiliers (bezci, bezzāz) | | 15 | 3 | | | | 12† | 12/12† |
| Marchands de soie (gazzāz) | | | | | 2 | 12 | 6† | 6/ 6†(5) |
| Fabricants de caftans (kaftānî) | | | | | | | 9† | |
| Blanchisseurs (câmeşuycı) | | | | | | | | 9/9† |
| Fabricants de babouches (pabuçcı) | 24 | 24 | 4 | | 2 | 12 | | |
| Bottiers (çizmeci, haffāf) | 24 | 24 | 3 | | | 12 | 24† | 21/24† |
| Ferreurs de chaussures (na'lçacı) | 18 | 18 | 2 | | 2 | 6 | 6† | |
| Chiffonniers (eskici) | | | 4 | | 2(?) | 12 | 12† | 12/12† |
| Total partiel | 144/32,5% | 180/37,5% | 28/33% | 2/7% | 12-14/41% | 96/29,5% | 90†/29,5% | 87/90 †33,5% |
| III. Hygiène, santé | | | | | | | | |
| Droguistes-apothicaires ('attār) | 15 | 15 | 3 | 1 | 2 | 12 | | 12/12† |
| Barbiers (berber) | 21 | 21 | 4 | 3 | | 12 | 18† | 18/18† |
| Tenanciers de bains (hammamcı) | | | | | | | | 3/ 3† |
| Vendeurs de chandelles (mūmcı) | 6 | 6 | | | 2 | 6 | 6† | 6/ 6† |
| Total partiel | 42/ 9,5% | 42/ 9% | 7/ 8% | 4/14% | 4/12% | 30/ 9% | 24†/12% | 39/39†/15% |

| Métiers | 1545(1) (3 avril) | 1552(1) (6 mars) | 1552 (7 avril) | 1552 (9 mai) | 1565(2) (4 juin) | 1583(1) (16 janv.) | 1697(3) (11 févr.) | 1809(3) |
|---|---|---|---|---|---|---|---|---|
| IV. Equipement et nourriture des animaux | | | | | | | | |
| Maréchaux-ferrants (na˓lband) | 24 | 24 | 5 | 3 | 2 | 18 | 12† | 12/12† |
| Cordiers (müytâb) | 21 | 21 | 4 | | 2 | 12 | 12† | 9/12† |
| Fabricants de couvertures de selle (teğeltici) | | | | | | 6 | | |
| Selliers (sarrâc) | 15 | 15 | 3 | | 2 | 12 | 6† | 12/12†(6) |
| Couturiers sur cuir (harrâz) | | | | | | 6 | | |
| Bâtiers (semerci, palândöz) | 15 | 15 | 4 | 2 | 2 | 12 | 6† | 12/12† |
| Marchands d'orge (côfürôş, arpacı) | 39 | 39 | 8 | 6 | | 24 | | 12/12† |
| Total partiel | 114/26% | 114/24% | 24/29% | 11/38% | 8/23,5% | 90/28% | 36/18% | 57/60†/22% |
| V. Accessoires de métal | | | | | | | | |
| Artisans du cuivre (bakırcı) | | | | | | | 3† | 3/ 3† |
| Etameurs (kalaycı) | | | | | | | 3† | 6/ 6† |
| Forgerons (timurci) | | | | | | | | 3/ 3† |
| Chaudronniers (kazganci) | | | | | | | | |
| Total partiel | | | | | | | 6† 12% | 12/12† 4,5% |

## VIII

| Métiers | 1545(1)<br>(3 avril) | 1552(1)<br>(6 mars) | 1552<br>(7 avril) | 1552<br>(9 mai) | 1565(2)<br>(4 juin) | 1583(1)<br>(16 janv.) | 1697(3)<br>(11 févr.) | 1809(3) |
|---|---|---|---|---|---|---|---|---|
| VI. Armement | | | | | | | | |
| Fabricants de sabres (kılıçcı, şimşirger) | | | | | | | | 6/ 6† |
| Fabricants d'arcs (kemānger) | | | | | | 6 | 9† | 6/ 6† |
| Fabricants de bois de fusil (kundakçı) | | | | | | | 6† | 6/ 6† |
| Fabricants de pistolets (tabancacı) | | | | | | | | 6/ 6† |
| Total partiel | | | | | | 6/2% | 15†/7,5% | 24/24†/9% |
| Total des métiers | 21 | 24 | 21 | 11 | 16(17?) | 27 | 22 | 30 |
| Total des effectifs | 441 | 477 | 84 | 29 | 32(34?) | 324 | 201† | 261/258† |

(1) Les chiffres donnés par l'ordre-type ont été multipliés par trois puisque des copies identiques sont citées pour les deux autres cadis.

(2) En cas de discordances, on s'est basé sur l'ordre-type au cadi de Filibe, considéré comme plus sûr pour le détail de la levée que l'ordre au beylerbey de Rūmeli. On a mentionné avec un (?) les eskici cités seulement par ce dernier document (cf. texte).

(3) Pour disposer d'éléments de comparaison avec les listes antérieures, on a multiplié par trois les chiffres que nous ne connaissons que pour Istanbul. Mais il s'agit d'une hypothèse haute, car il est probable que les demandes faites à Edirne et Bursa étaient inférieures à celles d'Istanbul comme ce fut le cas en 1691 (cf. texte).

(4) † = tente

(5) La liste de 1809 leur adjoint des fabricants de sangles (kolancı)

(6) Quatre tentes de selliers furent demandées de la même façon à Istanbul en 1799 (Nūrī, op. cit., pp. 633-634).

# IX

# LA POPULATION DU SUD DE LA CRIMÉE
# AU DÉBUT DE LA DOMINATION OTTOMANE

En assurant aux Ottomans la maîtrise des détroits, la construction de la forteresse de *Rumeli ḥiṣārı* en 1452, puis, l'année suivante, la conquête de Constantinople, constituèrent, à plus ou moins long terme, une menace redoutable pour les différentes dominations établies sur le pourtour de la mer Noire. Au nord de cette mer, en particulier, tel était le cas pour le khanat de Crimée, état tatar fondé en 1430 par un ğinğisside, Ḥāǧǧı Giray, sur l'intérieur de la presqu'île et les steppes entre Dniepr et Kouban, aux dépens de la Horde d'Or en pleine décomposition, comme, d'autre part, pour la Ghazarie génoise, une bande de villages et de villes portuaires tenus sur la côte sud de la presqu'île par les colons génois et que dominait l'importante place de Caffa au glorieux passé commercial[1] ; tel était encore le cas de la seigneurie de Theodoro-Mangup où une dynastie grecque maintenait sur un petit territoire au sud-ouest de la Crimée l'existence d'une seigneurie indépendante de Gothie[2], et, au nord-est de cet ensemble, au débouché du Don dans la mer d'Azov, des comptoirs vénitien et génois d'Azaq, la Tana des Italiens[3]. De fait,

(1) Sur la fin de la domination génoise en Crimée, cf. W. Heyd, *Histoire du commerce du Levant au Moyen Age* (trad. F. Raynaud), II, Amsterdam, 1959, p. 365-402 ; M. Małowist, *Kaffa-kolonia genueńska na Krymie i problem wschodni w latach 1453-1475* (Caffa, colonie génoise de Crimée et la question d'Orient dans les années 1453-1475), Varsovie, 1947 (avec un résumé français) ; M. Massot, *La fin de la présence génoise en Crimée selon les sources génoises (1453-1475)*, thèse inédite : cf. École nationale des Chartes. *Positions de thèses*, Paris, 1964, p. 89-93 ; G. I. Bratianu, *La mer Noire des origines à la conquête ottomane*, Munich, 1969, p. 303-324 ; Ș. Papacostea, « Caffa et la Moldavie face à l'expansion ottomane » in Actes du colloque roumano-italien, *Les Génois dans la mer Noire aux XIIIe-XIVe siècles* (Bucarest, 27-28 mars 1975), Bucarest, 1977, p. 131-153. Signalons qu'à Matrega (Taman), la famille génoise des Ghizolfi (Giusulfi) avait fondé au xve siècle une seigneurie dépendant de la Caffa génoise mais autonome et d'ailleurs tributaire d'une famille de chefs tcherkesses ou tatars, W. Heyd, *op. cit.*, II, p. 379-380.

(2) L'origine exacte de cette dynastie des seigneurs de Mangub reste discutée (peut-être s'agit-il d'une branche de la famille des Gabras de Trébizonde) ; elle était en tout cas apparentée au xve siècle aux Paléologues de Byzance et aux Comnènes de Trébizonde ; sur la seigneurie gothique de Mangub aux xive et xve siècles, cf. V. Vasiliu, « Sur la seigneurie de « Teodoro » en Crimée au xve siècle, à l'occasion d'un nouveau document », in *Mélanges de l'École roumaine en France*, I, Paris, 1929 ; N. Bănescu, « Contribution à l'histoire de la seigneurie de Théodoro-Mangoup en Crimée », *Byzantinische Zeitschrift*, XXXV, 1935, p. 20-37 ; A. A. Vasiliev, *The Goths in the Crimea*, Cambridge, Mass., 1936, p. 182-248.

(3) Cf. *Encyclopédie de l'Islam*, 2e édit., art. « Azaḳ » (H. Inalcık), p. 831-832 ; M. Berindei et G. Veinstein, « La Tana-Azaq, de la présence italienne à l'emprise ottomane », *Turcica*, VIII, 2, Paris-Strasbourg, 1976, p. 110-201.

les initiatives de Meḥmed II dans la zone ainsi définie ne se firent guère attendre : inaugurées dès 1454 par l'expédition d'une flotte turque à la suite de laquelle Caffa devient tributaire du Grand Seigneur, elles aboutissent dans l'été 1475 à la campagne victorieuse de Gedik Aḥmed Pacha qui, pour une période de trois siècles, mettra la région sous influence ottomane[1].

Sans doute l'existence d'un khanat de Crimée autonome fut-elle maintenue mais les Ottomans s'efforcèrent — avec un succès d'ailleurs variable — de le tenir dans une position de vassal[2] ; en tout cas, le sud de la Crimée, la zone du détroit de Kerš-Taman et Azaq, directement incorporés à l'empire, constituèrent une province ottomane, d'abord un simple *livā'* puis, à la fin du XVIe siècle, un *beğlerbeğlik*. De ce fait, comme toute autre province de l'empire, ce territoire quelque peu excentrique, devait donner lieu aux opérations habituelles de la bureaucratie ottomane[3] et, notamment, à ces minutieux recensements de la population et des revenus fiscaux sur lesquels le professeur Barkan a attiré l'attention des historiens[4]. Montrant l'apport multiple des *defter* consignant ces recensements, il a souligné en particulier leur valeur incomparable pour l'étude démographique du XVIe siècle, tout en marquant leurs limites et en dégageant certains des problèmes posés par leur exploitation. Nous voudrions tenter de suivre la voie ainsi tracée en nous efforçant de dégager l'apport démographique des *defter* dans le cas relativement méconnu jusqu'ici du sud de la Crimée à la fin du XVe et dans la première moitié du XVIe siècle.

L'usage de l'administration ottomane était de faire suivre toute conquête d'un recensement de la province nouvellement acquise. Dans le cas de Caffa (Kefe pour les Turcs), les sources italiennes sur la prise de cette ville, s'accordent à faire état d'un recensement de la population, les 9 et 10 juin 1475, soit dans les deux jours suivant la conquête[5], mais elles visent en fait un recensement limité à la population

---

(1) Sur la campagne de Gedik Aḥmed Pacha au nord de la mer Noire, cf. W. Heyd, *op. cit.*, II, p. 402-405 ; F. Babinger, *Mahomet II le conquérant et son temps*, Paris, 1954, p. 415-421 (édition italienne : *Maometo il Conquistatore e il suo tempo*, Turin, 1957, p. 507-508) ; *Islam Ansiklopedisi*, I, Istanbul, 1940, art. « Gedik veya Gedük Ahmed Paşa », p. 193-199 (M. H. Yınanç) ; *E.I. 2*, art. « Aḥmad Pasha Gedik » (H. Inalcık), p. 301-302 ; S. Tansel, « *Osmanlı kaynaklarına göre Fatih sultan Mehmed'in siyasi ve askerî faaliyeti* (L'activité politique et militaire du sultan Mohammed le conquérant d'après les sources ottomanes), Istanbul, 1971, p. 271-279 ; M. Cazacu et K. Kévonian, « La chute de Caffa en 1475 à la lumière de nouveaux documents », *Cahiers du monde russe et soviétique* (cité *infra* CMRS), XVII, 4, Paris, 1976, p. 495-538 ; sur la chute de Mangub en décembre 1475, cf. A. A. Vasiliev, *op. cit.*, p. 249-266. Quant à Zaccaria Ghizolfi, dernier seigneur de Matrega, il fut chassé de sa ville par les Turcs en 1482, W. Heyd, *op. cit.*, II, p. 405.

(2) Cf. H. Inalcık, « Yeni vesikalara göre, Kırım hanlığının Osmanlı tabiliğine girmesi ve ahidname meselesi » (L'entrée du khanat de Crimée dans la domination ottomane et le problème du traité), *Belleten*, VIII, 31, Ankara, 1944, p. 185-229 ; *Islâm Ansiklopedisi*, VI, art. « Kırım », p. 746-756 (H. Inalcık) ; la position politique du khanat de Crimée vient d'être mise en lumière dans A. Bennigsen, P. N. Boratav, D. Desaive, Ch. Lemercier-Quelquejay, *Le khanat de Crimée dans les Archives du musée du palais de Topkapı*, Paris-La Haye, 1978, p. 1-29.

(3) Pour le code de lois (*qānūnnāme*) de la province de Kefe, cf. M. Berindei et G. Veinstein, « Règlements de Süleymān Ier concernant le *livā'* de Kefe », *CMRS*, XVI, 1, Paris, 1975, p. 57-104.

(4) Cf. Ö. L. Barkan, « Türkiyede imparatorluk devrilerinin büyük nüfus ve arazi tahrirleri ve hâkana mahsus istatistik defterleri » (Les grands recensements de la terre et de la population en Turquie à l'époque impériale et les registres impériaux statistiques), *Istanbul Üniversitesi iktisat fakültesi mecmuası*, II, Istanbul, 1940-1941, texte français, 1, p. 21-34 ; 2, p. 168-178 ; *idem*, « Essai sur les données statistiques des registres de recensement dans l'Empire ottoman aux XVe et XVIe siècles », *Journal of Economic and Social history of the Orient*, I, Leyde, 1958, p. 9-36 ; *idem*, « Research on the Ottoman Fiscal Surveys » in *Studies in the Economic History of the Middle East* (M. A. Cook, éd.), Londres, 1970, p. 163-171 ; *idem*, *E.I.²*, II, p. 83-84, art. « Daftar-i khāḳānī ».

(5) Cf. W. Heyd, *op. cit.*, II, p. 403 ; F. Babinger, *op. cit.*, p. 418 ; Donado da Lezze, *Historia Turchesca (1300-1454)* (I. Ursu, éd.), Bucarest, 1909, p. 77. On trouve l'écho de ce recensement in '*Āšıqpašazāde*

mécréante de la ville destiné à déterminer un *ḫarāǧ* qui sera effectivement perçu les jours suivants, préludant à la déportation vers Istanbul, le 8 juillet, des Francs et d'une partie des Arméniens de la ville. Quant au premier recensement relevant véritablement de la pratique administrative régulière, c'est-à-dire prenant en compte les éléments fixés dans la région, tant musulmans que mécréants, il ne put prendre place qu'après les fluctuations directement liées à la conquête. Il ne nous est pas possible d'en déterminer exactement la date ; toutefois les archives de la Présidence du Conseil *(Başbakanlık arşivi)* à Istanbul conservent deux registres de *tīmār*, le *maliyeden müdevver* n° 17893 (cité *infra* MM 17893) et le *maliyeden müdevver* n° 334 (cité *infra* MM 334), qui utilisent à l'occasion d'attributions de *tīmār* des données sur la population et les revenus de quelques villages du *livā'* de Kefe, respectivement pour 1488-1489 et 1497-1510[1] ; or, comme les données relatives aux mêmes villages sont identiques dans les deux registres, on peut conclure qu'elles sont tirées dans les deux cas d'un recensement antérieur à 1488, qui a des chances d'être le recensement initial de la province, dont nous postulions l'existence. Par ailleurs, pour le XVIe siècle, nous avons connaissance de deux recensements : l'un est attesté par la présence au *Başbakanlık arşivi* du registre *Tapu va tahrir* n° 214 (cité *infra* TT 214) qui est à proprement parler le seul *mufaṣṣal defteri* conservé pour le *livā'* de Kefe (du moins à notre connaissance) et porte la date de 949 (1542-1543). D'autre part, le registre TT 370, de la même série, qui regroupe les données relatives à plusieurs *livā'* de Roumélie comporte un passage (p. 481-497) relatif au *livā'* de Kefe. Bien que très riche en renseignements, ce registre n'est pas un *mufaṣṣal* (les noms des habitants font défaut) mais plutôt un recueil à usage pratique rassemblant sous une forme commode l'essentiel des données de plusieurs *mufaṣṣal*. Il ne porte pas de date mais doit être attribué au début du règne de Süleymān Ier[2] ; pourtant, les données qui y sont copiées ne proviennent pas nécessairement, pour chacun des *livā'* représentés, de recensements de même époque : en particulier, on relève parmi les informations concernant le *livā'* de Kefe (p. 491) une note relative à un *vaqf* portant la mention *pādišāhımız sulṭān Selīm ḫan* qui n'a pu être copiée que sur un registre du règne de Selīm Ier : nous sommes ainsi fondés à estimer que les données du TT 370 relatives à notre *livā'* remontent à un recensement ordonné par ce sultan[3]. Par ailleurs, la seconde et dernière grande série des *mufaṣṣal defteri*, celle des règnes de Selīm II et Murād III, n'a malheureusement pas laissé de traces dans les archives d'Istanbul pour le *livā'* de Kefe : moins bien documenté que d'autres provinces ottomanes, il ne peut

---

*tārīḫi* ('Alī beğ éd.), Istanbul, 1332, p. 183 : « bu šehriñ faqīrini ve ġanisini yazdılar ve ġemī' oğullarını ve qızlarını hep bile yazdılar... ».

(1) Sur ces deux registres, cf. I. Beldiceanu-Steinherr, M. Berindei, G. Veinstein, « La Crimée ottomane et l'institution du *tīmār* », *Annali dell' Istituto Universitario Orientale*, Naples, à paraître en 1979.

(2) Cf. M. T. Gökbilgin, « Kanunî sultan Süleyman devri başlarında Rumeli eyaleti livaları, şehir ve kasabaları » (Les provinces, villes et bourgs de la province de Roumélie au début du règne de Soliman le législateur), *Belleten*, XX, 78, Ankara, 1956, p. 279, n. 143. Le passage de ce registre relatif au *sanǧaq* de Silistre, par exemple, peut être daté par la critique interne de la période 1525-1534.

(3) Compte tenu de ce que le TT 214 est de 1542-43, on peut même émettre l'hypothèse que le recensement dont les données sont reprises par le TT 370, a eu lieu vers 1512-1513, soit au début du règne de Selīm Ier, ce qui répondrait au double principe selon lequel les recensements devaient être entrepris d'une part au début du règne de chaque sultan et d'autre part tous les 30 ans ; Ö. L. Barkan, « *Les grands recensements...* », p. 28-34. Par ailleurs, le recensement repris dans le TT 370 fait allusion à un *defter-i 'atīq*, soit à un recensement plus ancien qui pourrait être celui que reprennent les registres MM 17893 et MM 334 et qui peut bien avoir été le premier de la province ; dans cette hypothèse, celle-ci aurait connu trois recensements entre la conquête et 1542-43.

être étudié en gros qu'à travers deux registres de la première moitié du XVIe siècle, avec, pour quelques villages, des données de la fin du XVe. Ajoutons que pour la population chrétienne de cette dernière période, on dispose également du bilan de recouvrement de la ǧizye pour 1488-1489, publié par Ö. L. Barkan[1]. Quelles conclusions peut-on tirer de ces sources sur l'impact démographique de la conquête, les caractéristiques du peuplement de la province au XVIe siècle et l'évolution de ce dernier sur une trentaine d'années?

Les registres TT 370 et TT 214 précisent l'organisation territoriale du livā' au début du XVIe siècle : il est divisé en six qaẓā (Kefe, Ṣoġudaq, Mangub, Kerš, Taman, Azaq)[2] comprenant huit villes qui sont les chefs lieux de qaẓā auxquels s'ajoutent Balıqlaġu et Inkerman rattachées à Mangub ainsi que 69 villages (72 selon le TT 370), chiffre très faible pour un livā', correspondant à peine à celui d'un qaẓā ordinaire[3].

Selon le principe habituel, les registres donnent, qaẓā par qaẓā, ville par ville, village par village, le nombre de foyers (ḫāne)[4], de célibataires (müǧerred), c'est-à-dire de mâles pubères non mariés[5], et de veuves (bīve), catégorie incluant seulement les veuves chrétiennes ou juives, chefs de famille.

Avant de présenter les chiffres auxquels le dépouillement des registres permet d'aboutir, rappelons que certaines catégories sont ordinairement absentes des registres de recensement[6] : il est ainsi particulièrement notable dans le cas qui nous

(1) Ö. L. Barkan, « 894/1488-1489/ yılı Cizyesinin Tahsilâtına âit Muhasebe Bilânçoları » (Bilans concernant le recouvrement de la ǧizya pour l'année 894), Belgeler, /Ankara/, I, 1, 1964, p. 111.
(2) Pour les termes géographiques, cf. le tableau de concordance dans les appendices in fine.
(3) Les qaẓā contiennent ordinairement de 50 à 250 villages ; Ö. L. Barkan, « Essai sur les données statistiques... », p. 13.
(4) On a fait observer que le terme ḫāne ne correspondait généralement pas à une maison au sens matériel du mot, ni même à une maisonnée (l'ensemble des habitants d'une maison) mais à un adulte mâle marié assorti de sa famille ; A. M. Cook, Population pressure in rural Anatolia, 1450-1600, Londres-New York-Toronto, 1972, p. 63 : les passages du TT 214 relatifs à Kefe confirment souvent cette interprétation ; plusieurs musulmans enregistrés séparément comme autant de ḫāne peuvent cependant être présentés comme habitant une même maison, celle d'un autre homme, généralement plus important ; on trouve ainsi des mentions telles que Ḥāǧǧı 'Alī Ḥamza sākin der ḫāne-i Meḥmed aġa (lequel est l'emīn du khan de Crimée), Ḥayder der ḫāne-i imām Emrullah (p. 21) ; Ṭayyib dede Kemāl sākin der ḫāne-i Ḫoǧa Aḥmed tāǧir (p. 23) ; de même, trois personnes recensées comme autant d'unités distinctes sont domiciliées dans une seule et même maison : le nom de l'imām de la mosquée de Ḥanbalī, ceux de Muṣṭafa ḥāfıẓ et de Čıraq Ṣofı sont tous trois accompagnés de la mention : sākin der ev-i vaqf-ı Ḥanbalī (p. 24) ; mais, inversement, les mêmes passages donnent des exemples de maisons enregistrées pour elles-mêmes indépendamment d'un chef de famille masculin avec des mentions de type : ḫāne-i verese-i sanǧaqdār (foyer des héritiers du porte-étendard) (p. 21), vaqf-ı ḫāne beray mu'alim ḫāne 'an merḥūm Ḥasan b. Mükerrem (maison constituée en legs pieux pour loger un maître d'école par le défunt Ḥasan...) (p. 23) ; de même un certain Meḥmed Ḥaffāf est personnellement enregistré dans la maison de sa femme, mais on a enregistré séparément un peu plus loin une ḫāne-i Meḥmed Ḥaffāf (p. 25). Ajoutons que beaucoup de ces maisons recensées pour elles-mêmes appartiennent à des femmes : ḫāne-i Selīm ḫatun (p. 21) ; ḫāne-i Māhī ḫatun bint Ḥamza (p. 22) ; ḫāne-i Ummī ḫatun bint Ḫoǧa Sa'adi zen-i Meḥmed bin Ḥāǧǧı tatar (p. 23). Nous reviendrons sur cette position sociale éminente que semblent occuper les musulmanes — ou du moins certaines d'entre elles — à Kefe ; relevons ici pour en finir avec ces observations sur la notion de ḫāne que beaucoup d'hommes sont explicitement domiciliés dans la maison appartenant à leur épouse par des mentions telles que Ḥāǧǧı Aḥmed b. Faqīh Maḥmūd sākin der ḫāne-i 'Aiše ḫatun zen-i o, etc.
(5) La notion reste suffisamment ambiguë pour autoriser certains flottements dans la pratique : selon les cas, beaucoup de ces jeunes auront tendance à échapper au recenseur ou au contraire ce dernier inclura abusivement des enfants dans la catégorie ; cf. A. M. Cook, op. cit., p. 64. La comparaison du TT 370 et du TT 214 nous en donnera une illustration très nette.
(6) Cf. Ö. L. Barkan, « Essai sur les données statistiques... », p. 21 : par rapport aux catégories d'exclus mentionnées ici par Barkan, les registres de Crimée suscitent quelques remarques. A Kefe, où ils sont tout état de cause peu nombreux, les dignitaires n'échappent pas au recensement : le TT 214 cite ainsi

occupe que ne soient pas pris en compte les esclaves, pourtant assurément nombreux en cette grande zone de traite, à proximité des fournisseurs tatars[1], les marchands de passage, nombreux à fréquenter le port cosmopolite de Kefe[2], les populations nomades parcourant la région sans s'y fixer[3], ou enfin, les membres des corps de garnison, notre province comprenant neuf forteresses. Il faut cependant signaler, à propos de ce dernier cas que si en Crimée comme dans les autres provinces, les Janissaires et autres corps faisaient l'objet de recensements particuliers, ces catégories ne sont cependant pas entièrement absentes de nos chiffres dans la mesure où une partie des officiers ou des simples soldats résidant non dans la citadelle mais dans les quartiers des villes apparaissent comme ayant été recensés avec le reste de la population[4]. D'ailleurs, le TT 370 mentionne séparément (p. 492-496) les effectifs des différentes forteresses de la province par lesquels il convient de compléter les chiffres relatifs à la population musulmane[5].

Ces précisions apportées sur les lacunes des registres, notons que pour l'ensemble de la province, le TT 370 totalise 6 818 foyers, 337 célibataires et 585 veuves, soit, si l'on adopte le coefficient multiplicateur très hypothétique de cinq pour les foyers et quatre pour les veuves, une population recensée de quelques 36 800 personnes, chiffres très modestes comparés à ceux de la plupart des *livā'* de l'époque[6]. Ils passent dans le TT 214 à 6 679 foyers, 1 260 célibataires et 554 veuves.

(p. 24) parmi les trois *ḫāne* recensées dans le quartier de la mosquée de Polat, *Ḥalīl beğ, mīrlivā'-ı Kefe sākin der seray- ḫāṣṣa* ; l'absence généralement constatée dans la population recensée des *sipāhī* et de leurs *ğebelü* n'est pas à prendre en compte dans le cas du *livā'* de Kefe où ces catégories n'existent pas ; cf. I. Beldiceanu-Steinherr, M. Berindei, G. Veinstein, *art. cit.*

(1) Sur le commerce des esclaves au nord de la mer Noire, cf. notamment, Ch. Verlinden, « Esclavage et ethnographie sur les bords de la mer Noire », in *Miscellanea Historica in honorem Leonis van der Essen*, I, Bruxelles, 1947, p. 287-298 ; *idem*, « La colonie vénitienne de Tana, centre de la traite des esclaves au XIVᵉ et au début du XVᵉ siècle », in *Studii in onore di Gino Luzzatto*, II, Milan, 1950, p. 1-25 ; *idem*, « Le commerce en mer Noire des débuts de l'époque byzantine au lendemain de la conquête de l'Égypte par les Ottomans (1517) », tiré à part des Actes du XIIIᵉ Congrès international des Sciences historiques, Moscou, 1970 ; A. W. Fischer, « Moscovy and the Black Sea slave trade », *Canadian-American Slavic Studies*, VI, 4, 1972, p. 575-594 ; M. Berindei et G. Veinstein, *Règlements de Süleymān Iᵉʳ...*, p. 68 et doc. I, IV ; V, VII, X, XIII, XIV, XV, XVII.

(2) Cf. à ce sujet le registre des arriérés de droits de douane de Kefe pour les années 1486-1490, Başbakanlık arşivi, Kâmil Kepeci tasnifi, nº 5280 bis, dont le professeur Halil İnalcık prépare l'édition.

(3) Bien que ne recensant pas de telles populations, les registres TT 370 et TT 214 en attestent néanmoins indirectement l'existence en mentionnant le revenu de la capitation et de l'*ispenğe* sur les populations chrétiennes non fixées (en l'occurrence tcherkesses), *ğizye ve ispenğe-i gebrān-ı yava*, perçus à Kefe et Taman ; sur cette *ğizye*, cf. L. Fekete, *Die Siyāqat-Schrift in der türkischen Finanzverwaltung*, I, Budapest, 1955, p. 81, n. 16. Cf. un témoignage de 1607 sur ces Tcherkesses chrétiens non-sédentaires de la région de Taman : « ... les nobles se conforment aux Tartares et eusent de tentes et de pavillons de gros feutre faict en manière de tours rondes qu'ils transportent de quartier à autre... » ; *Relation d'un voyage en Orient par Julien Bordier*, Bibliothèque nationale de Paris, Fonds français nº 18076 : « de la ville, chasteau et Bosphore cymmerien ».

(4) Sont ainsi recensés au milieu de la population civile de Kefe, dans le TT 370 : quatre *merd-i qal'e* et six *'azab* ; par le TT 214 : quatre *dizdār* (commandants de forteresse) en exercice dont ceux de Kerš et de Mangub, deux anciens *dizdār* dont un de Kerš, 12 *'azab* dont un d'Azaq ( !), le *re'īs-i 'azabān-ı Kefe*, l'*ağa-ı 'azabān-ı qal'e-i Azaq*, le *kethüdā-ı müstaḥfıẓān-ı Azaq* (tous officiers d'Azaq résidant apparemment à Kefe), le *kātib-i 'azabān*, le *kethüdā-ı qal'e-i Kefe*, un janissaire et neuf *bevvāb* (portiers de forteresse).

(5) Les garnisons des différentes forteresses qui comprennent des *müstaḥfıẓ*, des *'azab*, des cannoniers et différents artisans totalisent dans le TT 370 le nombre d'hommes suivant : Kefe : 235 ; Taman : 124 ; Kerš : 307 ; Mangub : 37 ; Inkerman : 19 ; Balıqlağu : 21 ; Şoğudaq : 11 ; Temruq : 73 ; Laḫot (لا خوت?) ; 60 ; total : 887.

(6) La population d'un *livā'* à cette époque dépasse généralement 10 000 foyers, voire plusieurs dizaines de milliers ; sont toutefois comparables par la population au *livā'* de Kefe : en Anatolie, celui de Biga (6862) ou de Sultan Öni (7714) ; en Roumélie, des *livā'* insulaires comme Rhodes et Cos (6231) ou Mythilène (7629) ; cf. Ö. L. Barkan, « Essai sur les données statistiques... », p. 30 et 32.

On relève donc une légère baisse du nombre des foyers comme de celui des veuves, par rapport à laquelle l'augmentation considérable des célibataires (presque multipliés par quatre) est aberrante et dépourvue de signification proprement démographique[1]. Quelles que soient les limites d'une distinction entre population urbaine et population rurale pour cette époque en général et, particulièrement, dans une région où les citadins, même à Kefe, se livrent à l'agriculture et où les villes secondaires sont — nous le verrons — à peine plus peuplées que les principaux villages, nous observerons grâce au tableau I (cf. Annexes) que la majorité de la population vit dans les villes et, d'autre part, que le TT 370 n'avait pratiquement pas recensé de célibataires dans les campagnes, lacune largement corrigée par les auteurs du TT 214. Le tableau II montre l'importance respective des villes du livā' ; il fait ressortir l'écrasante supériorité de Kefe. Alors que les autres villes du sud de la Crimée sont de simples bourgades, Kefe qui avec ses 3 017 foyers (3 043 dans le TT 214) regroupe à elle seule 44 % de la population de la province, est, à l'échelle de l'époque, une ville importante et même, à vrai dire, l'une des plus importantes de l'empire ottoman dans son ensemble[2]. On notera également dans le même tableau

(1) Cette augmentation s'explique manifestement par un changement d'attitude des recenseurs à l'égard des célibataires musulmans et plus encore mécréants (on constatera notamment qu'aucun célibataire mécréant n'était mentionné dans les campagnes par le TT 370, ce qui n'est plus du tout vrai du TT 214) : nous supposons qu'ils ont cherché à compenser dans une certaine mesure la baisse de revenus fiscaux consécutive à celle du nombre des foyers entre deux recensements en ouvrant plus largement la catégorie des célibataires ; sur la nécessité pour les recenseurs d'éviter une baisse de revenus par rapport au recensement précédent, cf. Ö. L. Barkan, « Les grands recensements... », II, 2, p. 177 ; même si on ne dispose pas de réglementation propre au livā' de Kefe, concernant l'imposition des célibataires, il est vraisemblable que les conditions étaient identiques à celles d'autres parties de l'empire à une époque proche ; or, si les célibataires musulmans n'y étaient pas astreints au resm-i čift de 22 aspres par foyer, ils l'étaient du moins au resm-i müğerred (taxe sur les célibataires) de six aspres, cf. idem, XV ve XVI ıncı asırlarda Osmanlı imparatorluğunda zirat ekonominin hukukı ve mali esasları; kanunlar (Les bases juridiques et financières de l'économie agricole dans l'Empire ottoman aux XVe et XVIe siècles. Réglements), Istanbul, 1945, p. 278, par. 2 (règlement de la province de Silistre, 1569) ; quant aux célibataires mécréants, ils étaient assujettis à la capitation (ǧizye) ainsi qu'à la totalité de la taxe correspondant au resm-i čift pour les mécréants, soit à l'ispenǧe de 25 aspres par personne, ibid., p. 280, par. 16 ; on constate ainsi que dans le livā' d'Aqkerman (Belgorod Dniestrovskij) en 1569, on inclut les célibataires dans le calcul du montant total de l'ispenǧe, en les taxant à 25 aspres, comme les hommes mariés ; cf. Başbakanlık Arşivi, TT 483, p. 65.

(2) Ö. L. Barkan aurait pu insérer Kefe dans ses tableaux des principales villes de l'empire ottoman au début du XVIe siècle : elle viendrait après Istanbul, Alep, Damas, Brousse, Andrinople, Salonique et Amid, mais avant Ankara et Athènes ; cf. Ö. L. Barkan, « Essai sur les données statistiques », p. 35.
Il serait souhaitable de pouvoir comparer les chiffres des registres ottomans avec les données antérieures sur la population de Caffa ; malheureusement les sources de l'époque génoise sont sur ce point rares et sujettes à caution, en aucune façon comparables : Schiltberger avait avancé pour le début du XVe siècle le chiffre de 4000 maisons mais il concerne seulement le foubourg de la ville : « In der Vorstadt ...zählet man viertausend Häuser », Schiltberger's Reise in der Orient und wunderbare Begebenheiten, A. J. Penzel, éd., Munich, 1814, p. 100. D'autre part, la lettre de Giustiniani de Chio sur la conquête de Caffa attribue à la ville en 1475 une population de 8000 maisons et 70 000 âmes (texte publié in A. Vigna, Codice diplomatico delle colonie tauro-ligure, II, 2, Gênes, 1879, p. 248, et in I. Bianu, « Ştefan cel mare. Cîteva documente din arhiva de Stat de la Milan », Columna lui Traian, N.S., t. IV, 1883, p. 44) ; le même chiffre est cité par le marchand florentin Benedetto Dei ; cf. G. F. Pagnini del Ventura, Della decima et delle altre gravezze della moneta et della mercatura de' Fiorentini fino al secolo XVI, t. II, Lisbonne et Lucques, 1765, p. 266-267 ; si l'on se réfère à ces chiffres, la population de Kefe au XVIe siècle, tout en restant importante par rapport aux autres villes ottomanes, aurait considérablement baissé ; il y a toutefois lieu de penser qu'ils sont exagérés, cf. M. Malowist, op. cit., résumé français, p. IV ; les données ottomanes sont de nature à confirmer ce jugement.

la forte baisse des populations de Ṣoġudaq et de Mangub[1] entre les deux recensements. Pour ce qui concerne la population rurale de la province, nous avons récapitulé dans le tableau III les informations des différents registres touchant aux villages[2] et, pour donner une image plus concrète de l'importance relative de ces derniers, nous avons dans le tableau IV regroupé les villages (ou du moins 42 d'entre eux en fonction des informations disponibles) par tranches de population. D'autre part la comparaison des chiffres du TT 370 et du TT 214 relatifs à 42 villages, fait apparaître que 28 d'entre eux subissent dans l'intervalle séparant les deux recensements une baisse de population, généralement faible (un ou quelques foyers) mais forte dans quelques cas ; deux villages gardent la même population ; 13 la voient augmenter mais de peu (sauf Neḫor qui passe de 54 à 107 foyers et Yalta de 48 à 71) ; relevons enfin que les chiffres de la fin du XVe sont toujours inférieurs à ceux du XVIe.

Par ailleurs, les registres éclairent la composition religieuse de la population du livā' : c'est ainsi que les musulmans représentent dans le TT 370 20,6 % des foyers (et 68 % des célibataires)[3]. 1 383, soit 98 % de ces foyers musulmans sont regroupés dans les villes où ils représentent 32 % des foyers urbains (34 % à Kefe). Il résulte de ces chiffres que quelque quarante ans après la conquête, la population mécréante reste nettement majoritaire dans les villes (66 % des foyers) et presque exclusive dans les campagnes (92,7 % des foyers). Tout en restant minoritaires, les musulmans voient cependant leur poids augmenter nettement, en nombres absolu et proportionnel, dans les 30 années qui suivent puisqu'ils représentent dans le TT 214, comme le montre le tableau V indiquant la répartition des musulmans entre les villes, 2 041 foyers urbains (45,5 % des foyers urbains) ; à Kerš et à Taman, les foyers musulmans constituent désormais respectivement 70 et 100 % de l'ensemble des foyers, ce qu'il faut certainement mettre en rapport avec la position stratégique de ces deux places, contrôlant la jonction entre mer d'Azov et mer Noire ; par ailleurs, les musulmans constituent dans le même temps 13 % de la population rurale pour un dépouillement portant sur 42 villages[4]. Cette aug-

---

(1) Nous savons par le témoignage de l'ambassadeur du roi Étienne Batory, Broniovius (Bronevski) qui parcourt la région en 1578, que Mangub avait été presque totalement détruite par le feu en 1493 ; *Martini Broniovii Tartariae Descriptio*, Cologne, 1595, p. 7 ; la ville avait toutefois subsisté comme en témoignent les chiffres du TT 370 ; en outre, une inscription grecque retrouvée en 1901 signale les travaux de réparation d'un mur effectués en 1501 ; A. A. Vasiliev, *op. cit.*, p. 267 ; l'ancienne capitale des Goths de Crimée semble cependant végéter désormais : en 1634, le missionnaire dominicain d'Ascoli présente « Mancopa » comme « quasi distrutta, et poco habitata », A. Eszer, O.P., « Die « Beschreibung des schwarzen Meeres und der Tartarei » des Emidio Portelli d'Ascoli, O.P. », *Archivum fratrum praedicatorum*, XLII, 1972, p. 236.

(2) On constatera que, bien que prises en compte dans les chiffres globaux donnés ci-dessus, les données détaillées relatives à certains villages du TT 214, nous ont fait défaut. Que le lecteur veuille bien pardonner cette lacune de notre dépouillement effectué à Istanbul, que les distances ne nous permettent malheureusement pas de combler actuellement.

(3) Ce taux de musulmans est proche du taux de l'ensemble des pays balkaniques ottomans à cette époque : 22 % cf. Ö. L. Barkan, « *Essai sur les données statistiques* », p. 32.

(4) Un dépouillement effectué sur 64 villages du TT 370 montre que 33 d'entre eux n'ont pas de foyer musulman, 11 en ont 1, 7 en ont 2, 1 en a 3, 5 en ont 4, 1 en a 5, 2 en ont 6, 1 en a 7, 1 en a 8, 1 en a 9, 1 en a 16 (il s'agit de Neḫor (?) ou Qāḍılı) dont la mosquée a été dotée d'un *vaqf* sous Bāyezīd II par le *qāḍī* de Balıqlaġu, d'où, vraisemblablement, le second nom du village). D'autre part, un dépouillement effectué sur 42 villages du TT 214 montre que 19 n'ont pas de foyer musulman, 5 en ont 1, 4 en ont 3, 2 en ont 4, 3 en ont 5, 3 en ont 6, 3 en ont 8, 1 en a 9, 1 en a 12 (Alušta), 1 en a 80 (Qāḍılı, où les musulmans sont désormais majoritaires par rapport aux 27 foyers mécréants). Notons également que plusieurs villages dépourvus de musulmans dans le TT 370 en ont désormais quelques-uns : Albati, Yalta et ses trois quartiers (Dere, Marsanda et 'Avtika), Taš-iskele, Musqomya-ı büzürg, Ġavri et Marquri).

mentation des musulmans s'explique dans une proportion impossible à préciser par la conversion de mécréants[1] et, d'autre part, par l'immigration dans la région d'éléments musulmans provenant du reste de l'empire ottoman et des pays tatars voisins[2]. En dehors des soldats de garnison recensés pour une part seulement, comme nous l'avons vu, avec le reste de la population, rares sont les indications, même dans le *mufaṣṣal*, sur la profession de ces musulmans ; on peut néanmoins relever grâce aux quelques mentions disponibles, la présence, à côté d'agents de l'État et de dignitaires religieux, de marchands et d'artisans[3]. Sur l'origine géographique et ethnique de ces musulmans, nous ne sommes pas précisément renseignés car les recenseurs les prennent généralement comme un tout, sans les distinguer en communautés particulières[4] ; pourtant, il est certain qu'à côté des Turcs (ainsi que des Tcherkesses musulmans), les Tatars, déjà nombreux dans la Caffa génoise[5], constituent une part importante de la population musulmane du *livā'*[6].

(1) L'hypothèse de la conversion concorde avec la baisse du nombre des mécréants. Par ailleurs, on sait qu'un des moyens utilisés par les recenseurs pour désigner les convertis est de la qualifier de « fils de 'Abdullah », or, signalons à titre indicatif que le TT 214 mentionne pour Kefe 275 fils de 'Abdullah (nous entendons bien que tous ne sont pas nécessairement des convertis), ce qui représente 23 % des musulmans de la ville.

(2) Nous avons relevé dans le TT 214 les épithètes accompagnant le nom de certains musulmans de Kefe, susceptibles d'éclairer leur origine : qaramanī(4) ; merzifonī (1) ; ṭrabzunī (1) ; selanikī (1) ; čerkes (8) ; sinobī (3) ; rus (sic, 4) ; qaṣṭamunī (1) ; tekeli (1) ; abaza (1) ; 'ağemī (8) ; Toqat (1) ; širvānī (2) ; rūm (1) ; vardarī (1) ; pour les Tatars, cf. *infra* et n. 6.

(3) Le registre de douane mentionné plus haut (cf. *supra*, n. 2, p. 235) met en évidence la prépondérance des marchands musulmans dans le commerce de Kefe ; d'ailleurs les mosquées donnant leurs noms aux quartiers de la ville portent souvent le nom d'un riche marchand bienfaiteur ; le TT 214 mentionne ainsi pour Kefe 15 *tāğir* (grands marchands) et il précise en outre les métiers d'un certain nombre d'autres musulmans ; figurent de cette façon : neuf *dellāl* (courtiers), un *atčı* (marchand de chevaux), un *deveği* (marchand de chameaux), huit *bayyāṭ* (tailleurs), quatre *hallāğ* (cardeurs), deux *qaṣṣāb* (bouchers), deux *serrāğ* (cordiers), quatre *habbāz* (boulangers), trois *ṭabbāh* (cuisiniers), un *baqqal* (épicier), un *ṭabīb* (médecin), deux *berber* (barbiers), un *hammāğı* (tenancier de hammam), un *kālager* (fabricant d'étoffes précieuses), un *ṣayyāğ* (bijoutier), trois *ṣābūnī* (fabricants de savon), deux *külāhdūz* (bonnetiers), un *ırğad* (ouvrier), deux *quyumğu* (bijoutiers), un *āsyābī* (meunier), six *ṭabaq* (courroyeurs), deux *pūstindūz* (fourreurs), un *ḥamāl* (portefaix), deux *čelengir* (serruriers), deux *ṣāğarğı* (potiers), deux *bozağı* (marchands de *boza*), deux *ṣabānğī* (fabricants de charrue). D'autre part, certains musulmans de la région s'adonnaient à l'agriculture : si le *resm-i čift* (taxe de tenure des musulmans) est entièrement absent du TT 370, ce revenu fiscal apparaît dans le TT 214 pour une partie des villages ainsi que pour les villes de Ṣoğudaq, Mangub et Inkerman ; sur le *resm-i čift*, cf. Ö. L. Barkan, *Kanunlar...*, p. 308. Ajoutons qu'une partie des pêcheurs d'Azaq étaient musulmans : ce *ğemā'at-ı sayyādān-ı māhī* comprend, dans le TT 370, 22 foyers et deux célibataires.

(4) L'onomastique étant le plus souvent peu révélatrice à cet égard, il faut se contenter pour présumer de l'origine des musulmans recensés, des épithètes accompagnant éventuellement leurs noms comme dans le cas des huit *'Ağem* (Iraniens) ou des huit *Čerkes* (Tcherkesses) de Kefe, cités *supra* n. 2. Certaines communautés de Tcherkesses islamisés et sédentarisés ont toutefois été recensées à part : ainsi des Tcherkesses du village de Ṭaybeğ près de Kefe qui comptent dans le TT 370, 12 foyers et deux célibataires et dans le TT 214, 30 foyers et trois célibataires ; de même, le TT 214 distingue neuf Tcherkesses parmi les 16 musulmans *ḥizmetkār* (serviteurs) de la forteresse de Taman, lesquels s'étaient donc attirés la confiance des autorités ottomanes. Rappelons à ce propos que l'islamisation des Tcherkesses sous l'influence des Tatars de Crimée et des Nogays n'est pas un phénomène antérieur au XVIe siècle et les données de nos registres peuvent donc en être considérées comme l'une des premières attestations ; les Tcherkesses musulmans sont des sunnites de rite hanéfite ; cf. *E.I.* 2, II, p. 23, art. « Čerkesses » (Ch. Quelquejay).

(5) Le nombre des musulmans et surtout des Tatars était si grand à Caffa que les Génois durent, par précaution, leur interdire de garder des armes dans leurs maisons ; W. Heyd, *op. cit.*, II, p. 370. Cf. de même le témoignage de Schiltberger, *op. cit.*, p. 99 : « die hier sich aufhaltenden sehr zahlreichen Muhamedaner haben eine besondere Moschee ».

(6) Ainsi s'explique la fréquence dans le TT 214 d'anthroponymes tatars tels Toḥtamış ou de l'épithète « tatar » accompagnant les noms recensés : le TT 214 mentionne pour Kefe 27 Tatars et un qırımlı

Au contraire des musulmans, les mécréants sont divisés par le recenseur en communautés distinctes selon des critères partie religieux et partie ethniques, correspondant d'ailleurs, pour une part, dans les villes, à une ségrégation géographique par quartiers. Apparaissent ainsi des quartiers *(maḥalle)* ou des communautés *(ǧemā'at)*[1] d'Arméniens *(Ermeni)*, Grecs *(Rūm)*, Juifs *(Yahudi)*, Tcher-

(criméen). D'autre part, on peut penser que les agents du khan dans le livā' sont, en partie au moins, des Tatars : ainsi l'*emīn-i ḥaẓret-i ḫan* recensé à Kefe de même que les *merdüm-ü ḫan* (on en compte pour Kefe dix dans le TT 370 et 14 dans le TT 214, établis dans le quartier dit de Ḥamza Bosna ; d'autre part, trois des huit musulmans du village de Ġavri près de Mangub sont réputés *tābi' ḫan*, dépendant du khan de Crimée). En outre, dans quelques cas, des Tatars sédentarisés fixés *(mütemekkin)* en un point du livā', ont été recensés comme communautés spécifiques : c'est le cas des Tatars établis au lieu dit Čayır-ı Ṣaru Göl près de Kefe (TT 370 : sept foyers, un célibataire ; TT 214 : 18 foyers, trois célibataires) ou du *ǧemā'at-ı tatarān-ı mütemekkin* de six foyers distingué par le TT 214 (p. 157) à Balıqlaġu ; c'est encore celui des *Qazaq* recensés par le TT 370 parmi les musulmans d'Azaq (89 foyers et un célibataire) : leur origine tatare est confirmée par le fait qu'on retrouve ces *Qazaq* dans le TT 214 sous l'appellation de *Tatarān-ı aqınǧıyān* (Tatars coursiers : 170 foyers) ; sur le terme *Qazaq* et son emploi dans les sources russes de la fin du XVe et du XVIe siècles pour désigner éventuellement des Tatars, cf. Ch. Lemercier-Quelquejay, « Un condottière lithuanien du XVIe siècle, le prince Dimitrij Višneveckij et l'origine de la *seč* zaporogue d'après les archives ottomanes », CMRS, X, 2, 1969, p. 259-260.
Peut-être faut-il attribuer à l'ancienneté et l'importance de l'élément tatar dans la population musulmane de Kefe, le rôle social particulièrement éminent que les femmes, comme nous l'avons déjà relevé, (cf. supra, n. 4, p. 230) semblent y tenir : des *ḫāne* sont explicitement désignées comme appartenant à des femmes ; il est spécifié dans de nombreux cas que c'est dans la maison de son épouse qu'est domicilié le chef de famille ; il arrive même que la parenté de ce dernier soit définie par rapport à sa belle-mère : par exemple, *'Alī veled-i Ṭoganǧı damād-ı Ḥüsniye ḫatun* ('Alī fils du fauconnier, gendre de la dame Ḥüsniye, TT 214, p. 22) ; l'onomastique ne permet généralement pas de trancher si ces femmes éminentes sont effectivement tatares ou s'il s'agit seulement de musulmanes bénéficiant d'un état d'esprit général plus libéral en ce qui concerne la femme, plus proche de la tradition tatare que de l'ottomane ; la première hypothèse est cependant très vraisemblable dans le cas de mentions comme *ḫāne-i Ummī ḫatun bint Ḫoǧa Sa'adī zen-i Meḥmed bin Ḥāǧǧı Tatar* ou *Ḥāǧǧı 'Alī sākin der ḫāne- i Ḥanzāde ḫatun zen-i o* (TT 214, p. 23) ; il est possible que cette Ḥanzāde (litt. enfant de souverain) soit une princesse Giray résidant à Kefe ; le même prénom féminin était porté, par exemple, par une arrière-petite-fille de Meḥmed Ier Čelebi, cf. M. T. Gökbilgin *XV. ve XVI. asırlarda Edirne ve Paşa livāsı* (Andrinople et la province du Pacha aux XVe et XVIe siècles), Istanbul, 1952, p. 46, 389, 475.

(1) Kefe devant être mise à part, comme nous allons le voir, les Arméniens et Juifs des autres villes sont regroupés, pour chacune des deux communautés, en une unité appelée tantôt *maḥalle* (quartier), tantôt *ǧemā'at* (communauté) ; les Grecs au contraire, plus nombreux, ne sont pas spécifiés comme tels, étant qualifiés seulement de *gebrān* (au sens général de mécréants) et organisés en plusieurs quartiers portant chacun le nom d'un prêtre appelé ici papa. Les *gebrān* de la ville de Mangub, par exemple, sont répartis comme suit (TT 370, p. 436) : *maḥalle-i papa Todor, m.-i papa Aleksi, m.-i papa Ḫristodulo, m.-i papa Yorgi, m.-i papa Vasil, m. -i papa Todor, maḥalle-i Ermeniyān* et *maḥalle-i Yahudiyān*. Le cas de Kefe, en revanche, nous semble très particulier : contrairement aux musulmans qui sont répartis comme il est d'usage dans les registres, en *maḥalle* désignées par le nom de leurs mosquées, les mécréants sont divisés non en *maḥalle* mais uniquement en *ǧemā'at* : 25 dans le TT 370, 27 dans le TT 214 ; de plus, les huit communautés grecques portent le même nom (apparemment le plus souvent un nom de personne) que huit des 13 communautés arméniennes. Nous donnons ci-après les noms des 13 communautés arméniennes ou plutôt ce que nous avons pu en lire, contraint de laisser à plus compétent le soin de compléter ce déchiffrement et d'élucider le sens de ces dénominations : communautés de Ṭoros, de Ḥārūseb (une forme pour Joseph ? cf. TT 214, p. 58), de Menkenar (?) (منكنار, cf. TT 214, p. 61), d'Iskender, de Vaşil, de Ṭāštbān (probablement pour *deštbān*, le garde-champêtre : il s'agirait de la communauté dite du ou des garde-champêtre ; sur cette fonction et les taxes afférentes dans l'empire ottoman, cf. Ö. L. Barkan, *Règlements*, index sous Deştbân, Deştbânî, Deştbanlık), de Gürǧi (du ou des Géorgiens), de Bīāta (?) (بياته) cf. TT 214, p. 71), d'Esenbeġ (?) (cf. TT 214, p. 72), de Yorgi balıqčı (Georges le pêcheur), de Girgor (forme de Grégoire), de Qubus ? (قبوس), cf. TT 214, p. 81), d'Aşġalur (?) (امضالور, cf. TT 370, p. 483) qui devient de Şaçlu (?) صاجلو soit du chevelu ou des chevelus ?) dans le TT 214 (p. 84). Sur ce parallélisme curieux entre les noms des communautés grecques et arméniennes, nous voudrions avancer une hypothèse : il existe une autre communauté chrétienne dite *ǧemā'at-ı 'Alī (?) yüzbašı* (cf. TT 214, p. 78) dont les habitants

kesses *(Čerkes)* mécréants et *Rus*[1]. En revanche, il n'est pas question dans les registres de *Frenk* ou *Efrenğ,* c'est-à-dire d'Italiens recensés, en quelque point du *livâ'* que ce soit, et, en particulier à Kefe, ce qui apporte apparemment une confirmation aux témoignages des sources italiennes sur la conquête et notamment à l'affirmation selon laquelle, le 8 juillet 1475, les Latins présents à Caffa furent emmenés avec leur fortune à Constantinople[2]. On sait que

portent des noms orthodoxes et dont il est explicitement indiqué que l'éponyme est un *yüzbašı* (centenier), et l'une des communautés juives de Kefe dite de *Isḥaq yüzbašı* est également dans ce cas. Ces notations nous conduisent à nous demander si nous n'avons pas affaire aux survivances d'une organisation de la population par centaines placées sous l'autorité d'un centenier ; Grecs et Arméniens ayant été regroupés dans certains cas pour former une centaine, les fractions grecque et arménienne de la centaine porteraient chacune le nom du centenier commun ou en tout cas un même nom ; ces noms se seraient maintenus malgré l'évolution des effectifs de ces communautés. Notons que ces centaines sont d'ailleurs attestées dans la Caffa génoise dont les quartiers avaient précisément la particularité d'être divisés en centaines ainsi qu'en dizaines (renseignement dû à notre ami le professeur M. Balard), ces dernières pouvant bien être elles-mêmes un héritage de l'organisation décimale mongole : une illustration frappante de celle-ci est fournie par des actes notariés génois de 1361 dans lesquels les Tatars vendant des esclaves aux Italiens à Chilia (Kili) sont régulièrement désignés avec la précision du millier, de la centaine et la dizaine auxquels ils sont rattachés ; on trouvera par exemple « Themir tartarus de miliario Conachobei de centenario Cheloghi de decena Cogimai... » ; G. Pistarino, *Notai genovesi in oltremare atti rogati a Chilia da Antonio di Ponzó (1360-1361),* Gênes, 1971, p. 16, 22, 175. Sur l'organisation de la population mongole par dizaines, centaines, milliers et myriades, cf. B. Vladimirtsov, *Le régime Social des Mongols. Le féodalisme mongol,* Paris, 1948, p. 134.

(1) On retrouve dans les registres ottomans les « nations » — Génois mis à part — qui étaient déjà représentées dans la Caffa pré-ottomane ; cf. M. Małowist, *Kaffa w drugiej połowie XVego wieku* (Caffa dans la seconde moitié du XVe siècle), Varsovie, 1939, p. 40 ; *idem, Kaffa-kolonia genueńska...,* résumé français, p. IV et V ; on trouve également dans les passages des chroniques ottomanes relatifs à la conquête de Caffa quelques indications sur les populations qui s'y trouvaient : Ṭursun beg évoque les esclaves pris sur les « Frenk », « Rus », « Rūm » ainsi que sur les Mongols ; Ṭursun beğ, « Ta'rīḫ-i ebu'l fetḥ » (Histoire du père de la conquête) in *Ta'rīḫ ʿo<u>s</u>mānī enğümeni meğmuası,* XXXV, 1915, p. 159-160 ; Ibn Kemāl cite la présence de marchands « rus » et tcherkesses ; Ibn Kemāl, *Tevârîh-i âl-i Osman* (Histoire de la maison d'Osman), II, Ankara, 1957, p. 383 ; les sources italiennes signalent également des marchands valaques, moldaves et polonais. Leur absence dans les registres ottomans ne prouve nullement, comme nous l'avons vu, qu'ils aient cessé de fréquenter Kefe à l'époque ottomane. Le registre de douane de Kefe cité plus haut mentionne d'ailleurs un marchand du nom d'Eksender (?) venu de Qara Boğdan (Moldavie) et, d'une manière générale, les relations commerciales de Kefe avec les pays roumains au début de la domination ottomane ne font pas de doute ; N. Beldiceanu, « La Moldavie ottomane à la fin du XVe et au début du XVIe siècle », *Revue des études islamiques,* Paris, 1969, 2, p. 241-242.

(2) « Fu fatto commandamento, che tutti l'Italiani, e chi contratava per Italiani, e tutti li schiavi et schiave d'Italiani, in pena della testa, in termine d'un di e mezzo, tutti con la sua famiglia dovessero esser imbarcati sopra quelli navilij, che gli saranno disegnati », Donado da Lezze, *op. cit.*, p. 79 ; cf. aussi W. Heyd, *op. cit.*, II, p. 403 ; F. Babinger *op. cit.*, p. 418. Sur l'un des bateaux en route vers Istanbul, les Génois se mutinèrent et débarquèrent à Aqkerman (Cetatea-Albă) où ils furent dépossédés de leurs biens par le seigneur local et expulsés ; W. Heyd, *op. cit.*, II, p. 404 ; d'ailleurs, selon une lettre génoise envoyée de Pera le 23 mai 1476, Meḥmed II réclamera au voievode de Moldavie Étienne-le-Grand « les esclaves *(sic)* génois enfuis à Cetatea-Albă », N. Iorga, *Studii istorice asupra Chiliei și Cetății-Albe* (Études historiques sur Kilia et Cetatea-Albă), Bucarest, 1899-1900, p. 149. Préalablement, les 12 et 13 juin, les conquérants avaient fait des esclaves sur la jeunesse masculine et féminine de la ville, italienne et arménienne, W. Heyd, *op. cit.*, II, p. 403 ; Ṭursun beğ, *loc. cit.* ; ʿĀšıqpašazāde, *op. cit.* p. 183 ; le nombre des esclaves pris varie grandement selon les sources, allant de 1500 à plus de 5000 ; suivant l'une d'elles, Gedik Aḥmed paša serait rentré à Constantinople avec 17 bateaux chargés de 1500 jeunes hommes et femmes de Caffa ; N. Iorga, *op. cit.*, p. 144 ; une source arménienne, le thrène de Nersēs de Caffa, parlera de 10 000 enfants, M. Cazacu et K. Kévonian, *art. cit.*, p. 521 et n. 87 ; d'après B. de Piscia, un bateau contenant 122 de ces jeunes aurait été détourné sur Kili et les passagers emmenés à Suceava au bénéfice d'Étienne-le-Grand ; Dlugosz, *Historiae Polonicae,* XII, 1re éd., vol. II, Francfort, 1711, p. 533-534 ; une chronique allemande du règne d'Étienne-le-Grand relate le même fait mais parle de 12 captifs (« 12 Burger Kynders »), O. Górka, « Kronika czasów Stefana Wielkiego Mołdawskiego (1457-1499) », *Polska Akademja Umiejętności,* Cracovie, 1931, p. 102-103. Il ne nous semble pas exclu que le détournement de jeunes esclaves génois sur Kili et

Meḥmed II utilisa ces *sürgün*[1] pour peupler un nouveau quartier de sa capitale[2]. Les tableaux VI à IX montrent la répartition des communautés de mécréants à travers les différentes villes : leurs données nous paraissent aller à l'encontre de toute conception selon laquelle la conquête ottomane se serait accompagnée d'un bouleversement radical du peuplement de la région et notamment de Kefe : la dominante arménienne et grecque de l'époque génoise n'est pas remise en cause[3]. Les Arméniens[3], même si leurs effectifs ont assurément dû baisser en nombre

le débarquement d'adultes munis de leur fortune à Aqkerman, mentionné plus haut, soient deux événements distincts et non comme le supposait Bratianu « un récit sensiblement différent » d'un même événement, G. I. Bratianu, « Notes sur les Génois en Moldavie au xvᵉ siècle », *Revista Istorică Română*, III, 2-3, Bucarest, 1933, p. 8.

Par ailleurs, une partie des Génois de Crimée avait, semble-t-il réussi à échapper à la déportation ; particulièrement intéressant à cet égard est le témoignage de d'Ascoli ; selon le missionnaire dominicain, en dehors des Génois déportés, certains se rendirent en Circassie « con occasione delle loro mogli, che molti le pigliavano in quelle parti, che hoggi giorno li Circassi dicono Franch Cardasc *(Frenk kardeši)*, ó nella propria lingua, cioè li Franchi sono nostri fratelli » ; d'autres seraient restés à Kefe mais y seraient passés au rite grec (ce qui se concilierait avec le fait que le recenseur ottoman ne les ait pas distingués) : « Altri poi restarono in Caffà quali per mancamento di rito, ó sacerdote latini, con occasione anco loro delle moglie Greche, sono passati al rito Greco ». D'autres enfin restés à la cour du Khan de Crimée, auraient été établis par ce dernier dans un village situé à une dizaine de km. au sud de Bāġče-Saray, appelé « Sivvritasc » (Sjujurg-Taš), leur chef, le « Sivvritasc Bei », étant très estimé par le khan et lui servant d'ambassadeur en Pologne et dans d'autres pays chrétiens ; A. Eszer, *art. cit.*, p. 243 ; sur les Génois établis près de Bāġče-Saray, cf. aussi W. Heyd, *op. cit.*, II, p. 406 et n. 3 ; de son côté, Julien Bordier qui voyage en 1607, avait rencontré à Bāġče-Saray « trois hommes du pays, néanmoins fils d'Italliens, genevois, des reliquats de ceux qui avoient possedé auterfois le Cafa » ; seul l'un des trois « avoit la langue Italienne naturellemant bonne, bien quy ne fut iamais en Italie » ; tous trois étaient « Catholiques romains selon le pays » ; J. Bordier, *ms. cit.*, fol. 212 r.

(1) Sur la notion de *sürgün* et la politique de déportation dans l'Empire ottoman, cf. Ö. L. Barkan, « Osmanlı imparatorluğunda bir iskân ve kolonizasyon metodu olarak sürgünler » (Les déportations comme méthode de peuplement et de colonisation dans l'Empire ottoman), *Istanbul Üniversitesi Iktisat fakültesi mecmuası*, XIII, Istanbul, 1953, p. 56-79, et XV, 1-4, Istanbul, 1955, p. 209-237 ; N. Beldiceanu et I. Beldiceanu-Steinherr, « Déportation et pêche à Kilia entre 1484 et 1508 », *Bulletin of the School of Oriental and African Studies, University of London*, XXXVIII, 1, Londres, 1975, p. 43-47.

(2) Les déportés de Kefe qui comprenaient des Italiens mais aussi, nous le verrons, des Arméniens, furent d'abord conduits, du fait de l'épidémie de peste sévissant à Istanbul, à Üsküdar, puis installés dans un quartier encore inhabité de la capitale entre la porte d'Andrinople et la Corne d'or ; F. Babinger, *op. cit.*, p. 419 : cet auteur indique, sans préciser sa source, qu'en 1477, ce quartier comprenait 267 maisons, chiffre incluant probablement tant les Arméniens que les Italiens. Dans sa publication sous forme de tableaux du registre de recouvrement de la *ǧizye* pour 1488-1489, Ö. L. Barkan mentionne la présence à Istanbul des « Ermenîyân ve efrenciyân-ı Kefe », mais ne donne pas le détail de leurs effectifs, les incluant dans le total des « gebrân-ı Istanbul », soit 4733 foyers et 630 veuves ; Ö. L. Barkan, « *894 (1488-1489) yılı Cizyesinin...* » p. 39 ; l'auteur signale cependant *(ibid.,* p. 10, n. 9) que l'éventail des taux d'imposition à la *ǧizye* est particulièrement ouvert dans le cas des *sürgün* de Kefe, allant de 40 à 280 aspres par individu, ce qui indique une forte différenciation des fortunes au sein de cette communauté et apporte une confirmation aux sources italiennes selon lesquelles, une moitié de leur fortune leur ayant été confisquée, c'est néanmoins avec le reste que les vaincus avaient été déportés ; en particulier, de riches marchands italiens et arméniens semblent avoir ainsi conservé dans l'exil quelque chose de leur ancienne prééminence. D'Ascoli mentionne en 1634 le « Chieffe mahalasi » (quartier de Kefe) d'Istanbul mais prétend qu'il n'y vit plus que deux familles, A. Eszer, *art. cit.*, p. 243.

(3) Sur les Arméniens de Crimée, cf. V. Mik'ayēlean, *Łrimi haykakan gałut'i patmut'iwn* (Histoire de la colonie arménienne de Crimée), 2 vols., Erivan, 1964, 1970 ; idem, *Hay-italakan aṙnč'ut'iwnner...* (Relations arméno-italiennes. Les documents génois sur les Arméniens de Crimée), Erivan, 1974 ; M. Cazacu et K. Kévonian, *art. cit.* La colonie arménienne de Crimée se développe à partir du xıᵉ siècle et devient importante dans les années 1330 avec l'afflux d'éléments venus de Saray, capitale de la Horde d'Or. La prépondérance numérique des Arméniens dans la Caffa génoise est bien attestée ; cf. V. Mik'ayēlean, *Hay-italakan aṙnč'ut'iwnner...,* p. 80 ; considérant d'après Vigna, *op. cit.* II, p. 344-345, qu'ils constituent les deux tiers de la population et se basant sur le chiffre de 70 000 habitants cité plus haut, Mik'ayēlean n'hésite pas à estimer à 46 000 le nombre des Arméniens de Caffa en 1475, mais ce second chiffre n'est

absolu avec la conquête, continuent à constituer la principale communauté de
Kefe, point du *livā'* où ils sont concentrés pour l'essentiel : ils représentent encore
au début du XVIe siècle 44 % des foyers de cette ville ; ils marquent d'ailleurs dans
les décennies qui suivent un certain recul, de même que les Grecs. Ces derniers sont
très majoritaires dans les villes (sauf Kefe, Azaq, Taman et Mangub) ainsi que dans
les villages, bien que la composition précise de la population rurale reste incertaine :
le recenseur ne distingue en effet pas de communautés ethniques parmi les villageois
mécréants — fortement majoritaires, comme nous l'avons vu. Il se contente de les
qualifier uniquement de *gebrān* ; or cette imprécision laisse penser que même s'il
subsistait des éléments ethniquement non-grecs en leur sein, en particulier des
Goths dans la région de Mangub[1], voire des restes de colons italiens[2], ceux-ci avaient

probablement pas moins excessif que le premier et, dans ces conditions, les 1339 foyers arméniens (environ 7000 personnes) du TT 370, ne représentent sans doute pas une chute aussi forte qu'on pourrait le croire. Néanmoins, il est sûr que la conquête ottomane s'accompagna d'une baisse du nombre des Arméniens : une partie d'entre eux fut déportée à Istanbul (cf. *supra*, n. 2, p. 237) mais une partie seulement, contrairement au cas des Génois, et probablement pas une « grande partie » comme l'affirme Mik'ayēlean : l'élite, si l'on en croit le rapport du nonce Dominique adressé d'Alba Julia au roi de Hongrie dans l'été 1475, déclarant que « les hommes adultes dont les moyens et l'intelligence pouvaient susciter des craintes ont été déportés à Constantinople... tandis qu'à Caffa, on n'a laissé que le commun du peuple » ; V. Mik'ayēlean, *Hay-italakan aṙnč'ut'iwnner...*, p. 152-153 ; M. Cazacu et K. Kévonian, *art. cit.*, p. 531, n. 66 et 128, n. 92 ; David de Crimée parlera de même de la « roture restante », *ibid.*, p. 517. Une autre part des Arméniens quittèrent la Crimée pour l'Ukraine puis, dans un second temps, la Pologne et la Lithuanie ; *ibid.*, p. 532-533, n. 67. Les chiffres ottomans donnent cependant, en fin de compte, un fondement partiel aux vers composés en 1672 par Martiros de Crimée :
« ...ce prince (fils de Mengli Giray, selon la tradition) ordonne aussitôt qu'ils [les Arméniens] ne quittent point la place [Kefe]... /et les nôtres, demeurant en leur état/ [devenus] tributaires de l'Empereur (le sultan ottoman) restèrent inébranlés » ; *ibid.;* d'ailleurs une mention de 1481 signale que les Arméniens (ainsi que les Grecs et les Juifs) de Caffa feront leur possible pour ouvrir les portes de la ville en cas d'attaque par les Chrétiens ; G. Grasso, « Documenti riguardanti la constituzione della colonia armena in Turco nel 1481 », *Gornale linguistico di archeologia storica belle arti* », VI, Gênes, 1879, p. 321-394. Une différence de traitement entre les Latins et les autres Chrétiens de Caffa après la prise de la ville peut s'expliquer notamment par la révolte des seconds contre les premiers qui avait éclaté lors du siège ; A. Vigna, *op. cit.*, III, p. 481-482.
Si le nombre des Arméniens du *livā'* décroît au cours de la période étudiée ici, il se renforcera considérablement au début du XVIIe siècle, à la suite des troubles provoqués en Anatolie par les *ğelali* : un document ottoman de 1633 (Başbakanlık arşivi, MM 3722, p. 51-52) indique que la population chrétienne immigrant sans cesse dans la région, les registres de *ğizye* doivent être fréquemment mis à jour ; cité par C. Orhonlu, *E.I. 2*, art. « Kefe », p. 902. En, 1634, selon d'Ascoli, les Arméniens de Kefe ont 28 églises quand les Grecs n'en ont que 15 ; A. Eszer, *art. cit.*, p. 232.

(1) L'enseignement des registres ne concorde pas avec le fameux témoignage — une lettre du 15 décembre 1562 — de l'ambassadeur de Ferdinand de Habsburg auprès de Süleymān Ier, Ogier Ghislain de Busbec, selon lequel une langue semblable à l'allemand est encore parlée à son époque en Crimée par une population habitant les villes de Mangup et de « Sciuarin » (Sujren) ainsi que les hameaux alentour, et constituant une « nation » susceptible d'envoyer une députation au sultan ; A. *Busbeqii legationis turcicae Epistolae IV*, Hanovre, 1629, p. 242-243 et trad. française : *Lettres du Baron de Busbec*, trad. de l'abbé de Foy, II, Paris, 1748, p. 304-307 ; il semble que si l'identité des Goths avait été encore là marquée, elle aurait été prise en compte par les recenseurs ottomans qui les auraient mentionnés sous forme de communautés distinctes ; la validité du témoignage de Busbec est d'ailleurs contestée ; cf. A. A. Vasiliev, *op. cit.*, p. 270-273 : l'auteur ne tranche cependant pas ; ajoutons que les informateurs de Busbec sont sujets à caution puisqu'ils présentent les Goths comme des Tatars, devant en outre fournir un contingent militaire au khan.

(2) Bordier parle ainsi de deux villages proches de Kefe mais dépendant de Crimée, « les habitants desquels estoient chrestiens romains & quelques schismatiques... mais fort peu... » ; il s'agit cependant de catholiques sans prêtres, jugés très dénaturés par le voyageur français : « ces gens a la vérité, écrit-il, estoient fort grossiers & mal instruicts, ne retenant presque plus rien de leur ancienne origine, quy estoit genevois pour navoir parmy eux prestre ny gens capable de les instruire, gouverner & maintenir comme ils avoient été par le passé, vivant comme brutaut, incivils a ygnorants... » ; J. Bordier, *ms. cit.*, fol. 245 v.

Notons également l'imprécision des registres quant à l'origine ethnique des mécréants pêcheurs à suffisamment perdu leur identité sur le plan, notamment, de la langue, des institutions et de la religion, pour se fondre aux yeux de l'administration turque, dans la masse indifférenciée des orthodoxes de rite grec. Une étude onomastique — assurément délicate — du TT 214, autoriserait peut-être quelques nuances.

Les Juifs viennent numériquement loin derrière les communautés arménienne et grecque, ce qui, de nouveau, prolonge la situation génoise[1] ; ils ne sont proportionnellement importants qu'à Mangub[2]. Dans l'ensemble de la Crimée et en particulier dans le *livā'* considéré ici, les Juifs sont divisés en Karaites et en orthodoxes ou Rabbinistes ; les registres reflètent cette dualité dans le cas de Kefe qui présente deux communautés distinctes : celle du centenier Isḥaq *(ǧemā'at-ı Isḥaq yüzbašı-ı yahudiyān)* et celle, nettement moins nombreuse, des Juifs « francs » ou occidentaux *(ǧemā'at-ı yahudiyān-ı efrenǧ)* : il est très probable que la première correspond aux Karaites et la seconde aux Rabbinistes[3].

la madrague d'Azaq *(ǧema'āt -ı ṭalyanǧıyān-ı māhī der qal'e-i Azaq)* qui sont seulement présentés comme *gebrān* : nous savons à ce propos qu'au xvᵉ siècle des Italiens tels le Vénitien Barbaro pouvaient être propriétaires de ces pêcheries ; cf. E. Skrjinskaïa, *Barbaro i Kontarini o Rossij k istorij italorusskih svjazej v. XV. v* ; Leningrad, 1971, p. 42-43, 47, 50-51 et 120 (par. 21), mais il n'est pas exclu, compte tenu de la spécialisation exigée par la fonction, que des populations plus anciennement établies dans la région en assuraient traditionnellement l'exploitation ; cf. M. Berindei et G. Veinstein, *La Tana-Azaq...*, p. 166-167.

Signalons enfin que si les Arméniens ne sont mentionnés dans aucun village du *livā'*, ils étaient présents en revanche, d'après Mik'ayēlean, dans d'autres villages de la Crimée tatare entre Karasubazar (Belogorsk) et Eski-Krim.

(1) Cf. M. Malowist, *Kaffa-kolonia genueńska...*, rés. frç. p. v.

(2) Selon des témoignages postérieurs à nos recensements, l'importance proportionnelle des Juifs dans la population de Mangub — ville par ailleurs en décadence, comme nous l'avons vu (cf. *supra*, n. 1, p. 233) — n'a fait que s'accentuer : d'après Bronovius (1578), *op. cit.*, p. 7-8, n'y vivent à Mangub qu'un prêtre grec et quelques Turcs et Juifs ; d'Ascoli (1634) présente la ville comme « poco habitata, et quei pochi habitatori sono Greci, Turchi, et Hebrej, mà più Hebrej, che vi con ciano grandissima quantità di Corami » ; A. Eszer, *art. cit.*, p. 236 ; Evliyâ Čelebi qui leur prête avec une exagération certaine 1000 maisons, donne des Karaïtes de Mangub, spécialisés dans le travail du cuir et fort adonnés, à l'en croire, à la pédérastie, une évocation savoureuse mais peu flattée ; Evliyâ Çelebi, *Seyâhatnâmesi* (livre des voyages), édit. en turc moderne de Z. Danişman, XI, Istanbul, 1970, p. 206. Au long de la domination ottomane, la ville serait même devenue progressivement entièrement juive, surtout karaïte ; *Encyclopaedia Judaica*, V, Jérusalem, 1971, art. « Crimea », p. 1105.

(3) Une présence juive est attestée dans le sud-est de la Crimée dès l'époque hellénistique ; quant aux Karaïtes, ils apparaissent en Crimée à partir du xiiᵉ siècle, mais y deviennent nombreux à l'époque de la Horde d'Or, à la suite d'émigrations à partir de l'empire byzantin. L'origine ethnique des Karaïtes, comme d'ailleurs celle des Rabbinistes de Crimée, les Krimchaks, reste matière à discussion (rôle dans la constitution de ces communautés des immigrés israélites de toutes provenances, des khazars et même des Tatars convertis dans les débuts de la conquête mongole) ; cf. *Encyclopaedia Judaica* (édition en anglais), Jérusalem, 1971, V, p. 1103-1107 (art. « Crimea »), VI, p. 1224-1225 (art. « Feodosya ») ; X, p. 762-785 (art. « Karaites »).

Au début du xvᵉ siècle, les deux communautés juives de Kefe sont mentionnées par Schiltberger, *op. cit.*, p. 100 : « zweierlei Art der Juden sind hier, die auch zwei verschiedene Sinagogen haben » ; d'Ascoli mentionnera de même « gli Hebrej vi hanno 2. scenofegie, una per natione... » ; A. Eszer, *art. cit.*, p. 232. Dans le registre TT 370, la communauté du centenier Isḥaq (que nous suggérons d'assimiler aux Karaites) comporte 81 foyers, un célibataire et neuf veuves (TT 214 : 81 foyers, 29 célib., 15 veuves) et celle des juifs « francs », 11 foyers (TT 214 : 8 foyers et 6 veuves). Nous interrogeant sur cette appelation de « Francs » *(efrenǧ)* dont, selon notre hypothèse, seraient crédités les Rabbinistes de Kefe, nous sommes arrivés à deux explications possibles mais divergentes : elle peut renvoyer au fait que les Krymchaks avaient conservé la liturgie romane des *Sephardim* et la prononciation espagnole de l'hébreux ; mais, par ailleurs, on sait que la Crimée connaît à la fin du xvᵉ siècle une immigration de juifs chassés de Kiev et de Lithuanie et il ne nous paraît pas inconcevable, non plus, que le recenseur ottoman qualifie de franque une communauté composée en tout ou en partie de ces nouveaux venus, *ashkenazim* parlant le yiddish ; il ne nous est pas possible dans ces conditions de trancher sur la présence et l'importance respective des Krymchaks et des *Ashkenazim* dans la Kefe de cette époque ; cf. *Evrejskaja Enciklopedija* (édition russe de l'Encyclopédie judaïque), t. IX, St. Petersbourg, s.d., p. 890, art. « Krym » et « Krymchak ».

Des juifs sont également recensés dans le village d'Alušta, et — cas singulier — trois foyers de Tcherkesses juifs sont signalés près de Kefe[1]. Après les Tcherkesses musulmans et juifs, il faut citer les Tcherkesses chrétiens[2] : le TT 370 en recense 20 foyers entre Kefe, Taman et Kerš, et il signale à Azaq 17 foyers de Žane (l'une des tribus tcherkesses)[3]. A propos des *Rus* dont les foyers sont présentés dans le tableau IX, il faut rappeller que le terme est à prendre ici dans le sens qu'il revêt toujours dans les documents ottomans du XVIe siècle où il s'applique aux populations chrétiennes des steppes du nord de la mer Noire (Ukrainiens, cosaques), se distinguant de *Mosqof*, terme désignant les Russes au sens où nous l'entendons[4].

Les diverses remarques qui précèdent, comme les tableaux donnés dans les annexes qui suivent, nous conduisent à mettre en avant les quelques points suivants : grâce aux registres ottomans, la première moitié du XVIe siècle est une période extraordinairement privilégiée pour l'étude démographique du sud de la Crimée, sans équivalent jusqu'à l'âge des statistiques modernes ; une telle étude contribue à révéler le véritable caractère de la présence ottomane en Crimée : les Turcs ne se contentent pas de tenir quelques places fortes pour assurer la police des steppes et des côtes, au sein d'une zone dans laquelle ils auraient fait le vide : c'est, du moins pour ce qui concerne la côte à l'ouest de Kefe, à la tête d'une véritable province qu'ils sont placés, province dotée d'une population aux effectifs modestes mais variée, tant urbaine, surtout dans la capitale — l'un des principaux centres urbains de l'empire ottoman et qui justifie son appellation fréquente de « petit Istanbul » —, que rurale. La conquête ottomane a modifié cette population

---

(1) On trouve en effet dans le village d'Otuzlar (Otuz), proche de Kefe mais dépendant du khan de Crimée (cf. TT 370, p. 491) le *ğemā'at-ı čerakesān-ı yahudiyān-ı Otuzlar* qui comprend trois foyers (TT 214, p. 90). Ce cas est peut-être à mettre en rapport avec le judaïsme constaté à Taman à la fin du XVe siècle, le dernier seigneur de cette place, Zaccaria Ghizolfi, étant qualifié par des documents moscovites de juif et de tcherkesse ; cf. *Sbornik imperatorskago Russkago istoričeskago Obščestva* (Recueil de l'association impériale historique russe), vol. 41 (1474-1505), St Petersbourg, 1884, p. 41, 71-72 et 114. Faut-il mettre ce mouvement juif constaté alors en milieu tcherkesse en rapport avec l'immigration *ashkenazim* mentionnée plus haut ou avec une influence de la vieille communauté juive établie au Daghestan depuis les Sassanides ?

(2) Rappelons que la christianisation est beaucoup plus ancienne, chez les Tcherkesses que l'islamisation évoquée plus haut (cf. *supra*, n. 4, p. 234) puisqu'elle a commencé au VIe siècle sous l'influence de Byzance et s'est poursuivie à partir du Xe siècle par l'intermédiaire de la Géorgie ; toutefois le christianisme tcherkesse a toujours eu ses particularités ; cf. *E.I.*, art. cité « Čerkesses », p. 23 ; J. Bordier, *ms. cit.* (« De la ville, chasteau et Bosphore cymmerien »), qui les voit à Taman, n'a que sarcasmes pour ce « ramassis de Cherkais... racailles de peuples venus d'Asie, lesquels se disent chrestiens, mais à ce que disent les autres et ce que j'ay conneu d'eux, ils n'en portent que le nom afin de pouvoir manger le porc, dont leurs pays est remply de sangliers... » ; les Tcherkesses chrétiens feront encore le scandale des missionnaires catholiques et autre occidentaux au XVIIIe siècle ; cf. G. Veinstein, « Missionnaires jésuites et agents français en Crimée au début du XVIIIe siècle », *CMRS*, X, 3-4, 1969, p. 416-417.

(3) Il n'est plus question de ces Žane (زانه) dans le TT 214 : notons à ce propos qu'en 1539, le khan de Crimée, Ṣāḥib Giray, avait dû entreprendre une expédition contre Qansāwuq, *beğ* de Žane, rebelle à son autorité ; de nouveau, après la mort du khan en 1551, les Tcherkesses de Žane et de Pšeduh saccagèrent la péninsule de Taman et menacèrent Azaq. Dans son voyage à Albrus, Evliyā Čelebi trouve les tribus du grand et du petit Žane installées sur la côte de la mer Noire au pied du Hayqo ; *E.I.* 2, art. cit. « Čerkesses », p. 25 (H. Inalcık).

(4) Le TT 214 précise que trois des quatre *bozağı* (fabricants d'une eau-de-vie à base d'orge) qu'il recense à Kefe, sont des « Rus », et, d'autre part, que les « Rus » d'Azaq avaient leur propre *papas* (prêtre) et un chef de communauté appelé *ketḫüdā-ı Rusyān*. Ajoutons que l'existence de marchands proprement russes, de moscovites, établis à demeure à Kefe est bien attestée par les sources russes jusqu'aux années 1515, période de la rupture des relations commerciales entre Moscou et la Crimée ; cf. V. E. Syroečkovskij, *Gosti Surojanye* (Les marchands de Suroj), Moscou-Leningrad, 1935 ; A. Bennigsen et G. Veinstein, « La grande horde nogaye et le commerce des steppes pontiques »

en éliminant — du moins pour l'essentiel — les colons italiens et en favorisant l'accroissement de l'élément musulman qui préexistait d'ailleurs en ce qui concerne les Tatars. On ne peut cependant parler de bouleversement, de changement radical à cet égard : bien que numériquement affaiblies, d'ailleurs à un degré difficile à estimer, les mêmes communautés — arménienne et grecque — continuent à constituer le gros du peuplement. Elles déclinent cependant entre les deux recensements, par endroits de façon très sensible. Les causes et les modalités de cette dégradation relative, survenant non aux lendemains de la conquête mais dans le cours de la première moitié du XVIe siècle, restent à élucider, notamment par une étude de l'évolution économique de la région à cette époque[1].

(1) Nous la tentons dans M. BERINDEI et G. VEINSTEIN, « La présence ottomane au sud de la Crimée et en mer d'Azov dans la première moitié du XVIe siècle », *C.M.R.S.*, XX, 3-4, juil.-déc. 1979, p. 389-465.

Addenda et Corrigenda:

p.233 n.4: Lire trois hameaux pour trois quartiers.

p.240 n.4: *Social and Economic History of Turkey (1071-1920), Papers Presented to the 'First International Congress on the Social and Economic History of Turkey'*, Hacettepe University, Ankara, July 11-13, 1977, O. Okyar and H. Inalcik, eds., Ankara, 1980, pp. 49-63.

# ANNEXES

Tableau I

Part de la population urbaine dans la population totale

| Registre | Nb. de foyers | % du nb. total | Nb. de célib. | % du nb. total | Nb. de veuves | % du nb. total |
|---|---|---|---|---|---|---|
| TT 370 | 4347 | 63 | 310 | 92 | 389 | 66 |
| TT 214 | 4476 | 67 | 710 | 56 | 324 | 58 |

Tableau II

Population des villes

| Ville | TT 370 Foyers | TT 370 Célib. | TT 370 Veuves | TT 214 Foyers | TT 214 Célib. | TT 214 Veuves | Évolution en % du nb. des foyers |
|---|---|---|---|---|---|---|---|
| Kefe | 3017 | 272 | 291 | 3043 | 582 | 241 | +0,9% |
| Soğudaq | 322 | 8 | 40 | 253 | 66 | 52 | —21,5% |
| Inkerman | 252 | 4 | 16 | 217 | 11 | 16 | —14% |
| Azaq | 250 | 10 | 2 | 448 | | | +80% |
| Balıqlağu | 179 | 4 | 22 | 158 | 28 | 12 | —12% |
| Mangub | 169 | 4 | 18 | 97 | 9 | 3 | —43% |
| Kerš | 121 | | | 175 | 14 | | +45% |
| Taman | 37 | 8 | | 85 | | | +129% |
| TOTAL | 4347 | 310 | 389 | 4476 | 710 | 324 | +3% |

LA POPULATION DU SUD DE LA CRIMÉE

TABLEAU III

POPULATION DES VILLAGES

Symboles utilisés :
FM    : foyers musulmans.
CM    : célibataires musulmans.
FNM   : foyers non-musulmans.
CNM   : célibataires non-musulmans.
V     : veuves (non-musulmanes).
X     : lacune dans notre dépouillement.
=     : mentionné mais sans précision du nb. d'habitants.
( )   : les chiffres entre parenthèses ne concernent qu'une partie du village.
+     : cf. le tableau de concordance des toponymes *in fine*.

*N.B.* — Nous suivons l'ordre des villages du TT 370.

| Villages | MM 17893 (nb. de foyers) | MM 334 (nb. de foyers) | TT 370 FM | CM | FNM | CNM | V | TT 214 FM | CM | FNM | CNM | V |
|---|---|---|---|---|---|---|---|---|---|---|---|---|
| **Villages dépendant de Şoġudaq** ||||||||||||||
| Monastir............ |   |   |   |   | 42 | 4 |   |   |   | 43 | 25 | 2 |
| Qutlaq +............ |   |   | 2 |   | 51 | 3 | X | X | X | X | X |   |
| Vorin +............. |   |   | 2 |   | 23 | 1 | X | X | X | X | X |   |
| Devaq.............. |   |   | 2 |   | 12 | 2 | X | X | X | X | X |   |
| Qurı Özen +......... |   |   | 1 |   | 76 |   | 1 | 3 | 92 | 25 | 10 |   |
| Ulu Özen........... |   |   |   |   | 45 | 4 |   |   | 53 | 5 | 1 |   |
| Šuma ?............. |   |   | 1 |   | 24 | 3 | X | X | X | X | X |   |
| Demürği +.......... |   |   | 6 |   | 56 | 10 | 5 |   | 44 | 20 | 2 |   |
| Korbaqla +......... |   |   | 2 | 1 | 31 | 5 | 5 |   | 25 | 16 | 4 |   |
| Qapshor +.......... |   |   |   |   | 56 | 3 | X | X | X | X | X |   |
| Üsküt +............ | = |   |   |   | 93 | 7 | X | X | X | X | X |   |
| Alušta +............ |   |   | 9 | 3 | 148 | 15 | 12 | 9 | 129 | 66 | 10 |   |
| Kiči Özen +......... |   | 34 |   |   | 44 | 3 |   |   | 43 | 16 | 10 |   |
| Qozlu +............ |   |   |   |   | 7 |   | X | X | X | X | X |   |
| Qopsel +........... | = | = |   |   | 21 | 3 | X | X | X | X | X |   |
| Toqluq +........... | = | = |   |   | 17 | 2 | X | X | X | X | X |   |
| Ayaseres ?.......... |   |   |   |   | 25 | 4 | X | X | X | X | X |   |
| Arpadi +........... |   | = |   |   | 10 | 1 | X | X | X | X | X |   |
| Tašlu +............ |   |   |   |   | 0 |   | X | X | X | X | X |   |
| Čölmekči........... |   |   |   |   | 9 |   | X | X | X | X | X |   |
| **Villages dépendant de Mangub** ||||||||||||||
| Šuh +.............. |   |   | 4 |   | 17 | 3 | 8 |   |   |   |   |   |
| Albati et Aya Todor +.. |   |   |   |   | 15 | 1 | 6 |   | 8 | 5 |   |   |
| Atım Čaqraġı +...... |   |   | 1 | 1 | 3 | 2 | X | X | X | X | X |   |
| Kirmanġıq +........ |   | = |   |   | 8 |   |   |   | 3 |   |   |   |
| Yeñi Şala........... |   |   | 0 |   | 0 |   | X | X | X | X | X |   |
| Atyo............... |   |   | 0 |   | 0 |   |   |   |   |   |   |   |
| Musqomya-ı küčük +... | 27 | 27 | 1 | 1 | 39 |   | 3 |   | 32 | 4 | 7 |   |
| Baydar +........... | 14 | 14 |   |   | 17 | 1 |   |   | 21 | 5 | 4 |   |
| Şavatike +.......... |   |   |   |   | 14 | 3 |   |   | 13 | 4 | 1 |   |

# IX

| Villages | MM 17893 (nb. de foyers) | MM 334 (nb. de foyers) | TT 370 FM | CM | FNM | CNM | V | TT 214 FM | CM | FNM | CNM | V |
|---|---|---|---|---|---|---|---|---|---|---|---|---|
| Qılındı + | | | | | 13 | 2 | | | | 12 | | 1 |
| Ḫāš Petri + | | | | | 33 | | | | | 11 | 12 | |
| Nebor ? alias Qāḍılı + .. | | | 16 | 4 | 38 | 2 | | 80 | 16 | 27 | 13 | |
| Sulṭān Ṣalası | | | 0 | | 0 | | | | | 16 | | |
| Ṣaru Kirman | | | 0 | | 0 | | | 0 | | 0 | | |
| Ḫurzuf + | | | | | 150 | 2 | | X | X | X | X | X |
| Partın + | | | | | 114 | 7 | | X | X | X | X | X |
| Lanbad + | | | 2 | | 73 | 2 | | X | X | X | X | X |
| Yalta + | | | | | 48 | 4 | | 1 | | 70 | 7 | 2 |
| Dere-i qariye-i Yalta +. | | | | | 41 | 3 | | | | 39 | 5 | 2 |
| ʿAvtika + | | | | | 34 | | | | | 33 | 5 | 2 |
| Marsanda + | | | | | 19 | 2 | | | | 14 | 3 | |
| Alubka + | | | 4 | 2 | 28 | | | 3 | 1 | 28 | 3 | 3 |
| Misḫor + | | | 1 | 1 | 64 | 3 | | 5 | 2 | 46 | 24 | 4 |
| Limona + | | | 2 | 1 | 22 | 4 | | 6 | 1 | 18 | 2 | 2 |
| Šembos ? | | | | | 30 | | | | | 31 | 3 | 1 |
| Keknos + | | | 1 | | 37 | 2 | | X | X | X | X | X |
| Sikite + | | 28 | | | 38 | 3 | | | | 49 | 3 | 1 |
| Ḥayto + | | | | | 51 | | | | | 49 | 7 | 5 |
| Čerġona + | | 25 | 6 | | 25 | 7 | | 8 | 4 | 25 | 6 | 5 |
| Sotira | | | 7 | 2 | 15 | 1 | | X | X | X | X | X |
| Taš iskele | | | | | 22 | 3 | | 1 | 2 | 18 | 7 | 1 |
| Musqomya-ı Büzürg +.. | | | | | 43 | | | 1 | | 30 | 6 | 6 |
| Foroy + | 22 | 22 | 4 | 3 | 50 | 1 | | 9 | | 41 | 6 | 3 |
| Qamra + | | | 1 | 1 | 26 | 3 | | 4 | 3 | 22 | 19 | 8 |
| Qrano + | 16 | = | 4 | 1 | 25 | 11 | | X | X | X | X | X |
| Qoġa Ṣalası + | (16)+ (10) | (10) | 1 | | 82 | 11 | | X | X | X | X | X |
| Vikne + | | = | | | 48 | 6 | | X | X | X | X | X |
| Ġavri + | | | | | 19 | | | 8 | | 15 | 8 | 20 |
| Suren + | | = | | | 58 | 5 | | | | 38 | 33 | 5 |
| Čerkes kirman + | | | 5 | 3 | 65 | 7 | | | | 44 | 25 | 7 |
| Bahadur | | | 2 | | 65 | | | | | 41 | 25 | 4 |
| Oġi | | | 1 | | 17 | 1 | | | | 3 | | 3 |
| Marquri + | | | | | 30 | 5 | | 4 | | 11 | 11 | 1 |
| Yanġu + | | | 3 | | 5 | | | 3 | 3 | 3 | | |
| Qoqlus + | | | | | 10 | 1 | | | | 11 | 5 | |
| Foti + | | | | | 37 | 6 | | X | X | X | X | X |
| Uġri Qosta + | | 33 | 1 | | 46 | 1 | | 6 | | 41 | 4 | |
| Tulı + | 20 | 20 | 1 | | 27 | 4 | | | | 29 | 16 | 1 |
| Beġġan ? alias Čölmekči. | | | 4 | 1 | 12 | | | | 3 | 16 | 14 | 3 |

VILLAGES DÉPENDANT DE KERŠ

| Ḫıżır Ilyās | | | | | 32 | | | X | X | X | X | X |
|---|---|---|---|---|---|---|---|---|---|---|---|---|
| Ġanqobedi ? | | | | | 20 | | | X | X | X | X | X |
| Ḥāġġi Bonġuq | | | | | 3 | | | X | X | X | X | X |

LA POPULATION DU SUD DE LA CRIMÉE 246

Tableau IV

Classement des villages selon leur population

| Nombre d'habitants | TT 370 + | | TT 214 ++ | |
|---|---|---|---|---|
| | Nombre de villages | % du nombre total des villages | Nombre de villages | % du nombre total des villages |
| 0 à 19 | 17 | 27 | 11 | 26 |
| 20 à 39 | 23 | 36 | 16 | 38 |
| 40 à 79 | 18 | 28 | 13 | 31 |
| Plus de 80 | 6 | 9 | 2 | 5 |

+ Dépouillement sur 64 villages.
++ Dépouillement sur 42 villages.

Tableau V

Population musulmane des villes

| Villes | TT 370 | | | | TT 214 | | | |
|---|---|---|---|---|---|---|---|---|
| | Nb. de quartiers | Foyers | Célibataires | % du nb. total des foyers | Nb. de quartiers | Foyers | Célibataires | % du nb. total des foyers |
| Kefe | 39 | 1023 | 169 | 34 | 41 | 1420 | 271 | 47 |
| Şoġudaq | 1 | 24 | 8 | 7,5 | 1 | 10 | 3 | 4 |
| Inkerman | 1 | 35 | 4 | 14 | 1 | 48 | 4 | 22 |
| Azaq | 4 | 170 | 10 | 68 | 4 | 287 | | 64 |
| Balıqlaġu | 1 | 25 | 4 | 14 | 3 | 33 | 3 | 21 |
| Mangub | 3 | 33 | 4 | 19,5 | 3 | 36 | | 37 |
| Kerš | 1 | 48 | | 40 | 2 | 122 | 11 | 70 |
| Taman | 1 | 25 | 3 | 67,5 | 2 | 85 | | 100 |
| TOTAL | 51 | 1383 | 202 | 31 | 57 | 2041 | 292 | 46 |

Tableau VI

Répartition de la population arménienne

| Villes | TT 370 | | | | | TT 214 | | | | |
|---|---|---|---|---|---|---|---|---|---|---|
| | Nb. de quartiers et communautés | Foyers | % du nb. total des foyers | Célibataires | Veuves | Nb. de quartiers et communautés | Foyers | % du nb. total des foyers | Célibataires | Veuves |
| Kefe | 13 | 1339 | 44 | 74 | 210 | 13 | 1093 | 36 | 212 | 144 |
| Şoġudaq | 1 | 27 | 8 | | | 1 | 14 | 5,5 | 6 | 1 |
| Inkerman | 1 | 9 | 3,5 | | | 1 | 9 | 4 | | 1 |
| Balıqlaġu | 1 | 14 | 8 | | 3 | 1 | 18 | 11 | 2 | 2 |
| Mangub | 1 | 8 | 5 | | | 0 | 1 | 1 | | |
| TOTAL | 17 | 1397 | 20,5 | 74 | 213 | 16 | 1135 | 17 | 220 | 148 |

## Tableau VII
### Répartition de la population grecque dans les villes

| Villes | TT 370 ||||| TT 214 |||||
|---|---|---|---|---|---|---|---|---|---|---|
| | Nb. de quartiers et communautés | Foyers | % du nb. total des foyers | Célibataires | Veuves | Nb. de quartiers et communautés | Foyers | % du nb. total des foyers | Célibataires | Veuves |
| Kefe............ | 9 | 519 | 17 | 27 | 71 | 10 | 438 | 14 | 64 | 82 |
| Şoġudaq........ | 14 | 269 | 83,5 | | 40 | 10 | 229 | 90 | 57 | 51 |
| Kerš............ | 1 | 73 | 60 | | | 2 | 47 | 27 | 3 | |
| Taman.......... | 1 | 3 | 8 | | | 0 | 0 | | | |
| Inkerman....... | 7 | 208 | 82,5 | | 16 | 7 | 160 | 74 | 7 | 15 |
| Azaq........... | | | | | | 1 | 10 | 2 | | |
| Balıqlaġu....... | 5 | 126 | 70 | | 18 | 5 | 98 | 62 | 26 | 10 |
| Mangub........ | 6 | 68 | 40 | | 12 | 1 | 25 | 26 | 6 | 3 |
| TOTAL........ | 43 | 1266 | 29 | 27 | 157 | 33 | 1007 | 22,5 | 163 | 161 |

*N.B.* — Dans les cas de Kerš et de Taman, il n'est pas spécifié que ces *gebrān* sont des Grecs. D'autre part, le pourcentage total des foyers grecs est donné par rapport à la seule population urbaine totale, compte tenu de la relative incertitude pesant sur la population rurale (cf. exposé *supra*).

## Tableau VIII
### Répartition de la population juive

| Villes | TT 370 ||||| TT 214 |||||
|---|---|---|---|---|---|---|---|---|---|---|
| | Nb. de quartiers et communautés | Foyers | % du nb. total des foyers | Célibataires | Veuves | Nb. de quartiers et communautés | Foyers | % du nb. total des foyers | Célibataires | Veuves |
| Kefe............ | 2 | 92 | 3 | 1 | 9 | 3* | 89 | 3 | 35 | 15 |
| Şoġudaq........ | 1 | 2 | 0,6 | | | 0 | 0 | | | |
| Mangub........ | 1 | 48 | 28 | | 3 | 1 | 35 | 36 | 3 | |
| Balıqlaġu....... | 1 | 15 | 8 | | 1 | 1 | 11 | 7 | | |
| Alušta.......... | 1 | 20 | 13 | | 2 | 1 | 18 | 13 | 3 | |
| TOTAL........ | 6 | 177 | 2,5 | 1 | 15 | 6 | 153 | 2,3 | 41 | 15 |

\* ont été inclus les Tcherkesses juifs d'Otuzlar.

LA POPULATION DU SUD DE LA CRIMÉE

Tableau IX

Répartition de la population rus

| Villes | TT 370 ||||| TT 214 |||||
|---|---|---|---|---|---|---|---|---|---|---|
| | Nb. de quartiers et communautés | Foyers | % du nb. total des foyers | Célibataires | Veuves | Nb. de quartiers et communautés | Foyers | % du nb. total des foyers | Célibataires | Veuves |
| Kefe | 1 | 34 | 1,1 | 1 | | 1 | 27 | 0,8 | 1 | 3 |
| Azaq | 1 | 21 | 8 | | | 1 | 47 | 10,5 | | |
| TOTAL | 2 | 55 | 1 | 0,8 | | 2 | 74 | 1,1 | 1 | 3 |

Concordance des termes géographiques*

| Forme ottomane | Forme médiévale | Forme moderne (transcrite du cyrillique) |
|---|---|---|
| Alubka | Lupiko | Alupka |
| Alušta | Lusce, Lusta | Alušta |
| Arpadi | Carpati | Arpat |
| Atım čaqraġı | | Adym čokrak |
| ʿAvtika (cf. Yalta) | | |
| Aya Todor | | Aj-Todor |
| Azaq | La Tana | Azov |
| Balıqlaġu | Cembalo | Balaklava |
| Baydar | | Bajdary |
| Čerġona | | Čorgun |
| Čerkes kirman | | Čerkes kermen |
| Demürği | Paradixii ? | Demerği |
| Dere (cf. Yalta) | | |
| Foroy, Faros | Fori | Foros |
| Foti | | Fot-Sala |
| Ġavri | | Ġavry |
| Ḫāṣ Petri | | Aj-Petri |
| Ḫayto | | Hajto |
| Ḫurzuf | Gorzovium, Gorzonium Gurzuf | Gurzuf |
| Inkerman | Calamita | Inkerman |
| Kefe | Caffa | Feodosija |
| Kerš | Vosporo | Kerč |
| Keknos | Chichineo, Chinicheo | Kikeneiz |

* Sources : 1) pour la période médiévale : P. Bruun, *Notices historiques et topographiques concernant les colonies italiennes en Gazarie*. Mémoires de l'Académie impériale des sciences de St. Petersbourg, VIIe série, t. X, n° 9, 1866, p. 48 ; C. Desimoni, « Nuovi studi sull' atlante luxoro », in *Atti della Società ligure di Storia patria*, V, Gênes, 1867, p. 253-255 (utilise les « cartolari » de la « Massaria » de Caffa, pour 1381-1382 ; W. Heyd, *op. cit.*, II, p. 208-210 ; 2) pour la période moderne : J. J. Hellert, *Nouvel atlas physique, politique et historique de l'Empire Ottoman et des états limitrophes en Europe, en Asie et en Afrique*, Paris, 1844, planche XXI, Crimée ; G. Moskvič, *Praktičeskij putevoditel po Krymu* (Guide pratique de la Crimée), Odessa, 1910 ; *Ortsverzeichnis der Krim mit ortsweisen Nationalitätenangaben nach der Zählung von 17. Dezember 1926*, Schriften der Publikationstelle Wien für den Dienstgebrauch, Vienne, 1944.

# IX

| Forme ottomane | Forme médiévale | Forme moderne (transcrite du cyrillique) |
|---|---|---|
| Kiči Özen | | Kučuk Uzen |
| Kirmanğıq | | Kermenğik |
| Korbaqla | Cara Ikoclac ? | Korbekly |
| Lanpad (Büyük et Küčük) | Petit et Grand Lambadie | Lambat (Bijuk et Kučuk) |
| Limona | | Limeny |
| Mangub | Theodoro, Theodori, Mangup | Mangup Kale |
| Marquri | | Markur |
| Marsanda (cf. Yalta) | | |
| Misḫor | Muzacori | Mishor |
| Musqomya-ı küçük et -ı büzürg | | Kučuk Muskomja et Bijuk Muskomja |
| Otuzlar | Otuzii Locus | Otuz |
| Partın | Pertinita | Partenit |
| Qāḍīlı alias Neḫor (?) | | Kadykovka |
| Qamra | | Komary |
| Qapsḫor | La Canecha ? | Kapsihor |
| Qılındı | | Kalendija |
| Qoğa Şalası | | Hoğa-Sala |
| Qopsel | | Kapsel |
| Qoqlus | | Kokkuluz |
| Qozlu, Qozlar | Koz | Koz |
| Qrano, Qraqo | | Karan |
| Qurı Özen | | Kuru Uzen |
| Qutlaq | Lo Carto ? | Kutlak |
| Saḫtek | | Sahtik |
| Şavatike | | Savatka |
| Sikite | Sykita, Sicita, Sychit | Nikita |
| Şoġudaq | Soldaia, Soldadia | Sudak |
| Šulı | | Šulju |
| Suren | | Kučuk et Bijuk Sjuren |
| Taman | Matrega | Taman |
| Tašlu | Tarataxii | Taraktaš |
| Toqluq | Lo Carto ? | Tokluk |
| Tulı | | Tjulle |
| Uġri Qosta | | Urkusta |
| Ulu Özen | Megapotamo | Ulu Uzen |
| Üsküt | Scutti, Stuta, Lo Scuto | Uskjut |
| Vorin | Lovolli ? | Vorony |
| Yalta | Djalia, Jallita | Jalta |
| Quartiers de Yalta : | | |
| Dere | | Derekoj (au nord) |
| Marsanda | | Massandra (à l'est) |
| ʿAvtika | | Autka (à l'ouest) |
| Yanğu | | Janju |
| Yeñi Şala | | Eni Sala |

# X

## Une communauté ottomane: les Juifs d'Avlonya (Valona) dans la deuxième moitié du XVI° siècle

L'histoire générale des Juifs de l'empire ottoman a depuis longtemps fait l'objet de nombreuses études et il en va de même de quelques grandes communautés comme celles d'Istanbul et de Salonique [1], mais combien de communautés particulières dont on pressent le rôle régional ou même international restent à peu près inconnues! N'est-ce pas cependant en leur consacrant des études détaillées, en exploitant les sources qui les concernent – les sources ottomanes notamment – restées jusqu'ici en friche, qu'on a des chances de renouveler la connaissance du sujet dans son ensemble?

On nous accordera sans doute que la communauté juive de Valona (en turc: Avlonya, en albanais: Vlorë) en Albanie fait encore partie de ces méconnues. Pourtant les documents d'archives déjà exhumés à ce propos, provenant en particulier des fonds de Doubrovnik [2], de Venise [3] et d'Istanbul [4], ont non seulement établi son existence mais suggéré son importance parmi les communautés juives d'Europe orientale à l'époque ottomane.

Cette impression est entièrement confirmée par un registre des *qāḍī* [5] d'Avlonya dont l'examen nous a incité à aborder à notre tour la question pour tenter de l'approfondir.

Ce registre signalé par le catalogue des manuscrits turcs d'Italie de Rossi est conservé à la bibliothèque du Vatican [6] où il est parvenu à la suite d'un don de l'archevêque catholique de Bar (Monténégro), Andrija Zmajević [7]. Il comprend 241 folios et couvre la période de janvier 1567 à avril 1568 [8]. Il est bien entendu au même titre que tous les *siğill* des *qāḍī* ottomans riche d'enseignements variés sur la ville qu'il concerne et sa région, notamment dans leurs aspects économiques et sociaux [9], mais ce spécimen est d'autant plus précieux que selon le témoignage de l'historien albanais Selami Pulaha, il n'a pas subsisté en Albanie même d'autres *siğill* des *qāḍī* d'Avlonya: on en a conservé seulement pour d'autres villes albanaises et encore pour des périodes plus tardives [10].

On est frappé d'emblée en consultant le registre du Vatican par le grand nombre des actes mettant en scène partiellement ou même exclusivement des Juifs. Nous en avons repéré quelque 200 concernant à des titres divers plus de 150 habitants juifs différents de la ville. Dès l'abord se trouvent mises ainsi en évidence l'importance de la communauté à cette époque comme d'ailleurs l'intensité de ses relations avec le tribunal musulman.

A travers les multiples affaires traitées apparaissent un grand nombre d'informations sur la vie de cette communauté dans ses aspects les plus concrets. Sans doute par leur nature même, ces documents ne nous apprennent-ils pas tout de cette communauté. Seules émergent les questions ayant fait l'objet d'une comparution devant le *qāḍī* en vue d'un jugement ou d'une simple officialisation, et de celles-ci nous ne connaîtrons que les éléments retenus par le procès-verbal (*hüğğet*) du tribunal, établi selon des règles assez strictes avec un souci constant de s'en tenir à l'essentiel. En outre, la brièveté de la période embrassée – quinze mois – interdit de tirer des informations recueillies des conclusions trop générales. Même à s'en tenir à la seconde moitié du XVI$^e$ siècle, une étude plus complète nécessiterait à l'évidence le recours à d'autres sources: sources juives, bien sûr, comme des *responsa* de rabbins se rapportant à Valona; sources provenant des cités avec lesquelles Valona était en rapport: Venise et Doubrovnik assurément, mais aussi d'autres villes voisines des Balkans comportant également des communautés juives: Berat, Arta, Jannina, Trikkala, Kastoria et surtout Salonique, cette dernière ayant d'ailleurs conservé une collection exceptionnellement riche de *siğill* ottomans; sources ottomanes d'autres natures enfin: registres fiscaux, *mühimme defteri*, etc. Aussi partiels que soient par conséquent les premiers résultats obtenus, nous les soumettons comme une contribution parmi d'autres à l'exploitation des registres de *qāḍī* pour la connaissance des communautés juives de l'empire ottoman.

L'histoire de la communauté juive de Valona avant les années de la deuxième moitié du XVI$^e$ siècle qui nous retiendront particulièrement ici, comprend des obscurités dont nous ignorons jusqu'à quel point elles pourront être réduites. Sans prétendre reprendre ici la question de façon détaillée, rappelons quelques jalons qui semblent se dégager. On n'a pas à notre connaissance d'attestation de l'existence de communautés juives dans les villes d'Albanie à l'époque romaine et au début de l'époque byzantine mais cette existence peut être supposée – supposition d'ailleurs plus vraisemblable encore pour Durrës (Durazzo, Dyrachium) sur la *via Aegnatia* que pour Valona. Pour passer à la fin du XII$^e$ siècle, Benjamin de Tudèle ne mentionne pas de communautés dans ces mêmes villes, s'il signale toutefois la présence d'éléments juifs ou plus ou moins judaïsés sur le territoire de l'actuelle Albanie [11].

# X

### Les Juifs d'Avlonya (Valona)

Les premières attestations précises de la présence de Juifs à Durrës proviennent des archives de Raguse et commencent en 1281. Les deux premières mentions dans ces mêmes archives de Juifs de Valona précèdent de peu la conquête turque (1417) puisqu'elles sont de 1414: l'une a trait à trois Juifs de Valona vivant à Corfou mais s'en absentant fréquemment pour commercer en Albanie [12]; l'autre se rapporte à un Juif de Valona, Haim, qui envoie une grande quantité de sel à Doubrovnik [13]. Le même personnage sera d'ailleurs cité à plusieurs reprises pour ses affaires avec Raguse jusqu'en 1436, sous le nom de Haim Kalo. Les historiens yougoslaves Tadić et Hrabak évoquent plusieurs cas témoignant de l'importance des relations commerciales et financières entre les Juifs de Valona et Doubrovnik jusque dans les années quarante du XV$^e$ siècle. Il semble que la communauté ait amorcé son développement sous le régime du féodal Mrkša Zarković puis de sa veuve Ruđina à un moment où Durazzo passée sous le contrôle vénitien en 1392 voyait décliner son rôle commercial: l'un des marchands juifs de Valona, Franko Josifović, sert d'homme de confiance à cette Ruđina, *gospodarica* de Valona et de Berat, qui le charge de porter une lettre officielle à Doubrovnik [14]. Les Turcs conquièrent Avlonya en 1417 [15] et la communauté juive commence à prendre toute son importance dans les débuts de la domination ottomane. A côté d'éventuels éléments romaniotes antérieurement présents, la ville en attira d'autres des communautés environnantes. Elle dut également bénéficier dès cette époque de l'apport d'immigrants de Corfou et autres possessions vénitiennes et peut-être aussi des Pouilles vers lesquelles affluaient alors des Juifs ibériques (notamment de Catalogne) et français expulsés du royaume depuis 1394 [16].

Dans cette phase initiale de la domination ottomane, on a la surprise de rencontrer, à travers le registre de *timār* albanais de 1431-1432 publié par H. Inalcik, un timariote juif du nom de Ḥayo (orthographié aussi Ḥayi) *yahudi* [17]. Le *timār*, d'ailleurs modeste puisqu'il est d'un revenu de 761 aspres quand la moyenne à cette époque était de 2.000, fait partie de la circonscription (*vilāyet*) de Kanina, une place-forte à 4 km au sud d'Avlonya. La "réserve timariale" comprend un moulin et un noyer. Le détenteur qui est rangé (seul Juif dans ce cas!) parmi les gardiens (*müstḥafīẓ*) de la forteresse de Kanina avait été antérieurement tenu de combattre (*qadīm-den yeyügelmiš*) en contrepartie de son *timār*, mais il en est dispensé (pour des raisons d'âge?) à l'époque du recensement. Une note marginale postérieure indique qu'en août 1452, le détenteur étant décédé, son *timār* a été transféré à son fils qui sert au château tout juste édifié de Rūmeli Ḥiṣār sur le Bosphore. La forme islamique du nom de ce fils (Ilyās) suggère que ce dernier était passé à l'Islam.

X

Alors que l'existence de timariotes chrétiens est abondamment attestée pour les Balkans ottomans au XVe siècle [18], nous n'avons pas connaissance d'autres cas de timariotes juifs. Il est regrettable de ne pas en apprendre plus sur ce Ḥayo. L'origine même de son nom nous reste obscure. S'agit-il d'une forme de Haim? Le rapprochement avec le Haim¹ Kalo des archives ragusaines pour séduisant qu'il soit reste évidemment des plus hypothétiques. Dans le processus généralement en vigueur pour les chrétiens, ce sont d'anciens seigneurs locaux dont les Turcs ont fait des timariotes: s'il en est allé de même pour notre Juif, il faudrait voir en lui un propriétaire foncier bien implanté localement.

A partir des années 1440, les archives de Raguse mettent en évidence l'effacement des Juifs de Valona. Cette situation est bien entendu à mettre en rapport avec les troubles qu'entraîne pour la région, à partir de 1443, la révolte de Georges Castriota (Skander beḡ) [19]. Dès le début de la révolte, selon Rozanes, les Juifs d'Albanie auraient fui devant les incertitudes de la conjoncture [20]. On sait d'autre part qu'une congrégation d'Avlonya figurait parmi les communautés juives d'Istanbul. Elle apparaît dans deux registres qui recensent ces dernières au milieu du XVIe siècle: ils lui attribuent alors respectivement onze et huit foyers [21]. Un problème de chronologie reste donc en suspens: les Juifs de Valona avaient-ils déjà émigré à Constantinople au moment de la conquête de cette ville par Meḥmed II en 1453 ou furent-ils appelés dans sa nouvelle capitale par le sultan ottoman à l'instar de la plupart des communautés juives de l'empire? Dans cette seconde hypothèse nous ignorons ce qu'était devenue la communauté dans les années séparant les débuts de l'insurrection albanaise de la prise de Constantinople. Dans les deux hypothèses, il faudrait considérer, compte tenu de la situation propre de cette communauté, que les Juifs d'Avlonya ne furent pas déportés de force à Istanbul, comme ce fut le cas des autres Juifs auxquels Meḥmed II appliqua le statut particulier des déportés (sürgün). La question se pose également de savoir comme pour les autres communautés concernées – Salonique, par exemple – si le départ pour Istanbul n'avait affecté qu'une partie de la communauté ou si toute présence juive avait disparu localement dans les années suivant ce départ [22]. De fait, on constate que pour 1482-1484, un Juif dit d'Avlonya est mentionné parmi les garants des affermataires juifs de la douane d'Istanbul et de Galata [23], mais il peut bien s'agir d'un Juif originaire d'Avlonya, établi à Istanbul. Signalons aussi à titre indicatif, sans bien entendu que le fait soit véritablement probant, qu'en 1486-87, il n'y a pas de Juif parmi les trois affermataires des salines de Salonique et d'Avlonya [24].

Il n'est pas douteux en tout cas que le port albanais va bénéfi-

## Les Juifs d'Avlonya (Valona)

cier, au moins à partir de l'extrême fin du XV<sup>e</sup> siècle, d'un apport nouveau d'émigrés juifs ibériques et italiens, que ceux-ci soient venus rejoindre un fonds antérieur subsistant ou aient reconstitué *ex nihilo* une communauté entièrement disparue.

Dès la fin du XV<sup>e</sup> siècle, soit avant la première expulsion officielle des Juifs du royaume de Naples en 1510-11, les Juifs des Pouilles auraient traversé le canal d'Otrante en nombre considérable pour s'établir à Valona. La communauté dispose à la fin du XV<sup>e</sup> et au début du XVI<sup>e</sup> de plusieurs rabbins successifs originaires d'Italie, le plus fameux étant, à partir de 1512, David Messer Leon, originaire de Mantoue [25].

Arrivés un peu avant ou après les actes officiels d'expulsion d'Espagne (1492) et de conversion forcée au Portugal (1497), les émigrés ibériques sont également présents: on signale notamment la venue au XV<sup>e</sup> siècle de 70 familles de Marranes originaires de Valence [26]. D'ailleurs, l'arrivée des Ibériques se faisait après des séjours antérieurs en Italie.

Entre ces éléments de diverses origines les frictions ne manquent pas. C'est d'ailleurs un conflit avec les éléments espagnols de la communauté qui amène Messer Leon à quitter Valona pour Salonique. On mentionne pour la même époque un antagonisme entre originaires d'Espagne et originaires du Portugal.

A quatre reprises, au début et à la fin du XVI<sup>e</sup> siècle, on dispose pour la communauté d'Avlonya de données chiffrées, celles des registres de recensement ottomans (*tapu ve tahrir defteri*). Même si ces chiffres ne vont pas sans problèmes et ne sont pas à accepter aveuglément [27], même s'il n'est pas possible de les corroborer, ils sont à citer et à comparer entre eux.

En 1506-7 (*TT 34*) la communauté comprend 97 foyers (*ḫāne*) juifs pour 665 foyers, 107 célibataires (*müğerred*) et 40 veuves (*bîve*) chrétiens (il n'y a pas de musulmans: nous supposons qu'ils sont recensés avec la garnison de la forteresse par ailleurs). En 1519-20 (*TT 99*) la population chrétienne est passée à 945 foyers mais dans le même temps l'accroissement des Juifs est encore beaucoup plus fort: ils comptent désormais 528 foyers (*recte*: 527), 66 célibataires et 16 veuves chefs de famille. Le total proposé de 520 individus imposables (*neferān*) provient d'une erreur arithmétique: ils sont en fait 609. Dans la mesure où ces deux recensements sont fiables et ont bien été établis sur les mêmes bases, la communauté aurait enregistré en quelque 13 ans un accroissement de cinq à six fois. Il faut considérer que l'immigration juive à Avlonya a connu sa vague maximale entre les dates des deux registres. En outre, contrairement au premier, le second registre [28] répartit cette population juive en plusieurs quartiers dénommés d'après le lieu d'origine des habitants ou le nom du chef de quartier (*TT 99*, pp. 11-14): quartiers *ispanyol* (espagnol): 101 foyers; de *Mezestrin* (Mistra dans le Péloponnèse [29]): 27 foyers; de *Qatalon* (Catalogne): neuf foyers; d'Isaq fils de Šinye (?), d'Isaq *čilčilyā* (Sicilien), de Nesim fils de Yosef, de Portoqol (Portugal): 63 foyers; de *Qalivrus* (Calabre), d'Otrondo (Otrante): 54 foyers; de Šiamǧaleto (San Angelo?): 128 foyers.

L'affluence des émigrés fait donc d'Avlonya à cette époque le siège d'une communauté juive diverse et considérable, l'une des plus importantes de l'empire ottoman, venant bien entendu nettement après Salonique et Istanbul, mais la troisième de la partie européenne de l'empire. En outre, si les Juifs ne représentent pas à Avlonya comme à Salonique la majorité de la population totale, ils en constituent cependant plus du tiers [30].

Cet afflux d'immigrés ne peut s'expliquer que par l'importance économique de la ville au début du XVIe siècle. Avlonya était devenue en 1466 un chef-lieu militaire et administratif, celui du *sanǧaq* auquel elle donne son nom. Surtout les Turcs s'étaient attachés à faire de ce port, le premier de la côte albanaise à être passé entre leurs mains (Durazzo ne devient ottomane qu'en 1501) une plaque tournante de leur commerce en Adriatique. L'échelle s'est ainsi développée en dépit de conditions climatiques et géographiques qui n'étaient pas particulièrement favorables. On se fait une idée de l'envergure de son trafic d'après un document – postérieur, il est vrai – la version de 1583 du règlement douanier d'Avlonya, laquelle au demeurant est présentée comme reproduisant celle d'un registre précédent (*ber muǧeb-i defter-i ʿatīq*): Avlonya est reliée à d'autres zones de l'empire ottoman, Istanbul, Bursa, les pays du Danube et du nord de la mer Noire et d'autre part avec les "pays des Francs" (*Frenk memleketi*), Doubrovnik, Venise et Florence étant nommément citées [31].

Après le maximum de 1520 la population juive a connu une décrue. Aux arrivées massives, des départs ont succédé. Par exemple, A. Milano évoque un départ en bloc des Apuliens en 1536, découragés par le climat et les conditions de vie inhospitalières de la région de Valona [32]. D'ailleurs, on peut supposer que l'expulsion, l'année suivante, des Juifs d'Apulie par le Pape prenant le contrôle de la province, a pu amener des retours vers Valona [33]. En outre, s'il faut en croire le bruit qui courut à Raguse, une épidémie de peste aurait affecté Avlonya en 1557 [34]. Au demeurant, l'insalubrité n'est sans doute pas seule en cause et l'on peut supposer qu'en dépit de son dynamisme, la ville n'était pas en mesure d'occuper durablement une communauté juive aussi massive. Néanmoins le recensement de 1583 attribue encore à la ville 212 Juifs imposables (soit masculins et adultes). Ce chiffre postérieur d'une quinzaine d'années à la date de

## Les Juifs d'Avlonya (Valona)

notre registre de *qāḍī* en est chronologiquement le plus proche. Dans la mesure où il était déjà *grosso modo* valable pour 1567-68, on peut apprécier quelle large part de la population juive représentaient les 175 individus différents (dans lesquels il est vrai des femmes sont incluses) ayant eu affaire au *qāḍī* dans les quinze mois concernés.

Epstein cite encore un chiffre pour 1597 emprunté à un registre (*Mâliyeden müdevver*, n. 14 604) dont il ne précise pas la nature, qui dénote une nette chute puisque seuls 50 individus imposables auraient subsisté. Ce déclin pourrait s'expliquer par une désertion accrue d'Avlonya à l'extrême fin du siècle au profit d'autres villes voisines: l'insalubrité des conditions locales aurait accentué ses effets [35]; d'ailleurs la peste sévit en 1570 et 1580 [36]; d'autre part des rivales étaient apparues: Durazzo reprend de son importance à la fin du XVIe siècle et Alessio (Lesh), conquise par les Turcs depuis 1509, se développant comme débouché de la Macédoine, attire des Juifs de Valona depuis les années soixante [37].

Une communauté se maintient néanmoins qui, même en perte de vitesse, continue à faire parler d'elle: des documents d'assurances vénitiens consécutifs à des sinistres maritimes, des années 1592-1609, attestent le rôle presqu'exclusif des Juifs dans le commerce entre Venise et Valona à cette époque [38] et dans le même temps des Juifs de Valona continuent à figurer dans des actes ragusains.

La communauté existe encore à la fin du XVIIe siècle puisqu'en 1688, lors du siège de Valona par les Vénitiens, beaucoup de Juifs fuient la ville pour se réfugier à Berat. Ils regagnent d'ailleurs Valona avec le retour des Turcs [39].

Nous avons souligné d'entrée de jeu combien les Juifs sont présents dans les actes conservés du tribunal musulman d'Avlonya. On les y voit prendre part à des affaires de types variés qu'on peut regrouper sous les rubriques suivantes: règlements de dettes (de loin les cas les plus nombreux); litiges commerciaux; délits fiscaux; délits criminels; transactions immobilières; affaires familiales: mariages, dots, tutelles, donations entre parents, héritages. Ils apparaissent dans ces diverses circonstances confrontés à des musulmans et des chrétiens de la ville et de ses environs, mais aussi, fréquemment, à leurs propres coreligionnaires, ce qui est la règle pour la dernière rubrique citée.

La description plus précise de ces différents types d'affaires et des actes judiciaires auxquels elles donnent lieu mérite une étude à part, d'autant qu'elle débouche sur un problème complexe et d'une portée générale: pourquoi, dans une ville disposant par ailleurs d'une juridiction juive, les sujets juifs du sultan s'adressent-ils si massivement au tribunal islamique, y compris pour des affaires entre Juifs,

X

entrant précisément dans la sphère d'autonomie des communautés non musulmanes de l'empire ottoman, relevant au premier chef de la loi juive? Il nous a semblé que ces questions, débordant le cadre du présent colloque, devaient être abordées par ailleurs [40]. Nous nous bornerons donc ici à puiser dans ces documents les lumières qu'ils peuvent apporter sur la communauté juive d'Avlonya à l'époque de leur élaboration.

Dans les actes de notre registre, les Juifs apparaissent toujours sous une forme identique. Le nom proprement dit est précédé de la formule: *Avlonya yahudilerinden* (l'un des Juifs d'Avlonya) et suivi de l'épithète: *yahudi* (juif). On notera que seuls des Juifs habitants d'Avlonya sont cités, à la seule exception d'un Juif de Berat (*belğradlu*) qui fait construire une maison à Avlonya et se fait d'ailleurs représenter au tribunal par un délégué (*vekīl*) juif d'Avlonya (f. 70v 3) [41].

Dans les cas, d'ailleurs rares (deux cas), où le *qāḍī* évoque la communauté juive de la ville dans son ensemble, il utilise l'expression (habituelle dans les recensements ottomans) de *yahudi ṭā'ifesi*: il n'est bien entendu pas question à cette époque du terme de *millet*.

L'appellation de *zimmī*, générale dans le vocabulaire islamique pour désigner les "sujets protégés", chrétiens et juifs en principe, du souverain musulman [42], n'est jamais employée ici à propos de Juifs, étant réservée aux seuls chrétiens qualifiés pour ce qui les concerne de *zimmī* ou encore de *kāfir* (plur. *kefere*: infidèles): la place relativement privilégiée des *yahudi* parmi les sujets non-musulmans du sultan se reflète dans ces nuances de terminologie [43].

Pour la dénomination même des personnes, le *qāḍī* suit de près l'usage musulman qui consiste, rappelons-le, à désigner un individu par son prénom suivi de celui de son père (les noms de famille étant exceptionnels): de la même façon, les Juifs d'Avlonya apparaissent avec leur prénom suivi du prénom de leur père. Les deux prénoms peuvent être directement accolés l'un à l'autre (ex.: Abram Isaq) ou comme pour les musulmans être séparés par le mot arabe *bin* (fils de) ou encore par le terme persan synonyme de *veled* réservé dans l'empire aux non-musulmans [44]. On notera d'ailleurs une tendance à attribuer au fils (aîné?) le prénom de son grand-père: par exemple, le fils d'Abram fils d'Isaq s'appelle Isaq fils d'Abram (f. 155r 3).

Les femmes sont qualifiées de *yahudiyye* et désignées par leur prénom séparé de celui de leur père par l'arabe *bint* (fille de). Le fait qu'elles soient mariées ou non ne change rien à ce principe.

Ce mode de désignation n'est pas sans inconvénient pour l'historien: quand deux dénominations identiques apparaissent dans des documents différents, il n'est pas assuré d'avoir affaire à une seule et

## Les Juifs d'Avlonya (Valona)

même personne, d'autant que ces prénoms, empruntés pour beaucoup à un fonds biblique limité, sont très répétitifs.

Des noms de famille apparaissent néanmoins, distincts des patronymes habituels. Ils correspondent en partie à ceux que livrent les archives de Doubrovnik et de Venise des XVIe et XVIIe siècles. Dans notre documentation, certaines de ces familles sont représentées par plusieurs de leurs membres:
- Qohen (Cohen): Abraham, Yasef, Yaqo, Mose, Ilyah;
- Beveniste (Benveniste): Abraham, Yasef, Beneto (mort), Yaqo [45];
- Mača (Mazza): Šemu'il (mort), Yehuda, Elya, Isaq, Yaqo;
- Qatanel (Catinella): Elyahu;
- Ispanyol (sic; f. 227r 6): David, Me'ir;
- Espina (Spina): Vital;
- Baron: Refa'il;
- Trink: Nisan, Rama, Refa'il, Yaqo, Abraham, Angelo;
- Garaso (Carasso): Selmo.

Les noms de famille sont le plus souvent directement accolés au prénom, mais il arrive aussi au scribe ottoman de les traiter à la façon des patronymes et d'écrire: fils de Qohen, fils de Trink.

Cet ensemble de noms de familles et surtout de prénoms éparpillés dans nos documents offre, comme le feraient les passages des registres recensant les Juifs d'Avlonya, un riche matériel anthroponymique, même si dans les deux cas il faut s'efforcer de le recueillir à travers la transcription ottomane. Il n'est pas jusqu'aux variantes des prénoms les plus classiques qui ne puissent être significatives. Une étude de ce *corpus* permettrait sans doute de mieux établir les origines géographiques de la communauté à l'époque considérée [46]. Certains noms dénotent clairement une origine ibérique: par exemple, Astruq (Astruc), Ispanyol, Beveniste, Alegra, Dona, Beno (Bueno ?), Ventura, Estrella. D'autres paraissent plutôt italiens: Angelo, Beneto, Mazleto, Vital[i], Espina. Čačari pourrait être albanais. Trink est ashkenaze.

Ces quelques propositions et d'autres qu'amèneraient des recherches plus précises sont d'autant plus nécessaires que les mentions éclairant directement la question des origines sont pratiquement absentes de nos documents.

La question du statut juridique des Juifs sous domination ottomane, à travers le cas particulier d'Avlonya, n'est guère abordée de façon directe par nos documents. Nous avons vu qu'en ne désignant pas les Juifs par le terme de *zimmī*, qui, juridiquement parlant, s'applique pourtant bien à eux, ils repreniaient une distinction usuelle et effective avec les chrétiens. Ils appellent toutefois quelques remarques sur deux des interdictions frappant les non-musulmans: il leur est interdit de monter à cheval mais ils peuvent posséder des chevaux de bât (*bārgīr*): le Juif Abram Selmo en achète un pour la somme notable de 700 aspres (f. 81v 1) [47]. D'autre part, l'interdiction faite aux Juifs comme aux chrétiens de posséder des esclaves, qui est fréquemment tournée, est explicitement rappelée par l'une de nos *hüǧǧet* à propos des esclaves femmes (*ǧāriye*) [48]. Par ailleurs le *qāḍī* d'Avlonya a recopié dans son registre une consultation (*fetvā*) du fameux juriste et *šeyḫ ül-islām* contemporain, Ebussuʿūd. La question posée est: alors que les exécuteurs de la loi (*ehl-i ʿörf*) déclarent aux Juifs qui prennent à leur service moyennant salaire des jeunes filles chrétiennes pubères sans les épouser (*baliġa naṣrāni qızların bilā nikāḥ üǧretde alub...*): "vous contrevenez aux lois du mariage (*nā-maḥremsiz*)", est-il possible de leur infliger une amende? La réponse du *mufti* est: "c'est au juge de traiter la question" (*ḥākim tefrîq etmek lāzımdır*)" (f. 222v 5). De fait, nous voyons Vitali fils d'Espina employer de cette manière une chrétienne d'Avlonya, non sans problème d'ailleurs puisqu'elle déclare ensuite solennellement devant le *qāḍī* quitter son service pour s'établir chez un musulman (f. 129v 2).

Rien de plus sur le statut juridique mais un apport majeur de ces actes de *qāḍī* est de mettre en évidence dans le cas d'Avlonya le réseau de relations étroites et multiples liant entre elles les trois communautés de la ville: musulmane, juive et chrétienne orthodoxe. Non seulement leurs ressortissants respectifs sont constamment en affaire entre eux, y compris, comme nous le verrons, sur le pied d'associés, mais l'interpénétration va plus loin: on voit dans certains procès des musulmans témoigner pour des Juifs, des Juifs pour des chrétiens ou encore chrétiens et Juifs conjuguer leurs témoignages (f. 155r 1); des Juifs se porter garants pour des chrétiens (f. 6r 6) ou servir de représentants (*vekīl*) à des chrétiens devant le tribunal islamique (ff. 146r 2, 210v, 2) [49]. D'autre part, à côté de musulmans, le *qāḍī* recourait constamment à des Juifs ainsi d'ailleurs qu'à des chrétiens, pour être les "témoins instrumentaires" de ses propres actes (*šuhūd ul-ḥāl*) [50].

Nous ne prétendons pas affirmer pour autant que régnait une harmonie parfaite entre les trois communautés: nous verrons que l'ordre établi conférait aux Juifs ou du moins à une partie d'entre eux – à côté bien entendu des musulmans eux-mêmes – une domination financière et économique incontestable sur les chrétiens. Nous avons d'autre part connaissance de quelques affaires de coups et blessures opposant des membres de communautés différentes, même si celles-ci peuvent être des cas purement individuels et ne doivent pas être nécessairement interprétées en termes de conflits intercommunautaires.

Dans deux de ces cas, des Juifs ont été agressés par des chré-

### Les Juifs d'Avlonya (Valona)

tiens: Šebtay a été attaqué et volé dans sa boutique par un *zimmī*, ce que confirment deux témoins musulmans (f. 91r 4). Isaq fils de Yaqo a été agressé avec un couteau (*bıčaq*) par un autre chrétien "devant la boutique du boucher": l'accusé nie mais trois témoins juifs confirment la plainte (f. 150v 4).

Dans deux autres affaires, des Juifs sont en position d'accusés: le musulman ʿAlī fils de Qaragöz fait comparaître Abraham fils d'Elyon (un personnage que l'on voit à deux reprises acheter une vigne à un infidèle; ff. 181r 1, 195v 2) pour avoir forcé sa maison et l'avoir frappé; les raisons de l'agression ne sont pas données; le fait confirmé par deux témoins musulmans est seulement enregistré (f. 145r 3). Une autre fois, c'est un chrétien qui accuse un janissaire et quelques Juifs d'avoir attaqué son fils et de l'avoir blessé avec un couteau (f. 165v 5); mais peu après le fils en question retire sa plainte, déclarant n'être opposé par aucun grief ni litige aux mécréants (*kefere*) ou aux Juifs de la circonscription (f. 167r 4).

L'impression dominante est celle de connexions très étroites entre les diverses parties de la population et pour les Juifs d'une grande liberté d'action dans le cadre ottoman. Quant au passage du judaïsme à l'islam, il n'est illustré que par un seul cas: celui de ʿAlī qui de juif est devenu musulman (*yahudi olub müslüman olan ʿAlī*; f. 130r 3). Sans vouloir en tirer de conclusion générale, il faut reconnaître que le personnage semble peu recommandable puisqu'il disparaît avec une somme considérable – quarante mille aspres – prise au percepteur (*voyvoda*) de Piyāle pacha (f. 130r 3): cette conversion avait-elle fait suite à une excommunication?

Qu'apprenons-nous sur la communauté juive en tant que telle? Les maisons habitées par les Juifs sont situées en majorité dans l'un des quartiers de la ville appelé "quartier central" (*orta maḥalle*) [51] qui semble donc être le quartier juif par excellence, ce que confirmeraient peut-être les registres de recensement. Cette localisation n'est pourtant pas exclusive, des Juifs pouvant acheter et habiter des maisons situées dans d'autres quartiers et jouxtées par des maisons non-juives (par exemple, ff. 50v 2, 74r 6, 161v 3).

Particulièrement digne d'attention est une demande adressée par divers officiers de la forteresse d'Avlonya à quatre Juifs précisément nommés et aux "autres Juifs", de réparer la route entre la forteresse et la ville endommagée par les flots. Il s'agit apparemment d'une obligation traditionnelle (à quand remonte-t-elle?) des Juifs d'Avlonya. Les quatre personnes nommément citées en premier sont, selon toute vraisemblance, considérées par les autorités militaires comme les chefs de la communauté. Ce sont Anğelo Tirinqa, Elya Qatanel, Ḥayim Nişan et Yaqo Bivenište (*sic*) (f. 148r).

X

Deux d'entre eux, le dernier surtout, sont fréquemment mêlés à des affaires traitées devant le *qāḍī*. Leurs noms, pas plus que ceux d'autres Juifs cités dans les documents, ne sont jamais accompagnés d'un titre indiquant une éventuelle suprématie (*ǧemāʿat bašı*, par exemple). On peut néanmoins supposer qu'il s'agit des quatre administrateurs (*parnassim, berurim*) de la communauté [52]. Un autre Juif, Elyahu (assidu lui aussi au tribunal musulman), est qualifié de *kātib* (chancelier, scribe) mais nous ignorons dans quel cadre il exerçait cette fonction (f. 2v 1). Par ailleurs, deux personnages, Moše et Yosef apparaissent accompagnés du titre de juge (ḥākim), ce qui atteste l'existence d'un tribunal juif dans la ville à cette époque (64v 5 et 82v 3).

Des informations d'autres provenances font état de l'existence à Avlonya, dans la première moitié du XVIe siècle de plusieurs congrégations, plusieurs synagogues, plusieurs rabbins [53]. Pourtant notre registre ne fait allusion qu'à une seule communauté, un seul rabbin et une seule synagogue. Cette contradiction peut provenir du fait qu'en 1567-68 les anciennes congrégations diverses se seraient fondues en une seule de rite séfarade par une évolution d'ailleurs courante dans les Balkans à cette époque [54]; mais il n'est pas exclu non plus que le *qāḍī*, n'ayant eu affaire dans la période concernée qu'à un seul rabbin, ne parle que de lui et de sa synagogue en faisant abstraction d'éventuels autres. D'ailleurs ce *qāḍī* (ou son scribe) se montre remarquablement peu soucieux d'exactitude dans les termes quand il évoque les institutions religieuses juives. Il n'emploie pas les termes techniques utilisés dans d'autres documents ottomans (*haham* ou *rav* pour rabbin; *havra* pour synagogue) mais il calque ceux réservés aux chrétiens pris ainsi comme archétypes: le rabbin Refa'il Baron (orthographié aussi Rofil Baren) devient le *yahudiler babası* (le "prêtre des Juifs"; ff. 124v 2, 209v 4) et sa synagogue la *yahudiler kilisesi* (l'"église des Juifs"; f. 124v 2); on voit ce rabbin commander à un maçon (chrétien) la construction d'une terrasse sur deux niveaux: la destination n'est pas précisée; il s'agit peut-être d'un aménagement extérieur de la synagogue (f. 209v 4).

Surtout, le même loue à proximité de sa synagogue un local destiné à abriter la *muʿallim ḫāne* de la communauté juive d'Avlonya (f. 124v 2). Le terme s'applique habituellement dans l'usage ottoman non à une école élémentaire mais à une institution destinée à la formation des maîtres: il correspond vraisemblablement ici à la *yeshibah* de la communauté [55]. Le local n'est pas la propriété de la communauté mais celle du legs pieux musulman (*vaqf*) de Qara Qāsım *beǧ* dont le siège est à Berat [56]. Le loyer acquitté par le rabbin de 200 aspres par an suggère la modestie des lieux.

Ces quelques aperçus des institutions communautaires et reli-

# X

### Les Juifs d'Avlonya (Valona)

gieuses des Juifs d'Avlonya surgissent au hasard d'actes dont le propos n'est jamais d'en donner une image complète et précise. Il serait donc téméraire d'en tirer des conclusions trop définitives. Si, néanmoins, une impression se dégage, ce n'est assurément pas celle d'une organisation communautaire puissante et structurée, à la mesure du rôle économique de la communauté qu'elle régit.

De manière directe ou indirecte mais, rappelons-le, toujours de façon ponctuelle et fortuite, au gré des affaires portées au tribunal, de façon allusive aussi dans le cadre étroit des procès verbaux des jugements, apparaît l'activité économique et financière des Juifs de Valona. On ne s'étonnera pas de les voir impliqués dans le commerce et le crédit: les précisions fournies à ce sujet n'en mériteront pas moins d'être prises en considération. Plus inattendues sont les mentions relatives à leur participation à l'activité agricole de la région, même si nous nous gardons d'en étendre trop la portée [57].

L'examen des registres de recensement permettrait de déceler si des Juifs faisaient partie de la population rurale de la circonscription (*qazā*) d'Avlonya. En tout cas, même si le temps est bien entendu révolu où un Juif pouvait détenir un *timār* dans la région, un Juif de la ville, Abram Mose, était redevable d'une dîme de six *kile* et demi de froment [58] pour un champ qu'il cultivait et labourait (*zirāʿat ve harāset etdügi bir tarla*) dans les limites du *timār* de Mustafa beḡ, *čeribašı* (chef des *sipāhī* ou cavaliers timariotes) du *qazā* d'Avlonya (f. 59v 3).

Dans le cas de l'un des Juifs les plus riches de la ville – sinon le plus riche – Čačari David dont nous aurons à reparler, on ne le soupçonnera pas de mettre personnellement la main à la charrue, mais il joue néanmoins, à côté de ses activités de marchand et de prêteur attestées par ailleurs, au "gentleman farmer": il fait en effet don à l'un de ses fils d'une exploitation agricole (*čiftlik*) qu'il a constituée dans le village d'Erġozat (ou Urġuzat) [59] et dont la rare description est d'un intérêt évident pour la connaissance des *čiftlik* de cette époque. L'exploitation comprend les éléments suivants: trois maisons avec une cour que Čačari a lui-même construites avec l'assentiment du *sipāhī* de qui dépend le village (*maʿrifet-i sipāhīyle*); deux vignes dont une ancienne et une nouvelle; un entrepôt (*ānbār*) d'une contenance de 800 *kile* (soit 20 tonnes et demie de blé); deux granges pour la paille (*samanlıq*); une aire de battage (*ḫarmān yeri*); deux paires de boeufs et enfin un ensemble de 28 champs (dont l'un – est-il précisé – avait été acheté au fils défunt du musulman Ḥasan čelebi) s'étendant jusqu'au bord de la mer (f. 50v 2). Peu après cette donation qui ne porte d'ailleurs que sur une partie du *čiftlik* décrit, le même Čačari "arrondit" son domaine dans le même village en achetant à un chrétien de ses habitants, Ḥundro (?) Todri, une vigne supplémentaire plantée d'arbres "fruitiers et non-fruitiers", ainsi qu'un nouveau champ de dix *dönüm* planté de 11 mûriers, trois oliviers, un noyer et cinq figuiers, le tout pour 1.650 aspres (f. 70v 2).

On constate d'autre part à travers les actes de vente que les Juifs sont assez souvent impliqués dans des transactions sur les vignes avec d'autres Juifs et plus encore avec des *zimmī*. Par ailleurs nous verrons que des vignes servent à gager leurs prêts.

Les vignes en jeu sont situées dans les limites mêmes de la ville, dans des lieux-dits (*mevzi'*) voisins ou des villages alentour: celui de Lambetova (apparaissant encore comme Lambatava ou Labentova) revient à plusieurs reprises.

Dans les transactions mixtes les Juifs figurent le plus souvent en position d'acheteurs. Les vignes vendues sont parfois complantées d'arbres fruitiers. Elles sont de surfaces extrêmement variables, exprimées quand, elles le sont, en *čapa* ou *čapalıq* [60], allant de deux à 60 *čapa* (plusieurs d'entre elles font dix *čapa*, ce qui correspond peut-être à une surface-type). Les prix aussi varient beaucoup et pas seulement en fonction de la surface: nous en avons relevé entre 120 et 5.000 aspres, ce dernier prix correspondant à la vigne de 60 *čapa*.

Cette activité vinicole des Juifs répondait à leurs propres besoins puisque seul était consommable par eux le vin fabriqué et manipulé par leurs soins, mais il faut rappeler que d'une manière plus générale la production du vin est l'une des principales industries des Juifs des Balkans à cette époque [61]. Il est intéressant de les voir prendre part en particulier à la production du vin d'Avlonya quand nous savons qu'il s'agissait d'un article réputé, objet d'exportations à longue distance: il était acheminé non seulement vers Doubrovnik [62] mais aussi vers les pays du Danube et du nord de la mer Noire dans un trafic où les Juifs étaient également présents [63].

Toujours en relation avec l'agriculture au sens large, mentionnons enfin l'existence de deux Juifs qualifiés de *bālğı*, terme s'appliquant aussi bien au marchand de miel qu'à l'apiculteur (f. 72v 5).

Nous avons peu d'informations sur le rôle des Juifs dans l'artisanat et le petite commerce d'Avlonya, ce qui peut tenir à la nature de notre documentation: ces activités ne donnent que rarement matière à des contrats, des litiges, des reconnaissances de dettes, portés devant le *qādī*, au contraire du commerce de gros et de longue distance; on pourrait en revanche attendre des contrats de location de boutiques mais ils s'avèrent peu fréquents (cfr. f. 57r 1). Les mentions de métiers elles-mêmes restent également rares: notons pourtant que trois Juifs sont qualifiés de *pabučči* (fabricants et marchands de babouches): Yaqo et Šebatay (f. 34r 4), Yehuda (f. 70v 3). Par ailleurs, il n'est pas douteux que plusieurs de ces Juifs se livraient à

# X

### Les Juifs d'Avlonya (Valona)

la fabrication et la distribution des produits alimentaires cashers, tels le boucher (*qaṣṣāb*) Abraham, accusé de vendre aux Juifs sa viande au-dessous du prix fixé (*narḫ*) (ff. 47v 4, 54r 4), et le boulanger (*ḫabbāz*) Mose (f. 71v 3). A propos d'autres Juifs, il est seulement fait allusion, dans divers contextes, à leurs boutiques, sans précision (ff. 57r 1, 91r 4). Dans les affaires commerciales, où un Juif figure comme vendeur, la question reste ouverte de savoir s'il a lui-même fabriqué ou du moins travaillé l'objet de la transaction ou si son rôle est purement commercial. Elle se pose en particulier pour deux des principaux articles commercialisés par les Juifs d'Avlonya: les draps et les peaux.

Le rôle des Juifs de l'empire ottoman non seulement comme marchands mais comme fabricants d'étoffes de laine est trop connu pour qu'il soit nécessaire d'insister ici. Les Marranes espagnols apportant avec eux de nouvelles techniques de tissage édifièrent une importante industrie lainière à Safed et surtout à Salonique: elle produisait des qualités de draps particulières et fournissait notamment la troupe des Janissaires [64]. Valona comme quelques autres villes autour de Salonique constituait-elle un foyer secondaire de cette production? Nous n'en avons pas trouvé de preuve formelle [65].

En ce qui concerne les peaux commercialisées par les Juifs, ils peuvent les avoir travaillées, de façon plus ou moins poussée, eux-mêmes, puisque la tradition de la tannerie chez les Juifs méditerranéens, bien attestée aux XIVᵉ et XVᵉ siècles, se poursuit au XVIᵉ [66].

Si le rôle des Juifs de Valona dans la production artisanale laisse place à quelques incertitudes, leur activité commerciale est pleinement mise en évidence. Les actes du *qāḍī* viennent confirmer sur ce point l'apport des archives vénitiennes et ragusaines en les complétant parfois par des aperçus sur le commerce local qui échappe au contraire aux premières. On voit les Juifs apporter sur place quelques marchandises étrangères, surtout textiles mais c'est leur rôle dans la commercialisation de ce que nous savons être, notamment par les règlements fiscaux ottomans de 1583, les produits caractéristiques de la région, qui ressort le plus. Nous avons pour la commodité regroupé les mentions par types de marchandises:

I) Produits agricoles, d'élevage et de collecte.
— Blé [67]: le Juif d'Avlonya Abraham s'est associé à un musulman, Sinān *reʾīs*, capitaine du bateau appartenant à un officier, Ǵaʿfer *aġa*, pour acquérir 842 *kile* de blé (près de 22 tonnes et demie), auprès de ʿAlī *voyvoda*, percepteur des revenus des possessions locales du Grand Amiral (*qapudan paša*), Piyāle pacha; ce blé a été acquis à 50 aspres le *kile*, soit pour un total de 42.100 aspres et il est destiné à être vendu à Venise (f. 123v 3).

— Cochenille (*pernoqok*) [68]: Yaqo fils de Yasef Bevenište en avait acheté pour 4.750 aspres au musulman (un chrétien converti) Ḫızır fils de Papas ʿAbdullah. La somme a été payée (f. 180r 4).
— Huile d'olive: le Juif Isaq fils d'Elyahu en a acheté 30 *astar* au musulman Maḥmūd fils de ʿAbdullah pour 1.800 aspres. Ce dernier reconnaît que le paiement a été effectué (f. 65r 6). De son côté, le Juif Abraham Qohen avait fourni de l'huile d'olive à crédit à un chrétien local pour 550 aspres (f. 27r 2).
— Bétail: le Juif Baro (Baron ?) a acheté des moutons au musulman Čaʿfer fils de ʿAbdullah pour 590 aspres (f. 233r 4).
— Cocons (*gügül*) et soie [69]: la collecte de cocons par les Juifs d'Avlonya auprès des paysans chrétiens des villages alentour est évoquée à plusieurs reprises: le Juif Vital Espina prête 1.200 aspres à des paysans du village de Tirča [70] moyennant qu'ils lui livreront 120.000 cocons de soie à la récolte (f. 59r 3-5). Le même achètera des cocons pour 1.000 aspres à un chrétien du village de Toša (?) (f. 237r 2). Le percepteur (*bāǧdār*) accuse le Juif Čuri Selmon de collecter des cocons aux environs de la ville et d'en faire commerce sans payer la taxe correspondante (f. 157r 2).
   Pour passer à la soie proprement dite, Menahem Qurčo se fait livrer 12 *lidre* de soie (*ḥarīr*) par un *ẕimmī* (f. 90r 7). De son côté, Yaqo Bevenište acquiert pour 2.000 aspres de soie auprès d'un chrétien du village de Labiq (?) (f. 83r 1).
— Poissons: le Juif Mose Ron a vendu du poisson pour 400 aspres à un berger chrétien et à ses compagnons (f. 3v 4) [71].

II) Produits d'extraction.
— Goudron (*zift*) [72]: le Juif Beneto fils de Yasef Bevenište, décédé (frère de Yaqo), avait acquis auprès de l'intendant (*emīn*) de la ferme du goudron, Meḥmed *emīn*, et de l'associé de ce dernier, Ḫüseyn *emīn*, sept *milar* [73] de goudron contre 35 pièces d'or (*altun*) ainsi qu'une autre quantité pour une valeur de 15 pièces d'or (f. 70v 6).

III) Produits travaillés.
— Peaux [74]: Mose Elya a vendu à crédit à un *ẕimmī* d'Avlonya 125 peaux d'agneau (*kuzu derisi*) (f. 2r 4). Pour ce qui concerne les exportations, Isaq Abram va vendre à Venise 323 peaux de mouton (*qoyun derisi*) pour le compte d'un *ẕimmī* d'Avlonya. L'affaire donne d'ailleurs lieu à un litige entre les deux partenaires sur lequel nous reviendrons (f. 151r 1). D'autre part, un chrétien de Doubrovnik, Isteban Vargura (?) charge un *ẕimmī* d'Avlonya de lui expédier 146 peaux de boeufs qu'il a achetées au Juif Yaqo Danyal (f. 135v 2).
— Poteries: Čačari David a vendu à crédit 111 amphores à vin (*desti*

## Les Juifs d'Avlonya (Valona)

ḫamr) vides à un *zimmî* pour un montant de 1.650 aspres. Il réclame son dû en justice (f. 30r 6).

— Drap (*čuqa*): le règlement de la taxe de marché (*bāğ-i siyāh*) d'Avlonya signale un trafic local de drap de laine: chaque charge (*yük*) de drap quittant la ville pour être vendue à l'extérieur était frappée d'un droit de deux aspres [75] et nous constatons le rôle actif des Juifs dans ce commerce. Aucune des mentions ne précise l'origine du drap vendu et plusieurs hypothèses peuvent être faites à ce sujet: éventuelle production locale, importations de Salonique mais aussi importations italiennes; on sait que le drap de laine comptait parmi les exportations de Venise vers Valona. S'il n'est pas toujours possible de trancher absolument, cette dernière hypothèse est dans plusieurs cas la plus vraisemblable.

Les Juifs apparaissent comme fournisseurs de drap dans certaines de leurs créances, principalement sur des chrétiens, dont une partie est constituée par une somme due "pour le prix du drap" (*čuqa behāsından*) [76]. Citons d'autre part le cas du notable Yaqo fils de Yasef Beveniště rencontré à propos d'autres transactions: il a vendu à un musulman, Meḥmed fils de Süleymān pour 140 florins (*filori*) de drap destiné à être transporté par bateau à Galata (f. 133r 1 et 3). Un litige survient d'ailleurs, le musulman reprochant au Juif de ne pas lui avoir fourni le drap à temps pour le départ du bateau: ce drap exporté d'Avlonya vers Galata provenait selon toute vraisemblance d'Italie, de Venise ou même de Florence. Un autre membre d'une famille importante abondamment attestée à Venise comme à Doubrovnik, Yaqo fils de Moši Mača (Mazza), cède à crédit sur trois mois à un fabricant de babouches chrétien, Kirqo *papuččı*, 15 aunes de drap carisé cramoisi (15 *endāze qırmızı qarziye čuqa*) pour une valeur de 400 aspres (f. 197r 3) [77].

— Feutre: Selmo Yaqo se fait apporter par un transporteur chrétien intégré à une caravane une charge (*yük*) de "feutre à franges" (*sačaqlı kebe*) de Jannina, les frais de transport s'élevant à 70 aspres (f. 121r 5).

Les mentions qui précèdent et quelques autres permettent d'apercevoir les différents rôles des Juifs de Valona dans l'activité commerciale de la place et de sa région: sur le plan local, ils apparaissent tantôt comme acheteurs tantôt comme fournisseurs auprès de partenaires tant juifs que musulmans et chrétiens. Dans leur rôle d'acquéreurs, ils servent à l'occasion d'intermédiaires aux autorités turques: un exemple en est donné par le Juif Anğola (faut-il l'identifier avec l'Anğelo Tirinqa reconnu plus haut comme l'un des quatre responsables de la communauté?). Chargé par un ordre du sultan de se procurer du salpêtre pour la fabrication de la poudre, le canonnier de la forteresse d'Elbasan, Ǧaʿfer *topču*, le désigne comme son représentant (*vekīl*) pour en effectuer la collecte dans des conditions non précisées. Le nom de cet Anǧola est assorti dans le document de l'épithète de salpêtrier (*güherǧileǧi*; f. 152r 2).

Les Juifs peuvent également faire office de courtiers (*dellāl*): c'est le cas d'Arslan apparaissant sous la dénomination de *yahudi* Arslan *dellāl* ou d'Arslan Yasef (f. 151r 3). Il est cité à propos de la vente de l'héritage d'un agent officiel musulman, le "contrôleur" (*nāẓir*) Ḥüseyn: il reçoit pour prix de ses services le produit d'une taxe de courtage (*resm-i dellāliyye*) sous la forme d'une pièce d'étoffe soustraite à la vente des biens du défunt, que lui-même revendra à un chrétien pour 110 aspres (ff. 108v 4 et 139r 3). Notons toutefois que les six autres courtiers d'Avlonya, y compris le chef (*ketḫüdā*) que tous ensemble se désignent, sont des musulmans (f. 151r 3).

Ces activités locales sont reliées à un commerce de plus grande envergure qui peut dépasser le cadre de l'empire. Si nous n'avons pas rencontré d'allusion à Spalato, par exemple, Doubrovnik, république tributaire des Turcs, et Venise apparaissent comme les deux principales partenaires extérieures. Ces deux cités avaient d'ailleurs leurs consuls à Avlonya: celui de Raguse n'est autre entre 1557 et 1580 que Jacob Codutto, d'une importante famille juive de Valona, originaire d'Ancône, alors que dans les premières décennies du siècle des Ashkenazes, les Trink, avaient occupé cette fonction [78]. Quant au baile de Venise à l'époque de nos documents, c'est un chrétien ayant pour nom Todori fils de Pergo. Notons que ce dernier se faisait représenter pour son divorce devant le tribunal musulman par un Juif, Isaq fils d'Elyahu (f. 210v 2).

Par ailleurs, des relations commerciales avec les Pouilles sont à l'arrière-plan d'une affaire matrimoniale: Šebatay Yaqo est accusé devant le tribunal par les affermataires (chrétiens) des amendes sur les délits et les crimes, d'avoir pris l'épouse d'un autre Juif, Šemuʾil. L'accusé fait valoir auprès du *qāḍī* que ce Šemuʾil s'était rendu dans les Pouilles pour des raisons de commerce (*tiǧāretile Polya vilāyetine varub*) et était mort à Tarente (*Taranta nam qalʿede*), plus de neuf ans auparavant, lui-même n'ayant épousé la veuve que depuis quatre ans. Il invoque le témoignage de deux autres Juifs, Pona (?) Šebatay et Yaqo Abram, qui déclarent s'être trouvés eux aussi là-bas à cette époque et y avoir en effet enterré ledit Šemuʾil (f. 88v 1 et 3).

Il ne faudrait néanmoins pas considérer que ce commerce international entre Valona et les pays chrétiens était entre les seules mains des Juifs. On voit par exemple que le règlement douanier d'Avlonya de 1583 fixe trois taux de douane différents selon que les importateurs ou exportateurs sont musulmans (taux de 2%), *zimmī*, c'est-à-dire ici sujets juifs ou chrétiens du sultan (taux de 4%) ou

# X
### Les Juifs d'Avlonya (Valona)

*ḥarbī*, c'est-à-dire chrétiens ou juifs sous domination non musulmane (taux de 5%). Ils étaient en tout cas partie prenante du trafic tant à l'exportation qu'à l'importation. Ils s'associent d'ailleurs dans ce rôle à des musulmans locaux. Nous l'avons constaté plus haut à propos d'une grosse importation de blé à Venise: le texte ne spécifie pas le type d'association qui unit Abraham et Sinān *re'īs*, mais il précise néanmoins que tous deux sont garants l'un pour l'autre vis-à-vis de leur fournisseur (*biri birine [...] kefīl bi'l-māl olmušlardır*) [79].

Il existait également des associations entre des non musulmans de Valona et des infidèles établis dans le "Pays des Francs": le règlement douanier d'Avlonya y fait allusion pour stipuler qu'une marchandise, expédiée par des *zimmī* d'Avlonya (dans lesquels, répétons-le, il faut inclure ici les Juifs) à leurs associés de l'extérieur, était soumise à la douane au taux des *zimmī* [80].

Ces opérations des Juifs d'Avlonya n'impliquaient pas toujours qu'ils aient à se déplacer: pour les peaux de boeufs achetées par un chrétien de Doubrovnik à Yaqo Danyal, l'acheteur a désigné comme agent (*vekīl*) pour les lui apporter un *zimmī* de Valona (f. 135v 2).

Mais il arrive aussi que ces Juifs se déplacent eux-mêmes et s'établissent temporairement dans des villes étrangères. Il faut souligner cette liberté de mouvement qui fait partie de leur statut au regard de la législation ottomane. Un acte de 1497 concernant les Juifs de Trikkala le stipule explicitement: on ne doit pas les empêcher de partir faire du commerce. S'ils partent, il leur suffit de désigner un garant pour le paiement de leur capitation [81]. De fait, il est question de Juifs s'embarquant sur des bateaux pour aller chercher des marchandises (ff. 186v 2, 236r 1-3). Des Juifs d'Avlonya se rendaient dans les Pouilles (f. 88v 3) ou à Venise pour y apporter des marchandises (f. 123v 3).

Le règlement douanier mentionne le cas de *zimmī* d'Avlonya se trouvant en pays franc, associés à des habitants du lieu et qui envoient des marchandises vers leur ville d'origine: dans cette hypothèse, les marchandises acquittent la douane à l'arrivée au taux non pas des *zimmī* mais des *ḥarbī* [82]. A. Tenenti cite ainsi parmi ses contracteurs d'assurances 16 Juifs de Valona résidant à Venise dans les années 1592-1609 [83].

Les Juifs font leurs déplacements pour leur propre compte ou pour celui de tiers: ils agissent alors comme de simples agents (*vekīl*), leur commission étant habituellement de 2% [84]. Le cas évoqué plus haut d'Isaq Abram allant vendre à Venise des peaux de moutons pour le compte d'un *zimmī* d'Avlonya en offre un exemple. Il illustre aussi les litiges auxquels ce genre d'arrangements pouvait donner lieu: le chrétien du nom de Mato Yaqo accuse son intermédiaire de prétendre avoir vendu les peaux à 450 aspres le cent, alors que deux témoins (chrétiens) attestent l'avoir entendu dire qu'il en avait tiré 850 aspres le cent (f. 151r 1).

Un autre type de relation est présenté comme courant dans le cas précis de Valona par une "question et réponse" de Samuel de Medina, contemporaine de la guerre turco-vénitienne de 1571-73, même si nos actes eux-mêmes n'en offrent pas d'illustration explicite: de riches marchands prêtent de l'argent à d'autres marchands de moindre niveau pour qu'ils acquièrent des marchandises et aillent les vendre à Venise. Les prêteurs recevaient 20 à 30% des bénéfices réalisés; les dommages et pertes éventuellement subis en route étaient à leur charge. C'est à Venise qu'ils rentraient dans leurs fonds, une fois les marchandises entièrement vendues [85]. Ce que décrit le rabbin de Salonique est une relation de commandite. Dans le cas qu'il évoque, les deux parties semblent être des Juifs de Valona mais le même type de relation existait vraisemblablement entre Juifs de Valona et Juifs d'autres villes et peut-être aussi entre Juifs et non Juifs. Ces contrats de commandite dits de *muḍāraba* sont l'une des bases du droit commercial islamique, et l'on sait qu'ils étaient très pratiqués dans l'empire ottoman. Il est à noter toutefois que le taux cité par Medina est beaucoup moins favorable à l'investisseur que celui en usage dans le droit musulman qui réserve les deux tiers du profit à l'investisseur, un tiers au commandité: les proportions sont inversées [86].

Dans leurs déplacements, les Juifs utilisaient les bateaux de musulmans (f. 123v 3, 186v 2); sans doute aussi de chrétiens bien que nous n'en ayons pas d'exemple; mais ils avaient aussi leurs propres bateaux sur lesquels chargeaient également des chrétiens et des musulmans: Šaʿbān fils de Ḥüseyn accuse Abram fils de Mekri (?) de ne pas lui avoir restitué une caisse de bouteilles lui appartenant qu'il avait chargée sur son bateau de Venise à Avlonya (f. 130r 4). Une lettre non datée (traduite en vénitien le 19 mars 1591) adressée à la Seigneurie de Venise par le *sanğaqbeğ* d'Avlonya, Emrullah, demande la restitution du bateau du Juif Yaqo qui se trouve présentement dans le port de Venise: il avait été attaqué à la hauteur de Raguse et de Gabela par des Uscoques alors qu'il se dirigeait vers Venise avec le chargement de plusieurs musulmans [87]. Tenenti mentionne quelques autres cas de Juifs patrons de bateaux [88].

Les mentions évoquées pour illustrer les différents niveaux d'intervention des Juifs dans le commerce les mettent en relation principalement avec des non Juifs, ce qui n'exclut évidemment pas des relations avec leurs coreligionnaires qui devaient être au contraire prépondérantes, mais nos documents tendent sans doute par leur nature à surreprésenter les affaires "mixtes" plus souvent portées devant le *qāḍî* même si elles sont loin d'être les seules dans ce cas.

## Les Juifs d'Avlonya (Valona)

En tous cas sont encore illustrées dans le domaine commercial l'ouverture des Juifs sur les autres communautés, la fréquence et l'étroitesse des relations intercommunautaires dans l'Avlonya ottomane.

Nous avons déjà annoncé que la catégorie la plus importante des actes d'Avlonya se rapportant aux Juifs avait trait à leur rôle dans le crédit. Encore ces actes ne révèlent-ils qu'une part de ce rôle, car si toutes les affaires de dettes ne passent pas devant le *qāḍī*[89], c'est à plus forte raison vrai de celles des Juifs.

D'ailleurs seul l'aspect local du rôle financier des Juifs d'Avlonya nous a été accessible: leurs connexions financières avec d'autres communautés de l'empire et de l'extérieur échappent à notre documentation.

De même, nous n'avons pas rencontré de Juifs d'Avlonya engagés dans l'affermage des revenus de l'Etat, ce qui surprend compte tenu du rôle habituel des Juifs ottomans dans ce genre d'entreprises et des capacités financières de ceux d'Avlonya, que nous voyons s'exercer par ailleurs: tous les revenus affermés, rencontrés dans notre registre, le sont par des chrétiens ou des musulmans; c'est le cas en particulier de la ferme (*muqāṭaʿa*) de divers revenus urbains dont la taxe sur les marchés (*bāǧ-i bāzār*), la taxe sur les mariages (*resm-i ʿarūs*), les amendes sur les délits (*ǧürm-ü ǧināyet*), qui est entièrement entre les mains de chrétiens à l'époque considérée (f. 76r 2). Mais il est vrai que seules passent dans notre registre de petites fermes locales concédées par l'Etat ou des legs pieux: droits de passage, moulins, hammams, fabriques de cierges ou de *boza*. La question reste donc ouverte pour les *muqāṭaʿa* de plus grande envergure qui échappent à notre documentation et relèveraient d'autres sources. Néanmoins, pour ces dernières, la question se pose de savoir si elles n'excédaient pas les possibilités des Juifs locaux, étant réservées à leurs coreligionnaires d'un niveau financier supérieur et peut-être aussi plus proches du pouvoir: de fait, selon un document des archives d'Istanbul, au milieu du XVIe siècle ce sont des Juifs de Salonique et d'Istanbul qui tenaient le monopole du sel et des pêcheries à Avlonya, Durazzo, Iskenderiye (Shkodra), Niš et autres villes voisines, à quoi ils ajouteront plus tard la police des marchés et la fabrication des cierges dans les mêmes places [90].

A vrai dire, nous n'avons rencontré qu'un seul Juif faisant à proprement parler commerce de l'argent et semblant jouer le rôle de changeur, bien que le terme technique de *ṣarrāf* ne lui soit pas attribué par le document: il s'agit de Ḥa'il Šaban à qui un musulman reproche de lui avoir changé 60 piastres (*ġuruš*) contre 29 florins (*filori*) quand il aurait dû lui en remettre 39 (f. 135r 3).

X

Il n'empêche qu'un grand nombre de Juifs (et de Juives) apparaissent en position de créanciers. Sur les quinze mois embrassés par nos documents, nous avons relevé 43 créanciers différents. La plupart (31) ne figurent que pour une unique créance; sept en ont deux, quatre en ont trois et un en a quatre [91]. Ces créanciers plus importants portent des noms rencontrés à propos d'autres types d'affaires: Yaqo fils de Yasef Bevenište, Yehuda Isaq, Isaq Elyahu, Čačari David. Nous récapitulerons plus loin leurs créances avec l'ensemble de leurs affaires.

Il apparaît que le rôle de prêteur est lié, au moins en partie, à l'activité commerciale: non seulement nous voyons quelques-uns des créanciers engagés par ailleurs dans des opérations commerciales, mais une partie des dettes provient en fait de ventes préalables qu'il reste à payer [92]. A côté de ces ventes à crédit existent des prêts proprement dits, souvent qualifiés, sans que ce soit une règle, par l'expression consacrée de *qarz-i ḥasen*: littéralement "bon prêt", c'est-à-dire théoriquement exempt d'intérêt en accord avec la loi canonique musulmane [93]. Dans la pratique, il ne nous est pas toujours possible de distinguer les sommes dues pour une vente à crédit, un service rendu, etc., des prêts proprement dits [94]. D'ailleurs les deux éléments sont assez fréquemment couplés: la dette d'un débiteur donné se composera pour une part d'une somme prêtée et pour une autre part du prix d'une marchandise préalablement fournie: drap, nous l'avons déjà noté, blé (f. 154v 2), huile d'olive (f. 27r 2). Dans quelques cas le prêt en argent avait été accompagné d'un prêt en blé dont la quantité mais non l'équivalent monétaire est exprimée, ce qui suggère qu'il sera remboursé en nature [95].

Deux modes particuliers de prêts sont attestés: le premier est de type *selem*. Il consiste pour le prêteur à avancer de l'argent à un ou plusieurs paysans à charge pour eux de le rembourser en nature au moment de la récolte; c'est donc un achat anticipé de la récolte, généralement très avantageux pour l'acheteur, auquel le paysan en période creuse se résoud par nécessité [96]. Il est spécifié à deux reprises dans nos documents que le prêt a été consenti "par la voie du *selem*" (*bā ṭarīq-i selem*). C'est à propos de l'acquisition signalée plus haut de cocons de soie par le Juif Vital Espina auprès de plusieurs paysans du village de Tirča (?); les prêts de 700 et 500 aspres sont passés le 1ᵉʳ *ševval* 974 (11 avril 1567) et les cocons devront être livrés dans les trois mois suivant la conclusion de l'accord devant le *qāḍī* (f. 59r 3, 4).

Un autre type de prêt est illustré par le cas du Juif Isaq Mača louant au *zimmī* Kirqo Miḥal, à raison de 300 aspres par an, sa propre maison qu'il vient de lui acheter pour 4.050 aspres (f. 161v 3, 162r 1): on retrouve ici une forme de prêt hypothécaire connue en

## Les Juifs d'Avlonya (Valona)

droit musulman sous le nom d'*istiġlāl*, habituellement pratiquée par les *vaqf* dans leur rôle de créanciers [97].

Dans les affaires de dettes où ils sont impliqués, les Juifs apparaissent de façon massive (64 cas sur 76) en tant que créanciers. Les quelques Juifs débiteurs le sont soit d'autres Juifs (huit cas), soit de chrétiens (seulement trois cas), soit enfin de musulmans (neuf cas) [98]. Si l'on examine de plus près ces derniers cas, il apparaît plusieurs fois que ce sont des achats importants de produits agricoles auprès de dignitaires musulmans pourvus de concessions foncières dans la région, qui sont à l'origine des dettes juives: tel n'est pourtant pas le cas des 277 asprès que le tailleur ʿAlī (*derzi* ʿAlī) réclame à deux Juifs sur le loyer d'une maison, dette qu'il ne peut d'ailleurs prouver (f. 65r 2). En revanche, c'est au *zaʿīm* (possesseur d'un *tīmār* de catégorie supérieure), Aḥmed *čelebi* fils de Sinān *čelebi*, qu'Abraham Poṣel doit 6.600 aspres (f. 59r 1); c'est à ʿAlī, voïévode (percepteur des revenus des domaines) de Piyāle pacha que Yehuda Selmo doit 12.000 aspres (f. 125r 3) et Isaq Elyahu 2.000 aspres, cette dernière créance ayant d'ailleurs été transférée à Maḥmūd *čelebi*, ex-*qāḍī* d'Avlonya (f. 134r 4). Or nous avons vu par ailleurs que ce même voïévode ʿAlī avait vendu 842 *kile* de blé pour 42.000 aspres à un autre Juif, Abraham, associé au musulman Sinān *reʾīs* (f. 123v 3). De même, c'est à Ǧaʿfer fils d'Abdullah que Šebetay fils de Merdeḫay rembourse 1.700 aspres (f. 232r 2), et ce musulman avait vendu des moutons à un autre Juif (f. 233r 4). Ces quelques cas témoignent des relations commerciales et financières établies entre Juifs et dignitaires musulmans de la ville.

Parfois créanciers des Juifs pour des sommes importantes, dans les conditions que nous venons d'évoquer, les musulmans en sont rarement débiteurs. Trois cas seulement illustrent cette situation (ff. 35v 5, 178r 1, 227r 1). Les musulmans devaient emprunter plutôt à leurs coreligionnaires, notamment aux legs pieux.

Les règlements de dettes apparaissent ainsi très majoritairement comme une affaire entre Juifs et chrétiens, ces derniers étant constamment (à trois exceptions près, répétons-le) en position de débiteurs. D'ailleurs, le fait que nous n'ayons retenu dans le registre de *qāḍī* que les dettes dans lesquelles les Juifs sont impliqués ne doit pas fausser la perspective. Les Juifs ne détiennent en aucune façon à Avlonya le monopole du crédit et notamment de celui accordé aux chrétiens: les musulmans y prenaient part également et seule une étude complète du registre permettrait d'apprécier la part respective de chacun dans la distribution du crédit. Rappelons que les prêts musulmans pouvaient être le fait de particuliers et aussi des *vaqf* dont c'était une source usuelle de revenus [99]. Le registre d'Avlonya contient, par exemple, de nombreuses créances des *vaqf* de Qımar

Qāsım sur des sujets (*reʿāyā*) musulmans, chrétiens et même éventuellement juifs (f. 174r 2).

Le créancier juif est un individu unique à l'exclusion de toute association ou établissement de type bancaire [100]. Nous n'avons rencontré qu'un seul cas où se réunissent deux personnes, d'ailleurs vraisemblablement apparentées, Yaqo fils de Yasef Bevenište et Bevnešt (*sic*) fils de Šaban, pour prêter 3.000 aspres à deux frères chrétiens (f. 210r 3).

En revanche les prêts des Juifs s'adressent assez fréquemment à plusieurs personnes, ce qui peut être vrai à la ville (par exemple f. 228v 2: quatre débiteurs), mais ces prêts collectifs semblent plutôt caractéristiques des villages où ils peuvent toucher jusqu' à 13 personnes [101].

Mis à part les ventes à crédit, les causes précises des dettes ne sont presque jamais indiquées [102]. Elles le sont pourtant dans un cas sans doute assez typique puisque, comme ce devait être assez fréquent, ce sont des impératifs fiscaux qui ont nécessité cet emprunt: Isaq Elyahu avait prêté aux habitants d'un village les 160 aspres – somme modeste – qui leur manquaient pour se racheter du "service de rameurs" en acquittant le *bedel-i kürekči* (f. 8r 5).

Les montants des dettes sont extrêmement inégaux puisqu'ils s'étalent entre 50 et 12.000 aspres. Le tableau qui leur est consacré *infra* donne une idée plus précise de leur répartition. On note le haut pourcentage des dettes relativement faibles: 44,7% sont inférieures à 1.000 aspres et 67% à 2.000 aspres. On relève également que dans les cinq dettes importantes, supérieures à 5.000 aspres, il n'y avait qu'un seul débiteur chrétien, car les autres sont juifs et les créanciers correspondant aux deux sommes les plus importantes sont tous deux musulmans. Aussi limité soit-il, notre échantillon fait bien ressortir que les plus grosses affaires se traitent entre Juifs ou entre Juifs et musulmans mais que l'essentiel du crédit dans lequel les Juifs sont impliqués se situe à un niveau nettement plus modeste, entre Juifs et chrétiens.

Les taux d'intérêt ne sont jamais précisés. Il n'est même pas fait mention de leur existence avec toutefois une exception: à l'occasion d'un prêt entre deux frères juifs, le créancier demande que son frère le nourrisse pendant un an "avec les intérêts" (*"murābaḥasıyla beni besleye"*; f. 204r 1). On serait tenté d'expliquer cette discrétion générale par ce qu'on sait de la position du prêt à intérêt dans le droit musulman: une condamnation théorique fondée sur le Coran et la *šerīʿa* le proscrit absolument. S'il est néanmoins toléré dans la pratique, en particulier, semble-t-il, dans la tradition juridique hanafite, c'est en principe, à condition d'exister sous une forme déguisée, d'être dissimulé par certaines "ruses" dites *muʿāmele-i šerʿiyye* ou

### Les Juifs d'Avlonya (Valona)

*hile-i šer'iyye* [103]. Pourtant R. C. Jennings note de nombreux actes des *qāḍī* de Kayseri du début du XVIIᵉ siècle, qui n'hésitent pas pour leur part à citer ouvertement sans aucune dissimulation des intérêts allant jusqu'à 20% par an, perçus aussi bien par des oulémas ou des legs pieux. Dans tous les cas qui restent d'ailleurs la majorité dans son *corpus*, où les intérêts ne sont néanmoins pas signalés, l'auteur explique ce silence, soit par une absence effective d'intérêts, ce qui a pu se présenter parfois, soit par le fait probablement plus fréquent que la précision des intérêts ne touchant pas au fond de l'affaire – l'important étant la somme effectivement à payer – le *qāḍī* s'abstenait de les mentionner dans son habituel souci de concision [104].

Si les taux d'intérêts ne sont pas spécifiés dans les actes relatifs aux Juifs de Valona, il n'est pas douteux qu'ils existaient: les *responsa* des rabbins contemporains citent comme habituels des taux de 6 à 13% mais nous avons aussi connaissance de taux de 15% et plus [105].

Les délais de remboursement (*va'de*) ne sont pas toujours précisés dans les actes. Quand ils le sont, ils ne sont pas inférieurs à deux mois ni supérieurs à un an. Il s'agit en somme de prêts à court terme sur quelques mois. A l'occasion, le remboursement était réalisé en deux temps (ff. 2r 4, 2v 1, 30r 4, 124v 3). Le décès du créancier en cours de route pouvait compliquer la situation: on voit à plusieurs reprises des héritiers ou des tuteurs d'héritiers mineurs chercher devant le tribunal à recouvrer les créances d'un défunt (ff. 123v 1, 124r 5, 196v 3).

Il n'est pas toujours précisé non plus si le créancier dispose d'une garantie et peut-être celle-ci n'existait-elle pas toujours. Quand elles sont cependant attestées, les garanties sont de deux types pouvant d'ailleurs se conjuguer: l'existence d'un gage (*rehin*) et d'un garant (*kefîl bi'l-māl*).

Le prêt le plus bas pour lequel un gage soit cité porte sur 300 aspres, le gage consistant en un manteau (*ferāǧe*) d'une valeur non précisée (f. 151r 2). Mais les prêts gagés sont généralement plus importants et les gros prêts sont tous explicitement gagés. Le gage peut consister en un ou plusieurs objets: un gobelet d'argent (f. 67v 2), quelques bijoux et pièces d'étoffe (f. 108v 4), 218 boutons et deux gobelets d'argent (f. 138v 3). Nos documents ne font pas figurer d'objets d'or (bien qu'un Juif comme Čačari David en possède beaucoup) ni de pierres précieuses, dont le rôle comme gages dans les prêts des Juifs à cette époque, est pourtant attesté par ailleurs [106].

Le gage peut aussi consister en un ou plusieurs biens immobiliers: maisons et vignes. Le prêt le plus faible gagé sur une maison porte sur 600 aspres (f. 30r 5) soit le montant de celui que gageaient les boutons d'argent. En ce qui concerne les trois plus gros prêts rencontrés, de 12.000, 6.600 et 6.500 aspres, ils avaient respectivement pour gages: trois maisons, une maison, deux maisons et une vigne.

Dans le cas des objets, ils sont directement remis au créancier qui les détient jusqu'au remboursement. La restitution pose alors parfois des problèmes: un débiteur réclame aux héritiers de son prêteur décédé le gobelet d'argent qu'il avait remis en gage (f. 67v 2). Un autre débiteur se plaint de n'avoir récupéré que 116 boutons sur les 218 laissés en gage, ce que le prêteur conteste (f. 138v 3).

Dans le cas des immeubles, ils seront vendus si le débiteur est défaillant pour permettre à celui-ci de remplir ses obligations (ff. 30r 5, 96r 1). Un représentant (*vekīl*) peut être désigné pour effectuer cette vente en cas de nécessité (ff. 30r 5, 146r 2): Elyahu Yehuda sera chargé en tant que *vekīl* de vendre les gages de Dimo Pasqal si celui-ci n'est pas en mesure de rembourser Šemu'il Isaq.

L'acte peut également faire état d'un ou de plusieurs garants s'engageant à se substituer éventuellement sur leurs propres biens au débiteur défaillant. On ne s'étonnera pas de voir jouer ici les solidarités familiales ou en tout cas ethniques et religieuses: les Juifs sont garants pour des Juifs (f. 213r 1), les chrétiens pour les chrétiens (f. 96r 1); une chrétienne est garante pour son mari (f. 112r 1), des habitants d'un village pour un débiteur de ce même village (f. 206v 4): dans un cas de ce type, les chrétiens concernés se portent garants après coup pour un débiteur insolvable de leur village, mais alors que la dette de ce dernier se montait à 434 aspres et dix *kile* de blé, ils s'engagent à payer dans les deux mois 438 aspres et dix *kile* et demi (avons-nous affaire à une forme d'intérêt déguisé?) (f. 111r 1).

Quand le prêt s'adresse à deux débiteurs, ils sont généralement garants l'un pour l'autre (ff. 139v 2, 150v 1, 174r 2). Quand ils sont plus de deux, on voit qu'un ou deux d'entre eux peuvent être garants pour tous les autres (f. 3v 4, 59r 5) mais plus fréquemment ils sont mutuellement garants les uns pour les autres [107].

Notre *corpus* est sans doute beaucoup trop réduit pour autoriser des conclusions sur le crédit à Avlonya en général et le rôle des Juifs dans ce crédit. Il permet cependant quelques observations: nombre de Juifs se font occasionnellement prêteurs, pour des sommes variables, généralement modestes. Il n'existe apparemment pas de prêteurs "professionnels" ni de gros prêteurs, mais vendre à crédit, engager à court terme quelques liquidités dont on dispose sont des pratiques répandues. Sur ce plan les Juifs sont en position dominante (avec les musulmans) par rapport aux *zimmī* chrétiens mais il reste difficile dans l'état de nos connaissances de faire un diagnostic économique sur cet endettement et cette dépendance des chrétiens; il faudrait mieux connaître la situation économique de la région à l'époque considérée et les causes précises de l'endettement. Cet endette-

# X

### Les Juifs d'Avlonya (Valona)

ment paysan est en tout cas un phénomène général et récurrent dans l'empire ottoman (comme dans la Turquie actuelle) [108]. Les difficultés de la soudure, les exigences du fisc y jouent incontestablement leurs rôles, mais il faudrait pouvoir déterminer ici si les débiteurs chrétiens ont couramment la faculté de se libérer, auquel cas le crédit des Juifs leur aura été un ballon d'oxygène passager dans un système stable, ou si au contraire l'endettement devient insurmontable, les amenant à aliéner ces maisons, ces vignes qu'on les voit mettre en gage, et constitue ainsi un facteur de décomposition de l'ordre économico-social. De fait, nous constatons dans plusieurs cas que le $zimm\bar{\imath}$ rembourse normalement sa dette sans avoir eu à abandonner son gage [109]. D'autre part, si nous avons connaissance de plusieurs dettes contestées, nous n'avons rencontré qu'un seul cas de refus ou incapacité de paiement: le berger Liqa fils de Qosta qui avait acheté avec ses camarades 400 aspres de poisson à Musa Ron, usant de prétextes pour ne pas s'acquitter, le $q\bar{a}\d{d}\bar{\imath}$ ordonne son emprisonnement (f. 3v 4) [110]. Toutefois, l'absence de preuves plus nombreuses d'insolvabilité dans notre documentation ne saurait être considérée comme décisive.

Les quelques prêteurs à la tête de plusieurs créances ont été cités à plusieurs reprises, dans des mentions dispersées à travers les différents types d'activités discernés chez les Juifs de Valona. Il paraît utile de rassembler ci-dessous tout ce que nous apprenons sur leur compte en retraçant le film de leurs démarches auprès du tribunal musulman.

Yaqo fils de Yasef Bevenište est désigné comme l'un des quatre responsables de la communauté (f. 148r 1) et il apparaît souvent parmi les $šuh\bar{u}d$ $ul$-$\d{h}\bar{a}l$. Il est tuteur des enfants de son frère décédé Beneto. A ce titre, il réclame le 13 février 1567 une créance sur un musulman de 4.130 aspres (f. 25r 4); le 30 mai il acquitte les 50 pièces d'or dues par son frère pour l'achat de goudron (f. 76v 6) et il réclame le 23 octobre les 140 florins que lui devrait un marchand de Galata pour du drap fourni par son frère (f. 133r 3). Il a acquis pour 4.750 aspres de cochenille auprès d'un $zimm\bar{\imath}$, dont il s'acquitte le 13 juin (f. 180r 4). Douze jours plus tard, il réclame le remboursement des 2.000 aspres qu'il avait payés à un chrétien contre de la soie, mécontent de la qualité fournie (f. 83r 3). Dans les trois premiers mois de 1568, il apparaît à trois reprises comme prêteur (à chaque fois vers le milieu du mois): entre les 10 et 19 janvier ($ev\bar{a}si\d{t}$-$i$ $re\breve{g}eb$ 975) il prête 5.000 aspres à deux Juifs (f. 187r 4); entre les 9 et 10 février ($ev\bar{a}si\d{t}$-$i$ $ša$'$b\bar{a}n$), en association avec un autre Juif sans doute apparenté, il prête 3.000 aspres sur quatre mois à deux chrétiens (f. 210r 3); entre les 9 et 18 mars ($ev\bar{a}si\d{t}$-$i$ $ramaz\bar{a}n$) il prête 260 aspres à un musulman (f. 227r 1).

X

Yehuda Isaq est un autre créancier à répétition: le 26 juillet 1567 il prête sur sept mois 4.800 aspres à un *zimmī* (f. 96r 1). Le 3 août suivant on le voit acheter à un chrétien une petite vigne de 420 aspres (f. 116v 1). Le 17 septembre il réclame à un chrétien une créance de son père de 950 aspres (f. 124r 5). Le même jour il en prête 850 sur trois mois à un *zimmī* qui le remboursera en deux temps (f. 124v 3). Entre le 24 octobre et le 2 novembre, il prête à un chrétien 2.600 aspres sur huit mois (f. 142v 3). Entre les 10 et 19 février 1568 il recouvre une créance de son père de 4.800 aspres sur un *zimmī*.

Isaq Elyahu est celui des Juifs d'Avlonya qui, de très loin, figure le plus souvent parmi les *šuhūd ul-ḥāl* du *qāḍī*. C'est lui d'autre part que le baile de Venise désigne comme son représentant auprès de ce même tribunal pour le règlement de son divorce (f. 210v 2). Le 28 janvier 1567 il prête 160 aspres à des villageois pour leur permettre le paiement d'une taxe (f. 8r 5). Le 13 mai suivant il s'acquitte de 1.800 aspres auprès d'un musulman qui lui avait fourni de l'huile d'olive (f. 65r 6). Le 17 septembre il rembourse à titre de tuteur des orphelins du Juif décédé Yehuda Selmo la dette de 12.000 aspres contractée par ce dernier envers le voïévode de Piyāle pacha (f. 125r 3). Isaq Elyahu qui devait pour son propre compte 2.000 aspres au même voïévode s'en acquitte entre le 23 octobre et le 2 novembre (f. 143r 4). Le 21 décembre il accorde à un Juif un prêt de 2.120 aspres dont 120 pour une fourniture de drap (f. 153v 2). Entre les 19 et 28 février 1568 il s'offre comme garant d'un autre Juif, Yasef fils de Bentura pour une dette de 800 aspres envers un *zimmī* (f. 213r 1).

Čačari David nous est apparu comme un important exploitant agricole et nous reviendrons plus loin sur d'autres aspects de sa fortune. Pour quels types d'affaires comparaît-il devant le *qāḍī*? Un même jour, le 19 février 1567, il atteste le droit de propriété d'une Juive, Šime (?) fille de Matya, sur la maison qu'elle met en vente (f. 19v 3) et il est témoin de la désignation de Selmo fils de Maymo comme tuteur de ses frères et soeurs mineurs (f. 19v 4). Le 5 mars il fait reconnaître sa créance de 1.650 aspres sur un *zimmī* à qui il avait fourni 111 amphores à vin (f. 30r 6). Le 27 mars il renouvelle et complète une importante donation à son fils cadet dont nous verrons plus loin le contenu (f. 50v 2). Le 29 mai il achète pour 1.600 aspres une vigne et un champ dans le village du *čiftlik* partiellement cédé à son fils (f. 70v 2). En même temps, il procède à plusieurs aliénations comme s'il travaillait à une nouvelle répartition de son patrimoine: le 23 mai il vend une vigne de 1.300 aspres à un autre Juif (f. 61r 1), dix-huit jours après une maison de 3.500 aspres à un *zimmī* dans le "quartier des poissonniers" (f. 74r 6). Le 14 octobre il

## Les Juifs d'Avlonya (Valona)

vend une autre maison à un *zimmī* dans le quartier "central" pour 1.550 aspres (f. 138r 4). Le 9 novembre suivant il prête 4.500 aspres à deux *zimmī* garants l'un pour l'autre (f. 150v 1). Dix jours après il fait établir sur une autre chrétienne qui la niait sa créance de 1.400 aspres dont 200 pour une fourniture de grains (f. 154v 2). Enfin, entre les 10 et 19 mars 1568, il se porte garant pour la personne (*kefīl bi'l-nefs*) du boucher Abram en difficulté avec la justice (f. 227r 5).

Il existait certainement au sein de la communauté juive d'Avlonya, comme dans les autres communautés juives de l'empire, des différences de niveaux de fortune: elle avait à n'en pas douter ses pauvres, ses moyennement aisés et ses riches [111]. Il est difficile d'en dire plus faute de documentation précise à ce sujet. Il faut déplorer en particulier que, contrairement à d'autres, le *siğill* d'Avlonya à notre disposition ne comprenne pas d'inventaires après décès (*tereke defteri*) très instructifs sur les niveaux des patrimoines [112]. Nous avons constaté que certains Juifs apparaissaient en position de débiteurs: ce n'est pas nécessairement la preuve de difficultés financières et encore moins de pauvreté; nous avons vu au contraire que les débiteurs des musulmans, en particulier, étaient souvent des négociants importants qui s'étaient vraisemblablement fournis à crédit. En revanche, les quelques dettes contractées envers des coreligionnaires, certaines d'un niveau assez bas, peuvent être un signe plus sûr d'impécuniosité. Mais les indices dont nous disposons témoignent plutôt d'une certaine aisance qui si elle n'était pas nécessairement le lot de la communauté tout entière devait être assez largement répandue.

Va dans ce sens le nombre relativement élevé de créanciers juifs par rapport à ce que nous pouvons savoir de la population juive totale, compte tenu encore une fois de ce qu'une part seulement de ces créances nous apparaît et de la brièveté de la période envisagée. Mais il est à noter également que, par le biais des transactions, plusieurs Juifs apparaissent comme propriétaires de maisons dans la ville. Dans les actes de vente ces maisons sont situées dans leurs quartiers respectifs et localisées plus précisément par rapport à ce qui les jouxte sur leurs quatre côtés; elles sont également brièvement décrites: la plupart ont un étage (elles sont dites *fevqānī ve taḥtānī*), sont dotées d'une cour (*ḥavlı*) et d'une fontaine (*puñar*), parfois d'un four, de latrines (*kenef*, f. 20r 1) ou d'arbres fruitiers (f. 161v 3) [113]. Les prix indiqués vont de 1.550 à 6.000 aspres mais 4.000 aspres sembleraient un prix moyen. Même si nous ignorons l'ampleur du phénomène, ces cas de possession de maisons, qu'il faut peut-être relier à la rareté de contrats et de litiges liés aux locations dans notre documentation, sont à remarquer car en général les Juifs balkaniques du fait de la législation sur le droit de *hazaka* préféraient être locataires [114]. Il est vrai que nous ne sommes pas certains qu'à l'instar de nombreuses autres communautés balkaniques Avlonya disposait d'une telle législation. Quoi qu'il en soit, ces propriétés immobilières sont un signe d'aisance comme de stabilité. Une autre marque de cette aisance est l'emploi de servantes moyennant salaire: elle vaut pour Vitali fils d'Espina (f. 129v 2) que nous avions vu collecter des cocons de soie auprès des paysans alentour.

Faute de disposer de *tereke defteri*, nous avons néanmoins un aperçu des composantes d'une fortune moyenne ou supérieure par quelques actes de donation. Dans les éléments mobiliers, l'analogie est nette avec les fortunes turques contemporaines: l'essentiel est fait de pièces d'étoffe qui servent à l'ameublement et au costume, de vaisselle de cuivre, de bijoux, d'argent liquide.

Examinons la donations faite devant le *qāḍî* par la Juive Aleġra fille d'Abraham à son époux Yaqo Haček (?) dans des conditions non précisées. Les tissus sont représentés par deux ceintures (*palašqa*) de drap noir, une pièce de drap, deux pièces de camelot (*ṣôf*) noir et grenade, deux paires de manches (*yeñ*), quatorze coudées (*zirāʿ*) de toile ornée de fil d'or (*qılabdan*), sept draps de lit (*čaršeb*), trois oreillers (*yüzyaṣduġı*), cinq serviettes (*peškīr*), deux serviettes de table (*ṣofra peškīri*), dix-sept essuie-mains (*el selgisi*), un matelas (*döšek*), six chemises (*göñlek*), une couverture bleue, une serviette (*maqrama*). Il s'y ajoute une casserole, probablement de cuivre (*hereni*), et un coffre. Puis viennent les bijoux: deux bagues d'or, une chaîne d'or et une paire de boucles d'oreilles (f. 51r 5).

Dans le cas déjà cité de Čačari David on a manifestement affaire à une grande fortune dont nous avons déjà vu quelques éléments que vient compléter, bien que de façon encore partielle, l'importante donation qu'il fait à son fils cadet (*"küčük oġlum"*), David. Il n'est pas possible de préciser quelle part de la fortune totale représente cette donation. La moitié ? (Pour certains biens cités, il est spécifié que c'est la moitié qui en est accordée au bénéficiaire.)

Cette part représente en tout cas un ensemble considérable. Ne revenons pas sur l'important *čiftik* évoqué plus haut, qui entre dans la donation, même si pour certaines de ses composantes – la cour, les vignes, le grenier, les deux granges à paille – David n'en recevra que la moitié. Ne revenons pas non plus sur la vigne et les deux maisons que Čačari David vend, ni sur la vigne et le champ qu'il achète dans les mois suivant sa donation. Indépendamment de tout cela, le père avait déjà attribué à son fils cadet, dans une donation précédente, antérieure de huit années et dont la teneur est rappelée, les éléments suivants:

## Les Juifs d'Avlonya (Valona)

— dans Avlonya, cinq maisons que Čačari déclare avoir lui-même construites et habitées. Elles ont un étage et s'accompagnent d'une cour où prennent place une fontaine, trois vasques de marbre pour laver le linge, un four constituant un bâtiment à part et un cellier;
— le contenu de ces cinq maisons qui comprend des tapis tissés (*qaliče*) et de feutre (*kiče*) ainsi qu'un ensemble d'accessoires de cuisine en cuivre: plateaux (*tepsi*), assiettes (*ṣahan*), poêles (*tava*), chaudrons, etc.;
— dans Avlonya encore, une autre maison avec sa cour et deux autres maisons de bois avec cour et fontaine.

La donation antérieure comprenait en outre un ensemble de bijoux d'or et de pierres précieuses: un cordon (*ġayṭan*) de fil d'or "à attacher au cou des femmes", un poucier d'archer (*zihgīr*), 17 bagues — dont huit petites, avec rubis, diamants, turquoises, topazes —, une chaîne, une paire de bracelets, un collier, une boucle d'oreille en forme de poire, ainsi qu'un lingot d'une valeur de 65 pièces d'or (*altun*). L'ensemble de ces bijoux représente une valeur de 230 pièces d'or. Il s'y ajoute divers objets d'argent: une aiguière, un gobelet (*mašrapa*) d'argent doré, quatre fourchettes d'argent "pour manger" (*taʿām yimek čatalları*), neuf cuillères, une bourse, une boîte à épices en forme de boule: le tout représentant 2.347 *dirhem* d'argent, soit, si on évalue le *dirhem* à 3,207 gr [115], quelque 7,5 kg.

Cette liste illustre un souci de thésaurisation sous l'espèce d'objets précieux mais aussi le luxe, sous ses formes ottomanes, du cadre de vie de ce riche Juif. Il apparaît même épris des raffinements les plus modernes, si l'on se réfère à la présence des fourchettes "à manger" (f. 50v 2).

Reprenons en guise de conclusion les principaux résultats de cette étude. La communauté juive d'Avlonya, composée d'éléments d'origines diverses mais principalement ibérique et italienne, est au XVIᵉ siècle l'une des plus importantes de l'empire ottoman. Néanmoins, son poids numérique et sans doute aussi économique décroît sensiblement dans la deuxième moitié du siècle, tout en subsistant. Notre source principale, le registre du *qāḍī* d'Avlonya de 1567-68, nous apprend peu sur le statut juridique que ces Juifs partagent avec leurs coreligionnaires de l'empire ottoman, et surtout sur leurs institutions communautaires propres: les quelques indices fournis laissent supposer que ces dernières n'étaient pas particulièrement structurées et fortes. Cette même source met en revanche en pleine lumière la grande liberté d'action dont jouissent dans le domaine économique ces sujets du sultan, comme d'autre part les multiples et étroites relations entre les trois composantes ethniques et religieuses de la population d'Avlonya. Les Juifs partagent avec les musulmans, dont

X

ils sont les partenaires et les associés, la suprématie économique. Même si elles ne nous apparaissent que de façon partielle et ponctuelle, les activités des Juifs se révèlent très diversifées: leur présence n'est pas exclusive, mais elle est certainement essentielle dans le commerce local et international de la place où ils apparaissent dans tous les rôles: acheteurs, fournisseurs, importateurs, exportateurs, intermédiaires, mandataires, bailleurs de fonds, commandités et même transporteurs maritimes; leurs liens particuliers avec Venise et Doubrovnik ont été confirmés par les documents turcs. Si ces derniers laissent dans l'ombre leur éventuelle participation à la production artisanale de la région, ils donnent quelques aperçus sur la part des Juifs dans la production agricole et notamment vinicole d'Avlonya. Les actes du *qāḍī* sont particulièrement éloquents et précis sur la nature et l'importance du rôle des Juifs dans le crédit.

Ces diverses activités valent à leurs auteurs l'aisance et parfois même une richesse manifeste dont les expressions immobilières et mobilières s'alignent sur les standards établis de la société ottomane dans son ensemble. La fréquentation assidue du tribunal islamique par les Juifs, y compris pour des affaires purement juives et relevant de ce fait de leur propre juridiction communautaire – ce phénomène auquel nous devons nos informations –, est un autre signe frappant de cette intégration.

# Tableaux

## Créances et dettes des Juifs dans le registre du qāḍī d'Avlonya (janvier 1547-avril 1548)

**Au dessous de 1.000 aspres: 44,7%**

| Référence | Montant (en aspres) | Créancier* | Débiteur* | Cause de la dette | Gage* | Garant* | Délai | Rembours partiel* | Observations |
|---|---|---|---|---|---|---|---|---|---|
| 123v 1 | 50 | J | C | | | | | | |
| 139r 3 | 110 | J | C | vente d'une pièce d'étoffe | | | | | |
| 82v 3 | 121 | J | J | | | | | | |
| 226v 2 | 140 | J | C | | | | | | |
| 8r 5 | 160 | J | XC | paiement d'une taxe | | | | | |
| 2r 4 | 212 | J | C | vente de peaux | | | | + | |
| 91v 1 | 250 | J | C | | | | | | |
| 227r 1 | 260 | J | M | | | | | | |
| 65r 2 | 277 | M | 2J | créditeur: tailleur | | | | | dette non prouvée |
| 151r 2 | 300 | J | C | | 1 manteau (ferāğe) | | | | |
| 3v 4 | 400 | J | XC | vente de poisson | | | | | |
| 82v 2 | 400 | J | J | | | | | | |
| 174r 2 | 400 | M | 2J | vente de drap | | + | 7 mois | | |
| 206v 4 | 400 | J | C | | | + | | | |
| 110r 1 | 434 | J | C | | | | | + | + 18 kg de blé |
| 52v 5 | 445 | J | C | | pièce de drap de 200 aspres | | | + | |

*segue*

* J = juif; C = chrétien; M = musulman; X = plusieurs; + = attesté.

X

| Référence | Montant (en aspres) | Créancier* | Débiteur* | Cause de la dette | Gage* | Garant* | Délai | Remboursé partiel* | Observations |
|---|---|---|---|---|---|---|---|---|---|
| **2.000 à 2.999 aspres: 13,2%** | | | | | | | | | |
| 30r 4 | 2.000 | J | C | | | | | + | |
| 143r 4 | 2.000 | M | J | | | | | | créance transférée du voïévode de Piyāle pacha à un ex-*qāḍī* d'Avloniya |
| 149r 1 | 2.000 | J | C | | 1 vigne | | | | |
| 167r 1 | 2.000 | J | 5C | | | + | 2 mois | | |
| 153v 2 | 2.120 | J | J | | 2 maisons | | | | dont 120 de "prix du drap" |
| 35v 5 | 2.550 | J | C | | 1 maison | | | | |
| 142v 3 | 2.600 | J | 4C | | | + | 8 mois | | |
| 166v 2 | 2.600 | J | 5C | | | + | | | |
| 197r 3 | 2.600 | J | C | | | + | 3 mois | | dont 400 pour 15 *zirā'* de drap |
| 221v 1 | 2.600 | J | 2C | | 1 vigne | | 7 mois | | |
| **3.000 à 3.999 aspres: 4%** | | | | | | | | | |
| 70v 6 | 3.000 | M | J | achat de goudron | | | | | dette exprimée en pièces d'or |
| 210r 3 | 3.000 | J | 2C | | | | 4 mois | | |
| 184r 3 | 3.125 | J | C | | | | 7 mois | | dont 2.000 de "prix du drap" |

X

| Référence | Montant (en aspres) | Créancier* | Débiteur* | Cause de la dette | Gage* | Garant* | Délai | Remboursement partiel* | Observations |
|---|---|---|---|---|---|---|---|---|---|
| 64r 5 | 485 | J | C | | | | | | |
| 59r 4 | 500 | J | 3C | | | | 3 mois après l'acte | | *selem*: cocons de soie |
| 155v 2 | 500 | C | J | | | | | | |
| 162v 4 | 500 | J | C | | | | | | |
| 233r 4 | 590 | M | J | vente de moutons | | | | | |
| 30r 5 | 600 | J | C | | 1 maison (sans étage) | | 1 an | | |
| 138v 3 | 600 | J | C | | 2 gobelets et 218 boutons d'argent | | | | |
| 69r 2 | 612 | J | C | | | | | | |
| 152r 4 | 650 | J | C | | + | | | | |
| 59r 3 | 700 | J | 8C | | | | 3 mois après l'acte | | |
| 81v 1 | 700 | C | J | achat d'un cheval | | + | | | |
| 103r 5 | 700 | J | C | | 1 maison | | 7 mois | | |
| 123r 2 | 700 | C | J | | | | | | |
| 213r 1 | 800 | J | J | | 1 vigne | + | 6 mois | | |
| 124v 3 | 850 | J | C | | | | 3 mois | | |
| 108v 4 | 900 | J | J | | plusieurs bijoux et étoffes | | | | |
| 124r 5 | 950 | J | C | | | | | | |
| 195r 6 | 959 | J | C | | | | | | |

X

## 1.000 à 1.999 aspres: 22,3%

| | | | | | |
|---|---|---|---|---|---|
| 112r 1 | 1.000 | J | C | | 1 an | dont 200 aspres de "prix du drap" |
| 129r 1 | 1.000 | J | 11C | | | |
| 216r 1 | 1.000 | J | C | 1 vigne | 4 mois | |
| 27r 2 | 1.100 | J | C | | | dont 550 pour huile d'olive |
| 231r 1 | 1.150 | J | C | | 2 mois | |
| 139v 2 | 1.170 | J | C | + | | dont 170 de "prix du drap" |
| 192r 3 | 1.200 | J | C | | 8 mois | |
| 38v 4 | 1.240 | J | C | | | |
| 162v 3 | 1.275 | J | C | 1 maison | | |
| 154v 2 | 1.400 | J | C | | | dont 200 de "prix de grains" |
| 129r 1 | 1.400 | J | 11C | | + | + 21 *kile* de blé |
| 200v 1 | 1.425 | J | 13C | | + | 6 mois |
| 237r 2 | 1.500 | J | 11C | | | dont 1.000 pour des cocons de soie |
| 30r 6 | 1.650 | J | C | vente de 111 amphores de vin | | |
| 233r 2 | 1.700 | M | J | | | |
| 129r 3 | 1.850 | J | 6C | | + | 6 mois | dont 350 de "prix du drap" |
| 88r 5 | 1.877 | J | J | | | |

*segue*

X

## 4.000 à 4.999 aspres: 9,2%

| | | | | |
|---|---|---|---|---|
| 25r 4 | 4.130 | J | C | 1 maison | part non précisée de "prix du drap" |
| 175r 1 | 4.135 | J | M | | |
| 2v 1 | 4.200 | J | C | | + |
| 150v 1 | 4.500 | J | 2C | | |
| 180r 4 | 4.750 | M | J | fourniture de cochenille | + |
| 96r 1 | 4.800 | J | C | 1 maison + 1 vigne | + 7 mois |
| 196v 3 | 4.800 | J | C | | + |

## 5.000 aspres et plus: 6,5%

| | | | | | |
|---|---|---|---|---|---|
| 187r 4 | 5.000 | J | 2J | | chacun des deux débiteurs doit payer la moitié |
| 204r 1 | 6.000 | J | J | | 1 an | le débiteur doit entretenir le créancier, son frère, avec les intérêts. |
| 146r 2 | 6.500 | J | C | 2 maisons + 1 vigne | |
| 59r 1 | 6.600 | M | J | 1 maison | |
| 153r 3 | 12.000 | M | J | 3 maisons | |

## Notes

[1] Cfr. les bibliographies des ouvrages récents de M. A. Epstein, *The Ottoman Jewish Communities and Their Role in the Fifteenth and Sixteenth centuries*, Fribourg 1980, pp. 163-77; et A. Shmuelevitz, *The Jews of the Ottoman Empire in the Late Fifteenth and the Sixteenth Centuries*, Leyde, 1984, pp. 194-201.

[2] Cfr. J. Tadić, *Jevreji u Dubrovniku do polovine XVII stoljeća* Sarajevo 1937; B. Hrabak, *Jevreji u Albaniji od kraja XIII do kraja XVII veka i njihove veze sa Dubrovnikom*, "Jevrejski istorijski Muzej-Beograd Zbornik", 1 (studije i grada o jevrejima u Dubrovniku), Belgrade 1971, pp. 56-97.

[3] Cfr. A. Tenenti, *Naufrages, corsaires et assurances maritimes à Venise, 1592-1609*, Paris 1959; B. Blumenkranz, *Les Juifs dans le commerce maritime de Venise (1592-1609). A propos d'un livre récent*, "REJ", 119 (1961), pp. 149-50.

[4] Des données des registres de recensement ottomans du XVI⁵ siècle, relatives à la population d'Avlonya, ont été reproduites par H. Inalcik, art. "Arnawutluk", in *Encyclopédie de l'Islam*, 2ᵉᵐᵉ édit. [cité EI²], I, p. 676; et par Epstein, *The Ottoman Jewish Communities*, cit., p. 205.

[5] Notre système de translittération du turc ottoman est celui de la "Revue des études islamiques".

[6] Cfr. E. Rossi, *Elenco dei manoscritti turchi della Biblioteca Vaticana. Vaticani, Barberiniani. Borgiani. Rossiani. Chigiani*, Città del Vaticano 1953, p. 344. Le manuscrit porte la cote: *Mus. Borg. P. F. Turco. 20*. L'état du manuscrit est généralement bon. Toutefois le premier folio est fragmentaire et un assez grand nombre d'autres présentent des lacunes. Ajoutons que le nom du qāḍī auteur du registre attire l'attention: il est désigné (ff. 142r et 169r) comme Mevlānā Mehmed fils d'Aḥmed čelebi, fameux sous le nom de Taşköprizāde. Il s'agit apparemment de l'un des fils du célèbre encyclopédiste ottoman Taşköprülüzāde Aḥmed Hüsāmüddîn efendi (1495-1561) qui fut qāḍī d'Istanbul et l'auteur de nombreux ouvrages. Deux fils de ce dernier sont bien connus: Kemāleddîn Mehmed efendi (1552-1621) et son cadet de la même mère, Ebu Ḥamîd Mehmed (1563-1597); tous deux s'appellent Mehmed et furent qāḍī, mais aucun des deux, pour des raisons chronologiques, ne peut être identifié avec l'auteur du siğill d'Avlonya. Cfr. M. Aktepe, art. "Taşköpri-zâde", in *İslâm Ansiklopedisi*, fasc. 116, Istanbul 1968, pp. 42-46.

[7] Le premier folio porte la mention: "Bibliotheca College Urbani ex dono Andrea Zmaievich Archiepiscopi Antibarensis". Andrija Zmajević, né à Perast en 1624, fut nommé archevêque de Bar par le Pape Clément X en 1671 et le restera jusqu'à sa mort en 1694. Bar étant alors occupée par les Turcs, il siégeait à Paštrovići où il sera enterré. Nous ignorons dans quelles conditions, le registre turc tomba entre ses mains et il en fit don à la bibliothèque romaine. Il est à noter que dans sa jeunesse il avait fait des études de philosophie et de théologie au "Collegio Albano" à Rome. Il est d'autre part connu pour ses activités de poète et d'historien. Il recueillait les poésies populaires anciennes et est lui-même l'auteur de poèmes lyriques et historiques et d'annales de l'Eglise (*Lietopis Zrakovni*); cfr. l'art. de J. Jelenić in *Narodna Enciklopedija Srpsko-Hrvatsko-Slovenačka*. a. c. de S. Stanojević, I, Zagreb, s. a., pp. 821-22 (avec bibliographie), et l'art. de N. Martinović in *Enciklopedija jugoslavije*, a. c. de M. Krleža, VIII, Zagreb 1971, p. 628 (avec bibliographie).

[8] Plus précisément, la première date citée est le 3 reğeb 974 (14 janvier 1567) et la dernière evā'il-i ševvāl 975 (30 mars-8 avril 1568). Il faut donc corriger la notice de Rossi qui présente le registre comme couvrant la totalité des années H. 974 et 975, qu'il fait correspondre à 1566-1568. La section concernant l'année 975 commence au f. 88v.

## Les Juifs d'Avlonya (Valona)

[9] Dans sa circonscription, le *qāḍī* est non seulement un juge à compétence universelle mais il est un notaire et un administrateur au sens le plus large. Sur les registres de *qāḍī* et leur importance, cfr. notamment, H. Inalcik, *15. asır Türkiye iktisadî ve içtimaî Tarihi kaynakları*, "Iülfm", XV, 1-4 (1953-1954), pp. 51-75; H. Ongan, *Ankara'nın 1 numaralı şer'iye sicili*, Ankara 1958, pp. V-XXXIX; Ş. Turan, *Şer'iyye sicillerinin tarihî kaynak olarak önemi*, in *Studi preottomani e ottomani*, a. c. de A. Gallotta, Napoli 1976, pp. 225-28. Ces documents sont aujourd'hui l'objet de nombreuses éditions et études qu'il n'est pas question d'énumérer ici. En particulier, nous aurons à citer *infra* quelques-unes des études de R. C. Jennings sur les registres de Kayseri du début du XVIIe et de H. Gerber sur ceux de Bursa du XVIIe siècle.

[10] Pour Berat à partir de 1602, pour Elbasan, en transcription, à partir de 1580. Quant aux *siğill* subsistant de Tirana, Korçe et Peqin, ils ne sont pas antérieurs au XIXe siècle; cfr. S. Pulaha, *Matériaux documentaires en langue osmano-turque des archives albanaises concernant l'Albanie du XVIe au XIXe siècle*, "Studia Albanica", 1 (1966), pp. 187-88. Notre collègue O. Daniel a eu l'amabilité de nous signaler que de nombreux documents des *siğill* de Berat son utilisés à propos des Juifs d'Albanie dans Z. Shkodra, *Esnafet shqiptare shek. XV. XX* [*Les corporations albanaises du XVe au XIXe siècle*, en albanais], Tiranä 1973, notamment, p. 52.

[11] Cfr. Hrabak, *Jevreji u Albaniji*, cit., p. 57; art. "Albania" in *Encyclopaedia Judaica*, II, Jérusalem 1971, pp. 522-23.

[12] Cfr. Hrabak, *Jevreji u Albaniji*, cit., p. 60.

[13] Cfr. Tadić, *Jevreji u Dubrovniku*, cit., p. 25.

[14] *Ibid.*, p. 26.

[15] Fuyant les Turcs, Rudina se réfugia à Raguse dont le Sénat songea un moment à favoriser son départ pour Corfou; cfr. B. Krekić, *Dubrovnik (Raguse) et le Levant au Moyen-Âge*, Paris-La Haye 1961, p. 271. Venise, de son côté envisagea pendant quelque temps d'amener par la force puis par la négociation les Turcs à restituer sa principauté à la "dame de Valona"; cfr. F. Thiriet, *Régestes des délibérations du Sénat de Venise concernant la Romanie*, II, Paris-La Haye 1959, pp. 156-57, 168.

[16] Tadić, *Jevreji u Dubrovniku*, cit., p. 22; Hrabak, *Jevreji u Albaniji*, cit., p. 60.

[17] Cfr. H. Inalcik, *Sûret-i defter-i sancak-i Arvanid*, Ankara 1954, pp. 43, 54. Rappelons que le *timār* dans le régime ottoman est la concession faite par l'Etat à un particulier des revenus fiscaux produits sur une portion de territoire donnée (un ou plusieurs villages, une partie de village), en échange de services divers, le plus souvent militaires. En général, le détenteur tire ses revenus d'une part des taxes perçues sur les tenures des paysans (*re'āyā*) dépendant de lui, d'autre part, directement, de sa "réserve timariale" (*ḫāṣṣa čiftliği*); cfr. Ö. L. Barkan, art. "Timar" in *Islâm Ansiklopedisi*, fasc. 123-24, pp. 286-333; N. Beldiceanu, *Le Timar dans l'Etat ottoman (debut XIVe-début XVIe)*, Wiesbaden 1980.

[18] Cfr. H. Inalcik, *Fatih devri üzerinde tetkikler ve vesikalar*, I, Ankara 1954, pp. 137-84.

[19] Cfr. F. Babinger, *Mehmed the Conqueror and His Time*, a. c. de W. C. Hickman et R. Manheim (trad.), Princeton 1978, pp. 40, 53-54, 60-61, 151-53, 201, 233-34, 242, 252-53, 258-61, 364; F. Pall, *Skanderberg et Ianco de Hunedoara* "Revue des études sud-est européennes", 6 (1968), pp. 5-21; S. Pulaha, *Les Kastriotes devant la conquête ottomane*, "Studia Albanica", 1 (1971), pp. 103-27.

[20] Cfr. S. Rozanes, *Divre Yemei Yisrael be-Togarmah*, 2e éd., I, Sofia, Jérusalem, Tel-Aviv 1930, p. 34, cité par Epstein, *The Ottoman Jewish Communities*, cit., p. 105.

[21] Epstein, *The Ottoman Jewish Communities*, cit., p. 180.

[22] *Ibid.*, pp. 26-178; cfr. aussi J. R. Hacker, *Ottoman Policy toward the Jews and Jewish Attitudes toward the Ottomans during the Fifteenth Century*, in B. Braude et B. Lewis (éd.), *Christians and Jews in the Ottoman Empire*, I, New York-Londres 1982, p. 118. Sur le rôle et le statut des *sürgün*, cfr. Ö. L. Barkan, *Osmanlı imparatorluğunda bir iskân ve kolonyzasyon metodu olarak sürgünler*, "Iülfm", V (1950), pp. 524-69; N. Beldiceanu et I. Beldiceanu-Steinherr, *Déportation et pêche à Kilia entre 1484 et 1508*, "SOAS", XXXVIII (1975), 1, pp. 43-47.
En ce qui concerne Salonique, un recensement de 1478-79 montre qu'à cette date la ville compte 2.254 foyers de musulmans et de chrétiens à l'exclusion de Juifs (*TT 7*, pp. 537-51) cité par N. Beldiceanu dans son compte rendu d'Epstein, *The Ottoman Jewish Communities*, in "Der Islam", 58 (1981), 2, p. 371.

[23] Başbakanlık arşivi, *Kâmil Kepeci tasnifi*, n. 2411, p. 3, cité par Epstein, *The Ottoman Jewish Communities*, cit., p. 109.

[24] M. T. Gökbilgin, *XV. ve XVI. asırlarda Edirne ve Paşa Iivası. Vakıflar, mülkler, mukataalar*, Istanbul 1952, p. 152.

[25] Cfr. S. Schehter, *Notes sur Messer David Leon tirées des manuscrits*, "REJ", XXIV (1892), pp. 118-38; A. Milano, *Storia degli ebrei italiani nel Levante*, Firenze 1949, p. 65.

[26] Cfr. J. Hacker, *Les relations entre les Juifs espagnols et Eretz Israël entre 1391 et 1492* (en hébreu), "Shalom", I (1974), p. 125.

[27] Faute d'avoir pu accéder personnellement à ces registres, nous en citons les données d'après Epstein, *The Ottoman Jewish Communities*, cit., p. 205. Comme tous les recensements (y compris ceux d'aujourd'hui), ceux de l'administration ottomane du XVe siècle, ne sont sans doute pas d'une fiabilité absolue. La finalité de ceux-ci était fiscale et non démographique. Les conditions concrètes des différentes opérations de recensement nous échappent; des anomalies manifestes ne sont pas exceptionnelles; des erreurs de scribe ne sont pas non plus à exclure: le recensement de 1519-1520 présente ainsi une anomalie arithmétique. Dans ces conditions, si elle ne peut être entièrement niée, la valeur des données de ces *tahrir defteri* a été discutée et diversement appréciée; cfr. notamment Ö. L. Barkan, *Türkiye'de imparatorluk devirlerinin büyük nüfus ve arazi tahrirleri ve Hâkana mahsus istatistik defterleri*, "Iülfm", II (1940-41), pp. 20-59, 214-247; Id., *Essai sur les données statistiques des registres de recensement dans l'Empire ottoman aux XVe et XVIe siècles*, "JESHO", I (1958), pp. 9-36; Ch. Issawy, *Comment on Professor Barkan's Estimate of the Population of the Ottoman Empire*, "JESHO", 1 (1958), pp. 329-31; M. A. Cook, *Population Pressure in Rural Anatolia, 1450-1600*, Londres 1972; L. Erder et S. Faroqhi, *Population Rise and Fall in Anatolia 1550-1620*, "Middle Eastern Studies", 15 (1979), 3, pp. 322-45; récente mise au point in A. Cohen et B. Lewis, *Population and Revenue in the Towns of Palestine in the Sixteenth Century*, Princeton 1978, pp. 3-18.

[28] Nous devons ces compléments aux données relevées par Epstein dans les registres *TT 34* et *TT 99* à l'obligeance de M. N. Beldiceanu qui a bien voulu nous communiquer ses propres notes; lui-même a signalé la présence de Juifs originaires du Portugal à Avlonya in N. Beldiceanu, *Un acte sur le statut de la communauté juive de Trikala*, "Revue des études islamiques", XL (1972), p. 131.
    On notera également que le même registre *TT 99* donne pour Berat (Arnavud Belgradı) 25 foyers juifs et 561 foyers chrétiens.
    D'autres compléments utiles nous ont été obligeamment fournis par le prof. H. Inalcik: on retrouve dans un autre registre, le *TT* 1078, daté à l'heure actuelle, sans plus de précision, du règne de Süleymān 1er, le même chiffre de 528 foyers

## Les Juifs d'Avlonya (Valona)

juifs. Ce registre attribue par ailleurs aux musulmans 85 foyers et quatre célibataires, et aux chrétiens, ce qui apparaît comme tout à fait anormal, 7.019 foyers, 1.135 célibataires et 143 veuves. Il s'y ajoute des capitaines et troupes navales (*rü'esā ve 'azabān-i keštihā*), probablement, en majorité au moins, musulmans, au nombre de 107 hommes. Une autre donnée sur les effectifs militaires de la place – là encore en majorité au moins musulmans – est fournie par le registre *TT* 469, de 1568-69, précisément donc pour l'époque de notre registre de *qāḍī*: la garnison comptait alors un gouverneur (*dizdār*), un lieutenant (*kethüdā*) et 85 hommes (*qal'e müstaḥfıẓı*).

[29] Sur la communauté juive de Mistra, cfr. Z. Avneri, *Les Juifs de Mistra*, "Sefunot", 11 (1977), pp. 35-42; S. Bowman, *The Jewish Settlement in Sparta and Mistra*, "Byzantinisch-Neugriechischen Jahrbücher", 22 (1979), pp. 131-46.

[30] Citons à titre de comparaison quelques autres chiffres empruntés à l'ouvrage d'Epstein (qui ne fournit pas de chiffres pour les grandes communautés du Moyen-Orient et du Maghreb): Salonique a 2.620 foyers sous Süleymān 1ᵉʳ (p. 263), Istanbul en a environ 1.530 en 1540 (p. 180); Safed 713 foyers et 63 célibataires en 1555-56 (p. 260); la communauté de Damas est légèrement inférieure à celle d'Avlonya avec 503 foyers et 13 célibataires en 1548-49 (p. 216). Les autres communautés ottomanes de cette époque ont des chiffres plus faibles: c'est le cas pour nous en tenir aux plus importantes d'entre elles de Jérusalem, Patras, Edirne, Trikkala, Bursa et Rhodes.

Signalons d'autre part qu'en 1519 la population juive de Salonique représentait 56% de la population totale (*TT* 70, p. 6), en 1530-31 52% (*TT* 167, pp. 80-86) et en 1613-14 68% (*TT* 723, pp. 28-72); cfr. Beldiceanu, compte rendu cit. du livre d'Epstein, *The Ottoman Jewish Communities*, cit., p. 371.

[31] Texte turc en caractères arabes in Inalcik, *Sûret-i defter-i*, cit., pp. 124-126. N. Beldiceanu nous a signalé que le registre de 1519-20 (*TT* 99) comprend lui aussi une version du règlement douanier d'Avlonya qu'il serait évidemment instructif de comparer avec celle publiée de 1583.

[32] Cfr. Milano, *Storia degli ebrei italiani nel Levante*, cit., p. 67.

[33] Cfr. Epstein, *The Ottoman Jewish Communities*, cit., p. 24.

[34] Cfr. Hrabak, *Jevreji u Albaniji*, cit., p. 73.

[35] Il est question de départs pour Jannina, Monastir et Arta; cfr. Milano, *Storia degli ebrei italiani nel Levante*, cit., p. 73; Epstein, *The Ottoman Jewish Communities*, cit., p. 193.

[36] Hrabak, *Jevreji u Albaniji*, cit., p. 73.

[37] *Ibid.*, pp. 71, 96.

[38] Cfr. Tenenti, *Naufrages*, cit., *passim*; Blumenkranz, *Les Juifs*, cit., pp. 149-50.

[39] Cfr. A. Hananel et E. Eskenazi, *Evreiski izvori. Fontes hebraici ad res oeconomicas socialesque terrarum balcanicarum saeculo XVI pertinentes*, II, Sofia 1960, doc. 146.

Une communauté juive est attestée à Valona avec des effectifs modestes jusqu'à l'époque contemporaine; cfr. art."Valona" in *Encyclopaedia judaica*, 16, Jérusalem 1971, pp. 63-64; P. J. Ruches, *Albania's Captives*, Chicago 1965, p. 155: l'auteur parle de moins de 100 familles expulsées par le gouvernement albanais pendant la deuxième guerre mondiale. Il est difficile de connaître la situation actuelle puisque, depuis la "révolution culturelle" de 1967, les communautés religieuses n'ont plus d'existence reconnue en Albanie.

[40] Elles ont fait de notre part l'objet d'une communication au troisième congrès international d'histoire économique et sociale de la Turquie à Princeton, août 1983.

[41] Pour ne pas multiplier les notes, nous indiquons entre parenthèses dans le texte les documents de référence, par le numéro du folio, la mention du recto (r) ou du verso (v) et le numéro du document dans la page.

[42] Cfr. M. d'Ohsson, *Tableau général de l'Empire othoman*, V, Paris 1824, pp. 104-39; Cl. Cahen, art. "Dhimma", in *Encyclopédie de l'Islam*, 2$^{ème}$ ed., II, pp. 234-38; A. Fattal, *Le statut légal des non-musulmans en pays d'Islam*, Beyrouth, 1958; K. Binswanger, *Untersuchungen zum Status der Nichtmüslime im Osmanischen Reich des 16. Jahrhunderts mit einer Neudefinition des Begriffes "Dimma"*, Munich 1977; Braude et Lewis (éd.), *Christians and Jews*, cit., I, introduction, pp. 1-34.

[43] Epstein, *The Ottoman Jewish Communities*, cit., pp. 27-40; cfr. aussi, R. W. Olson, *Jews in the Ottoman Empire and Their Role*, "Tarih Enstitüsü Dergisi", 7-8, 1977, pp. 119-43.

[44] Il faut bien lire *bin* à l'arabe et non *ben* à l'hébreue, comme le suggèrent les noms des femmes qui sont dites à l'arabe *bint* (fille de) et non pas *bat*.

Ces usages du scribe musulman n'ont rien de rigide et un même personnage peut apparaître sous les différentes formes décrites ci-dessus. D'autre part son prénom est orthographié parfois de façons différentes selon les mentions. Par exemple, un même homme sera appelé Abraham, Avraham ou Abram (ff. 2v 1, 86v 2, 145r 3, 181r 1, 195v 2, 75r 5, 155r 3, 59v 3, 186v 2, 67v 2, 91v 1, 65r 2, 108v 4); Elya ou Elyahu (ff. 88r 5, 148r 1); Refa'il ou Rofil (ff. 124v 2, 209v 4); Elyon ou Lyon (ff. 145r 3, 181r 1, 195v 2).

[45] Beveniste peut également apparaître en position de prénom (ff. 52v 5, 210r 3).

[46] Il est vrai que beaucoup de ces noms appartiennent à un fonds biblique commun: Abraham, Danyal, David, Elyahu, Ester, Isaq, Maymo, Menahem, Merdehay, Mose(ou Mosi), Rahel, Refa'il, Šebetay, Selmo (ou Šemu'il), Yaqo, Yehuda, Yosef (ou Yasef), Zaharya. Un spécialiste pourrait néanmoins détecter à travers la transcription ottomane, dans la mesure où elle est fidèle, des variations dialectales instructives. Par précaution, au lieu de tenter de donner de ces noms l'équivalent plus usuel, nous nous sommes contentés de les transcrire, en nous efforçant de rendre le plus exactement possible la graphie, telle qu'elle est, du scribe ottoman.

Nos plus vifs remerciements vont à M. Haim Vidal Sephiha, professeur à l'Université de Paris VIII, pour les informations qu'il nous a données sur l'anthroponymie judéo-espagnole.

[47] Les chrétiens aussi possèdent des chevaux de charge: le règlement sur l'extraction du goudron (*zift*) stipule que les paysans qui l'extraient doivent le porter en ville sur leurs propres chevaux: Inalcik, *Sûret-i defter-i*, cit., p. 126.

[48] Cfr. f. 226r 4: "étant donné qu'il est interdit à la communauté juive établie à Avlonya de posséder des esclaves femmes..." (*Avlonya'da sākin olan yahudi ṭa'ifesi ... ğāriye qullanmaq mešru' olmadığı eğilden...*). Sur cette question, les positions des rabbins divergent: Samuel ben Haïon, rabbin de Salonique, (mort en 1608) reconnaît que le sultan interdit aux sujets non-musulmans de posséder des esclaves mais constate qu'il le tolère en réalité moyennant le paiement d'un *harāğ* pour chaque esclave mâle ou femelle. Il rappelle néanmoins que selon le rabbin Joseph ben Lev (1502-88), la loi de l'Etat étant seule valable, les sujets non-musulmans ne doivent pas avoir d'esclaves; cfr. Hananel et Eskenazi, *Evreiski izvori*, cit., II, doc. 60, pp. 154-56. Même opposition chez Samuel de Medina: cfr. M. Goodblatt, *Jewish Life in Turkey in the XVIth Century as reflected in the legal writings of Samuel de Medina*, New York 1952, p. 125. Il n'empêche que la possession d'esclaves par les Juifs des Balkans à cette époque est abondamment attestée; cfr., par exemple, Hananel et Eskenazi, *Evreiski izvori*, cit., I, docs. 48, 53, 84, 85, 105, 189; II, docs. 94, 96, 125. Les Juifs participent d'ailleurs au trafic des

### Les Juifs d'Avlonya (Valona)

esclaves dans l'empire du moins jusqu'en 1575; Goodblatt, *Jewish Life*, cit., p. 126.

[49] Cfr. R. C. Jennings, *The Office of Vekil (Wakil) in 17th-Century Sharia Courts*, "Studia islamica", 42 (1975), pp. 147-69.

[50] Nous abordons de plus près cette question dans notre communication déjà citée de Princeton, 1983. Cfr. Cl. Cahen, *A propos des Shuhud*, "Studia islamica", 31 (1970), pp. 71-79; R. C. Jennings, *Zimmis (Non-Muslims) in Early 17th-Century Ottoman Judicial Records*, "JESHO", 21 (1978), pp. 263-64.

[51] Cfr. notamment ff. 19r 5, 19v 3, 20r 1, 59r 1.

[52] Dans les congrégations (*kahal*) de l'empire ottoman, ces personnages qui les dirigent et administrent sont en général de trois à 12, élus pour un à trois ans; cfr. Goodblatt, *Jewish Life*, cit., p. 62.

[53] Cfr. art. "Valona", cit., in *EJ*, p. 63: au déput du XVI$^e$ siècle, les Portugais brouillés avec les Espagnols auraient fondé une synagogue séparée. D'autre part, Hrabak, ayant trouvé dans des documents de Doubrovnik de 1551 et 1557 des mentions d'une "vieille synagogue" d'Avlonya, appelée du nom de Speranza, en conclut qu'il y en avait par ailleurs une nouvelle, et il imagine que la ville comprenait deux communautés avec chacune sa synagogue: la vieille communauté composée d'éléments ashkenazes, italiens, ainsi qu'un groupe plus ancien de tradition culturelle grecque; la nouvelle communauté constituée par l'immigration du début du XVI$^e$ siècle. Il indique d'autre part qu'entre la deuxième décennie du XVI$^e$ siècle et 1557, les Ashkenazes ont eu leurs propres rabbins issus de la célèbre famille Trink (Hrabak, *Jevreji u Albaniji*, cit., pp. 69-70).

[54] Cfr. Goodblatt, *Jewish Life*, cit., p. 101: "by the middle of the sixteenth century only the spanish and the german orders of service remained".

[55] Ces écoles avancées placées sous la direction du rabbin se consacrent à l'étude du Talmud et de la littérature rabbinique; elles servent notamment à la formation des futurs rabbins; *ibid.*, p. 106.

[56] Il est de pratique courante dans l'empire ottoman que les Juifs soient locataires d'immeubles appartenant à des *vaqf*, notamment de boutiques et d'ateliers; cfr. Beldiceanu, *Un acte sur le statut*, cit., p. 137; Goodblatt, *Jewish Life*, cit., p. 86. Le taux de 200 aspres indiqué par le document correspond au loyer minimum d'une boutique munie d'une cave; les loyers annuels des maisons pouvaient varier entre 480 et 1.000 aspres; *ibid.*, p. 59.
Dans le marché d'Avlonya (*Avlonya čaršısı*) qui était un *vaqf* de la mosquée de la ville dite Murādiyye, une boutique était louée par le Juif Benito Yosef (f. 57r 1).

[57] Signalons que la petite communauté juive voisine de Berat (25 foyers en 1519-20) s'adonnait elle-aussi à l'agriculture puisque selon le registre *TT* 99, elle acquittait une dîme sur la production. Le produit de cette dîme était important puisqu'il avait pour équivalent monétaire la somme de 51.280 aspres. De même, de façon logique, ces Juifs étaient soumis à l'*ispenğe*, taxe personnelle sur les non-musulmans travaillant la terre (renseignements aimablement fournis par le Prof. Inalcik). Au contraire, l'acte sur les Juifs de Trikkala spécifiait que ces derniers n'étaient pas soumis à l'*ispenğe* (à la différence des autres *zimmī*) parce qu'ils ne travaillaient pas la terre; cfr. Beldiceanu, *Un acte sur le statut*, cit. Le cas de Berat confirme bien que c'est dans la mesure où ils ne pratiquent pas l'agriculture et non parce qu'ils sont juifs que les Juifs sont dispensés de l'*ispenğe*.

[58] Un *kile* d'Istanbul de blé correspond à 20 ocques, soit 25, 656 kg. Cfr. W. Hinz, *Islamische Masse und Gewichte*, Leyde 1955, p. 40. Cette dîme correspondait à une production annuelle d'environ deux tonnes.

[59] Sur la notion de *čiftlik*, cfr. Ö. L. Barkan, art. "çiftlik" in *Islâm Ansiklopedisi*, III,

Istanbul 1945, pp. 392-97; H. Inalcik, art. "čiftlik" in *EI²*, II, pp. 33-34; Id., *The Emergence of Big Farms, Çiftliks: State, Landlords and Tenants*, in J. L. Bacqué-Grammont et P. Dumont (éd.), *Contributions à l'histoire économique et sociale de l'empire ottoman*, Paris, 1983, pp. 105-26.
Le village d'Erġozat ou Urġuzat (f. 58v 3) correspond peut-être au village apparaissant dans le registre de 1431-32 comme Uzguras dans le *vilāyet* de Berat: il comptait alors deux foyers; Inalcik, *Sûret-i defter-i*, cit., p. 60.

[60] Selon le règlement de la province de Morée de 1716, le *čapalıq* était utilisé dans le *sanǧaq* de Mistra pour mesurer les vignes, et deux *čapalıq* y étaient égaux à un *dönüm* (919, 30 m²); Ö. L. Barkan, *XV ve XVI ıncı asırlarda Osmanlı imparatorluğunda ziraî ekonominin hukukî ve malî esasları, I: Kanunlar [Les bases juridiques et financières de l'économie agricole dans l'empire ottoman aux XVᵉ et XVIᵉ siècles, I: Règlements]*, Istanbul 1943, p. 328, par. 13.

[61] Cfr. Goodblatt, *Jewish Life*, cit., p. 53.

[62] Cfr. Hrabak, *Jevreji u Albaniji*, cit., p. 97. Un spécialiste du XIXᵉ siècle écrira: "les plus estimés des vins d'Albanie étaient récoltés sur le territoire de Valona"; A. Jullien, *Topographie de tous les vignobles connus*, Paris 1816, p. 458.

[63] Le règlement ottoman de la douane de Kili (Kilja), centre important d'importation et de redistribution des vins, mentionne entre autres celui d'Avlonya; le règlement de Bender (Tighina), plus au nord-est, sur le Dniestr, fait état de la cuisson dans des chaudrons de vin de Modon et d'Avlonya; cfr. M. Berindei et G. Veinstein, *Règlements fiscaux et fiscalité de la province de Bender-Aqkerman, 1570*, "Cahiers du monde russe et soviétique", pp. 266, 270 et note 24. Rappelons d'autre part qu'à la fin du XVIᵉ siècle, le commerce des vins méditerranéens à Lvov, la grande place marchande de Galicie, est précisément entre les mains de Juifs ottomans: en 1567-70, le roi de Pologne Sigismond-Auguste octroyait aux représentants sur place de Don Joseph Nasi des privilèges pour l'importation à Lvov des vins de Grèce et de Sicile. En 1587 le sultan accordera à son sujet Mordechai Cohen un monopole d'exportation des vins vers la Pologne; cette active présence des Juifs ottomans à Lvov en liaison avec le trafic du vin durera jusque vers 1600; cfr. E. Nadel-Golobič, *Armenians and Jews in Medieval Lvov. Their Role in Oriental Trade, 1400-1600*, "Cahiers du monde russe et soviétique", XX (1979), 3-4, pp. 370-71.

[64] Cfr. notamment I. S. Emmanuel, *Histoire de l'industrie des tissus des Israélites de Salonique*, Paris 1935; I. H. Uzunçarşılı, *Osmanlı devleti teşkilâtından Kapukulu ocakları*, I, Ankara 1943, pp. 263-84; S. Avitzur, *Safed, centre de manufacture de tissus de laine au XVᵉ siècle* (en hébreu), in I. Ben Zvi et M. Benayahu, *Studies and Texts on the History of the Jewish Community in Safed*, in "Sefunot", VI (1962), pp. 43-59; B. Braude, *Community and Conflict in the Economy of the Ottoman Balkans, 1500-1650*, Ph. D. thesis dissertation, Harvard University, 1977 (nous remercions l'auteur de nous avoir aimablement autorisé à consulter cette thèse inédite); S. Faroqhi, *Textile Production in Rumeli and the Arab Provinces: Geographical Distribution and International Trade (1560-1650)*, "Osmanlı araştırmaları", I (1980), pp. 66-71.

[65] On a prétendu qu'à côté des Juifs de Salonique leurs coreligionnaires de Durazzo, Arta et Valona avaient reçu des privilèges remontant à Bāyezîd II pour produire des étoffes d'un type particulier avec un monopole d'acquisition de la matière première dans les foires de l'intérieur; cfr. R. Paci, *La "scala" di Spalato e il commercio veneziano nei Balcani fra Cinque e Seicento*, Venezia 1971, p. 33. Par ailleurs, nous connaissons des attestation de moulins à fouler à Veroia, Pleven, Trikkala, Larissa et Rhodes; cfr. Braude, *Community and Conflict*, cit., p. 12 et sqq.

# X

## Les Juifs d'Avlonya (Valona)

[66] Cfr. J. Starr, *Romania: the Jewries of the Levant after the Fourth Crusade*, Paris 1949, pp. 28-31, 63-64, 66-67, 88; N. Ferorelli, *Gli ebrei nell'Italia meridionale dall'età romana al secolo XVIII*, Torino 1915, p. 126; B. Arbel, *The Jews in Cyprus: New Evidence from the Venetian Period*, "JSS", XLI (1979), 1, p. 24; Goodblatt, *Jewish Life*, cit., p. 53.

[67] C'est de longue date l'une des principales exportations de la région de Valona vers Doubrovnik et Venise; cfr. Hrabak, *Jevreji u Albaniji*, cit., pp. 96-97; Thiriet, *Régestes*, cit., III, n. 2659 (14 juillet 1444).

[68] Le terme de *pernoqok* apparaît dans le règlement de la province de Morée de 1716 où il est donné comme équivalent de *qırmız boyası*, expression désignant la cochenille; Barkan, *XV ve XVI*, cit., p. 328, par. 11.

[69] L'existence de cette production dans la région d'Avlonya est attestée tant par le registre de 1431-32 que par deux des règlements de 1583: celui des *reʿāyā* et celui sur la balance de la soie (*mīzān-i ḥarīr*); cfr. Inalcik, *Sûret-i defter-i*, cit., pp. 125-26.

[70] *Ibid.*, p. 36: le village est mentionné sous le nom de Tirca. En 1431-32 il comprenait 19 foyers; la "réserve timariale" consistait en quatre mûriers.

[71] Mention de Juifs pêcheurs et marchands de poisson salé in Goodblatt, *Jewish Life*, cit., p. 54.

[72] Un règlement particulier est consacré aux collecteurs de goudron (*ziftčiyān*) d'Avlonya: le fisc ottoman se réservait le monopole de la première commercialisation. Les sujets creusant dans les mines (*maʿden*) aux abords de leurs villages devaient charger leur production sur leurs propres chevaux pour la livrer au magasin d'Etat (*mīrī maḥzen*) à Avlonya; on leur y remettait à titre de salaire 20 aspres pour 1.000 *lidre* de goudron; Inalcik, *Sûret-i defter-i*, cit., p. 126. Le goudron était l'une des principales exportations de Valona vers Doubrovnik (Hrabak, *Jevreji u Albaniji*, cit., p. 69, 97 et note 42); et également vers Venise (Tenenti, *Naufrages*, cit., p. 333; Blumenkranz, *Les Juifs*, cit., p. 150).

[73] Le milliaire (*milliare*), mesure utilisée pour le goudron, correspondait à environ 480 kg; Thiriet, *Régestes*, cit., I, pp. 136, 194, 279.

[74] Sur leur exportation de Valona vers Doubrovnik, cfr. Hrabak, *Jevreji u Albaniji*, cit., pp. 96-97; les "peaux et cordouans" figuraient également dans les importations vénitiennes, Venise exportant par ailleurs des cuirs travaillés vers Valona; Tenenti, *Naufrages*, cit., p. 14.

[75] Inalcik, *Sûret-i defter-i*, cit., p. 123; sur le *bāğ-i siyāh*, cfr. M. Berindei, M. Kalus-Martin, G. Veinstein, *Actes de Murād III sur la région de Vidin et remarques sur les qānūn ottomans*, "Südost-Forschungen", XXXV (1976), pp. 20-32.

[76] Sommes dues au titre du prix du drap: 2.000 aspres (f. 184r 3), 200 (f. 112r 1), 350 (f. 129r 3), 120 (f. 153v 2: débiteur juif).

[77] On est tenté de considérer que ce drap carisé provenait de Venise: c'est une production bien connue de l'industrie textile vénitienne définie comme une "étoffe faite de déchets ou restes de soie ou de laine" (cfr. notamment U. Tucci, *Lettres d'un marchand vénitien, Andrea Berengo, 1553-1556*, Paris 1957, index sous "carisées"); elle fait d'autre part partie des exportations vénitiennes vers Valona (Tenenti, *Naufrages*,cit., pp. 14, 634); de plus, celui qui vend ici ce drap carisé appartient à une famille, les Mazza, attestée dans le commerce entre Venise et Valona (*ibid.*, p. 176). Néanmoins, il ne faut pas perdre de vue que la *qarziye* constituait également à la même époque une des productions lainières caractéristiques, la moins coûteuse, des Juifs de Safed et de Salonique (cfr. Braude, *Community and Conflict*, cit., pp. 30-36). Sur l'origine commune (chinoise) du terme qui est passé en turc, en arabe et dans les langues romanes et germaniques, cfr. J.

825

Hamilton, N. Beldiceanu, *Recherches autour de "qars", nom d'une étoffe à poil*, "SOAS", XXXI (1968), 2, pp. 330-46.

[78] Cfr. Hrabak, *Jevreji u Albaniji*, cit., p. 71. Le règlement douanier de 1583 évoque les marchandises arrivant "du pays des Francs, de Venise, de Florence et d'autres lieux" (Inalcik, *Sûret-i defter-i*, cit., p. 123).

[79] Cfr. A. L. Udovitch, *Partnerships and Profit in Medieval Islam*, Princeton 1970, p. 44 et sqq.; H. Gerber, *The Muslim Law of Partnerships in Ottoman Court Records*, "Studia Islamica", LIII (1981), pp. 113-14.
Ces exportations de blé étaient en principe interdites par le gouvernement ottoman. Les dérogations comme celle apparaissant ici nécessitaient des appuis auprès de la Porte ou la connivence des autorités locales. Le fait que le blé en question provienne des domaines du Grand Amiral et soit transporté sur le bateau d'un *aġa* n'avait sans doute pas manqué de faciliter les choses.

[80] Inalcik, *Sûret-i defter-i*, cit., p. 123. Précisons que, si dans les actes du *qāḍī* la dénomination de *zimmī* n'est pas, comme nous l'avons vu, appliquée aux Juifs, il n'en va pas de même dans le contexte des règlements fiscaux, où les *zimmī* comprennent aussi bien les Juifs que les chrétiens. De même, la notion de *ḥarbī* se rapporte tant aux Juifs qu'aux chrétiens ne vivant pas (pas encore) sous domination musulmane.

[81] Cfr. Beldiceanu, *Un acte sur le statut*, cit., p. 138: "tiġārete ve renġberlike gitmekden meniʿ eylemiyeler ve gidiġek ḫarāġlarına kefil vireler". L'auteur a bien voulu nous signaler qu'une mention analogue a été inscrite dans le passage concernant les Juifs du recensement d'Avlonya de 1519-20 (*TT 99*, p. 13). Il est à noter que la terminologie ottomane distingue couramment le marchand qui se déplace (*tāġir-i seffār*) de celui qui organise ses affaires sur place (*tāġir-i mutamakkin*); cfr. H. Inalcik, *Capital Formation in the Ottoman Empire*, "JEH", 29 (1969), 1, p. 99. Les Juifs d'Avlonya peuvent être de l'un ou de l'autre type.

[82] Inalcik, *Sûret-i defter-i*, cit., p. 123.

[83] Tenenti, *Naufrages*, cit., pp. 14, 88, 176, 277, 333, 356, 460.

[84] Goodblatt, *Jewish Life*, cit., p. 48.

[85] *Ibid.*, pp. 49-50, 161 (trad. anglaise de la consultation de Samuel de Medina).

[86] Inalcik, *Capital Formation*, cit., p. 100; Gerber, *The Muslim Law*, cit., pp. 113-17.

[87] ASVe, *Documenti turchi*, B.IX.6.3.; A. Bombaci, *Inventario cronologico*, n. 205. Notre attention a été aimablement attirée sur ce document par notre ami M. B. Arbel.

[88] C'est par leurs noms que ces patrons juifs sont identifiés, ce qui peut-parfois être sujet à caution. Deux cas sont néanmoins tout à fait nets: un Abram Lass, patron d'un bateau (*nave*) parti pour Zante en 1601; un Abram Arens, patron du bateau *Nave Re Davit*, nolisé pour Chypre et retour en 1608 (Tenenti, *Naufrages*, cit., pp. 305, 521).

[89] Il est intéressant de confronter les données sur le crédit rencontrées à Avlonya avec l'importante étude de R. C. Jennings, *Loans and Credit in Early 17th-Century Ottoman Judicial Records. The Sharia Court of Anatolian Kayseri*, "JESHO", XVI (1973), 2-3, pp. 168-216. Rappelons que les conclusions de Jennings reposent sur une base relativement large – incomparablement plus large que la nôtre – puisqu'il a dépouillé 1.400 actes du tribunal de Kayseri, correspondant à une période de 246 mois entre mai 1605 et octobre 1625, ce qui conforte nos résultats quand ils concordent entièrement avec ceux de Jennings. Rappelons aussi que cette ville d'Anatolie centrale ne comprend pas de Juifs et que les prêts et crédits y sont contractés entre musulmans, Grecs et Arméniens. Nous verrons que

ces différences géographiques, chronologiques, ethno-religieuses avec notre propre cas, n' empêchent pas une analogie sur plusieurs points. L'ampleur du dépouillement de Jennings rend aussi les différences que nous constatons sur quelques autres points, particulièrement significatives. Dans le cas de Kayseri, l'auteur estime que seules environ 50% pour cent des affaires de dettes ont été enregistrées dans les *siğill* (ibid., p. 174).

90 Başbakanlık arşivi, *Ali Emiri tasnifi*, Kanuni, n. 353, cité par Epstein, *Ottoman Jewish Communities*, cit., p. 141.

91 L'"atomisation" du crédit est l'une des constatations de Jennings: dans ses 1.400 cas, la plupart des créanciers ne figurent que pour une seule créance; seuls 36 d'entre eux sont apparus deux fois ou plus comme créanciers dans un même registre (Jennings, *Loans and credit*, cit., p. 177).

92 Cfr., par exemple, ff. 2r 4, 30r 6, 139r 3, 180r 4, 233r 4.

93 Cfr. ff. 27r 2, 39v 5, 69r 2, 103r 5, 110r 1, 112r 1, 129r 2, 129r 3, 139v 2, 153v 2, 154v 2, 184r 2, 197r 3, 228v 2.

94 Même constatation chez Jennings, *Loans and credit*, cit., pp. 171-72.

95 Cfr. f. 110r 1: 434 aspres de prêt (*qarz*) et 18 kile de blé (479,808 kg), un seul débiteur; f. 129r 2: 1.400 aspres de prêt et 21 *kile* de blé (559,776 kg), les débiteurs sont 11 villageois qui viennent de rembourser 1.000 aspres au même créancier (f. 129r 1).

96 Cfr. Ö. L. Barkan, *Edirne askerî kassamı'na ait Tereke defterleri (1545-1659)*, "Belgeler", II (1968), p. 36; Goodblatt, *Jewish Life*, cit., p. 50: selon l'auteur, si le producteur ne peut fournir la marchandise au moment convenu, il doit lui-même en acheter l'équivalent pour le remettre à son créancier.

97 Cfr. H. Gerber, *Social and Economic Position of Women in an Ottoman City, Bursa, 1600-1700*, "IJMES", 12 (1980), p. 234 et note 25: l'auteur observe que dans la Bursa du XVIIe siècle le "loyer" est invariablement de 10% du prix de la vente; il est inférieur ici.

98 Des emprunts de Juifs à des Turcs sont mentionnés in Hrabak, *Jevreji u Albaniji*, cit., pp. 93-94; cfr. aussi Goodblatt, *Jewish Life*, cit., p. 123: selon cet auteur, de nombreuses *responsa* font état de prêts consentis par des musulmans à des Juifs. Il en conclut que les Juifs semblent avoir été les principaux clients des prêteurs turcs. Ce point de vue est sujet à caution et ne pourrait en tout cas être généralisé à l'ensemble de l'empire; le cas de Kayseri, par exemple, montre bien que les prêteurs musulmans peuvent être très actifs en l'absence de toute population juive. Le même auteur présente les prêts de Juifs à des chrétiens comme seulement "occasionnels", ce qui ne correspond nullement aux données d'Avlonya.

99 Sur le rôle des legs pieux comme "institutions de crédit", cfr. Barkan, *Edirne askeri kassamı*, cit., pp. 39-46; Ö L. Barkan et E. H. Ayverdi, *Istanbul vakıfları Tahrir defteri 953 (1546) tarihli*, Istanbul 1967-70; Jennings, *Loans and credit*, cit., pp. 203-9.

100 Ceci correspond à une réalité générale du crédit dans l'empire ottoman à cette époque. Mettant à part le cas des *vaqf*, Jennings, relève l'"individualistic nature of credit in 17th century Kayseri". Dans 88% des cas qu'il a étudiés, le prêteur est un individu unique: "partnerships, even informal partnerships and family partnerships such as two brothers or a father and a son, were rare" (Jennings, *Loans and credit*, cit., p. 176).

101 Cfr., par exemple, ff. 142v 3, 166v 2, 167r 1, 200v 1. Cette fréquence relative des débiteurs collectifs semble plus marquée qu'à Kayseri où 97% des débiteurs sont des individus, 3% seulement des dettes incombant à deux individus ou plus (Jennings, *Loans and credit*, cit., p. 176).

[102] Même constatation chez Jennings, *ibid.*, p. 172.
[103] Sur l'interdiction théorique de l'usure dans le droit musulman et les solutions pratiques, cfr. F. Rahman, *Riba and Interest*, "Islamic Studies", 3 (1964), p. 3 et sqq.; Barkan, *Edirne askerî kassamı*, cit., pp. 31-38; Inalcik, *Capital formation*, cit., pp. 100-2; N. Çagatay, *Riba and Interest Concept in the Ottoman Empire*, "Studia Islamica", 32 (1972), pp. 53-68; H. Gerber, *Sharia, Kanun and Custom in the Ottoman Law: the Court Records of 17th-Century Bursa*, "International Journal of Turkish Studies", 2 (1981), 1, p. 141; J. Schacht, *Introduction au droit musulman*, Paris 1983, pp. 124-25.
[104] Jennings, *Loans and credit*, cit., pp. 172-73, 187-91, 200-9.
[105] Cfr. Goodblatt, *Jewish Life*, cit., p. 54; Hananel et Eshkenazi, *Evreiski izvori*, cit., I, doc. 155, pp. 369-70. Si ces taux de 6 à 15% prêtés aux Juifs sont véridiques, ils restent relativement modérés. Nous avons vu qu'à Kayseri au début du XVII$^e$ siècle, des taux de 20% sont ouvertement déclarés. Mais Braude (*op. cit.*, p. 172), en s'appuyant sur des *responsa* de rabbins autres que Medina signale pour la même époque des taux d'intérêt pratiqués par les Juifs de l'empire ottoman sensiblement plus élevés: 10 à 20% par an (Joseph ben Lev) et parfois même 25, 30, 60% (*responsa* d'Adarbi et Salomon b. Abraham Hakohen). D'ailleurs des "édits de justice" du sultan contemporains dénoncent des usuriers (sans spécification de la religion) pratiquant des taux de 30 et même 60%, qui méritent d'être envoyés aux galères; ces édits proscrivent les taux supérieurs à 1,5 pour 10 qui sont donc considérés comme le maximum tolérable (Barkan, *Edirne askerî kassamı*, cit., p. 38 et note 36). Quand Hrabak parle de taux de 20 à 30% pratiqués par les Juifs de Valona, c'est en s'appuyant inconsidérément sur la consultation de Samuel de Medina (cf. *supra* note 86) qui s'applique en fait au partage des bénéfices dans une association de commandite (Hrabak, *Jevreji u Albaniji*, cit., pp. 92, 96).
[106] Cfr. Hananel et Eshkenazi, *Evreiski izvori*, cit., I, doc. 45, pp. 120-21.
[107] "Birbirine kefil olub"; cfr. ff. 142v 3, 166v 2, 167r 1, 200v 1, 228v 2. Notons qu'on trouve un cas où un Juif est garant non pas pour les biens mais pour la personne (*kefil bi'l-nefs*) d'un chrétien; ce même document le montre d'ailleurs retirant sa garantie (f. 6r 6).
[108] Cfr. Jennings, *Loans and credit*, cit., p. 175.
[109] Cfr. ff. 27r 2, 38v 4, 67v 2, 129r 1, 138v 3, 162v 4, 193v 3.
[110] Samuel de Medina considérait qu' "il n'est permis à aucun Juif d'emprisonner son prochain pour cause de dette"; mais on voit que c'était un moyen pour certains créanciers Juifs de passer outre à l'opinion exprimée par le rabbin de Salonique, que de s'adresser au tribunal musulman; cfr. Goodblatt, *Jewish Life*, cit., p. 50; Hananel et Eskenazi, *Evreiski izvori*, cit., I, doc. 103, pp. 251-52.
[111] Cfr. Goodblatt, *Jewish Life*, cit., pp. 59, 80.
[112] Sur les *tereke defteri*, cfr. Inalcik, *15.asır Türkiye iktisadî ve içtimaî tarihi kaynakları*, cit.; Barkan, *Edirne askerî kassamı*, cit.; G. Veinstein et Y. Triantafyllidou-Baladié, *Les inventaires après décès ottomans de Crète*, in A. van der Woude et A. Schuurman éd., *Probate Inventories: A New Source for the Historical Study fo Wealth, Material Culture and Agricultural Development*, a. c. de "AAG Bijdragen", 23 (1980), pp. 191-204.
[113] Cfr. la description d'une maison juive à Skopje dans le dernier quart du XVI$^e$ siècle in Hananel et Eskenazi, *Evreiski izvori*, cit., I, pp. 269-71.
[114] Goodblatt, *Jewish Life*, cit., pp. 81-86.
[115] Hinz, *Islamische Masse*, cit., p. 5; N. Beldiceanu, *Les actes des premiers sultans conservés dans les manuscrits turcs de la Bibliothèque Nationale à Paris*, I, Paris-La Haye 1960, p. 177; II, Paris-La Haye 1964, p. 286.

# INDEX

'Abdürrahmân, *re'îs ül-küttâb* : V 124
*acemî oğlan* : VI 52 ; VIII 306, 320
*adaletname* de 1609 : IV 42, 43
Adana : V 113
*ağa* (agha), *ağalık* : I 131, 139 ; II 195, 200, 201 ; IV 46, 51
*ağa* (des corps du Palais) : VIII 306, 307
*ağa* des janissaires : VI 52
Ağrıboz (Eubée) : VI 42, 48
Ahmed (*kâdî* de Kalamata) : III 214
Ahmed Ağazâde (*kâdî* de Kalamata) : III 212
Ahmed Pacha, Gedik : IX 228
Ahmed Pacha, grand vizir : II 195
Ahmed Pacha, vizir : VII 178, 180 ; VIII 304, 305
*akıncı* : VI 49
Akkerman (Aqkerman, Cetatea Albă, Belgorod-Dniestrovskij) : II 180, 182-187, 189, 190, 193, 195, 196, 198, 199, 203, 204, 207, 209, 210 ; IV 38 ; V 115 ; VIII 321
Aksaray : VI 48
Akşehir : VI 48
Ala'iya : VI 48, 50
Alacahisâr (Kruševac) : V 114 ; VIII 320
*alaybeğ* : V 115 ; VI 42, 50, 51
Albanie (Albania) : IV 40, 50 ; X 781-784
Alep : V 114 ; VIII 321
Alessio (Lesh) : X 787
Alexandrie (d'Égypte) : VI 39
Alger : VI 39, 40, 57

'Ali (chroniqueur) : IV 37
'Alî de Preveza, fils de Murad (*kâdî* de Kalamata) : III 215
'Alî Pacha de Jannina : III 226
Alušta (village) : IX 240
Amasya : V 113
*'âmil* (affermataire) : V 123 ; X 784
Anatolie (Anatolı) : I 131, 139 ; II 178 ; IV 38, 40, 43, 48, 50 ; VI 41, 42, 48, 50 ; VIII 311, 321
Ancône : X 797
Ankara : IV 40
Araboğlu (famille de Pergame) : I 131
Araboğlu Ismail Agha : I 134, 135, 137-140, 144, 145
Aramon, baron d', Gabriel de Luetz : VI 36, 37, 39, 52-54, 56, 58-62
Arménien(s) : I 134, 138, 144, 145 ; IX 229, 235, 237
*arpalık*, *başmaklık* (property grants) : voir *hass*
Arta : X 782
articles de commerce (commodities, marchandises, provisions) : IV 51, 53 ; VII 179-182 ; X 800 – blé, cochenille, cocons, draps, étoffes de laine, huile d'olive, peaux, poissons, produits alimentaires, sel, soie, salpêtre, goudron... : X 793-799, 801, 802, 806-808 – blé, coton, soie, cire, textiles, glands, tissus, peaux, huile, figues séchées, œufs de poissons, poissons séchés, poulpes : III 220, 221 – blé, coton, poudre, plomb : I 133, 134, 136-139, 141, 143, 145 –

corn, rice, maize, cotton, olive oil, fruits, wine, silk, wheat, tobacco, barley : IV 36, 41, 48, 50, 51, 55
Atçı Mahmud dit Hacı Baba, de Kefe : II 204
'avârız hânesi : VII 181
Avlonya (Valona, Vlorë) : IV 40, 41 ; V 116, 118 ; VI 38, 42, 48, 49, 56, 58 ; X 781-782
âyân, âyânlık (local potentates) : I 131, 132, 134, 136, 139 ; IV 42, 46, 51, 52, 53
Aydın : I 138, 140, 141 ; VI 49
Aylok (Újlak) : VII 180
'Ayn-i 'Alî (chroniqueur) : IV 37 ; V 116 ; VI 49
'azab : II 190, 196, 197 ; VII 182 ; VIII 321
Azak (Azov, Tana) : II 179 ; IX 227, 228, 230, 238, 240
Azov (mer) : II 179 ; IX 227, 233
bacdâr (percepteur) : X 796
bağçe, périvoli, bağ (jardin, verger) : III 219-224 ; IV 41
Bagdad : VI 51
Balıqlaġu : IX 230
Balkans : III 217 ; IV 36 ; X 782, 784, 792, 794
baltacı (corps des) : VIII 320
Banque de Saint-Georges : voir : Génois
Bar (Monténégro) : X 781
Barberousse : voir : Hayreddîn Barberousse
barça : VI 53
Bastilica, Sampiero de la : VI 62
baştina (voir aussi çiftlik) : II 177, 188, 198

Bâyezîd II : II 180
Bâyezîd (fils de Süleymân I$^{er}$) : V 113
Beaujour, Félix (consul de France) : IV 49
Beçi (Becse) : VII 181
beğ (bey) : II 195 ; III 216, IV 45 ; VI 44, 47, 57 ; VII 180, 182
beğlerbeğ (beylerbey) : II 181 ; V 113-115, 117-119, 126 ; VI 36, 38-44, 46-53, 55, 57 ; VII 178-181 ; VIII 301, 303, 305, 310, 317, 320
beğlerbeğilik : VI 41, 42, 47-50 ; VII 178 ; VIII 304 ; IX 228
Belgrade : VI 41, 45 ; VII 178-181
Bénakis, Panayote : III 212-228 ; IV 41
Bender (Tighina) : II 180, 184, 185, 187, 189, 207, 209, 210
Bendereğli (Karadeniz Ereğlisi) : VI 38
Berat : X 782, 783, 787, 788, 792
Berkofça : V 120
Beşkerek (Becskerek) : VII 181 ; VIII 320
beşlü : II 190, 196, 197, 205
Beveniŝte, Yaqo (administrateur de la communauté juive d'Avlonya) : X 791, 796, 797, 802, 804, 807
Beyşehir : VI 48
bid'a : III 222
Bihliŝte : V 119
bîve : IX 230, 231 ; X 785
Black Sea : voir Mer Noire
Bosnie (Bosnia) : IV 49, 50 ; VIII 320
bourse (kese) : I 140, 143 ; VI 46

Bozburun : VIII 321
Bra'il (Brāila) : VIII 321
Bucak : II 180
Budun (Buda, Bude) : VI 43, 49 ; VII 178, 180, 181
Bursa : VI 45, 49 ; VII 180 ; VIII 300-302, 305, 308, 322 ; X 786
Çaçari David (juif d'Avlonya) : IV 40 ; X 793, 796, 802, 805, 810, 811
*çadır, hayma* : VIII 303
Calabre : VI 36 ; X 786
Calvi : VI 62
campagne(s) de – Erzincan : VI 51
– Géorgie : VIII 301, 315, 321
– Moldavie (Karaboğdan) : II 180 – Nakhichevan : V 113, 114, 124, 125 – Szigetvár : VII 179, 180, 182 ; VIII 301, 305
– Temesvár : VII 177 ; VIII 314 :
– Transylvanie : VIII 320, 321 – Tripoli : VI 48 – Hongrie : VI 44, 49 ; VII 177, 178 ; VIII 304, 321 – Perse : VI 49, 62 ; VII 179 ; VIII 307, 320
Çanakkale (Boğazhisârı) : VI 48
Çandarlı : I 138
Cankerman (Očakov) : II 180
Castriota, Georges (Skander beg) : X 784
Catalogne : X 783, 786
Catherine II (tsarine) : III 216, 217
*çavuş, çavuşluk, çavuşoğlu* : II 196, 197 ; V 116-119 ; VI 42-44, 50, 51,55
*cebeci* (corps des) : VIII 319
*cebelü* : II 178 ; V 110 ; VI 47, 49, 51
*celali* (mouvement, période) : IV 43, 50
*celebkeş* (*celebkeşân, yazılı celeb*, marchands de bestiaux) : V 123 ; VII 179

Çelik Pacha : voir : Mehmed Çelik Pacha
*cerahor* : VII 182 ; VIII 310, 320
*çeribaşı* : X 793
Çeşme, bataille de : I 141
Çey (ou Çay), *bey* de Coron : IV 41
Charles Quint : VI 35, 36, 54
Chesneau, Jean : VI 36, 51, 58, 59 ; VIII 307
Chevaliers de Saint-Jean (dits de Malte) : VI 36, 58
Chio (île) : VI 37
*çift* : voir *çiftlik*
*çift-hane* : II 179 ; IV 38, 39, 43, 46, 47, 49, 51
*çiftlik* : I 136, 137 ; II 177, 178, 182-194 – *hâssa çiftliği* : II 177, 202, 206 – *ra'iyyet çiftliği* : II 177
Circeo (cap) : VI 36
Çirmen (Čirmen) : V 116 ; VI 45 ; VII 181
Codignac (émissaire français) : VI 58
commodities : voir articles de commerce
Constantinople : voir : Istanbul
Coran : VI 45 ; X 804
Corfou : III 226 ; X 783
Çorlu (Čorlu) : V 118
Coron : IV 41
Corse : VI 36, 56
Cosaques : IX 240
Crète : III 222 ; IV 40
Crimée : II 179, 182, 195, 200, 203, 206 ; IX 227-241
Cubric, l'Arménien (*kâhya* de Araboğlu) : I 138, 139, 144, 145
Cythère : III 226, 227
Danube (riv.) : II 180, 191, 202 ; IV 36, 50 ; VI 45, 49 ; VII 178, 180-182 ; X 786, 794

Dardanelles : VI 36, 48, 61
*defters* (registres) : II 203 ; III 215 ; IV 38 ; VI 46 ; VIII 309 ; IX 228-231, 233, 240 ; X 783, 785, 787 – *icmâl* : II 183 ; V 118 – *mevkûfât defteri* : VIII 302, 309 – *mühimme* : V 112, 125, 126 ; VII 177, 182 ; VIII 299-301, 305, 306, 321 ; X 782 – *narh* : VIII 314, 315 – recensement(s) (*mufassal, 'atîq*) : II 182, 183, 187, 209 ; IX 228-230, 234 ; X 786, 791, 793 – *tereke defteri* : X 809, 810 : – *tevzi defteri* : IV 48 – *timâr* : IX 229 ; X 783 – *yoklama* : V 118
*dellâl* (courtier) : X 798
Delvina (Delvinë) : V 116, 119 ; VI 42, 48, 49
Demirkapu (Iron Gates) : VII 182
démogérontes (administrateurs) : III 213
*derebey* : I 131
*desti* (amphore) : X 796
Devlet Giray : II 203
*dirlik* : VI 50
*dîvân* : I 132 ; V 114, 124 ; VI 35, 38, 40, 43, 44
Diyarbekir : VI 49 ; VII 179 ; VIII 320, 321
*dizdâr* : II 199
Dniepr (riv.) : II 180 ; VIII 321 ; IX 227
Dniestr (riv.) : II 180, 184 ; IV 38
*doğancı* : II 177
*dökücü başı* : VIII 319
Don (riv.) : II 179 ; IX 227
Doria, Andrea : VI 37, 60
Doubrovnik (Raguse) : IV 51 ; X 781-783, 786, 789, 794-800, 812

Dragut : voir Turgud (*re'îs, bey*)
Drava (riv.) : VII 182
Drina (riv.) : VII 182
Durazzo (Durrës, Diraç, Dyrachium) : VI 41 ; X 782, 783, 786, 787, 801
Ebu Su'ud (Ebussu'ûd), *şeyh ül-Islâm* : III 222 ; X 790
Edirne : V 119 ; VI 36, 46, 52 ; VII 178-180 ; VIII 300-302, 304, 305, 307, 308, 310, 313, 316, 322
Edremid : IV 41
Égypte (Egypt) : IV 50, 57
Elbasan : V 116 ; VI 42 ; X 798
Elbe (île) : VI 36, 37, 62
Elmalı : IV 52
*emîn* : II 191, 199, 204, 205 ; X 79 – *defter emîni* : VI 51 – *koyun emîni* : VII 179 – *şehir emîni* : VI 59 – *vilâyet emîni* : VI 51 – *yava emîni* : II 205
Emrullah (*sancakbeğ* d'Avlonya) : X 800
Epirus : IV 50
Ereğli : V 114
Erzurum : VIII 321
*eşküncü, nevbetlü eşküncü* : II 178, 207, 208 ; V 112 ; VIII 311
*esnâf* : VIII 300, 312-314, 319, 322
Espagne, Espagnols : VI 36, 55, 57, 60 ; X 785
Esztergom (Isturgun) : VII 178, 181
Evliyâ Çelebi : VIII 319
Ferdinand (Ier de Habsbourg : VI 35 ; VII 177 ; VIII 301
Ferhâd Pacha (*beylerbey* de Rûmeli) : VIII 301, 321
Feridun Ahmed Pacha : IV 38
*fetvâ* : X 790

INDEX 5

Filibe (Plovdiv) : V 119, 125 ; VIII 305, 310, 313-317
Florence : X 786, 797
Fornetty (drogman du Consulat de France) : I 144
France, Français : I 131, 134, 142, 144 ; VI 35, 36, 54-56, 58-60, 62
François I<sup>er</sup> : VI 35, 36, 58
Francs, *Frenk, Efrenç*, Latins : VI 60 ; IX 229, 236, 239 ; X 786, 799
Gabela : X 800
Galata : III 214 ; VI 39,41 ; VIII 321 ; X 784, 797, 807
*gaza* : VI 47
*gebrân* : II 190, 191 ; IX 238
*geçit gemileri* : VII 182
*gedük* : VI 51
Gelibolu (Gallipoli) : VI 44, 45, 48, 52, 58
*gemi* (bateau) ; *geçit gemileri taş* : VII 182 ; *taş gemisi* : VI 44
Génois (Banque de Saint-Georges) : VI 56, 60, 62
Geuffroy, Antoine : VI 52
Ghérakaris, Libérakis : III 212, 213, 221
Gördes : III 212
Göriçe : V 119
Gothie, Goths : IX 227, 238
Grèce, Grecs : III 213, 214, 216, 217, 220, 222, 224 ; IX 235, 238
guerre russo-turque de 1768-1774 : III 216
Gümülcine (Komotini) : VI 41, 45
Habsbourgs : IV 45 ; VIII 304
Hağğı Giray : IX 227
*hâne* (foyer) : II 190, 191, 209 ; VII 181 ; IX 230-233, 238, 240 ; X 785, 786

*harbî* : X 799
*harçlık, harçlıkçı* (*harčlıq, harčlıqčı*) : V 110-112, 114-125, 127
Hasan (*kapucı*) : VIII 307
Hasan Çelebi d'Avlonya : IV 41
*hâss, havâs* (pl.) : II 182, 204, 208 ; IV 39, 44, 45, 51 ; VI 47 ; VII 180
Havza : IV 49, 52, 53
Hayo (Hayi), timariote juif (et son fils Ilyâs) : X 783, 784
Hayreddîn Barberousse : VI 35, 39
Henri II (roi de France) : VI 35-37, 53, 54, 58
Hersek (Herzégovine) : VIII 320
Hırsova : VIII 321
Hongrie (Hungary) : V 127 ; VI 49 ; VII 178
Horde d'Or : IX 227
*hüccet* : III 225 ; IV 38, 41 ; VIII 313 ; X 782, 790
Hunyadi, Jean : V 127
Ibrâhîm Beg (*tercümân*, Joachym Strasz) : II 196 ;VI 55
Ibrâhîm Pacha (fils de Mehmed-Ali Pacha) : III 227
*iltizam* (farming out of state revenues) : I 137 ; IV 45, 51
Inebahtı (Lépante) : VI 42, 48
Inkerman : IX 230
Iran : voir : Perse
*iş erleri* : III 215
Iskenderiye (Shkodrë, Scutari d'Albanie) : V 116, 118 ; VI 42 ; X 801
Islankımen (Szalánkemen) : VII 180
Ismail Bey et son fils Yusuf : IV 49
*istiglâl* (mode de prêt) : X 803
Istanbul : I 132, 142, 143 ; II 195 ; VI 37, 39, 41, 43, 45, 46, 58, 59,

62 ; VII 178, 180 ; VIII 300-308, 310-316, 319, 321, 322 ; IX 227, 229, 236 ; X 781,784,786, 801
*iştirâ* (public purchases) : VII 182
Istolni-Belgrad : VII 181
Italie, Italiens : VI 55, 56 ; IX 227, 236 ; X 781, 785, 797
Itylo (baie) : III 216
Izmir : I 131-133, 136, 141-143 ; IV 49, 51, 53
Izvornik (Zvornik) : VII 182 ; VIII 320
janissaire(s), janissaries : II 197, 201 ; IV 49 ; V 119, 120 ; VI 47, 52 ; VII 180 ; VIII 304, 306, 316, 317, 320 ; IX 231 ; X 791, 795
Juif(s) (Jews) : I 134, 138 ; IV 40, 41 ; VIII 309 ; IX 230, 235, 239, 240 ; X 781-812
*kâdî* (cadi) : II 187, 202 ; III 212, 214, 215, 220-223, 225 ; IV 40, 41 ; V 114, 118-125 ; VI 38, 40-42, 44-46, 50, 52 ; X 781, 782, 787, 788, 790, 792, 794, 795, 798, 800-803, 805, 807, 808, 810-812
*kâhya* : voir *kethüdâ*
Kalamata : III 212-215, 217, 218, 220, 221, 224-228 ; IV 41
Kalo, Haim (juif de Valona) : X 783, 784
*kalyon* : VI 52
Kanina (forteresse) : X 783
*kânûnnâme, kanun* : IV 39, 40 ; VIII 311 – de Budun (Buda) : III 222 – de Candie : III 222 – de Hanya (La Canée) : III 222
*kapı kulu, kapu halkı, kul* : IV 41 ; VI 46, 57 ; VII 178
*kapucı* (corps palatial ) : VIII 307, 308

*kapudan* : VI 35, 38-41, 43, 44, 46-49, 52, 53, 55-61 ; VII 182
Karabağ : V 114
Karahisar (Afyon Karahisar) : VI 49
Karaman (Qaraman) : V 114 ; VI 41, 42, 48, 49, 51
Karaosmanoğlu, Kara Osmanzade (famille de Manisa) : I 131, 134-143 ; IV 47-49, 51, 52
Karlıeli (Acarnanie) : VI 39, 42, 48, 57
Kasaba (Kassabat) : I 134, 143
Kasım Beğ, Qara : X 792
Kastoria : X 782
*kâtib* : II 201 ; VI 50, 51 ; X 792 – *kapucılar kâtibi* : VIII 308 – *tezkere kâtibi* : VI 51
Kâtiboğlu (famille d'Izmir) : I 132, 133
Kavalla : VI 44, 45
Kayseri : IV 40 ; VI 41 ; X 805
*kazâ* (*qazâ, kadılık*) : II 180, 183, 184, 188, 189, 191, 197, 199, 204, 210 ; III 213, 215 ; IV 38 ; V 118, 119 ; VI 41-43 ; VII 179, 182 ; IX 230 ; X 793
Kefe (Caffa) : II 179, 182, 183, 187, 189, 193, 195, 200, 201, 203, 204 ; IV 38 ; V 115 ; IX 227-234, 236-240
*kefîl bi'l-mâl* (garant) : X 784, 805, 806, 809
*kefîl bi'l-nefs* : X 809
Kerš : II 179 ; IX 228, 230, 233, 240
Kerš (détroit) : II 179
*kese* (bourse) : I 144, 143
*kethüdâ* (*kâhya*) : I 138, 139, 144, 145 – des corporations : VIII 309, 312 – des *dellâl* (courtiers) :

INDEX 7

X 798 – des janissaires : VI 52 ;
VIII 304, 312 – *qapu kethüdâsı* :
VI 43 – *i şehir* : II 201
Kili (Chilia, Kilija) : II 180, 183,
185, 187, 190, 191, 193, 197,
199, 202, 204, 205, 207 ; VIII
321
Kırkağaç : I 134, 143
Kırkkilise : V 116, 119
*kışlak* : II 191, 193, 196, 198-200,
202, 204, 205, 207, 208
*knez* : VI 45
*kocabaşı* : III 214, 215 ; IV 41
Kocaeli : VI 48, 50
Konya : V 113 ; VI 48
Köprü : IV 49, 52, 53
Köprülü : V 119
Kör Ismailoğlu Hüseyin : IV 49, 52
*korucu* : V 120
Kossovo-Metohija : IV 50
Köstendil : V 116, 118, 119
Kouban : IX 227
Kudargan (riv.) : II 189
*kul, hademe, ırgad, hizmetkâr* : IV
49 ; VIII 321
Kürdistân : VI 49
*kürekçi* (rameurs, forçats, oarsmen) :
VI 38-44, 46, 47, 53, 61 ; VII
182 ; VIII 310
La Forest, Jean de : VI 58
La Garde, baron de : VI 36, 37, 61
*lağımcı* (corps des) : VIII 319
*lâlâ* : VI 42
Latins : voir : Francs
Latrakis (clan des) : III 213
Levant : III 214, 220 ; VI 36, 58, 61
*levend* : VI 52
*livâ'* : voir *sancak*
Livourne : III 217

Macédoine (Macedonia) : IV 48, 50 ;
X 787
*madrapaz* : VII 179
Magne : III 214, 216, 217, 220
*mahalle* : IX 235 ; X 791
Mahmûd I : I 143
Mahmûd II : I 131 ; III 226
Mahmûd, *çavuş*, Bıyıklı : VI 55
*mâlikâne* : II 178 ; IV 45-47
Malkara : VI 45
Malte : VI 58
Manastır (Bitolj, Bitola) : IV 48
Mangub : II 179, 182 ; IX 230, 233,
238, 239
Manisa (Magnésie) : I 131, 138, 141,
143 ; IV 47, 52 ; VI 41
Mantoue : X 785
Maritza (riv.) : IV 50
Marseille : VI 35, 36, 58, 59
Martinuzzi, Georges : VII 180, 181
Mavromichalakis (*bey* du Magne) :
III 216
*mawat, mevat* : II 179 ; IV 38, 39, 46
Maximilien (II), Empereur : VIII 305
Mehmed II : II 179 ; VIII 311 ; IX
228, 237 ; X 784
Mehmed (*sancakbeg* de Çirmen) :
VII 181
Mehmed Agha, Hacı (*mütesellim* de
Teke) : IV 48
Mehmed Pacha (Sokullu, Soqollu,
grand vizir) : IV 38 ; V 113, 114
Mehmed Pacha, Tekelioğlu : IV 52
Mehmet-Ali Pacha (gouverneur
d'Égypte) : III 227
Mehmed Çelik Pacha (*muhassıl*
d'Aydın) : I 140-143
Menteşe : VI 48, 50, 53
*menzil* : VII 178-180

Mer Noire (Black Sea) : II 179, 181, 182, 190, 197, 206 ; III 217 ; IV 38, 39 ;VI 37, 39 ; VII 178 ;IX 227, 233, 240 ; X 786, 794
Messénie : III 213
Messer Leon, David (rabbin) : X 785
Messine : VI 36, 62
Midillü (Mytilène, île) : V 115 ; VI 47, 48, 50, 53
*millet* : X 788
*mi'mâr başı* : VIII 320, 321
*mîralay* : II 195
*mir'alem* : VI 50, 51
*mîrî* (terre) : II 179, 208 ; III 222 ; IV 37, 38, 40
Mistra (Mezestrin) : III 221 ; X 786
Modon : III 221
Moldavie (Moldavia, Bogdan), et voiévode de Moldavie : II 191, 193, 196, 198, 202, 204, 205 ; III 213 ; IV 50 ; VI 49 ; VII 179 ; VIII 320
Morava (riv.) : VII 182
Morée (Mora, Morea, Péloponnèse) : III 212-214, 216, 220, 221, 223, 225-227 ; IV 41 ; V 116 ; VI 42, 44 ; X 786
*Mosqof* : IX 240
*mu'âfnâme* : II 203
*mübâşir* : VIII 308, 313
*mücerred* (célibataire) : II 186, 190, 191, 201, 202, 205 ; IX 230-233 ; X 785
*mudâraba* (contrat de commandite) : X 800
*mufti* : X 790
*muhassıl* : I 138, 140
*muhtar* : III 215
*mukâta'a* : I 137 ; II 178, 206 ; IV 38, 45, 46, 47, 51 ; VII 180 ; X 801
*mülk* (*pl. emlâk*), freehold properties : II 179, 208 ; III 222 ; IV 37, 40, 41, 52
*mültezim* : IV 45, 46, 52
Murâd I$^{er}$ : VIII 300, 303
Murâd III : IX 229
Müridoğlu Hacı Mehmed Agha : IV 41
*müsellem* : II 177 ; V 111 ; VII 182 ; VIII 311
Mustafa (fils de Süleymân I$^{er}$) : V 114
Mustafa Pacha : III 214
Mustafa Pacha, Bayrakdar (grand vizir) : I 131
Mustafa Pacha, Qızıl Ahmedli : V 113, 115
*mutasarrıf* : III 222
*mütegallibe* : I 131
*mütesellim, mütesellimlik* : I 137, 140 ; IV 48, 51
Mytilène (île) : voir Midillü
*nâhiye* : V 115, 118, 119
*nâ'ib* : II 202 ; VI 41 ; VIII 309
Naples : III 226 ; VI 36, 37, 52, 54-58, 60, 61 ; X 785
*narh, narh-ı rûzî* (prix fixé en vigueur) : V 122 ; VII 179-181 ; VIII 312-315 ; X 795
*nâzir* : X 798
Nehor : IX 233
Neşrî (chroniqueur) : VIII 300, 303
*nevrûz* : VI 38, 42, 43, 47, 55 ; VIII 300, 302
Nice : VI 35
Niğbolu (Nikopol) : V 116, 119 ; VII 182
Niğde : VI 48
Niş : X 801

Nişan, Hayim (administrateur de la communauté juive d'Avlonya) : X 791
nomades (*haymanegân*) : II 181, 182, 190, 191, 203, 205 ; IX 231
*nüzül* : VII 181 ; VIII 310
*ocak* : V 111
Ohri : V 116, 118, 119
*ordu ağası* : VIII 306-308, 312, 313
*ordu kâdısı* : VIII 312
*ordu muhtesibi* : VIII 307-310, 312
*orducu, orducu başı* : VII 180 ; VIII 299-323
Orlov, frères Alexis et Théodore (soulèvement) : III 216, 226
Orşova : VII 182
*ortakçı, ortakçılık* (sharecropper, cropping) : II 206 ; IV 39, 49
Osman III : I 143
Otrante : X 786
Otrante (canal d') : X 785
Özü (Očakov) : VIII 321
Pantzechroula (fille de Bénakis) : III 224-228
Papadopoulos : III 216
Paraskeva (drogman) : I 142, 143
Paulos, Nicoli (consul d'Angleterre à Modon) : III 221
Péloponnèse : voir : Morée
*périvoli* : voir : *bağçe*
Pergame : I 131, 134, 136, 145, 146
Perse (Persia, Iran) : V 113, 127 ; VI 36, 51, 58, 62 ; VII 179 ; VIII 305, 308, 310
Petrovaradin (Pétervárad) : VII 180
Petrovics, Petro : VII 180
Peyssonnel, Charles de : I 131-136, 138-145 ; IV 49, 51, 52
Peyssonnel, Charles-Claude de : I 131, 132, 134, 139-142

Philippe II d'Espagne : VI 35
Piombino : VI 36, 37
*pirgos, kargir kule* : III 217, 218
Pirzerin : V 116, 119
Piyâle Pacha (Grand Amiral) : X 791, 795, 803, 808
Pojega (Požega) : VI 45
Polog : IV 48
Pologne (Poland) : II 196 ; IV 36
Ponza (île) : VI 37, 60
Ponziane (îles) : VI 36
Portugal : X 785, 786
Pouilles, Apulie : VI 55 ; X 783, 785, 786, 798, 799
Pouqueville, F.C.H.L. : III 213, 214, 220
prébende : voir : *timar*
Premedi : V 118
*preseleç* : II 190
Psaltis, Béno : III 213, 221
Qatanel, Elya (administrateur de la communauté juive d'Avlonya) : X 791
Raguse (Ragusa) : voir : Doubrovnik
rameurs : voir : *kürekçi*
Reggio : VI 36
*re'âyâ, raya* : I 138 ; II 177, 190, 194, 197, 200, 201, 203, 206-209 ; III 211, 215 ; IV 36, 39, 41-44, 46-49, 51, 52 ; V 110, 125, 126 ; VI 38, 43, 45 ; VII 179, 181 ; VIII 310, 313, 320, 321 ; X 804
*rekâbe-i arz* : III 222
*rencber* (négociants de céréales) : V 123
Rhodes (Rodos) : VI 44, 48, 58
Roumains : II 181, 190
Roumélie (Rûmeli) : II 181 ; III 222, 223 ; V 109, 113, 114, 117, 120 ;

VI 41, 42, 48, 49 ; VII 178, 179 ;
VIII 301, 304, 305, 310, 315,
317 ; IX 229
Rudina (gaspodarica de Valona) : X
783
Rûm (province) : VI 41, 42
Rumeli Hisarı : IX 227 ; X 783
*Rus* : IX 236, 240
Russie, Russes : III 216, 217, 227 ;
IX 240
Rüstem Pacha (grand vizir) : II 195 ;
IV 51 ; VIII 305
Safed : X 795
*sahib-i alaka* et *sahib-i çiftlik* : IV 41
Saint-Blancard (commandant de la
flotte française) : VI 56
Salerne, prince de : VI 36, 56
Sâlih (*re'îs*, pacha) : VI 39, 40, 55,
57
Samaqov (Samokov) : VI 38
Samuel de Medina (rabbin) : X 800
*sancak, livâ'* : II 179-183, 187, 195,
196, 198, 210 ; V 110-112, 114-
119 ; VI 37, 39, 41, 45, 47-51 ;
VII 180-182 ; VIII 320 ; IX 228-
234, 236, 238, 239 ; X 786
*sancakbeğ* (*mîrlivâ'*, *beg*) : II 204 ; V
115 ; VI 37, 41, 44, 45, 47-50, 52,
53, 57, 61 ;VII 179-182 ; X 800
*sarraf* : X 801
*saruca* : IV 43
Saruhan : I 137, 141 ; IV 48
Sava (riv.) : VII 182
*şayka* : VII 182
Segedin (Szeged) : VII 181 ; VIII
320
Şehirköy : V 119
*sekban* : IV 43
Selanik (Salonique, Salonika) : III 222 ;

IV 51 ; V 116 ; VI 44, 45 ; X 781,
782, 784-786, 795, 797, 800, 801
*selem* (mode de prêt) : X 802
Selendi : VIII 321
Selîm Ier : II 183 ; IX 229
Selîm II : II 204 ; III 222 ; V 113 ; IX
229
Selîm III : III 226
Selve, Odet de : VI 37, 38
Semendire (Smederevo) : VII 180 ;
VIII 321
Şems ed-dîn, *mevlânâ* (*kâdî*
d'Istanbul) : VI 46
*şenlendirme, ihyâ* (land reclamation) :
II 179, 208 ; IV 38
*şer', şerî'a* : II 177 ; VI 44 ; X 804,
805
*ser'asker* : V 119
Serbie (Serbia), Serbes : IV 44, 49,
50 ; VIII 300
*serdâr* : V 119 ; VIII 301, 321
Serem (Srem) : VII 180
Serres : IV 49
Seure, Michel de : VI 58
Seydî 'Alî : VI 40, 57
Seydî Ahmed (*mîr'alem*) : VI 51
Seyyid Mustafa : IV 52
sharecropper, sharecropping : voir :
*ortakçı, ortakçılık*
*sicill* des *kâdî* : III 212 ; IV 36, 47 ; V
124 ; VI 45 ; VIII 300 ; X 781-
783, 809
Sicile, Sicilien : VI 55 ; X 786
*silâhdâr* (corps des) : VIII 304
Silistre (Silistra) : II 180, 183, 195 ;
V 116 ; VII 182 ;VIII 321
Sinân (architecte) : VIII 306
Sinân Pacha (grand amiral) : VI 36,
37, 40, 56-58, 60, 61

# INDEX

*sınırname* : IV 38
*sipâhî* (détenteur d'un *timâr*) : II 177, 182, 194, 196, 199, 202, 206 ; IV 37, 40-43, 45 ; V 109-112, 114, 115, 118-122, 124-126 ; VI 42, 47-51,53, 61 ; VII 177, 182 ; VIII 304 ; IX 783 ; X 793
*sipâhî oğlan* (corps des) : VI 40
Sivas : VI 41
Slaves : II 181, 190
Sofya (*livâ'* du pacha), Sofia : V 116, 118, (119) ; VII 180 ; VIII 305, 310, 313-317
Strasz, Joachym (alias Ibrâhîm, renégat polonais) : voir Ibrâhîm Beğ
*subaşı* : VI 42, 44
Sudak (Soğudaq) : II 179, 182 ; IX 230, 233
*şuhûd ul-hâl* : X 790, 807, 808
Süleymân Ier (Soliman le magnifique, Kânûnî) : II 180, 195, 203 ; III 222 ; V 113, 114 ; VI 35, 37, 45, 53, 54, 56, 58-60 ; VII 177, 178 ; III 301, 304, 306, 316, 322 ; IX 229
Süleymâniye (mosquée) : VIII 306
*Sunna* : VI 45
*sürgün* : IX 237 ; X 784
Syrie (Syria) : IV 50
Székesfehérvár : VII 178
Szigetvár : VIII 301
Taman : II 179 ; IX 230, 233, 238, 240
Tarente : X 798
*tasarruf* : IV 40
Tatarpâzârı : V 125
Tatars, Tatars de Bozapa : II 181, 190, 194, 195, 206, 208 ; VI 44 ; IX 234, 241

taxes (dîmes, impôts, impositions, taxes, taxes coutumières, droit, obligations) : I 137 ; II 203, 204, 205 ; III 215 ; V 110, 120, 121, 123 ; X 808 – *'avâriz-i dîvânîyye* : VI 40 ; VII 181 ; VIII 310, 311 – *bâc-i bâzâr* : X 801 – *bâc-i siyâh* : X 797 – *bâd-ı havâ* : II 205 – *bedel-i kürekçi, kürekçi akçası, bedel akçası* : VI 41-43 ; X 804 – *cizye (ğzye)* : IX 230 – *cürm-ü cinâyet* : X 801 – *deveto* : IV 43, 44 – *dîme* : II 203, 205 ; V 121 ; X 793 – droit d'*ağalık* : I 138, 139 ; IV 51 – *harac* : III 222 ; IX 229 – *ispençe* : II 191, 205 ; V 121 – *'öşür* : IV 51 – *ra'iyyet rüsûmı* : II 194, 203, 209 – réquisition, *sürsat* : VII 179-181 ; VIII 304 – *resm-i 'arûs* : X 801 – *resm-i çift, çiftlik* : II 197, 201, 202, 208, 209 ; IV 38 – *resm-i dellâliyye* : X 798 – *resm-i ğanem* : II 205 – *resm-i kışlakhâ* : II 202, 208 – *resm-i mücerred* : II 201 – *salgun* : IV 51 – *tekâlif-i 'örfiyye* : III 215 ; VIII 311 – *yava haracı* : II 205
Tcherkesses (Çerkes, Žane) : II 181 ; IX 234-236, 240
*tecrimât* : III 215
Teke : IV 48 ; VI 49
Tekfurgölü (Tekirghiol) : VIII 321
*tekke* de Abdal Musa à Elmalı : IV 52
*temessük* : VI 44
Temeşvar (Timişoara) : VII 180 ; VIII 305
*temliknâme* : II 179 ; IV 38
Termes, maréchal de (Thermes, Marquis de) : VI 36, 62

Terracina : VI 36
*tezkere* : VI 51, 52
Theodoro-Mangub (seigneurie) : IX 227
Thessalie : IV 50
Thrace : IV 50
*timâr* : I 137 ; II 177,178,182,198 201,202,206,207 ; III 211 ; IV 35,37,38, 40, 44, 45, 51 ; V 109-112, 114, 116-120, 125, 126 ;VI 47, 48,50,51,61 ; IX 229 ; X 783, 793, 803
timariote : voir *sipâhî*
Tırḫala (Trikkala) : V 116, 120 ; X 782, 799
Tirinqa, Angelo (administrateur de la communauté juive d'Avlonya) : X 791, 797
Tokat : V 114
*topçı* (corps de), *topçıbaşı* : VIII 319, 321
Toulon : VI 35
Trabzon (Trébizonde) : VI 41, 42
Traité de Küçük Kaynarca : III 226, 228
Transylvanie : VI 49 ; VII 180, 181
Trésor de l'État islamique (*beyt ül-mâl-i müslimîn*) : III 222, 223
Tripoli : VI 36, 39, 57, 58, 60
Tripolitza : III 221, 225, 228
Tudèle, Benjamin de : X 782
Tunis : III 221
Turgud (*re'îs, bey* ...), Dragut : VI 37, 39, 40, 48, 56, 57, 61, 62
Turgutlu : IV 52
Türkmen : I 141
Turnu Severin : VII 182
Tursun Pacha : II 195
Ukrainiens : IX 240

'*ulemâ* (ouléma) : II 195, 202, 203 ; IV 38 ; V 123 ; IX 324 ; X 805
'*ulûfeci* (corps des) : VIII 304
unités de mesure – *astar* : X 796
 – *baril, varil* : I 143 ; VI 48
 – *çapa, çapalık* : X 794 – *desti* (amphores) : X 796, 808
 – *dirhem* : X 811 – *dönüm* : III 219-221 ; IV 48 ; X 794 – hectare : IV 48 – *kantar, qantâr* : IV 51 ; VI 37, 59 – *kile* : X 793, 795, 803, 806 – lidre : X 796 – *milar* : X 796 – *müdd* : VII 178, 180
 – quilot de Constantinople : I 138, 139 – *stremma* : III 224, 225
 – *yük* : X 797
unités monétaires (currency) : IV 42
 – *akça* : VII 180, 181 – aspre : II 202 ; X 792, 794-800, 802-809
 – florin : VII 181 ; X 797, 801, 807 – *ġuruş* : IV 52 ; VIII 312 ; X 801 – *para* : I 138, 139 ; III 215
 – piastres (*ġuruş*) : III 215, 225 ; X 801 – pièces d'or (*altun*) : X 796, 807, 811
Uşak : VIII 321
Uscoques : X 800
Üsküb (Skoplje) : III 222 ; V 116, 118
Üsküdar : I 143 ; VIII 311, 313
*usta* (des corporations) : VIII 309, 312
Uzun Kemer : VIII 306
*vakf* (*waqf*, legs pieux) : II 204 ; IV 52 ; V 123 ; IX 229 ; X 792, 801, 803, 805
Valachie (Walachia), voiévode de Valachie : III 213 ; IV 50 ; VII 179, 182 ; VIII 320

## INDEX

Valance : X 785
Varsama (famille de Kalamata) : III 221
*vekîl* : III 215 ; X 788, 790, 798, 799, 806
Veli (ou Veliüddîn) Pacha : III 226, 227
Venise (Venice), Vénitiens : III 213 ; IV 51 ; VI 36– 38,55 ; X 781, 782, 786, 787, 789, 795-800, 808, 812
Vidin : IV 36, 39 ; V 115 ; VII 182 ; VIII 320
Vienne (Vienna) : VII 177, 178 ; VIII 304
Vize : V 116, 118 ; VI 44, 45
*voynuk* : II 177 ; VIII 311
*voyvoda* ( voïévode), *voyvodalık* : I 134, 142 ; II 197, 209 ; IV 51, 52 ; X 791, 795, 803, 808
Vülçitrin (Vulčitrin) : V 115
Yahya Beğ (*lâlâ*) : VI 42
Yalta : IX 233
*yamak* : II 190, 197 ; V 112 ; VIII 311
Yanıkhisâr (Mayak) : II 184
Yanya (Jannina) : V 116, 118 ; VI 42, 48, 49 ; X 782, 797
*yaya* : II 177
Yenice (village d'Anatolie) : IV 38
*yiğitbaşı* (des corporations) : VIII 309, 312
*yoklama* : V 118 ; VI 50
*yurd* : II 178
*yürük* : II 177 ; V 111 ; VI 44 ; VIII 311
Zacharou (veuve de Bénakis) : III 224
*zahîre gemileri* : VII 182
*za'îm* : II 196 ; VI 49 ; X 803
Žane (tribu) : voir Tcherkesses
Zarković, Mrksa : X 783
Zarnata : III 221
*zâviye* de Hacı Baba : II 204
*ze'âmet* : I 137 ; IV 44 ; V 116, 118 ; VI 47
*zimmî* : VIII 309 ; X 788, 789, 791, 794, 796-799, 802, 806-809
Zmajević, Andrija (archevêque de Bar) : X 781